GuiaFácil
para entender

a vida de
Davi

Tudo o que você sempre quis saber sobre a história do maior rei de Israel, reunido e organizado de maneira completa e acessível

Angie Peters | Larry Richards
EDITOR GERAL

Traduzido por

Valéria Lamim Delgado Fernandes

Rio de Janeiro – 2017

Título original: *The Life of David* – The Smart Guide to the BibleTM series
Copyright da obra original © 2008 por GRQ, Inc.
Edição original por Thomas Nelson, Inc. Todos os direitos reservados.
Copyright da tradução © Vida Melhor Editora S. A., 2016

As citações bíblicas são da *Nova Versão Internacional* (NVI), da Biblica, Inc., a menos que seja especificada outra versão da Bíblia Sagrada.

Os pontos de vista desta obra são de responsabilidade de seus autores e colaboradores diretos, não refletindo necessariamente a posição da Thomas Nelson Brasil, da HarperCollins Christian Publishing ou de sua equipe editorial.

PUBLISHER	*Omar de Souza*
GERENTE EDITORIAL	*Samuel Coto*
EDITOR	*André Lodos Tangerino*
ASSISTENTE EDITORIAL	*Bruna Gomes*
COPIDESQUE	*Daniel Borges do Nascimento*
REVISÃO	*Luiz Antonio Werneck Maia*
	Jean Carlos Xavier
DIAGRAMAÇÃO	*Filigrana*
CAPA	*Douglas Lucas*

CIP-BRASIL. CATALOGAÇÃO NA FONTE
SINDICATO NACIONAL DOS EDITORES DE LIVROS, RJ

P555g

Peters, Angie
    Guia fácil para entender a vida de Davi: tudo o que você sempre quis saber sobre a história do maior rei de Israel, reunido e organizado de maneira completa e acessível / Angie Peters, Larry Richards ; tradução Valéria Lamim Delgado Fernandes. - 1. ed. - Rio
de Janeiro : Thomas Nelson Brasil, 2017.
    384 p. : il. ; 24 cm.

Tradução de: Smart guide to the life of david
Inclui bibliografia e índice
ISBN 978.85.7860.917-7

1. Bíblia - Estudo e ensino. I. Richards, Larry. II. Fernandes, Valéria Lamim Delgado. III. Título.

17-44064

CDD: 220.6
CDU: 27-276

Thomas Nelson Brasil é uma marca licenciada à Vida Melhor Editora S.A.
Todos os direitos reservados à Vida Melhor Editora S.A.
Rua da Quitanda, 86, sala 218 – Centro
Rio de Janeiro – RJ – CEP 20091-005
Tel.: (21) 3175-1030
www.thomasnelson.com.br

Sumário

INTRODUÇÃO 9

PRIMEIRA PARTE: Preparando o terreno 17

1SAMUEL 1–3: UMA MULHER CLAMA POR UM FILHO 19

Simbolismo no tabernáculo

As causas da tristeza de Ana

A solução de Ana

A gafe do sacerdote

Nascimento e dedicação de Samuel

Ouvindo vozes

1SAMUEL 4–7: GUERRA CONTRA OS FILISTEUS 39

Tudo a ver com a arca

Plano de batalha frustrado

A glória de Deus... se foi!

A arca vai para outro lugar

Onde colocar a arca?

Ebenézer!

SEGUNDA PARTE: O primeiro rei de Israel 55

1SAMUEL 8–9: UMA NAÇÃO EXIGE UM REI.....................................57

"Queremos o mesmo que eles"

Um profeta consternado

O que é essencial primeiro

Advertência justa!

O alto preço de um rei

A escolha do povo
Encontro marcado com o destino

1SAMUEL 10–12: SAUL, O PRIMEIRO REI DE ISRAEL..........................69
Nomeação de um rei pela unção de um rei
Sinais, sinais, sinais
Ele perdeu a chance de causar uma boa primeira impressão
Ter um rei
Um incentivo explícito
O discurso de Samuel

TERCEIRA PARTE: Só de nome...81

1SAMUEL 13–15: SAUL TROPEÇA 83
Quando as coisas ficam difíceis, os durões... se escondem?
Jônatas: "Já basta"
Saul não podia esperar nem mais um minuto
O reinado de Saul é amaldiçoado
Jônatas: Ele conseguiu!
Um rei descontrolado
Atacando os amalequitas

1SAMUEL 16: DAVI NA CORTE DE SAUL 99
Para começar a conversa
Samuel na caçada por um rei
Medindo os filhos
Retrato de um pastor
Tomado pelo Espírito de Deus
Saul: Uma alma atormentada
Instrumento de alívio

QUARTA PARTE: O matador de gigantes............................113

1SAMUEL 17: UM DESAFIO GIGANTE 115
Como ler esta história
O campo de batalha
Guerreiro, na melhor acepção da palavra
O desafio

"Quem lutará por nós?"
Davi levantou a mão
Cinco pedras lisas
O gigante cai

1SAMUEL 18: UM AMIGO VERDADEIRO E UM REI ENCIUMADO 133
Amigos muito unidos
Não olhe para trás!
Aliança de amizade
Dando a roupa do corpo
O homem do rei: subindo na vida
Como lidar com um chefe mau

1SAMUEL 19–24: GUERREIRO EM FUGA 145
Saul: ainda à procura de Davi
Visitando um velho amigo sem avisar
A proteção de um sacerdote
Pessoas boas, mentiras ruins
O Ebenézer de Davi: Salmos 34
No esconderijo
Corra, corra, corra e corra mais um pouco
Saul: salvo por um triz

1SAMUEL 25: DAVI E ABIGAIL 165
O que Davi está fazendo
Hora de tosquiar as ovelhas!
O casal incompatível de Maom
O perigo da ira
Intervenção divina
Nabal teve um infarto
A recompensa de Abigail: um terreno perigoso para Davi?

1SAMUEL 26–31; 1CRÔNICAS 10: O LIVRAMENTO DE DAVI 181
Saul: salvo por um triz pela última vez
Aquis ganha um guerreiro
De mudança para Ziclague
O enorme pecado de Saul com uma médium
O dilema de Davi

Recuperação!

Saul morre

QUINTA PARTE: Dias de glória.. 203

2 SAMUEL 1–5; 1CRÔNICAS 11: O HOMEM DE DEUS ASSUME O TRONO 205

Mensageiro com uma intenção

Seguindo para Hebrom

O exercício do reinado em Judá

Guerra civil!

O assassinato de Abner

Davi: rei de Israel!

A tomada de Jerusalém

2 SAMUEL 6; 1CRÔNICAS 13–16: O REI QUE DANÇA 223

Onde está a arca?

A proposta de Davi

Como NÃO transportar a arca

Eles fizeram da maneira correta na segunda vez

O traje de dança da Davi

Mical não entendeu nada

A defesa de Davi

2 SAMUEL 7; 1CRÔNICAS 17: O PROFUNDO DESEJO DE DAVI...................... 237

Paz no palácio, na família e na nação

O "descanso" na história

A grande ideia

Deus diz "não"

Uma casa de um tipo diferente

As primeiras palavras de Davi

2 SAMUEL 8–10; 1CRÔNICAS 18–21: AS CONQUISTAS

E BENEVOLÊNCIAS DO REI 249

Finalmente, os filisteus

Dominando os moabitas

Os arameus e os edomitas

Por amor a Jônatas

Um convite indesejado

Davi e Mefibosete: um retrato de Deus e os pecadores
De volta à batalha

SEXTA PARTE: Dias de vergonha 265

2 SAMUEL 11: OS PECADOS DE DAVI 267
Primavera, tempo de guerra
Um pátio com uma vista
Ele deveria ter voltado para a cama
Uma gravidez indesejada
Um homem com um plano
Davi prolonga o pecado

2 SAMUEL 12: CONSEQUÊNCIAS FATAIS 283
Uma parábola poderosa
O poder das parábolas
O juízo de Deus
Como soletrar alívio: C-O-N-F-E-S-S-E
Verdade e consequências
Abençoado em casa e no campo de batalha

2 SAMUEL 13–18: PROBLEMAS NO PALÁCIO 297
Um silêncio debilitante
O assassinato de Amnom e a ausência de Absalão
A vingança de Absalão
Em fuga novamente
Dois velhos amigos
Uma dor insuportável

SÉTIMA PARTE: Decadência e morte 317

2 SAMUEL 19–20: INDO PARA CASA EM JERUSALÉM 319
Davi leva uma bronca
A jornada para Jerusalém, refeita
Fome na terra
As últimas palavras de Davi
Os principais guerreiros de Davi
Um recenseamento pecaminoso

OS ÚLTIMOS DIAS DE DAVI...335

Do topo ao vale

Davi: recrutador, provedor e gerente de logística

Plantas para o templo

Luta pela sucessão

Salomão, rei de Israel

A morte de Davi

APÊNDICE A: Respostas.. 359

APÊNDICE B: Colaboradores 369

NOTAS 373

Introdução

A Bíblia está repleta de exemplos de pessoas cuja vida pode ensinar lições importantes sobre como viver, como não viver e como ter um relacionamento mais próximo de Deus. Davi é uma dessas pessoas.

Na verdade, com exceção de Jesus Cristo, há mais histórias na Bíblia sobre Davi do que sobre qualquer outra pessoa. Ele deve ter sido uma pessoa muito especial para receber esse tipo de atenção no livro mais vendido de todos os tempos!

O que há de tão especial em Davi?

A maioria das pessoas pode citar, pelo menos, meia dúzia de coisas que sabem sobre ele. Por exemplo:

+ ele foi um menino pastor;
+ ele era músico e escreveu muitos dos salmos;
+ ele matou Golias, o gigante filisteu, com uma atiradeira;
+ ele foi amigo de Jônatas, filho do homem que tentava matá-lo;
+ ele teve um caso com Bate-Seba e tomou providências para que o marido dela fosse assassinado;
+ ele quis construir um Templo para o Senhor.

Todas essas informações são interessantes, mas o que o torna realmente especial é o fato de ter sido chamado de homem segundo o coração de Deus.

Isso levanta a questão do dia: o que, exatamente, é necessário para se tornar uma pessoa segundo o coração de Deus?

Não existem respostas claras e concisas para essa pergunta. Afinal, as características que tornaram Davi precioso para Deus são numerosas, mas não podem ser facilmente resumidas em uma descrição exata nem formar um acróstico criativo. Elas só podem ser descobertas quando conhecemos Davi em um nível profundamente pessoal. Isso significa:

+ conhecer seu passado;
+ conhecer sua família;
+ saber sobre a história de seu povo, os israelitas;
+ estudar o tempo em que ele viveu;
+ compreender a maneira como ele adorou a Deus;
+ rever os eventos em sua vida;

♦ analisar a forma como ele respondeu a esses eventos; e

♦ examinar o que o motivou a fazer as coisas que ele fez.

É uma longa lista de "tarefas", não é?

A boa notícia é que este guia de estudo dará a você a oportunidade de responder à pergunta do dia. Ele irá conduzi-lo pela história da vida de Davi que é contada em grande parte dos livros de 1 e 2Samuel, bem como em partes de 1Reis e 1Crônicas.

Coisas para lembrar sobre Davi

A história de Davi muitas vezes apresenta vários níveis de profundo significado. Para você aproveitar ao máximo o estudo sobre a vida do salmista, aqui estão algumas coisas que devem ser lembradas:

1. Grande parte da história de Davi está contida nos livros de 1 e 2Samuel, que originalmente eram um único livro. Geralmente, essa narrativa é cronológica e gira em torno de três pessoas fundamentais:

♦ Samuel, o último juiz e primeiro profeta de Israel, que ungiu os dois primeiros reis israelitas e conduziu o povo na transição da teocracia para a monarquia;

♦ Saul, escolhido pelo povo para ser rei;

♦ Davi, escolhido por Deus para ser rei.

2. Davi é um tipo de Cristo. De sua linhagem nasceu o próprio Filho de Deus, Jesus Cristo. Há muitas semelhanças entre ele e Jesus, e esses paralelos podem ajudar o leitor a obter uma melhor compreensão do caráter de Cristo.

Mas é essencial lembrar que Cristo é perfeito; Davi, sem dúvida, não o foi. Todos são pecadores, e ele não foi exceção. O objetivo de estudar a vida de Davi não é simplesmente o de obter mais conhecimento sobre um homem segundo o coração de Deus; mas sim desenvolver mais o relacionamento com o Deus do coração desse homem.

3. A história de Davi é a história de uma nação. Ele é uma figura central no plano de Deus para Israel. Para entender plenamente o que Deus estava fazendo por meio de Davi, fique sempre de olho no que estava acontecendo em Israel e nas nações vizinhas.

4. Muitas lições contidas na história da vida de Davi são enfatizadas por uma série de comparações que revelam contrastes. Por exemplo, é mais fácil entender por que Davi era um homem segundo o coração de Deus quando você compara a reação dele ao pecado com a de Saul. Enquanto o pecado quase partiu o coração de Davi, ele simplesmente endureceu o de Saul. Essas semelhanças e diferenças entre Davi e outras pessoas às vezes falam mais alto do que as palavras.

5. O estudo da vida de Davi está repleto de características extras, como aquelas informações adicionais sobre celebridades contidas em DVDs de filmes modernos; o estudo da vida dessa personalidade bíblica também dá ao leitor uma perspectiva íntima e pessoal de outras "estrelas" importantes das Escrituras. É fundamental não ficar obcecado pelo estudo acerca de Davi a fim de que você possa ver as maravilhosas verdades sobre Deus ensinadas por meio da vida de pessoas como:

✦ Ana, a mulher estéril cuja fé em Deus foi recompensada com um filho que guiaria espiritualmente a nação de Israel;

✦ Abigail, a mulher bela e sábia cuja vontade de assumir um risco e falar o que pensava impediu Davi de cometer um erro fatal;

✦ Natã, o profeta cuja coragem lhe permitiu arriscar a própria vida para confrontar o rei por causa do grave pecado que este havia cometido.

Ele não saltou prédios altos, roubou os ricos ou sentou-se a uma távola redonda

Uma vez que a vida de Davi parecia ser, bem..., fora do comum — afinal, ele matou um gigante com nada mais do que uma pedra do leito de um rio —, é tentador começar a pensar nele como uma espécie de super-herói lendário, talvez como um tipo de mistura de Super-Homem, Robin Hood e Rei Artur. É verdade que, quando estava em sua melhor fase, Davi foi um modelo de características fantásticas como fidelidade, humildade, honra e um grande amor por Deus. Mas ele, como o restante da humanidade, nem sempre esteve em sua melhor fase. Na verdade, muitas vezes esteve na pior situação possível. Nesses momentos ele mostrava qualidades bastante desagradáveis, como desonestidade, orgulho, incerteza, uma raiva descontrolada e lascívia. É interessante notar que para Deus, em sua infinita sabedoria, não convém esconder qualquer uma dessas qualidades nem um pouco heroicas debaixo da capa de um super-herói. Ele dá ao leitor um passe livre para ver tanto os deslizes como os sucessos de Davi.

Ao que parece, essa é a maneira de Deus passar um marcador amarelo sobre uma das lições mais importantes ensinadas pelo exemplo de Davi — por mais fiel que seja a caminhada de uma pessoa com Deus, ela ainda pode cair. E, por mais que uma pessoa caia, ela nunca está fora do alcance da mão estendida de Deus.

Uma nota sobre os Salmos

Você pode obter novas ideias do que aconteceu em certos episódios da vida de Davi ao ler o que se passava no coração dele naqueles momentos. Espiar o coração de Davi atrás dos bastidores é possível graças às suas notas pessoais que foram preservadas em forma de orações pedindo ajuda e de cânticos de louvor. Elas estão registradas em Salmos 3–41. (Os Salmos são, certamente, uma das maiores reivindicações de Davi à fama, mas este livro não se aprofunda em um estudo de seus salmos. Esse é assunto para outro livro desta série, o *Guia fácil para entender Salmos*. Este guia, no entanto, apresenta discussões de certos salmos, quando apropriadas.)

Algo na história de Davi para todos

Por que Deus contaria tudo sobre a vida desse homem que tanto o amou? Possivelmente porque nada interessa mais às pessoas do que outras pessoas — mais provavelmente, porém, porque a história de Davi tem algo a oferecer para os diversos tipos de pessoas, e Deus repetidamente nos instrui e permite que compartilhemos as experiências dos outros. Para as pessoas que:

+ *estão se sentindo esquecidas:* há um grande episódio sobre um menino pastor quase ignorado pelo próprio pai que dará esperança a todas as pessoas "invisíveis";

+ *estão indignadas com algo que é errado, mas acham que não têm os recursos ou a força para fazer algo a respeito:* há uma poderosa história familiar de superação de desafios gigantes contra todas as probabilidades;

+ *são casadas:* há muita coisa a ser aprendida sobre relacionamentos conjugais, e à maneira de Deus, com pessoas como Ana, Davi e Abigail;

+ *são líderes:* há muitas lições de liderança a serem aprendidas com o melhor administrador de Israel, pois ele escreveu o livro sobre a organização do templo;

+ são pais: a história de três personagens importantes — Samuel, Saul e Davi — enfatiza repetidamente princípios para educação de filhos e lista o que se deve e o que não se deve fazer nesta questão;

+ *são mulheres que foram vítimas de pessoas ou circunstâncias:* há muita coisa sobre a escolha entre amargura e alegria a ser aprendida com pessoas como Ana, Mical e Abigail.

E isso é apenas uma pequena lista. Os pobres e os prósperos, a elite social e os excluídos pela sociedade, os contentes e os inquietos, os que têm fé inabalável em Deus e os que frequentemente esquecem o que é fé... estão todos na história de Davi também.

Talvez por isso Deus ofereça esse exame íntimo e extenso da vida do homem segundo seu coração: para ajudar a *todos* — não importa a posição social ou a situação em que se encontrem — a evitar os erros de Davi e a imitar suas características santas. Entre as bênçãos resultantes do estudo de um coração como o de Davi pode estar a de tornar-se também uma pessoa "segundo o coração de Deus".

Sobre a autora

Angie Peters escreveu vários livros, incluindo *Celebrate Home: Encouragement and Tips for Stay-at-Home Parents* [Celebrem o lar: Incentivo e dicas para pais que ficam em casa] (Concordia Publishing House, 1998, 2005), *Designed to Influence: A Woman and Her Testimony* [Feita para influenciar: A mulher e seu testemunho] (Bogard Press, 2004), e *Designed to Build: A Woman and Her Home* [Feita para edificar: A mulher e seu lar] (Bogard Press, 2005). Também escreveu artigos para publicações como *Today's Christian Woman, Christian Home & School* e *ParentLife*. Angie dedica-se à sua paixão de ensinar e encorajar outras pessoas como líder de estudos bíblicos de mulheres há mais de quinze anos. Ela vive em Benton, no Arkansas, com o marido e seus três filhos. É a eles que a autora dedica este livro com amor e gratidão por dividirem quase um ano do tempo, da energia e dos pensamentos da esposa e mãe deles com este homem incrível chamado Davi.

Sobre o editor geral

Dr. Larry Richards nasceu em Michigan, mas agora vive em Raleigh, na Carolina do Norte. Converteu-se enquanto estava na Marinha, na década de 1950. Larry ensinou e escreveu programas para escola dominical para grupos de todas as idades, de crianças a adultos. Publicou mais de duzentos livros, vários deles traduzidos para mais de vinte idiomas. Sua esposa, Sue, também é escritora. Ambos gostam de ministrar estudos bíblicos e, também, de pescar e jogar golfe.

É fácil entender a Bíblia com estas ferramentas

Para entender a Palavra de Deus, é preciso ter à mão — na ponta dos dedos — ferramentas de estudo de fácil uso. A série *Guia fácil para entender*® coloca recursos valiosos ao lado do texto para ajudá-lo a economizar tempo e esforço.

Todas as páginas apresentam colunas laterais práticas e repletas de ícones e informações úteis: referências cruzadas para novas informações, definições de palavras e conceitos importantes, breves comentários de especialistas sobre o tópico, questões para reflexão, evidências de Deus em ação, visão geral de como as passagens se encaixam no contexto de toda a Bíblia, sugestões práticas para o leitor aplicar as verdades bíblicas em todas as áreas da vida e muitos mapas, tabelas e ilustrações. Um resumo de cada passagem, combinado com questões de estudo, encerra cada capítulo.

Essas ferramentas úteis mostram o que se deve observar. Examine-as para se familiarizar com elas e, em seguida, comece o capítulo 1 com confiança absoluta: você está prestes a expandir seu conhecimento da Palavra de Deus!

Recursos úteis para o estudo

O ícone Balão chama a sua atenção para comentários que podem particularmente levar à reflexão, ser desafiadores ou encorajar. Você vai querer reservar alguns minutos para refletir sobre ele e considerar as implicações para a sua vida.

Algo para pensar

Não o perca de vista! O ícone Ponto de exclamação chama a sua atenção para um ponto fundamental no texto e enfatiza verdades e fatos bíblicos importantes.

Ponto importante

Vá para
morte na cruz
Colossenses 1:21-22

Muitos veem Boaz como um modelo de Jesus Cristo. Para reconquistar o que nós, seres humanos, perdemos por causa do pecado e da morte espiritual, Jesus teve de se tornar humano (ou seja, ele teve de se tornar um de nós) e de se dispor a pagar o preço por nossos pecados. Com a sua <u>morte na cruz</u>, Jesus pagou o preço e conquistou a liberdade e a vida eterna para nós.

Os versículos bíblicos adicionais dão respaldo bíblico para a passagem que você acabou de ler e o ajudam a entender mais claramente o <u>texto sublinhado</u>. (Pense nisso como um recurso imediato de referência!)

Aplique

Como o que você acabou de ler se aplica à sua vida? O ícone Coração indica que você está prestes a descobrir! Essas sugestões práticas falam à sua mente, ao seu coração, ao seu corpo e à sua alma, e oferecem diretrizes claras para você viver uma vida íntegra e cheia de alegria, definindo prioridades, mantendo relacionamentos saudáveis, perseverando em meio aos desafios e mais.

Profecia

Este ícone revela como Deus é verdadeiramente onisciente e Todo-poderoso. O ícone Ampulheta mostra um exemplo específico do prenúncio de um evento ou do cumprimento de uma profecia. Observe como parte do que Deus disse já se cumpriu!

Deus em ação

Quais são algumas das coisas maravilhosas que Deus fez? O ícone Placa mostra como Deus usou milagres, ações especiais, promessas e alianças ao longo da história para atrair pessoas a ele.

Harmonia dos Evangelhos

A história ou o evento que você acabou de ler aparece em outra passagem dos Evangelhos? O ícone Cruz mostra-lhe aqueles exemplos nos quais a mesma história aparece em outras passagens do Evangelho — outra prova da precisão e da verdade da vida, da morte e da ressurreição de Jesus.

INTRODUÇÃO

Para o seu casamento

Uma vez que Deus criou o casamento, não há pessoa melhor a quem recorrer em busca de conselho. O ícone Par de alianças chama a sua atenção para informações e sugestões bíblicas para você fortalecer seu casamento.

Fortaleça sua família

A Bíblia está repleta de sabedoria para você formar uma família santa e desfrutar de sua família espiritual em Cristo. O ícone Casal com bebê lhe dá ideias para edificar sua casa e ajudar sua família a ser unida e forte.

Ilha de Patmos
Uma pequena ilha no mar Mediterrâneo

uma pequena ilha no mar Mediterrâneo
[...] tendo ocorrido algo importante, ele escreveu a essência do que viu. Esta é a prática que João seguiu quando registrou Apocalipse na **ilha de Patmos**.

Qual é o verdadeiro significado desta palavra, especialmente quando está relacionada a esta passagem? Palavras importantes, mal compreendidas ou usadas com pouca frequência aparecem em **negrito** em seu texto para que você possa imediatamente dar uma olhada na margem para encontrar definições. Esse recurso valioso permite que você entenda mais claramente o significado de toda a passagem sem precisar parar para checar outras referências.

Visão geral

Josué

Liderados por Josué, os israelitas atravessaram o rio Jordão e invadiram Canaã. Em uma série de campanhas militares, os israelitas venceram vários exércitos de coalizão formados pelos habitantes de Canaã. Com a queda da resistência organizada, Josué dividiu a terra entre as doze tribos israelitas.

Como o que você lê se encaixa na história bíblica maior? A visão geral em destaque resume a passagem que está sendo discutida.

O que outros dizem

David Breese

Nada é mais claro na Palavra de Deus do que o fato de que Deus quer que o compreendamos e também entendamos o seu modo de agir na vida do homem.[5]

Talvez seja útil saber o que outros estudiosos dizem sobre o assunto, e a citação em destaque introduz outra voz na discussão. Esse recurso permite que você leia outras opiniões e perspectivas.

Mapas, tabelas e ilustrações representam visualmente artefatos antigos e mostram onde e como histórias e eventos ocorreram. Eles permitem que você entenda melhor o surgimento de impérios importantes, passeie por vilas e templos, veja onde aconteceram grandes batalhas e acompanhe as jornadas do povo de Deus. Você verá que esses gráficos lhe permitem ir além do estudo da Palavra de Deus — eles permitem que você a *conheça*.

PRIMEIRA PARTE

Preparando o terreno

Destaques do capítulo:

✦ Os lugares altos

✦ As causas da tristeza de Ana

✦ Um marido prestativo

✦ A solução de Ana

✦ A gafe do sacerdote

✦ Ouvindo vozes

1SAMUEL 1–3
Uma mulher clama por um filho

Vamos começar

A história da vida de Davi não se abre com a imagem de um menino pastor despreocupado, cuidando de seu rebanho sob o árido calor do Oriente Médio. Em vez disso, o relato bíblico da vida do homem segundo o coração de Deus começa, na verdade, com o retrato de uma família fiel, viajando das montanhas de Efraim para um lugar chamado Siló com o intuito de lá adorar o Senhor. As circunstâncias e as experiências dessa família nos três primeiros capítulos de 1Samuel apresentam muitos temas importantes que reaparecem ao longo da vida de Davi e da vida do povo de Israel, uma nação em transição.

Viagem de família

1Samuel 1:1-7 *Havia certo homem de Ramataim, zufita, dos montes de Efraim, chamado Elcana, filho de Jeroão, neto de Eliú e bisneto de Toú, filho do efraimita Zufe. Ele tinha duas mulheres: uma se chamava Ana, e a outra Penina. Penina tinha filhos, Ana, porém, não tinha. Todos os anos esse homem subia de sua cidade a Siló para adorar e sacrificar ao Senhor dos Exércitos. Lá, Hofni e Fineias, os dois filhos de Eli, eram sacerdotes do Senhor. No dia em que Elcana oferecia sacrifícios, dava porções à sua mulher Penina e a todos os filhos e filhas dela. Mas a Ana dava uma porção dupla, porque a amava, apesar de que o Senhor a tinha deixado estéril. E porque o Senhor a tinha deixado estéril, sua rival a provocava*

Vá para

Elcana
marido de Ana, um levita

levitas
sacerdotes e líderes de adoração

Ramataim
lugar onde Samuel nasceu, viveu e foi sepultado

arca da aliança
Êxodo 25:10-22; Deuteronômio 10:1-6

colocada por Josué
Josué 18:1

tabernáculo
Êxodo 25:22; 29:42-43; 30:6,36

Tenda do Encontro
Êxodo 39:32,40; 40:2,6,29

jardim do Éden
Gênesis 2:8-9

Adão e Eva
Gênesis 2:7-25

desobedecer às regras de Deus
Gênesis 3

instruções detalhadas
Êxodo 25

arca da aliança
recipiente sagrado que simbolizava a presença de Deus na terra

Josué
líder espiritual e militar de Israel

sacrifícios
morte de um substituto como perdão para o pecado

continuamente, a fim de irritá-la. Isso acontecia ano após ano. Sempre que Ana subia à casa do SENHOR, sua rival a provocava e ela chorava e não comia.

Elcana era de uma família devota de **levitas**. Todos os anos, ele e sua família viajavam de **Ramataim**, sua cidade natal, para Siló, o lugar onde a <u>arca da aliança</u> havia sido <u>colocada por</u> **Josué**. Em Siló, no Tabernáculo, eles adoravam a Deus e ofereciam **sacrifícios**.

É importante não avançarmos neste estudo sobre a vida de Davi sem termos explorado completamente a palavra "<u>tabernáculo</u>" e tudo o que ela representa. Sozinha, a palavra significa apenas uma casa ou uma moradia. Na Bíblia, o termo (e, às vezes, a expressão "<u>Tenda do Encontro</u>") se refere ao lugar onde as pessoas cultuavam a Deus. Entretanto, muitas das referências bíblicas ao tabernáculo apontam para um exemplo específico: o tabernáculo dos israelitas no deserto, que era o centro de adoração e símbolo da presença de Deus entre eles.

De certo modo, o <u>jardim do Éden</u> foi o primeiro tabernáculo. Ali, o Criador, **Adão e Eva** viviam em um original esplendor e em perfeita harmonia antes do primeiro casal escolher <u>desobedecer às regras de Deus</u>. Quando os dois fizeram isso, o **pecado** os separou de Deus, porque é impossível que a santidade, a perfeição, coexista com a impureza, a imperfeição. Mas, uma vez que Deus havia criado as pessoas para seu prazer e para ter comunhão com elas, ele quis abrir um caminho para elas entrarem novamente em sua presença.

Ele fez isso ao dar ao seu profeta Moisés <u>instruções detalhadas</u> para a construção de um tabernáculo, precisamente aquele para o qual Elcana e sua família viajavam todos os anos.

Um olhar para dentro

Ao seguirem para Siló, a primeira visão que os peregrinos tiveram do centro de adoração deve ter sido de tirar o fôlego. Um pouco além dos 2,25 metros das paredes de linho que cercavam o pátio de 45 metros por 22,5 metros, eles puderam vislumbrar uma parte do telhado do próprio tabernáculo. E, ao passarem pelas cortinas azul, roxa e vermelha que se estendiam pelos nove metros da entrada oriental do pátio, eles teriam visto bem à frente o exterior de uma estrutura de quase 14 metros por 4,5 metros, de topo plano.

O pátio exterior do tabernáculo era o limite que lhes era permitido chegar; ali, eles poderiam se purificar dos pecados, fazendo sacrifícios, apresentando **ofertas** e oferecendo **adoração** pessoal.

Se lhes tivesse sido permitido entrar na estrutura, eles teriam visto que ela estava dividida em dois espaços — um pátio interior, chamado "Lugar Santo", e o Santo dos Santos, também chamado "Lugar Santíssimo". Cortinas pesadas separavam o pátio interior do pátio exterior, e o Santo dos Santos do pátio interior. Apenas os **sacerdotes** podiam entrar no pátio interior, escassamente mobiliado. E apenas uma vez no ano, no **Yom Kippur**, o sumo sacerdote, que além de **levita** devia ser descendente de <u>Arão</u>, tinha permissão para entrar no Santo dos Santos. Ali ficava guardada a **arca da aliança**.

Simbolismo no tabernáculo

Não foi sem razão que Deus deu a Moisés instruções cuidadosas para a construção do tabernáculo; cada detalhe da construção da estrutura e de sua mobília está carregado de simbolismo:

- ✦ *A entrada:* Havia apenas um caminho para dentro do tabernáculo, por meio do portão na parede oriental; há apenas uma entrada para a comunhão com Deus, por meio da "<u>porta</u>", que é Jesus Cristo.
- ✦ *Os materiais:* A acácia, madeira usada na construção do tabernáculo, é de lenta decomposição; isso representa o corpo humano de Jesus, que nunca se decompôs, uma vez que foi **<u>ressuscitado</u>**.
- ✦ *O candelabro:* O candelabro sobre a mesa no pátio interior, na verdade, não era exatamente um candelabro; era uma lâmpada de sete braços, mantida a óleo, conhecida pelos judeus, tanto antigos quanto modernos, como "menorá". A haste central subia em linha reta vinda do reservatório de óleo; as outras hastes funcionavam da mesma forma, mas se curvavam para fora. A luz na haste central era sempre mantida acesa e era conhecida como *ner tamid*, "luz eterna", em hebraico. As outras hastes eram acesas a partir da central. Desse modo, toda a estrutura pode ser usada como uma ilustração de um relacionamento com Cristo: ele é a fonte de luz, a haste central; seus seguidores são os ramos externos. Ele é a luz do mundo; a luz de seus seguidores depende inteiramente dele. Os cristãos não têm luz por si mesmos; eles são simples canais para a Palavra de Cristo, do mesmo modo que as hastes eram apenas canais para o óleo.

Adão e Eva
o primeiro homem e a primeira mulher que Deus criou

pecado
violação da vontade de Deus

ofertas
presentes

adoração
ato de honrar a Deus com louvor

Vá para

Arão
Êxodo 4:14-16,30; 7:2; 17:10; 29:9; Números 26:59; 33:39

porta
João 10:9

ressuscitado
Mateus 28:6-7; Marcos 16:6; Lucas 24:6; João 2:22; 1Coríntios 15:20

sacerdotes
levitas; aqueles que presidiam a vida religiosa da nação

Yom Kippur
Dia da Expiação; um dia solene reservado para o jejum e o sacrifício com intuito de reparar os pecados do ano anterior

levita
sacerdote e líder de adoração

Arão
irmão mais velho de Moisés; o primeiro sumo sacerdote de Israel

arca da aliança
baú contendo as duas tábuas de pedra nas quais Deus deu a Moisés os Dez Mandamentos, um vaso com o maná e a vara de Arão que brotou

ressuscitado
trazido da morte para a vida

Vá para

véu foi rasgado
Mateus 27:51

Jesus vive
1Coríntios 6:19-20

Gilgal
Josué 4:19-20;
5:9-10

pão da proposição
doze pães representando as doze tribos de Israel

Gilgal
primeiro acampamento dos israelitas depois que atravessaram o Jordão

lugares altos
o cume de montes onde ocorria a adoração

✦ *O pão:* Também sobre uma mesa no pátio interior era mantido o pão da Presença, ou **"pão da proposição"**, que sugere a provisão de Deus para seu povo e comunhão com ele.

✦ *O véu:* A cortina que separava o Lugar Santo do Lugar Santíssimo era chamada de véu e representa a barreira que o pecado forma entre Deus e os homens. O véu foi rasgado quando Jesus morreu na cruz, ilustrando que sua morte removeu a necessidade de sacrifícios de animais para remover a barreira do pecado. Aqueles que aceitam o sacrifício de Cristo para seus pecados são perdoados e têm acesso a Deus por meio de Cristo.

✦ *A tenda:* A presença de Deus estava no Santo dos Santos, no tabernáculo; Jesus vive na tenda, ou tabernáculo, do coração de cada ser humano.

> **o que outros dizem**
>
> **Larry Richards**
> Por que as instruções de Deus foram tão específicas? Porque cada detalhe do tabernáculo ensina uma verdade espiritual.[1]

Os lugares altos

Antes que Josué estabelecesse o tabernáculo em Siló, ele estava localizado em **Gilgal**, onde guerras haviam sido travadas por catorze anos. Durante aqueles tempos turbulentos, o povo de Israel começou a oferecer sacrifícios em outros lugares que não o tabernáculo. Esses lugares eram chamados de **"lugares altos"**, porque os altares improvisados normalmente estavam situados no cume de montes. Na maioria das vezes, os "lugares altos" na Bíblia estão associados à adoração pagã. Após o restabelecimento do tabernáculo em Siló, os lugares altos foram estritamente proibidos, e as famílias foram instruídas a retomar a adoração apenas no tabernáculo. Nem todos fizeram isso, entretanto; isso é o que fez Elcana e sua família se destacarem como uma família de fé. Sua peregrinação anual para adorar em Siló demonstrava sua obediência a Deus.

> **o que outros dizem**
>
> **Matthew Henry**
> Deus, então, restringiu seu povo a um lugar e a um altar, e o proibiu, em qualquer circunstância, de adorar em outro lugar; e, portanto, em pura obediência a esse mandamento, ele [Elcana] comparecia a Siló.[2]

As causas da tristeza de Ana

A família de Elcana podia ser fiel, mas isso não significa que fosse plenamente funcional. De fato, pelos padrões de hoje, "disfuncional" descreveria melhor aquela casa. Enquanto a família atravessava com dificuldade o árduo terreno montanhoso, as lentes da câmera que registrava a jornada quase instantaneamente dão um *zoom* em uma das personagens: Ana, esposa de Elcana. Seu nome significa "graça", mas ela estava, claramente, cheia de angústia. Quais eram as causas de sua tristeza?

Vá para

poligamia
Deuteronômio
21:15-17
bênção de Deus
Salmos 127:3,5

1. *Três é demais*. Parte da tristeza de Ana era fruto da estrutura de seu casamento: ela dividia o marido, Elcana, com Penina, outra esposa. Ainda que a poligamia não fosse explicitamente proibida no Antigo Testamento, o casamento entre uma mulher e um homem é o modelo ideal de Deus, como vemos nas seguintes passagens:
   + Gênesis 2:21-24;
   + Mateus 19:4-6;
   + Efésios 5:21-23.

Ponto importante

poligamia
união conjugal de um homem com mais de uma esposa
infertilidade
a incapacidade de ter filhos
fertilidade
a capacidade de ter filhos
patriarcado
sociedade governada por homens

Em suma, a poligamia extrapola os limites do esquema traçado por Deus para um casamento sólido.

2. *A falta de filhos dói*. Outra razão para Ana estar chateada fica evidente na frase que afirma que Penina tinha filhos, mas Ana não os tinha. Essa mulher estava lutando contra a infertilidade. Na cultura daquele tempo, a gravidez marcava a posição de uma mulher entre os familiares e amigos. Desde o momento em que Deus havia instruído Adão e Eva a serem férteis e a multiplicarem-se (Gênesis 9:1,7), a fertilidade representava a bênção de Deus. Os filhos eram considerados presentes divinos e eram, de fato, indicativos de riqueza. A infertilidade, por outro lado, frequentemente representava o pior de todos os infortúnios que poderiam suceder a uma família. O texto de Gênesis 30:22-23 indica que não ser capaz de gerar filhos era uma vergonha. A falta de filhos não era vista apenas como uma maldição espiritual e uma vergonha social, mas também mostrava que uma mulher israelita estava com problemas de ordem prática. Uma vez que ela vivia em um sistema de patriarcado, a posição legal da mulher era determinada por sua relação com os homens — seu marido, seu pai, seus filhos ou seus genros. Dessa forma, seu bem-estar econômico dependia de

Algo para pensar

pertencer à casa de um homem. Se seu marido morresse, e ela não tivesse filhos ou genros, quem cuidaria dela na velhice?

> ## O que outros dizem
>
> ### The Bible Almanac [O almanaque bíblico]
> Os moradores da cidade ridicularizavam uma mulher estéril, chamando-a de "opróbrio". Mesmo aqueles que a amavam tratavam-na como digna de pena e a colocavam na mesma categoria de uma viúva [...] Ela era espiritualmente arruinada, socialmente ultrajada e psicologicamente deprimida.[3]

3. *A outra esposa do marido de Ana era um verdadeiro estorvo.* Ana não apenas tinha de sofrer a humilhação e o desgosto de saber que não podia ter filhos, como também tinha de suportar os escárnios da mulher que tinha dado a Elcana uma tenda cheia de crianças. Contenda entre duas mulheres na mesma casa talvez não seja o que Salomão, filho de Davi, tinha em mente ao escrever, muitos anos depois, que "a esposa briguenta é como uma goteira constante" (Provérbios 19:13), mas, sem dúvida, o "ping, ping, ping" das provocações de Penina, dia após dia e ano após ano, estava minando o restinho de bom humor de Ana.

4. *As trevas da depressão se estabeleceram.* Uma vez que Ana havia suportado as pressões de um casamento nem um pouco ideal, a vergonha e o desapontamento da infertilidade, e a perseguição de uma Penina contenciosa, a tensão de sua situação, por fim, se manifestou de modo físico. Ela não conseguia parar de chorar e havia perdido o apetite. Ambos os comportamentos são sintomas clássicos de uma depressão.

Um marido prestativo

1Samuel 1:8 *Elcana, seu marido, lhe perguntava: "Ana, por que você está chorando? Por que não come? Por que está triste? Será que eu não sou melhor para você do que dez filhos?"*

Elcana parece ter tentado o máximo possível alegrar Ana e preencher o vazio no coração dela. Ele ofereceu presentes materiais, bem como palavras bondosas e encorajadoras. Deixando de lado por um momento a decisão insensata de Elcana de se casar com mais de uma mulher, seu cuidado e sua preocupação com Ana são comoventes. Entretanto, embora fossem bem-intencionados, os esforços de Elcana para tirá-la de sua angústia não poderiam preencher o vazio no coração de Ana.

Deus — não coisas, nem mesmo o amor de outras pessoas — é o único que pode satisfazer os anseios de seu povo!

Ponto importante

O que outros dizem

Robert Alter
A pungência de duplo sentido dessas palavras está em que elas expressam, ao mesmo tempo, o profundo e solícito amor de Elcana por Ana e também sua incapacidade de entender o quanto ela se sente inconsolável quanto à sua aflição de ser estéril.[4]

A solução de Ana

1Samuel 1:9-11 *Certa vez quando terminou de comer e beber em Siló, estando o sacerdote Eli sentado numa cadeira junto à entrada do santuário do Senhor, Ana se levantou e, com a alma amargurada, chorou muito e orou ao Senhor. E fez um voto, dizendo: "Ó Senhor dos Exércitos, se tu deres atenção à humilhação de tua serva, te lembrares de mim e não te esqueceres de tua serva, mas lhe deres um filho, então eu o dedicarei ao Senhor por todos os dias de sua vida, e o seu cabelo e a sua barba nunca serão cortados."*

Eli
juiz e sumo sacerdote cujo nome significa "o Senhor é grande"

Por alguma razão não revelada nas Escrituras, Ana chegou a um ponto em que não conseguia mais esconder a angústia e os anseios de seu coração. Ela tomou uma atitude ao colocar sua dor nas mãos de Deus por meio de uma oração, que provavelmente foi como a descrita em Romanos 8:26:

Da mesma forma o Espírito nos ajuda em nossa fraqueza, pois não sabemos como orar, mas o próprio Espírito intercede por nós com gemidos inexprimíveis.

O fardo pesado do trauma emocional que Ana carregava foi deixado nas mãos de Deus quando ela seguiu um plano de ação de dois passos:

nazireu
separado para um serviço especial

voto
dever obrigatório

1. *Ela clamou a Deus*. É importante notar que Ana não estava passando por uma simples crise de melancolia. Essa era uma depressão profunda. A palavra hebraica usada para descrever a condição de sua alma é *mar*, que significa "amarga", "irada", "irritada", "descontente", "grande" ou "pesada". Essa mulher estava clamando em desespero sob a carga pesada de suas tristezas.

2. *Ela fez uma promessa a Deus*. Ao dizer que navalha alguma passaria pela cabeça de seu filho, Ana estava prometendo que o filho serviria ao Senhor como um **nazireu**.

Essa passagem, à primeira leitura, pode parecer uma barganha mortal com o Todo-poderoso: "Tu me dás o que eu quero e eu te darei algo em troca". É tentador fazer isso quando seu desejo por algo se sobrepõe à sua crença de que Deus sempre fará o que é melhor para seus servos. Mas "vamos fazer um trato" não é, de modo nenhum, o que essa passagem quer dizer. Ana estava, de fato, fazendo um **voto** a Deus, do tipo que a colocaria em perigo caso não o cumprisse: "Se um de vocês fizer um voto ao Senhor, o seu Deus, não demore a cumpri-lo, pois o Senhor, o seu Deus, certamente lhe pedirá contas, e você será culpado de pecado se não o cumprir" (Deuteronômio 23:21).

As palavras de Ana mostraram uma doce e completa rendição ao seu Senhor. Em essência, ela estava dizendo: "Eu te amo tanto, Senhor, que, ainda que tu julgares conveniente me dar um filho, ele será teu. Eu te entregarei aquilo que mais desejo, sabendo que teu favor sobre mim — e nada mais, nem mesmo um filho — é tudo de que realmente preciso".

Ponto importante

Uma observação sobre nazireus

Aqueles que queriam servir ao Senhor de um modo especial não poderiam simplesmente decidir participar do sacerdócio do mesmo modo que hoje é possível decidir se tornar líder de um ministério. Como mencionado anteriormente, o exclusivo privilégio de se tornar sacerdote era dado apenas aos homens que pertenciam à tribo de Levi. Mas a Lei provia um modo para que *qualquer* devoto, homem ou mulher — incluindo aqueles que não eram levitas —, demonstrasse sua dedicação a Deus. Eles poderiam fazer um voto de nazireu, baseado na palavra hebraica *nazir*, que significa "dedicar". Os votos eram, em geral, feitos por adultos, mas, ocasionalmente, como no caso de Ana, um dos pais poderia fazer o voto em nome do filho.

Algo para pensar

As diretrizes para os nazireus, esboçadas em Números 6:1-21, não estabeleciam um prazo específico para cumprir o voto. Entretanto, são delineados três requisitos para os que fazem votos:

✦ eles não podiam cortar o cabelo;
✦ eles não podiam beber vinho;
✦ eles não podiam tocar em cadáveres.

Se um nazireu falhasse em cumprir um desses requisitos, ele ou ela deveria oferecer um sacrifício e começar tudo de novo.

NAZIREUS DA BÍBLIA

Nome	Referência bíblica	Descrição
Sansão	Juízes 13–16	Sansão, o último juiz antes de Samuel, foi um nazireu desde o nascimento e é o primeiro mencionado na Escritura. Ele era fisicamente forte, mas moral e espiritualmente fraco.
Samuel	1Samuel 1–28	O último juiz e o primeiro profeta de Israel, homem muito amado, de integridade moral e espiritual que ungiu o primeiro e o segundo rei da nação.
João Batista	Mateus 3; Lucas 1; 3	Profeta, nascido apenas seis meses antes de Jesus; foi enviado por Deus para preparar o povo para receber a verdade de Jesus.
Tiago, irmão de Jesus	Marcos 6:2-3; Gálatas 1:19	Irmão de Jesus e autor do livro de Tiago, é tido por muitos estudiosos (com base em fontes extrabíblicas) como sendo um nazireu, embora isso não esteja relatado na Bíblia.
O apóstolo Paulo	Atos 18:18; 21:22-26	Paulo fez o voto de nazireu em um esforço de manter sua credibilidade entre os judeus, demonstrando que ele ainda era um deles, mesmo tendo aceitado a Cristo como o Messias.

A gafe do sacerdote

> **1Samuel 1:12-18** *Enquanto ela continuava a orar diante do Senhor, Eli observava sua boca. Como Ana orava silenciosamente, seus lábios se mexiam mas não se ouvia sua voz. Então Eli pensou que ela estivesse embriagada e lhe disse: "Até quando você continuará embriagada? Abandone o vinho!" Ana respondeu: "Não se trata disso, meu senhor. Sou uma mulher muito angustiada. Não bebi vinho nem bebida fermentada; eu estava derramando minha alma diante do Senhor. Não julgues tua serva uma mulher vadia; estou orando aqui até agora por causa de minha grande angústia e tristeza". Eli respondeu: "Vá em paz, e que o Deus de Israel lhe conceda o que você pediu". Ela disse: "Espero que sejas benevolente para com tua serva!" Então ela seguiu seu caminho, comeu, e seu rosto já não estava mais abatido.*

A súplica veemente, porém silenciosa, que Ana fez diante do Senhor deixou o sacerdote Eli convencido de que ela estava embriagada. Considerando os tempos, essa não era uma suposição tão descabida quanto possa parecer.

O que outros dizem

Adam Clarke

O fato de Eli presumir que Ana estivesse embriagada, e a própria conduta dos filhos de Eli, já mencionada, prova que a religião, naquele tempo, estava em decadência em Siló; pois parece que mulheres embriagadas iam, de fato, àquele lugar, e que mulheres promiscuas podiam ser encontradas ali.[5]

Matthew Henry

Talvez nessa era degenerada não fosse algo estranho ver mulheres embriagadas à porta do tabernáculo; pois, caso contrário, alguém pensaria, a vil lascívia de Hofni e Fineias não teria encontrado com tanta facilidade uma presa ali [...] Eli considerou Ana como uma dessas.[6]

A resposta sábia de uma mulher

A acusação do sacerdote deve ter sido muito desalentadora para Ana! Ser acusada de um comportamento vil deve ter sido um terrível golpe para ela. Algumas pessoas teriam devolvido com uma resposta sagaz; outras teriam se encolhido, humilhadas. Qualquer uma dessas reações teria causado uma grande comoção no santuário, e nenhuma delas teria obtido bons resultados. Ana, no entanto, calmamente apaziguou a situação. Ela escolheu suas palavras com cuidado e infundiu nelas respeito e honestidade, gerando paz, em vez de mais conflitos, demonstrando o tipo de sabedoria descrito em Provérbios 15:1: "A resposta calma desvia a fúria, mas a palavra ríspida desperta a ira".

Convencido, por fim, de que Ana estava sendo sincera, Eli assegurou-lhe algo que ela, sem dúvida, já sabia: Deus, de fato, atenderia sua oração. Imediatamente, seu apetite voltou a um nível saudável, sua energia foi restaurada e o fardo pesado da depressão caiu de seus ombros.

Deixe para lá!

Quando entregam a Deus suas aflições, suas inquietações ou seus medos, as pessoas muitas vezes acham fácil tomar de volta essas ansiedades e recomeçar as preocupações com elas. Com frequência, contam a Deus suas necessidades e, então, continuam a cultivá-las como se fossem pedras preciosas de preocupação. Então, com o coração pesado — sobrecarregado com tanta ansiedade —, as pessoas se queixam, dizendo "Deus simplesmente não responde as minhas orações". Em seguida, se perguntam por que não estão sentindo a paz que ele promete. Essa cena da oração libertadora de Ana oferece um exemplo perfeito do que acontece quando alguém realmente <u>entrega todas as preocupações a Deus</u>.

Nascimento e dedicação de Samuel

> ### Visão geral
>
> **[1Samuel 1:19–2:10**
>
> Elcana e sua família voltam para casa, onde Ana logo concebe e tem um filho, a quem dá o nome de **Samuel**, que significa "pedido a Deus". Elcana e o restante da família continuam a fazer a jornada anual a Siló para adorar, mas Ana — com a bênção de seu marido — fica em casa com Samuel, dizendo que não quer retornar a Siló até que seu filho tenha idade suficiente para ser deixado lá permanentemente. Fiel à sua palavra, assim que Samuel foi desmamado, provavelmente por volta dos três anos, ela se junta à família na peregrinação anual para adorar a Deus. Ana saúda o sacerdote Eli com alegria, fazendo-o se lembrar de que ela era a mulher que havia pedido — e recebido — um filho. Então, ela inicia um cântico profético de louvor, celebrando a resposta à sua oração.

Samuel
último juiz e primeiro profeta de Israel

Vá para

entrega todas as preocupações a Deus
1Pedro 5:7

Havia chegado o tempo de Ana cumprir seu voto ao Senhor. Pela primeira vez desde que rogou a Deus por um filho, ela viajou com sua família a Siló. Uma grande variedade de emoções certamente agitava seu coração. Sem dúvida, Ana sentia tristeza diante da possibilidade de viver diariamente sem seu tão amado filho à barra de sua saia. No entanto, ela provavelmente também sentia alegria a cada lembrança de que Deus havia, de fato, realizado seus desejos mais profundos. Ela nem mesmo deixou passar a oportunidade de apresentar seu testemunho a Eli, o sacerdote que, a princípio, havia interpretado mal os motivos de sua última visita. Aparentemente livre de qualquer receio com a alegação injusta do sacerdote, Ana contou-lhe, em um cântico, da bondade do Senhor para com ela, detalhando como Deus a havia ajudado, como ele age e como ele é.

Esta passagem, usualmente intitulada "Cântico de Ana", era provavelmente uma mistura de suas próprias palavras com expressões extraídas de salmos tradicionais de louvor e gratidão. Seu cântico tornou-se bem conhecido entre os judeus. Na verdade, Maria, mãe de Jesus, usou muitas palavras e expressões similares em seu próprio cântico, registrado em Lucas 1:46-55, depois que o anjo Gabriel lhe anunciou o nascimento de Jesus.

Algo para pensar

O Cântico de Ana, muitas vezes considerado um salmo de inversões, aponta para a capacidade divina de exaltar o humilde e humilhar o soberbo. Nas palavras de Robert Alter, ele é...

> **O que outros dizem**
>
> **Robert Alter**
> [...] uma introdução apropriada para toda a história de Saul e Davi. Este salmo (1Samuel 2:1-10) e o salmo de vitória de Davi (2Samuel 22) são ecos um do outro e agem como um cerimonioso "suporte" para a sequência narrativa estendida que inclui as histórias de Samuel, Saul e Davi.[7]

Aplique

Ao orar por uma necessidade, Ana fez isso em silêncio (seus lábios se moviam, mas era seu coração que falava); entretanto, sua oração de louvor foi feita em alta voz, para os outros ouvirem. Quantas vezes anunciamos nossas necessidades e nossos desejos por meio de orações e pedidos públicos de oração, para que os outros ouçam! No entanto, quantas vezes agarramos um microfone para compartilhar a resposta de Deus a essas orações? Que o Senhor conceda a cada um de nós o silêncio de Ana enquanto colocamos nossas petições aos seus pés; e que ele nos dê palavras de louvor repletas de poder quando for o tempo de proclamar sua bondade.

Meninos, meninos!

> **Visão geral**
> **1Samuel 2:11-17**
> Elcana e sua família foram para casa, deixando Samuel aos cuidados e sob instrução de Eli, enquanto **Hofni e Fineias**, os filhos do sacerdote, estavam cumprindo as obrigações no tabernáculo com perversidade cada vez maior.

Hofni e Fineias
os filhos corruptos do sacerdote Eli

Vá para

lei permitia
Levítico 7:34

gordura fosse queimada
Levítico 3:3-5

responsabilidade
1Timóteo 3:4-5

ensine os filhos
Deuteronômio 6:7; 11:19

disciplina
Efésios 6:4

As Escrituras descrevem os filhos de Eli como filhos de Belial, ou "filhos do Diabo". A lista de maldades crescia à medida que os dias passavam, e o fracasso em conduzir a adoração com integridade levou o povo ao erro.

Suas maldades incluíam:

✦ tomar para si mesmos uma parte do sacrifício maior do que a que a Lei permitia;
✦ tomar da carne antes que a gordura fosse queimada como um sacrifício a Deus;
✦ ressentir-se das ofertas ao Senhor.

Aprendendo com o exemplo de Eli

"Mas eu os criei no tabernáculo!" Com certeza esse pensamento passava pela mente de Eli ao ver seus filhos desafiando o Deus que ele conhecia e amava, enquanto mostravam apenas desobediência e desrespeito às leis de Deus.

Os pais de hoje podem aprender com os erros de Eli algumas coisas que devem ou não devem ser feitas.

O QUE UMA FAMÍLIA DEVE OU NÃO FAZER

Não faça	Não se torne tão consumido com o "trabalho na igreja" a ponto de negligenciar sua família.
Faça	Assuma responsabilidade pelo que acontece dentro de seu lar.
Não faça	Não presuma que levar as crianças à igreja garantirá que elas desenvolvam um relacionamento pessoal com Deus. O livre-arbítrio, dado a todas as pessoas, crianças ou não, requer uma decisão pessoal de aceitar tudo o que Deus oferece.
Faça	Ensine os filhos sobre sua fé em todas as oportunidades.
Não faça	Não tenha medo de disciplinar seus filhos.
Faça	Administre disciplina de um modo firme e amoroso.

Fortaleça sua família

Um menino com um belo comportamento

Vá para

túnica
Êxodo 39:27-29

túnica
vestimenta usada por sacerdotes

Visão geral

1Samuel 2:18-21

Enquanto os filhos de Eli estavam ocupados ridicularizando seu serviço ao Senhor, Samuel estava se lançando de todo o coração ao trabalho para o Senhor como ajudante de Eli no tabernáculo. O jovem garoto estava até equipado com uma **túnica** de linho, uma vestimenta sem mangas parecida com um avental, usada pelos sacerdotes. Ana, sua mãe, embora bem longe, continuou a amar seu filho e a se importar com ele, o que demonstrava ao fazer-lhe uma nova túnica a cada ano. Por causa da fidelidade deles, Eli abençoou Elcana e sua esposa, dizendo que o Senhor lhes daria ainda mais filhos. Ana teve mais três filhos e duas filhas. Enquanto isso, Samuel crescia física, mental e espiritualmente. Ele estava se aproximando cada vez mais do Senhor.

O menininho de Deus

Apesar de "as pessoas de Deus" (os filhos de Eli) serem corruptas, seus fracassos não frustraram a obra de Deus. Ele estava levantando outra pessoa, Samuel, para cumprir seus planos. O trabalho específico da criança no tabernáculo não está definido na Escritura, mas, muito provavelmente, ele cuidava das tarefas domésticas, enquanto absorvia a instrução espiritual ministrada pelo sacerdote. Eli sabia muito bem que era responsável por um menino extraordinário destinado a um serviço extraordinário para Deus. Isso é enfatizado pelo fato de ele ter equipado Samuel com uma túnica de linho simples, uma versão reduzida da requintada vestimenta sagrada, que era reservada apenas aos sacerdotes.

Deus em ação

Uma bronca leve

Visão geral

1Samuel 2:22-36

Eli podia estar com a idade avançada, mas, certamente, não estava alheio à conduta de seus filhos. Estava a par dos relatos escandalosos sobre o comportamento terrível deles com prostitutas que ficavam ali pela porta do tabernáculo. Então, o sacerdote confrontou seus filhos, exortando-os para que mudassem de conduta. Eles não o ouviram. O fato de se recusarem a tentar agradar a Deus, ao seu próprio pai e ao povo a quem serviam era um contraste nítido com a conduta do jovem Samuel. A criança não apenas estava crescendo fisicamente, mas seu coração sincero e suas ações estavam ganhando o respeito do Senhor e das pessoas ao seu redor.

Eli, como juiz e sumo sacerdote, poderia ter removido seus filhos da posição de poder que ocupavam como sacerdotes na casa de Deus. Poderia até mesmo ter pedido a execução deles por causa das maldades que cometeram. Entretanto, ele não pareceu ter tido a firmeza de caráter para disciplinar seus próprios filhos. Ele simplesmente os repreendeu e falhou em impor alguma consequência. Essa característica, mais tarde, levaria Davi a uma queda maior!

Algo para pensar

O que outros dizem

Adam Clarke

Ao que parece, Eli foi um pai afetuoso, carinhoso e tranquilo que desejava que seus filhos fizessem o bem, mas não os submetia à devida disciplina e não usava sua autoridade para lhes impor limites. Como juiz, ele tinha poder para expulsá-los imediatamente da vinha por serem servos perversos e inúteis, o que não fez, e a consequência foi a ruína dele e de seus filhos.[8]

"Como Jesus"

As palavras que descrevem Samuel — "E o menino Samuel continuava a crescer, sendo cada vez mais estimado pelo S<small>ENHOR</small> e pelo povo" (1Samuel 2:26) — são similares às que seriam usadas mais tarde para descrever Jesus: "O menino crescia e se fortalecia, enchendo-se de sabedoria; e a graça de Deus estava sobre ele" (Lucas 2:40).

O que outros dizem

Tim LaHaye

Ainda que Samuel, cujo próprio nome significa "nome de Deus", não seja especificamente citado no Novo Testamento como um **tipo** de Cristo, há diversas similaridades entre eles que tendem a prenunciar o ministério do Salvador. Samuel era um profeta, sacerdote e governante, como Jesus o é. Ele cresceu em estatura e em favor tanto diante do Senhor quanto dos homens. Ele foi um grande intercessor, dizendo para a nação rebelde: "E longe de mim esteja pecar contra o S<small>ENHOR</small>, deixando de orar por vocês" (1Samuel 12:23). Jesus, que não pode pecar, "vive sempre para interceder por [nós]" (Hebreus 7:25).[9]

tipo
pessoa, evento ou objeto que apontam para algo importante

Uma crítica significativa

Profecia

> ### Visão geral
> **1Samuel 2:27-36**
>
> Um mensageiro de Deus repreendeu Eli por permitir a corrupção no tabernáculo. Ele profetizou uma maldição sobre a casa de Eli; Hofni e Fineias, na verdade, morreriam no mesmo dia. Deus, por meio desse mensageiro, disse então a Eli que, por lhe faltar habilidade sacerdotal para criar homens obedientes para liderarem na adoração no tabernáculo, ele levantavvria seu próprio sacerdote.

Algo para pensar

Na maior parte do tempo, Eli foi um bom sacerdote, mesmo não sendo um pai firme. Ainda que sua primeira impressão de Ana estivesse errada, ele rapidamente percebeu o erro em seu julgamento e, em seguida, a abençoou. Ele também prestou contas a Deus por cuidar do jovem Samuel e instruí-lo nos seus caminhos. Com certeza, com tantas "boas" obras em seu crédito, ele não poderia ser punido por seus fracassos quanto aos pecados de seus filhos. Ou poderia? Esse tema reaparece várias vezes ao longo de toda a história da vida de Davi.

> ### O que outros dizem
> **Matthew Henry**
>
> Aqueles que permitem que seus filhos trilhem qualquer caminho perverso e os aprovam, e não usam sua autoridade para impor-lhes limites e castigá-los, na verdade honram mais a eles do que a Deus.[10]

Ouvindo vozes

> ### Visão geral
> **1Samuel 3:1-20**
>
> No meio da noite, Samuel, dormindo no tabernáculo, ouviu por duas vezes seu nome ser chamado. Pensando a cada vez que as palavras vinham de Eli, ele foi ter com o velho homem que estava quase cego. Eli, no entanto, mandou a criança de volta para a cama, alegando que não havia dito nada. Quando isso aconteceu pela terceira vez, o sacerdote per

> cebeu que o menino estava, de fato, ouvindo uma voz: a voz de Deus. Ele orientou Samuel a voltar para a cama e se preparar para responder ao Senhor na próxima vez que ouvisse seu nome ser chamado. Como era de se esperar, o Senhor chamou novamente o nome de Samuel e o menino respondeu como Eli lhe havia instruído. Então Deus deu a Samuel uma profecia que reiterava a maldição que ele executaria contra a casa de Eli. Quando Samuel, por insistência de Eli, lhe contou o que o Senhor lhe havia dito, o sacerdote aceitou a profecia. Samuel continuou a crescer fisicamente e a se aproximar mais do Senhor. Logo se tornou amplamente conhecido que Samuel era um profeta do Senhor.

Fechando uma porta...

Esta passagem marca uma importante transição — por meio do jovem Samuel, Deus tiraria sua nação, Israel, do período dos **juízes** e a levaria para o período dos **profetas**. Os juízes haviam sido chamados por Deus para exercerem atividades executivas, legislativas e judiciais do governo de cada tribo. O final do período dos juízes foi marcado por declínio espiritual e moral. O povo havia falhado tantas vezes em ouvir a Deus que ele, por fim, deixou de falar com seu povo, que se voltou cada vez mais para a idolatria e outras práticas pagãs.

Os filhos de Eli exemplificam os princípios seguidos por grande parte do povo de Israel durante esse tempo.

> **Juízes 21:25** *Naquela época não havia rei em Israel; cada um fazia o que lhe parecia certo.*

...e abrindo outra

O profeta é o porta-voz de Deus, alguém que fala a Palavra de Deus para o povo, influenciando-o à obediência e às escolhas corretas. As mensagens de um profeta do Antigo Testamento frequentemente, mas nem sempre, diziam respeito ao futuro; muitas mensagens eram instruções, julgamentos e revelações de Deus sobre o presente.

Como o primeiro profeta dessa nova fase para o povo, Samuel iniciou um período que seria marcado por uma atividade nova de Deus depois de um longo período de silêncio.

juízes
líderes espirituais, políticos e militares de Israel

profetas
pessoas por meio de quem Deus fala

Ponto importante

Nevi'im, a palavra hebraica para "profetas", também é a fonte para o "n" na palavra *Tanakh*, que se refere a todo o Antigo Testamento. O Tanakh, por sua vez, compreende a Torá (Lei), os Nevi'im (Profetas) e os Kesuv'im (Escritos), criando o acrônimo T-N-K, que produz "TaNaKh" (também pode ser grafado como *Tanach*, mas a pronúncia é a mesma).

História do governo de Israel

Tipo de governo	Época	Descrição
Teocracia	1446 a.C. (tempo do Êxodo) a 1367 a.C. (morte de Josué)	Israel estava organizado em doze tribos, cada uma delas com líderes individuais. As tribos estavam unidas por sua lealdade comum a Deus, que governava sobre seu povo provendo leis, administrando a justiça e conduzindo as atividades militares por meio da liderança representativa de Moisés, primeiro, e Josué, depois dele.
Juízes	1367 a.C. (morte de Josué) a 1044 a.C. (morte de Samuel)	Após a morte de Josué, as tribos começaram a passar por um tumulto espiritual e político. Deus enviou juízes para servirem como líderes dentro das tribos locais. Alguns juízes eram efetivos; outros não. O período inteiro durante o qual Israel foi governado por juízes foi marcado por declínio espiritual e moral.
Monarquia	1044 a.C.	Uma forma de governo radicalmente diferente da que Israel já havia tido; um rei terreno seria apontado para governar sobre Israel.

Como Deus fala com as pessoas hoje?

Ao longo de toda a Bíblia Deus fala com as pessoas de diferentes maneiras: às vezes, por sonhos; outras vezes, por mensageiros angelicais; às vezes, por meio de profetas e, outras vezes, por uma voz audível, como foi o caso de Samuel. A conversa de Deus com os seres humanos não acabou quando as últimas páginas da Bíblia foram registradas. Ele ainda fala hoje por meio de vários métodos, incluindo:

- a Bíblia, a Palavra de Deus escrita;
- o Espírito Santo, a maneira pela qual Deus vive nos cristãos;
- os outros cristãos, pois Deus usa pessoas para ensinar e influenciar umas às outras;
- as circunstâncias.

Entre algumas das boas estratégias para ouvir a voz de Deus estão:

✦ obedecer às instruções de Deus;

✦ permanecer na presença de Deus;

✦ ouvir;

✦ orar.

Resumo do capítulo

✦ Para Elcana e Ana, uma devota família entre as poucas que ainda adoravam o Senhor do modo como ele havia prescrito, a história de Davi começa com o nascimento do profeta Samuel.

✦ Quando Ana viajou com sua família para adorar o Senhor no tabernáculo em Siló, seu coração estava pesado de tristeza porque ela era estéril.

✦ Ana deixou sua tristeza nas mãos de Deus por meio de uma oração silenciosa, prometendo dedicar ao serviço do Senhor o filho que ele lhe daria.

✦ Eli, o sacerdote no tabernáculo, julgou mal a oração silenciosa, mas fervorosa, de Ana e acusou-a de estar embriagada. Mas, então, reconheceu a sinceridade da mulher e assegurou-lhe que Deus responderia à sua oração.

✦ Ana retornou ao tabernáculo para cumprir a promessa que havia feito a Deus e deixou seu filho Samuel, provavelmente, com três anos, aos cuidados de Eli, cujos filhos eram corruptos.

✦ O Senhor falou com Samuel quando este era ainda um jovem menino, indicando-o como um profeta e fazendo a transição da nação do período dos juízes para o período dos profetas.

Questões para estudo

1. Qual era o significado do tabernáculo para os antigos hebreus?

2. O que distinguia Elcana e sua família como uma família de fé?

3. Quais eram as causas da tristeza de Ana?

4. Quais passos Ana tomou para remediar sua situação?

5. O que é o voto de nazireu?

6. De que forma o sacerdote Eli interpretou mal Ana?

7. Como Ana respondeu quando Deus a abençoou com um filho?

8. Como eram os filhos de Eli e como o pai deles reagiu?

9. Como era Samuel quando era um jovem menino?

10. Qual foi o momento decisivo tanto na vida de Samuel quanto na história do povo de Israel?

Destaques do capítulo:

+ Tudo a ver com a arca
+ Plano de batalha frustrado
+ A glória de Deus... se foi!
+ Onde colocar a arca?
+ Ebenézer!

1SAMUEL 4-7
Guerra contra os filisteus

Vamos começar

Deus havia pronunciado uma maldição contra a casa de Eli como consequência de sua paternidade permissiva, mas essa maldição ainda não havia se cumprido. Além disso, Deus havia quebrado um longo período de silêncio ao falar com o menino Samuel, alguém que havia sido separado para ser o último juiz e o primeiro da era dos profetas em Israel. Ambos os enredos continuam a se desdobrar nos capítulos 4–7 de 1Samuel. O capítulo 4 começa com uma sequência de passagens chamadas de "narrativas da arca", que descrevem o cumprimento da profecia de morte contra Eli e seus filhos, e detalha as tentativas equivocadas de Israel de manipular Deus ao se intrometerem com a arca da aliança. As passagens seguintes narram o sombrio declínio espiritual no qual tanto a casa de Eli quanto à própria nação de Israel caíram. Elas, em seguida, traçam as viagens da arca, fechando com chave de ouro – sob a liderança de Samuel, o povo de Israel volta o coração para Deus, que torna a ser reconhecido em seu lugar de direito como Senhor do coração de seu povo.

Tudo a ver com a arca

Visão geral

1Samuel 4:1-2

Samuel, provavelmente aos dezessete anos, veio a ser reconhecido como um profeta de Deus, mas o povo de Israel não lhe respeitava muito. Sem

Vá para

filisteus
guerreiros violentos e inimigos perpétuos de Israel que viviam principalmente em uma área ao sul da atual Tel Aviv

Algo para pensar

> nem ao menos orar a Deus ou consultar o seu profeta, o povo decide atacar os **filisteus**, inimigos de longa data. Os israelitas, em seguida, sofrem uma grande perda: quatro mil homens morrem em batalha.

Para começar, por que Israel queria lutar contra os filisteus? Era tudo uma questão de propriedade. Os filisteus eram um povo feroz que controlava um território fértil na área costeira de Canaã, a partir de cinco cidades principais — Gaza, Ascalom, Asdode, Ecrom e Gate —, localizadas entre a região montanhosa de Judá e o mar Mediterrâneo. Essa terra é conhecida hoje como Palestina. Sendo arqueiros habilidosos que usavam carros de ferro, os filisteus quase sempre prevaleciam sobre os israelitas nas batalhas por terra. Na verdade, os filisteus haviam feito isso durante tanto tempo que chegaram a considerar os israelitas como seus escravos.

Deus em uma caixa?

> **Visão geral**
>
> **1Samuel 4:3-4**
> O povo de Israel usou a derrota completa como desculpa para fazer uma transferência de culpa, perguntando, com amargura, por que Deus havia permitido que o povo fosse derrotado pelos filisteus. Os israelitas, então, decidiram tentar levar a arca da aliança que estava em Siló em uma tentativa equivocada de assegurar que Deus iria livrá-los de seus inimigos.

Os israelitas poderiam ter considerado a derrota nas mãos dos filisteus como um grito de alerta, incentivando-os a se humilharem diante de Deus e a renovarem seu compromisso de obedecer a ele, adorá-lo e confiar na proteção e livramento dele. Em vez disso, tentaram resolver a questão com as próprias mãos. Se Deus não iria acompanhá-los por livre e espontânea vontade à batalha, dando-lhes vitória, pensaram eles, por que eles mesmos não poderiam simplesmente levá-lo até lá?

O que tinha de tão especial no caixote que os israelitas trouxeram para seu acampamento, pensando que ele tivesse poderes místicos fortes o suficiente para assegurar a vitória contra os filisteus? A palavra hebraica usada para arca, *aron*, é uma designação comum para qualquer tipo de baú. Entretanto, essa arca em particular não era um baú de madeira comum. Nenhum objeto era considerado

Algo para pensar

mais sagrado do que ele. Um ponto focal para a nação de Israel, era um lembrete da provisão e proteção de Deus, e se destacava dos demais em vários aspectos:

Vá para

1. Por sua história especial:
   + Deus havia instruído **Moisés** a construir um <u>recipiente</u> especial para guardar as tábuas de pedra nas quais os **Dez Mandamentos** estavam <u>escritos</u>.
   + A arca havia acompanhado os israelitas na peregrinação no deserto, como um símbolo da presença de Deus.
   + Os sacerdotes haviam levado a arca durante a travessia do rio Jordão, cujas águas pararam de fluir, por ação de Deus, para que os israelitas pudessem atravessar e chegar a **Canaã** por terra seca.
   + A arca havia sido carregada na procissão ao redor de **Jericó**, antes que as <u>muralhas viessem ao chão</u>.

2. Por seus nomes especiais: Três termos usados na Escritura descrevem o santo recipiente:
   + <u>Arca de Deus</u>: refletindo a Divindade que o recipiente representava.
   + <u>Arca da aliança</u>: aludindo à aliança que Deus havia feito com os israelitas quando deu a **Lei** a Moisés.
   + <u>Arca do Testemunho</u>: aludindo às tábuas de pedra contendo os Dez Mandamentos, às vezes chamadas de "Testemunho".

3. Por sua construção especial: Feita de madeira de acácia, a arca da aliança tinha cerca de um metro de comprimento e um pouco mais de meio metro de largura e de altura. Deus deu a Moisés <u>instruções detalhadas</u> sobre como construir e decorar a arca. Ela foi desenhada para ser portátil, com argolas de ouro por onde passavam varas cobertas de ouro, para ser carregada. A tampa de ouro puro era chamada de propiciatório, porque era ali que Deus se posicionava dentro do Lugar Santíssimo. Na tampa havia dois querubins esculpidos, olhando um para o outro, com as asas cobrindo o propiciatório.

4. Por sua localização especial: A arca deveria ser guardada dentro do "Santo dos Santos", no tabernáculo.

5. Por seu <u>conteúdo especial</u>:
   + As duas <u>tábuas de pedra</u> nas quais Deus havia escrito os Dez Mandamentos.
   + O vaso contendo o **maná** que Deus provia aos israelitas como sustento durante as peregrinações no deserto.

---

recipiente
Êxodo 25:10-22

escritos
Êxodo 32:15-16

Moisés
grande profeta e legislador que libertou seu povo, os israelitas, da escravidão egípcia

Dez Mandamentos
As leis de Deus para toda a vida

muralhas viessem ao chão
Josué 6:4,6,8,11-12

arca de Deus
1Samuel 3:3

arca da aliança
Josué 3:6; Hebreus 9:4

arca do Testemunho
Êxodo 25:22

instruções detalhadas
Êxodo 25:10-22

conteúdo especial
Hebreus 9:4

tábuas de pedra
Deuteronômio 31:24-26

Canaã
a terra que Deus prometeu

Jericó
local da primeira grande vitória de Israel

Lei
a Lei de Moisés; os Dez Mandamentos e outras leis que Deus deu aos israelitas no Antigo Testamento

querubins
tipos de anjos que guardam o trono de Deus

maná
alimento nutritivo que Deus, milagrosamente, provia a cada manhã

Vá para

vara de Arão que brotou
Números 17:8,10

Arão
irmão de Moisés e o primeiro sumo sacerdote

sacerdotes carregavam a arca
Números 4:5-6; 10:33-36; Salmos 132:8

levitas
sacerdotes e líderes de adoração

✦ A <u>vara de **Arão** que brotou</u> quando Deus o indicou como o primeiro sumo sacerdote de Israel.

6. Pelo modo especial como era manuseada:

Tirem as mãos! Ninguém tinha permissão para tocar a arca. Durante as jornadas dos israelitas, os <u>sacerdotes carregavam a arca</u> debaixo de uma coberta com um tecido azul, à frente dos demais viajantes. Ela sempre era envolvida por um véu, peles de animais e um pano azul, e ficava cuidadosamente escondida até mesmo dos olhos dos **levitas** que a levavam.

O que outros dizem

J. Vernon McGee

Conhecendo a história da arca — como ela foi carregada para dentro do rio Jordão e a água parou de correr, a fim de que Israel pudesse atravessá-lo —, eles levaram a arca da aliança para a batalha. O pensamento era o de que sua presença lhes traria vitória. Meu amigo, isso revela a superstição e o paganismo desse povo, que pensava haver alguma virtude no objeto. A virtude não estava naquela caixa, porque Deus não estava nela. Não se pode colocar Deus em uma caixa! A virtude estava na presença e na pessoa de Deus.[1]

The Bible Almanac [O almanaque bíblico]

Durante as peregrinações no deserto e na conquista da Terra Prometida, a arca sempre ia diante dos inimigos de Israel. Isso era assim para simbolizar a presença ativa de Deus com seu povo.[2]

Bíblias, cruzes, peixes, anjos, estrelas... Símbolos cristãos adornam adesivos e *outdoors*, calendários e cartões comemorativos. Como é fácil acabarmos por recorrer aos símbolos religiosos em busca de segurança, proteção ou inspiração, em vez de lembrarmos que essas coisas vêm apenas daquele que é representado pelos símbolos!

Algo para pensar

Plano de batalha frustrado

Visão geral

1Samuel 4:5-11

Em um frenesi ao estilo de torcida de futebol, os israelitas celebraram a chegada da arca ao campo de batalha. Sua celebração foi tão estrondosa que os filisteus ouviram a agitação. Entretanto,

> a curiosidade deles logo se desfez em preocupação ao perceberem o motivo. Eles acreditavam que o próprio Deus dos israelitas havia entrado no campo de Israel — e os filisteus sabiam o suficiente para ficar com medo, baseados em algumas das coisas que o Senhor havia feito por seu povo no passado. Entretanto, os filisteus, amantes de guerra, não desistiram nem se retiraram. Em vez disso, eles arremeteram contra o campo de Israel, mataram trinta mil soldados e capturaram a arca de Deus. Os dois filhos de Eli morreram.

Oposição audaciosa

Os filisteus reconheciam o poder de Deus, mas ainda se atreveram a se opor a ele. Acreditar simplesmente que Deus existe não significa confiar nele e crer que ele fará o que promete. Como está declarado no Novo Testamento, até os <u>demônios creem</u> em Deus e tremem em sua presença. Mas isso não faz deles seus seguidores!

Vá para

demônios creem
Tiago 2:19

Mestres da manipulação

O impulso de tentar manipular Deus faz parte da natureza humana. Mas, para os cristãos, a meta não é tentar *controlar* Deus — como se, de alguma forma, fosse possível —, mas nos *submetermos* a ele. Tentar manipular Deus é focar no resultado que desejamos enquanto ignoramos o plano maior e melhor de Deus para nossa vida. Algumas maneiras pelas quais tentamos manipular Deus incluem:

Aplique

- ✦ o modo como gastamos nosso dinheiro;
- ✦ as boas obras que realizamos;
- ✦ os jogos mentais ou emocionais que fazemos;
- ✦ acordos e barganhas;
- ✦ rituais vazios;
- ✦ coisas pelas quais oramos.

> **O que outros dizem**
>
> **David Guzik**
>
> Muitas vezes cometemos o mesmo erro dos israelitas. Acreditamos que, se Deus estiver conosco, não precisaremos nos esforçar tanto. Pensamos que, se Deus estiver do nosso lado, o trabalho será fácil. Talvez isso não seja verdade! [...] Acontece que Deus *não* se sentiu obrigado a

> abençoar os israelitas simplesmente porque eles levaram a arca para a batalha. Ele não se deixaria coagir pelas superstições dos israelitas. Deus é uma Pessoa, não um gênio da lâmpada para ser chamado à vontade do homem. Não se pode manipular Deus.[3]

Notícias insuportáveis

Visão geral

1Samuel 4:12-18

Um mensageiro foi a Siló e relatou o massacre. Eli, que estava sentado em uma cadeira junto à estrada aguardando notícias da frente de batalha, ouviu os gritos do povo na cidade e perguntou o que havia acontecido. O mensageiro correu na direção do homem de 98 anos para contar-lhe que Hofni e Fineias haviam morrido e que os filisteus haviam capturado a arca. A notícia foi mais do que o velho e pesado homem podia suportar. Ele caiu da cadeira, quebrou o pescoço e morreu.

Embora sua visão espiritual pudesse estar tão ofuscada quanto sua visão física (lembremos que ele confundiu a fervorosa oração de Ana com um comportamento de embriaguez), e embora ainda tivesse como ponto fraco ser um pai irresponsável, Eli era um homem que realmente amava o Senhor. Ele havia dedicado quarenta anos ao serviço divino, mantendo-se próximo da presença de Deus no tabernáculo. Uma vez que os soldados haviam removido a arca de seu lugar sagrado e a levado para o campo de batalha em uma descarada desobediência às instruções de Deus, Eli provavelmente tremia enquanto fitava, com os olhos fracos, o horizonte borrado à espera de notícias da frente de batalha. O anúncio de que seus filhos haviam sido mortos não parece tê-lo perturbado; ele conhecia Deus o suficiente para crer que faria o que havia dito. Mas a notícia da captura da arca foi, literalmente, vertiginosa. Eli ficou terrivelmente impressionado, pois isso só podia significar que Israel tinha pela frente dias sombrios.

O que outros dizem

Kay Arthur

Em 1Samuel 2:35, Deus diz que levantaria um sacerdote fiel que agiria de acordo com seu coração e seu pensamento [...] e que edificaria para esse homem uma família firme. Eli não era esse tipo de homem

> [...] e, por isso, sua casa foi julgada para sempre. Deus condenou os filhos de Eli à morte, não apenas por causa de seus pecados, mas porque seu pai não havia conseguido repreendê-los. Em essência, Eli comprometeu seu sacerdócio.[4]

Obediência e influência andam de mãos dadas

Eli amava o Senhor. E ele tinha uma influência considerável sobre a vida de muitas pessoas, incluindo seus filhos e o povo de Israel, que confiavam em sua liderança religiosa. Apesar de suas falhas como pai e como sacerdote não o terem levado a perder seu relacionamento com Deus, elas restringiram seu poder de influenciar outras pessoas de modo positivo.

Não é diferente hoje; todos têm uma influência considerável sobre a vida de muitas pessoas, incluindo membros da família, vizinhos e colegas de trabalho.

As falhas não quebram o relacionamento de uma pessoa com Deus, mas, se permanecerem ignoradas, podem limitar a eficácia dessa pessoa em realizar a obra do Senhor.

Ponto importante

A glória de Deus... se foi!

> **Visão geral**
>
> **1Samuel 4:19-22**
>
> Quando a nora de Eli, esposa de Fineias, ouviu a notícia sobre a arca e sobre a morte de seu marido e de seu sogro, ela imediatamente entrou em trabalho de parto prematuro e teve o filho. Enquanto morria, ela deu ao menino o nome de Icabode, que significa "sem glória", e então resumiu em uma sentença o estado deplorável das coisas em Israel: "A glória se foi de Israel, pois a arca de Deus foi tomada" (1Samuel 4:22).

O que a tomada da arca tinha de tão significativa a ponto de levar uma judia — cuja maior alegria na vida estava em ter filhos — a dar ao filho um nome terrível e depois abrir mão de sua vontade de viver?

A captura da arca representava a partida da glória de Deus. Para os israelitas, a glória de Deus havia sido evidente na nuvem que pairava sobre a arca da aliança de dia e na coluna de fogo que a acompanhava durante a noite. A remoção da arca representava a remoção da provisão e da proteção que Deus dava continuamente ao seu povo.

Algo para pensar

A arca vai para outro lugar

1Samuel 5:1-5 *Depois que os filisteus tomaram a arca de Deus, eles a levaram de Ebenézer para Asdode e a colocaram dentro do templo de Dagom, ao lado de sua estátua. Quando o povo de Asdode se levantou na madrugada do dia seguinte, lá estava Dagom caído, rosto em terra, diante da arca do Senhor! Eles levantaram Dagom e o colocaram de volta em seu lugar. Mas, na manhã seguinte, quando se levantaram de madrugada, lá estava Dagom caído, rosto em terra, diante da arca do Senhor! Sua cabeça e mão tinham sido quebradas e estavam sobre a soleira; só o seu corpo ficou no lugar. Por isso, até hoje, os sacerdotes de Dagom e todos os que entram em seu templo, em Asdode, não pisam na soleira.*

Os filisteus levaram seu troféu de Ebenézer para Asdode e o colocaram no templo de Dagom, deus da agricultura e da fertilidade. Isso podia ser tanto uma oferta para seu ídolo como um insulto ao Deus de Israel. Na manhã seguinte, os filisteus se levantaram e descobriram que seu deus havia caído da base, diante da arca. Então eles o colocaram novamente no lugar; o encontraram mais uma vez, no dia seguinte, caído e, dessa vez, despedaçado.

O que outros dizem

Robert D. Jameison

Eles ficaram cheios de consternação ao encontrarem o objeto de sua tola veneração prostrado diante do símbolo da presença divina. Embora posto de pé, ele caiu de novo e ficou totalmente mutilado; a cabeça e os braços, cortados do tronco, estavam longe e em lugares separados, como se tivessem sido violentamente lançados, restando apenas o tronco. A degradação de seu ídolo, ainda que ocultada pelos sacerdotes na ocasião anterior, estava agora mais evidente e infame. Ela se estendia à atitude de um inimigo derrotado e de um suplicante, e essa imagem de humilhação declarava significativamente a superioridade do Deus de Israel.[5]

Matthew Henry

Dagom, ao cair prostrado diante da arca de Deus, o que era uma postura de adoração, estava como se direcionasse seus adoradores a prestarem homenagem ao Deus de Israel, como maior de todos os deuses.[6]

Onde colocar a arca?

1Samuel 5:6-8 *Depois disso a mão do Senhor pesou sobre o povo de Asdode e dos arredores, trazendo devastação sobre eles e afligindo-os com tumores. Quando os homens de Asdode viram o que estava acontecendo, disseram: "A arca do deus de Israel não deve ficar aqui conosco, pois a mão dele pesa sobre nós e sobre nosso deus Dagom". Então reuniram todos os governantes dos filisteus e lhes perguntaram: "O que faremos com a arca do deus de Israel?"*
Eles responderam: "Levem a arca do deus de Israel para Gate". E então levaram a arca do Deus de Israel.

1Samuel 6:11-12 *Colocaram a arca do Senhor na carroça e junto dela a caixa com os ratos de ouro e as imagens dos tumores. Então as vacas foram diretamente para Bete-Semes, mantendo-se na estrada e mugindo por todo o caminho; não se desviaram nem para a direita nem para a esquerda. Os governantes dos filisteus as seguiram até a fronteira de Bete-Semes.*

O Senhor feriu o povo de Asdode com uma dolorosa **praga** de grandes tumores. Enfim, os homens de Asdode rapidamente decidiram que sua cidade não era o melhor lugar para a arca da aliança. Eles a enviaram para outras duas cidades, Gate e Ecrom, onde o povo não se saiu nem um pouco melhor. Finalmente, decidiram devolver a arca ao povo de Israel — mas não sabiam ao certo como fazer isso. Depois de extensas deliberações e consultas com sacerdotes e adivinhos, os filisteus chegaram a um plano: eles enviariam presentes junto com a arca em uma tentativa de apaziguar o Deus de Israel, para que ele pudesse curá-los e deixar de puni-los. O plano era amarrar duas vacas a uma carroça, na qual colocariam a arca, e deixar que as vacas a levassem para onde quisessem.

Guiadas pela mão de Deus, as vacas seguiram diretamente para o território israelita de Bete-Semes. O povo de lá as imolou para anunciar o retorno da arca.

Um gosto incomum para presentes

Junto com a arca, os filisteus enviaram cinco **tumores** (ou hemorroidas) e <u>cinco ratos de ouro</u> — um para cada líder das cinco cidades dos filisteus: Gaza, Ascalom, Asdode, Ecrom e Gate.

Por que escolheram presentes tão estranhos? Aqueles objetos dourados oferecidos a Deus eram um reconhecimento de que o povo havia percebido que o Senhor era a força por trás da praga. Alguns estudiosos dizem que as

---

praga
aflição dolorosa enviada por Deus

tumores
imagens das protuberâncias ou tumores que apareceram na região retal durante a praga

tumores
Deuteronômio 28:27; 1Samuel 5:6,9,12

cinco ratos de ouro
1Samuel 6:5

Vá para

Diretrizes estritas
Números 4:5-20

duas imagens — os tumores e os ratos — sugerem duas pragas distintas: (1) os tumores e (2) os ratos, o que pode ter sido a causa do "grande pânico" descrito em 1Samuel 5:9. Outros comentaristas dizem que a conexão feita entre os tumores e os ratos sugere que essa era a peste bubônica, uma doença transmitida por roedores aos seres humanos, cujos sintomas incluem nódoas, ou tumores, na pele.

"Você não deveria ter feito isso"

> **Visão geral**
>
> **1Samuel 6:19-21**
> Setenta dos homens de Bete-Semes olharam para dentro da arca da aliança, levando o Senhor a matá-los. Isso fez com que as pessoas que restaram se afastassem de seus caminhos supersticiosos. Decidindo, no final das contas, que a arca não era tão bem-vinda, enviaram-na para a casa de Abinadabe, em Quiriate-Jearim (1Samuel 7:1).

Deus tinha dado instruções claras. Ninguém, exceto os sacerdotes, teria permissão para tocar a arca, menos ainda para olhar para dentro dela: "Não tocarão nas coisas sagradas; se o fizerem, morrerão" (Números 4:15). Mesmo os sacerdotes eram obrigados a seguir <u>diretrizes estritas</u> quanto ao manuseio da arca. Mas os homens de Bete-Semes não conseguiram resistir. As consequências foram mortais.

O que tinha de tão especial dentro daquela caixa para que Deus matasse homens pelo simples fato de olharem para ela? A resposta é simples – a glória de Deus. "Glória" é uma palavra que não carrega muito peso na cultura de hoje. Mas uma passagem na Escritura ajuda a restaurar a "glória" à palavra "glória" e a explicar por que os homens tinham de morrer por levantarem a tampa e darem uma espiadela dentro da arca:

Algo para pensar

Êxodo 33:18-23 Disse Moisés: "Peço-te que me mostres a tua glória." E Deus respondeu: "Diante de você farei passar toda a minha bondade, e diante de você proclamarei o meu nome: o Senhor. Terei misericórdia de quem eu quiser ter misericórdia, e terei compaixão de quem eu quiser ter compaixão." E acrescentou: "Você não poderá ver a minha face, porque ninguém poderá ver-me e continuar vivo".

E prosseguiu o SENHOR: "Há aqui um lugar perto de mim, onde você ficará, em cima de uma rocha. Quando a minha glória passar, eu o colocarei numa fenda da rocha e o cobrirei com a minha mão até que eu tenha acabado de passar. Então tirarei a minha mão e você verá as minhas costas; mas a minha face ninguém poderá ver".

Vá para

rosto se tornava resplandecente
Êxodo 34:35

glória de Deus se desvanecia
2Coríntios 3:13

dura
2Coríntios 3:11

fruto do Espírito
Gálatas 5:22-23

O que outros dizem

John MacArthur

Então, o que é a glória de Deus? É a encarnação de todos os seus atributos. Deus os reduziu a uma gloriosa luz para mostrá-los a Moisés [...] Ninguém jamais pôde ver toda a glória de Deus e viver, por isso Deus diz: "Vou deixar você ver um pouco do meu brilho."[7]

Aquele brilho especial

Quando Moisés passava tempo com o Senhor, seu <u>rosto se tornava resplandecente</u> por causa de sua exposição à luz da glória de Deus. O brilho que Moisés experimentava depois de ser exposto à <u>glória de Deus se desvanecia</u> com o tempo e era renovado toda vez que ele entrava na presença de Deus. O apóstolo Paulo declarou, no Novo Testamento, que a glória disponível agora — após a intervenção de Cristo em nosso favor — é o tipo de glória que não desvanece; ela <u>dura</u>. Toda vez que passamos tempo com Deus por meio do estudo da Bíblia, da meditação e da oração, é possível que nosso rosto não comece a brilhar fisicamente, mas nosso caráter, nossas motivações e nossas ações começam a mudar. Nós nos tornamos mais parecidos com ele, pois "segundo a sua imagem estamos sendo transformados com glória cada vez maior, a qual vem do Senhor, que é o Espírito" (2Coríntios 3:18). Evidência dessa transformação é o "<u>fruto do Espírito</u>" — começamos a mostrar traços de Cristo à medida que nos aproximamos mais dele. De certo modo, nós nos tornamos *outdoors* ambulantes por causa de Deus à medida que vivemos seu amor, sua alegria, sua paz, sua paciência, sua amabilidade, sua bondade, sua fidelidade, sua mansidão e seu domínio próprio.

Ebenézer!

Visão geral

1Samuel 7

A arca permaneceu em Quiriate-Jearim por vinte anos, e o povo finalmente decidiu se voltar para Deus, seguindo as instruções de Samuel, que eram:

derrotados pelos israelitas
1Samuel 7:10-11

Ebenézer
1Samuel 7:12

- remover os deuses estrangeiros;
- preparar o coração para o Senhor;
- servir a Deus, e somente a Deus.

Samuel disse que, se eles fizessem essas coisas, Deus os livraria dos filisteus. Os israelitas então se reuniram em Mispá para jejuar, adorar e confessar os pecados.

No ataque seguinte dos filisteus, Deus, como havia prometido a Samuel, os deixou tão confusos que eles foram derrotados pelos israelitas. Para comemorar a ocasião, Samuel erigiu um monumento que chamou de Ebenézer, que significa "pedra de ajuda". Israel, então, recuperou as cidades que os filisteus haviam tomado, e Samuel continuou a ser um amado líder espiritual, juiz itinerante e profeta.

Juntando pedras

Ao erigir o monumento para sinalizar a fidelidade de Deus em Ebenézer, Samuel estava continuando uma rica tradição que priorizava o lembrete e o reconhecimento da provisão e da proteção de Deus. Por exemplo, quando Deus milagrosamente fez cessar o fluxo das águas do rio Jordão para que os israelitas pudessem atravessar em terra seca em direção à Terra Prometida, ele deu a Josué instruções claras. Ele pediu a Josué que falasse aos israelitas para juntarem pedras do leito seco do rio como uma maneira de se lembrarem do que havia acontecido naquele dia, para que pudessem contar aos seus filhos e aos seus netos. Deus queria as pedras para:

- servirem como um lembrete do que ele havia feito naquele dia; e
- serem usadas como monumento para trazer glória a si mesmo.

MONUMENTOS E MEMORIAIS NA BÍBLIA

O memorial	Referência bíblica	Significado
Betel, "casa de Deus"	Gênesis 28:10-22	A pedra que Jacó usou para sinalizar o lugar onde Deus falou com ele em sonho, e onde fez o voto de retornar para adorar a Deus em troca de seu cuidado e proteção.
Jegar-Saaduta/Galeede, "monte de testemunhas"	Gênesis 31:44-49	A coluna e o monte de pedras sinalizando um acordo de fronteira entre Labão e Jacó.

Colunas de doze pedras ao pé do monte Sinai	Êxodo 24:4	As colunas representando as doze tribos de Israel, erigidas na confirmação da aliança mosaica.
Doze pedras tomadas do leito do rio Jordão	Josué 4:1-9	O memorial de pedras para ajudar os israelitas a se lembrarem de como Deus os permitiu atravessar o rio Jordão, por terra seca, em direção a Canaã.
Grande pedra sob uma Grande Árvore, em Siquém	Josué 24:25-27	Pedra erigida por Josué como um lembrete de que Israel havia renovado sua aliança de temer e seguir o Senhor.
Ebenézer, "pedra de ajuda"	1Samuel 7:10-13	Pedra erigida por Samuel para comemorar a ajuda de Deus na vitória contra os filisteus.
Monumento de Absalão	2Samuel 18:18	Coluna erigida por Absalão para carregar seu nome na ausência de um filho.

Vá para

parar de lutar
Salmos 46:10

patriarcas
homens tementes a Deus que desempenharam papéis fundamentais no início da história de Israel

Pare, olhe e ouça

Lembrar e reconhecer o que Deus faz hoje é tão importante para os cristãos como o era nos dias dos **patriarcas**, ou dos juízes, ou dos reis. Entretanto, não temos necessidade de juntar pedras para nos lembrarmos hoje dos feitos de Deus. Para acompanhar a atividade de Deus:

+ *Pare!* A vida segue a uma velocidade vertiginosa. Há reuniões às quais comparecer, filhos a serem educados, telefonemas a serem feitos, lugares aonde ir. Somente quando você para e aceita o convite de Deus para parar de lutar é que tem a chance de perceber o que ele está fazendo em sua vida.

+ *Olhe!* Assim como um geólogo pode aprender mais sobre a composição de rochas e minerais por meio de um exame minucioso, você pode aprender muito sobre o caráter de Deus e sobre a obra dele em sua vida quando busca no mundo evidências do plano e da atividade divinos. Deus promete que, quando você o estiver buscando, ele não se esconderá: "Vocês me procurarão e me acharão quando me procurarem de todo o coração" (Jeremias 29:13).

+ *Ouça!* Nem sempre é suficiente parar e procurar nos eventos do dia a dia por evidências da obra das mãos de Deus. É também importante ouvir a voz do próprio Senhor quando ele fala para você as coisas que quer que você saiba.

Aplique

+ *Escreva!* A memória falha com o tempo. Por isso é importante registrarmos em um diário de oração, em um arquivo de computador ou mesmo em um calendário orações respondidas, desafios superados, força provida e segurança enviada.

O que outros dizem

Charles Spurgeon

Mantenha seus pensamentos fixos em seu Deus em conexão consigo mesmo; e, enquanto pensamos em Samuel empilhando as pedras e dizendo: "Até aqui o Senhor nos ajudou", coloquemos a ênfase no pronome e digamos: "Até aqui o Senhor NOS ajudou." E, se possível, coloque-o no singular e diga: "Até aqui o Senhor ME ajudou." Melhor ainda.[8]

Resumo do capítulo

+ O povo de Israel decide levar a arca da aliança, que estava em Siló, para o campo de batalha, em uma tentativa equivocada de assegurar que Deus lhe daria a vitória sobre os filisteus.

+ Os israelitas celebram com tanto barulho a chegada da arca da aliança ao campo de batalha que os filisteus ouvem a agitação, atacam violentamente o campo de Israel, matam trinta mil soldados — incluindo os filhos de Eli — e tomam a arca.

+ A tomada da arca representava a ausência da provisão e proteção contínuas que Deus dava ao seu povo.

+ Os filisteus levaram seu troféu de Ebenézer para Asdode, e o colocaram no templo de Dagom, deus da agricultura e da fertilidade, e encontraram, na primeira manhã, o ídolo caído de sua base e, na segunda manhã, despedaçado.

+ O Senhor feriu o povo de Asdode com uma praga dolorosa, induzindo-o a decidir devolver a arca ao povo de Israel.

+ A arca permaneceu em Quiriate-Jearim por vinte anos, e o povo finalmente decidiu voltar a Deus. No ataque seguinte dos filisteus, estes foram derrotados pelos israelitas; para comemorar a ocasião, Samuel erigiu um monumento chamado Ebenézer.

Questões para estudo

1. Qual era a causa da inimizade entre Israel e os filisteus?
2. O que aconteceu quando os israelitas iniciaram um ataque contra os filisteus sem pedirem a direção de Deus?
3. Por que foi equivocada a tentativa de levar a arca da aliança que estava em Siló?
4. Quais são algumas das maneiras pelas quais as pessoas tentam manipular Deus hoje?
5. Como o plano dos israelitas de levar a presença de Deus para a frente de batalha foi frustrado?
6. O que aconteceu quando Eli ouviu a notícia sobre a morte de seus filhos e a tomada da arca?
7. O que a tomada da arca representava para o povo de Israel?
8. O que aconteceu com a arca quando estava nas mãos dos filisteus?
9. Quando a arca foi devolvida, o que os homens de Bete-Semes fizeram?
10. O que aconteceu quando os israelitas finalmente decidiram voltar para Deus?

SEGUNDA PARTE

O primeiro rei de Israel

Destaques do capítulo:

+ Um profeta perturbado
+ Advertência justa!
+ O alto preço de um rei
+ A escolha do povo
+ Uma lição em contrastes

1SAMUEL 8-9
Uma nação exige um rei

Vamos começar

Algumas coisas — e algumas pessoas — nunca mudam. O capítulo 2 deste livro começou com o povo de Israel tentando manipular Deus ao deslocar a arca da aliança como se ela fosse um pé de coelho ou um trevo de quatro folhas em vez de um objeto sagrado. Ao começar este capítulo, as coisas não parecem estar muito diferentes. Os filhos do idoso Samuel, bem parecidos com os filhos de Eli, escolheram não seguir nos caminhos do pai, deixando Israel em um estado de turbulência mais uma vez. E, assim como haviam pensado que a arca da aliança lhes garantiria a vitória em batalha, os israelitas presumiram que ter um rei "à semelhança das outras nações" se tornaria seu bilhete de acesso à prosperidade e segurança política. Como um adolescente birrento exigindo um novo privilégio só porque todo mundo está fazendo alguma coisa, o povo de Israel insistiu obstinadamente em fazer prevalecer sua vontade.

"Queremos o mesmo que eles"

1Samuel 8:1-5 *Quando envelheceu, Samuel nomeou seus filhos como líderes de Israel. Seu filho mais velho chamava-se Joel e o segundo, Abias. Eles eram líderes em **Berseba**. Mas os filhos dele não andaram em seus caminhos. Eles se tornaram gananciosos, aceitaram suborno e perverteram a justiça. Por isso todas as autoridades de Israel reuniram-se e foram falar com Samuel, em Ramá. E disseram-lhe:*

Berseba
cidade no extremo sul da Terra Prometida

Vá para

abandonado a adoração aos ídolos
1Samuel 7

"Tu já estás idoso, e teus filhos não andam em teus caminhos; escolhe agora um rei para que nos lidere, à semelhança das outras nações."

Samuel havia desfrutado de muito sucesso como juiz de Israel. Claramente a mão de Deus estivera sobre ele, bem como sobre Israel sob sua liderança. A nação, finalmente, havia <u>abandonado a adoração aos ídolos</u> e havia visto a paz ser restaurada.

Entretanto, uma vez que Samuel entrou na velhice, as coisas começaram a piorar mais uma vez. Percebendo que sua idade logo dificultaria sua capacidade de servir como juiz de Israel, Samuel indicou seus dois filhos, Joel e Abias, para serem juízes depois dele. Sem dúvida, ele esperava que eles amassem o Senhor tanto quanto ele amava e que desejassem servir ao povo de modo que honrasse a Deus. Mas o que aconteceu foi o contrário. Os filhos de Samuel seguiram pelo caminho errado quase da mesma maneira que Hofni e Fineias, filhos de Eli. Em vez de seguirem os passos de Samuel em integridade, fidelidade e justiça, Joel e Abias optaram pela via de enriquecer de modo rápido, aceitando subornos e concedendo justiça a quem oferecesse mais. Enquanto os pecados dos filhos de Eli se concentravam na imoralidade religiosa e sexual, os pecados dos filhos de Samuel pareciam ser fruto de materialismo e corrupção.

O comportamento dos jovens deixou os israelitas apreensivos. Eles puderam confiar em Samuel para conduzi-los no caminho certo, o caminho de Deus.

Os juízes faziam exatamente o que o título sugere — administravam justiça quando surgiam disputas entre o povo de Israel. O povo precisava saber que seus juízes eram justos! Mas, com juízes corruptos no poder, como o povo poderia estar confiante na bênção do Senhor sobre a nação?

Fora da família de Samuel, problemas políticos estavam fermentando também.

O que outros dizem

Richard D. Phillips

Ao oeste, os filisteus estavam pressionando mais uma vez e, ao leste, os amonitas — inimigos antigos, embora primos dos israelitas — estavam a caminho. Em resposta a essas ameaças externas, o povo começou a ficar inquieto e a preocupação começou a se espalhar.[1]

Uma declaração carregada

A solução dos israelitas parecia bastante simples: resolver o duplo dilema de liderança corrupta e risco político com um ato: "Escolhe agora um rei para que nos lidere, à semelhança das outras nações" (1Samuel 8:5).

A exigência era bem mais complicada do que parecia.

- Israel estava exigindo uma mudança radical em seu governo. O próprio Deus havia sido o rei de Israel desde o **Êxodo** e havia provido lideranças práticas para Israel por meio do sistema de juízes. Os israelitas não estavam simplesmente pedindo a Deus um novo homem para liderá-los; eles estavam insistindo em uma revisão da estrutura de seu governo. Deus havia, de fato, planejado que Israel seria, um dia, governado por um rei, mas esse dia ainda não havia chegado. Essa exigência estava muito à frente do tempo de Deus.
- Israel estava demonstrando desdém por — em vez de deleite em — sua posição como nação escolhida por Deus.

Vá para

governado por um rei
Deuteronômio 17:14-20

nação escolhida por Deus
Levítico 20:26; Números 23:9

Êxodo
a libertação de Israel da escravidão no Egito

O que outros dizem

Richard D. Phillips

Estabelecido por meio de Moisés como uma teocracia, Israel deveria se distinguir das nações circunvizinhas pelo fato de que não tinha um rei senão o próprio Deus [...] A visão de Samuel para o futuro vinha de seu entendimento da identidade distinta de Israel — seu passado, seu legado, suas capacidades e seu chamado particular. A visão do povo, no entanto, era moldada pelos medos do presente; não por uma análise crítica de seu coração, mas por um desejo de se conformar ao que quer que parecesse dar certo para os outros. Um era motivado por coragem e convicção, o outro, por medo e conformidade.[2]

John Wesley

"Ser igual" — Que idiotice! A felicidade deles era justamente serem diferentes de todas as outras nações.[3]

"Se as outras nações pularem da ponte, você pula também?"

Na década de 1950, um pesquisador chamado Solomon Asch tentou medir o desejo das pessoas de se conformarem, ou se misturarem, com aqueles ao seu redor. Ele elaborou um teste que pedia aos participantes para combinarem linhas de comprimentos diferentes em dois cartões — um desafio fácil com uma resposta óbvia. A pegadinha: ele pediu aos participantes que fizessem o teste em uma sala cheia de gente, tendo várias delas sido secretamente

Algo para pensar

instruídas a darem a resposta errada. Surpreendentemente, cerca de 3/4 das pessoas testadas por ele deram uma resposta incorreta pelo menos uma vez, a fim de se conformarem com o grupo.

Ponto importante

Esse desejo inato de ser como todos os outros estava com força total entre a população de Israel durante o tempo de Samuel. Os israelitas achavam muito mais cômodo se misturar com a multidão, tendo um governo similar, do que se distinguir, tendo um governo especial. Entretanto, ao longo de toda a Escritura, Deus deixa claro que fazer parte de sua família significa dançar no ritmo de uma música diferente.

O povo de Deus, como a nação de Israel, deve estar separado no mundo como se fosse forasteiro, estrangeiro ou "estranho". Fazer "amizade com o mundo", declara o apóstolo Tiago em sua carta, "é inimizade com Deus. Quem quer ser amigo do mundo faz-se inimigo de Deus" (Tiago 4:4).

O POVO DE DEUS SE DESTACA DO RESTO DO MUNDO

Quando o assunto é...	O mundo diz...	Os cristãos dizem...
Riqueza	Quanto dinheiro e quantas coisas temos são o que mais importa.	Quem somos em relação a Cristo é o que mais importa.
Conformidade	Misturar-se é melhor.	Distinguir-se é o único modo de seguir a Cristo.
Conhecimento	Saber é poder.	A sabedoria de Deus é poder.
Perspectiva	Aqui e agora é tudo que importa.	Aqui e agora importam apenas em sua relação com a eternidade.
Modo de tratar os outros	Eu devo vir em primeiro lugar.	Os outros devem vir primeiro.
Dependência	Independência é o único caminho.	A dependência de Deus é o único caminho.
Moralidade	O que é certo depende do tempo, das pessoas e das circunstâncias.	O que é certo depende do que Deus diz que é certo.
Hospitalidade	É importante impressionar as pessoas.	É mais importante servir às pessoas.
Religião	Há muitos caminhos que levam a Deus.	Há apenas um caminho para Deus.

Um profeta consternado

> **1Samuel 8:6-9** *Quando, porém, disseram: "Dá-nos um rei para que nos lidere", isso desagradou a Samuel; então ele orou ao SENHOR. E o SENHOR lhe respondeu: "Atenda a tudo o que o povo está lhe pedindo; não foi a você que rejeitaram; foi a mim que rejeitaram como rei. Assim como fizeram comigo desde o dia em que os tirei do Egito, até hoje, abandonando-me e prestando culto a outros deuses, também estão fazendo com você. Agora atenda-os; mas advirta-os solenemente e diga-lhes quais direitos reivindicará o rei que os governará".*

Samuel podia estar ficando velho, mas ele ainda era um grande homem de Deus. O pedido do povo para remover Deus de seu lugar de liderança na nação e pôr no lugar dele no trono um mero mortal deve ter dado calafrios no profeta. Ele imediatamente exprimiu suas preocupações ao Senhor, e o Senhor, como sempre fiel ao seu amado servo, respondeu de pronto.

Conversa de uma vida toda

A conversa que se iniciou entre o Senhor e Samuel no tabernáculo, quando o profeta era ainda um menino, continuava tão animada e ativa como sempre! Essa discussão torna evidente que o diálogo entre Deus e o homem continuou ao longo dos anos — um sinal da intimidade do relacionamento deles. Ela também oferece um esboço vívido da ordem de prioridades de Samuel. Ao receber a notícia perturbadora, a primeira reação de Samuel não foi discutir com o povo exigente, nem resmungar, nem se queixar com seus amigos e nem ficar se lamentando com a pergunta: "Por que eu?" Em vez disso, ele foi diretamente ter uma conversa pessoal com Deus.

Algo para pensar

O que é essencial primeiro

Por que o pedido do povo foi tão perturbador para Samuel? A insatisfação de Israel com sua situação naquele momento pode ter lançado dúvidas na mente de Samuel sobre seu desempenho como juiz. "Se eu estava fazendo bem o meu trabalho", ele pode ter se perguntado, "por que eles estão tão infelizes?" Além disso, ele pode ter tido um sentimento de culpa pelo fato de seus filhos não terem optado por andar em seus caminhos. De qualquer modo, o Senhor examinou o coração de Samuel enquanto ouvia as palavras do profeta e decidiu cuidar do que era essencial primeiro. Ele tranquilizou Samuel ao colocar as coisas em seu devido lugar quanto a quem estava *realmente* sendo demitido – o próprio Deus! Em outras palavras, ele estava dizendo: "Não leve isso para o lado pessoal, Samuel. O problema não é você, sou eu".

Advertência justa!

O Senhor deu a Samuel sinal verde para deixar que o povo fizesse as coisas como bem quisesse, mas não sem dar aos israelitas a devida advertência sobre o que exatamente eles estavam pedindo.

Lembre-se, Deus quer um relacionamento próximo com seu povo e a companhia dele, mas não quer impor a si mesmo ou sua vontade a ninguém! Ele simplesmente faz o convite e abre as portas. Depende de cada indivíduo decidir se vai aceitar o convite e entrar pela porta. A Bíblia inteira reconta a mesma história básica em que Deus convida pessoas para um relacionamento com ele. Ela está repleta de promessas de como a vida — e a vida após a morte — será para aqueles que disserem "sim" para Deus, como também de advertências sobre como a vida — e a vida após a morte — será para aqueles que disserem "não".

Aplique

> **O que outros dizem**
>
> **The King James Study Bible for Women**
> **[Bíblia King James de estudo para mulheres]**
> Às vezes Deus permite que a vontade humana prevaleça para que a insensatez dos seres humanos possa ser vista em clara distinção com os propósitos e padrões santos de Deus.[4]

O alto preço de um rei

> **Visão geral**
>
> **1Samuel 8:10-18**
> Samuel contou ao povo que o Senhor havia decidido dar-lhe um rei e descreveu o que poderia se esperar do novo regente.

Ponto importante

Muitas vezes o mundo oferece deleites tentadores que, no final, tiram, em vez de aumentar, a liberdade, o prazer ou a qualidade de vida. Essa foi uma delas. Deus queria que Samuel explicasse exatamente aos israelitas qual seria o preço que eles pagariam em troca de colocar um rei no trono. O preço na etiqueta, por fim, foi bem salgado.

Conclusão: Mais diferenças entre a vida sob juízes e a vida sob reis

Em se tratando de...	Sob um juiz...	Sob um rei...
Questão militar	É reunido um exército voluntário; suprimentos são doados pela família dos soldados, conforme a necessidade.	Um exército permanente é convocado e treinado; os filhos israelitas devem construir e manter um inventário do equipamento militar.
Moradia	Não há palácio para manter, e não é necessário pessoal para servir ao rei ou à administração.	Um palácio deve ser estabelecido; é requerido um pessoal para manter o palácio e servir ao rei e à sua administração. As filhas israelitas podem ser levadas de casa para servirem ao rei.
Impostos	Impostos não são necessários, porque não são precisos fundos quando não há palácio para gerir.	Impostos são exigidos para financiar o palácio e mobiliá-lo, e encher a mesa de comida adequada a um rei.
Vida pessoal	As pessoas desfrutam de liberdade pessoal.	O povo fica sujeito ao governo do rei, que pode ou não ter em mente o que é melhor para o povo.

"Estamos pondo os pés no chão"

> **1Samuel 8:19-22** *Todavia, o povo recusou-se a ouvir Samuel, e disse: "Não! Queremos ter um rei. Seremos como todas as outras nações; um rei nos governará, e sairá à nossa frente para combater em nossas batalhas." Depois de ter ouvido tudo o que o povo disse, Samuel o repetiu perante o SENHOR. E o SENHOR respondeu: "Atenda-os e dê-lhes um rei." Então Samuel disse aos homens de Israel: "Volte cada um para sua cidade."*

Como Samuel deve ter ficado triste com o fato de os israelitas insistirem obstinadamente em fazer as coisas como bem queriam, mesmo depois de ter explicado as consequências. Aprovando Deus ou não, eles queriam tanto um rei que isso os deixou cegos para as consequências que, com certeza, viriam.

O povo estava buscando uma solução física — um novo rei — para um problema espiritual — a falta de fé em Deus. O Senhor havia prometido a Israel que pelejaria por ele; se a nação simplesmente confiasse em Deus, não precisaria se preocupar com ameaças de seus inimigos:

Algo para pensar

- O Senhor lutará por vocês; tão-somente acalmem-se" (Êxodo 14:14).
- O Senhor, o seu Deus, que está indo à frente de vocês, lutará por vocês, diante de seus próprios olhos, como fez no Egito" (Deuteronômio 1:30).
- Não tenham medo! Não desanimem! Sejam fortes e corajosos! É isso que o Senhor fará com todos os inimigos que vocês tiverem que combater" (Josué 10:25).

Aplique

É natural aos seres humanos tentar resolver problemas espirituais com respostas naturais. Por exemplo, se estamos abrigando sentimentos de insegurança, podemos recorrer à comida em busca de conforto. Se temos sentimentos de baixa autoestima, podemos procurar relacionamentos românticos inapropriados. Se estamos com medo, tentamos controlar tudo o que está ao nosso alcance. Mas o Senhor nos diz que há apenas uma solução para nossos problemas espirituais – um relacionamento com ele. O Senhor é nossa única fonte de confiança, valor e coragem.

A escolha do povo

> **Visão geral**
>
> **1Samuel 9:1-9**
> Enquanto o povo de Israel aguardava por seu novo rei, Samuel saiu à caça incomum de um homem. Um rei impressionante era o que os israelitas queriam, então um rei impressionante eles encontrariam. Mas, antes que Samuel tivesse a chance de fazer isso, o possível nome de quem Deus escolheria para ocupar o cargo já estava circulando pela região, também conduzindo uma busca. O alto, forte e belo Saul, um lavrador de vinte e poucos anos que vinha de uma família benjamita poderosa, estava com seu servo procurando as jumentas de seu pai. A dupla percorreu os terrenos montanhosos e os campos, e não encontrou as jumentas em nenhum lugar. Por fim, Saul temeu que a busca tivesse se demorado muito, e que seu pai pudesse começar a se preocupar mais com ele do que com os animais. Então ele sugeriu que fizessem as malas e seguissem para casa. Mas o servo teve uma ideia melhor. Tendo ouvido que o profeta de Deus estava na cidade, sugeriu que pedissem orientação a ele.

Saul nasceu em uma cidade, cujo nome não é revelado, na terra ocupada pela tribo de **Benjamim**, que ficava localizada no centro de Israel. O povo dessa tribo era conhecido por sua ferocidade e por sua habilidade com atiradeiras e arcos. O pai de Saul, Quis, era um lavrador bem-sucedido, cujas

Benjamim
a menor das doze tribos de Israel

explorações pecuniárias ganharam o respeito de sua família. Por essas razões, os israelitas muito provavelmente considerariam esse homem digno de ser chamado de rei.

Um bobão atrapalhado ou um cara inteligente?

A incumbência de Saul era nobre o bastante: jumentas eram animais valiosos, e valiam o tempo e o esforço gastos para encontrá-las. Entretanto, para muitos estudiosos, Saul era um bobão atrapalhado, era a imagem de um homem desorientado, quase cômico em sua ignorância. O primeiro episódio da vida de Saul na Escritura mostra-o procurando algo que não consegue achar, e perdendo o senso de direção.

Algo para pensar

> ### O que outros dizem
>
> **J. Vernon McGee**
> Eu sei que o Senhor tem senso de humor [...] Saul estava procurando os burros de seu pai, e os burros de Israel estão procurando um rei. Eles deveriam ficar juntos, amigo, e ficaram. O Senhor deve sorrir quando algo assim acontece. Que retrato da raça humana![5]
>
> **Robert Alter**
> Toda a história de Saul, até a noite anterior à sua morte no campo de batalha, é uma história sobre a busca fútil por conhecimento de um homem inveteradamente ignorante.[6]

Encontro marcado com o destino

1Samuel 9:17-20 *Quando Samuel viu Saul, o Senhor lhe disse: "Este é o homem de quem lhe falei; ele governará o meu povo." Saul aproximou-se de Samuel na entrada da cidade e lhe perguntou: "Por favor, pode me dizer onde é a casa do vidente?" Respondeu Samuel: "Eu sou o vidente. Vá na minha frente para o altar, pois hoje você comerá comigo. Amanhã cedo eu lhe contarei tudo o que você quer saber e o deixarei ir. Quanto às jumentas que você perdeu há três dias, não se preocupe com elas; já foram encontradas. E a quem pertencerá tudo o que é precioso em Israel, senão a você e a toda a família de seu pai?"*

Vá para

Noé
Gênesis 6:11–7:5

Abraão
Gênesis 12:1-5

mãe de Moisés
Êxodo 2:1-10

Ponto importante

Algo para pensar

Muitas lições na abrangente história de Davi trazem à tona uma série de contrastes. Ainda que a maioria desses contrastes apareçam mais tarde, em comparações entre Saul e Davi, aqui há uma comparação interessante entre Samuel e Saul. Samuel, homem de Deus, sabia exatamente com quem estava falando, já Saul, homem do povo, não fazia ideia de que estava falando com a pessoa que estava procurando. Além disso, a linha "visão" *versus* "cegueira" aqui parece continuar de onde parou antes, com a cegueira espiritual de Eli que o levou a confundir o desespero de Ana com uma embriaguez.

"Eu sabia que você viria, por isso preparei uma... coxa"

Não perca isso! Deus inclui uma impressionante lição sobre o que significa viver pela fé, mesmo quando as lentes da câmera começam a se afastar de Samuel e ir para Saul, que agora se torna um personagem fundamental na história de Davi.

No dia anterior, Deus havia dito a Samuel que no dia seguinte lhe mostraria o homem para o trabalho. Então, antes mesmo de Samuel se encontrar com o futuro rei, o profeta agiu baseado na palavra de Deus como verdade: ele se adiantou e preparou um lugar para Saul à mesa, disse ao cozinheiro para preparar e separar um corte especial de carne e convidou trinta pessoas. Para ele, o que Deus disse era inevitável, não apenas "possível" — nem mesmo "provável".

Deus nos dá esse exemplo — e muitos outros — de alguém que andou pela fé, como Noé, que construiu uma arca antes que uma gota de chuva caísse; Abraão, que empacotou as coisas de casa e começou a andar em direção a Canaã, a Terra Prometida, mesmo antes de jamais ter visto o lugar; e a mãe de Moisés, que acomodou seu filho bebê em uma pequena cesta dentro do rio, antes mesmo que pudesse compreender como poderia ser salvo.

Resumo do capítulo

- ✦ Em vez de andarem nos passos de Samuel, em integridade, fidelidade e justiça, Joel e Abias, seus filhos, eram corruptos, fazendo Israel se sentir inquieto.
- ✦ Os israelitas exigiram um rei como as outras nações, um passo que mudaria radicalmente a forma de governo de Israel. Intencionalmente ou não, isso também demonstrava certa dose de desdém por sua posição como nação escolhida por Deus.
- ✦ O pedido para remover Deus de seu lugar de liderança na nação incomodou muito Samuel, que imediatamente orou ao Senhor pedindo direção.

✦ Deus tranquilizou Samuel e lhe deu sinal verde para deixar o povo fazer o que bem entendesse.

✦ Deus advertiu o povo, por meio de Samuel, de que o pedido requereria da nação um recrutamento militar, impostos e sujeição a um rei, que poderia ter ou não em mente o que era melhor para o povo.

✦ Samuel partiu em busca de um rei impressionante que satisfizesse os israelitas; ele descobriu o alto e belo Saul, um homem da tribo de Benjamin que perambulava pelo campo à procura das jumentas de seu pai.

Questões para estudo

1. Como eram os filhos de Samuel?

2. Por que o comportamento deles importava para os israelitas?

3. O que os israelitas propuseram e por quê?

4. Quais eram as implicações da exigência?

5. Como o pedido dos israelitas demonstrava falta de fé?

6. Como Samuel reagiu ao pedido do povo?

7. Quais circunstâncias fizeram Saul e Samuel se encontrar?

1SAMUEL 10–12
Saul, o primeiro rei de Israel

Em destaque no capítulo:

✦ Nomeação de um rei pela unção

✦ Ele perdeu a chance

✦ Ter um rei — passo a passo

✦ Um incentivo explícito

✦ O discurso de Samuel

Vamos começar

À medida que o idoso Samuel seguia em um papel coadjuvante no grande épico da vida de Davi, o jovem e notável Saul caminhava a passos largos — ou melhor, relutantemente vacilava, a princípio — em direção ao centro do palco. Na noite anterior, Saul havia recebido uma notícia estranha de Samuel, alguém que ele não conhecia, mas que obviamente o conhecia muito bem. O velho profeta tinha dado a entender que Saul se tornaria rei de Israel, depois o havia convidado para o que acabou se tornando uma noite bastante inusitada. Primeiro, ele foi colocado para se sentar à cabeceira da mesa em um jantar, na presença de trinta dos cidadãos mais proeminentes da cidade. Em seguida, recebeu o melhor corte de carne. De fato, quando a noite acabou, parecia a Saul que todos, exceto ele mesmo, sabiam que ele viria naquela noite!

Na manhã seguinte, conforme o capítulo 10 de 1Samuel se inicia, as circunstâncias continuavam muito intrigantes. Samuel levou Saul ao limite da cidade e dispensou o servo para que os dois pudessem ter privacidade.

"Mas por quê?", Saul deve ter se perguntado. Sem dúvida, começou a cair a ficha da realidade de sua situação quando ele sentiu o **óleo da unção** escorrer pelos lados de sua cabeça e chegar à sua barba – ele estava sendo nomeado como primeiro rei de Israel. A designação iria intimidá-lo no início, mas, até o final do capítulo 12 de 1Samuel, ele sentiria o gosto do sucesso e do respeito.

óleo da unção
substância usada para separar alguém para um ofício especial

Nomeação de um rei pela unção de um rei

Profecia

Vá para

sinal de hospitalidade
Lucas 7:46

libertador de Israel
Salmos 2:2; Daniel 9:25-26

Cristo foi ungido com o Espírito Santo
Isaías 61:1; João 1:41,32-33; Atos 4:27; 9:22; 10:38; 17:2-3; 18:4,28

Cristãos são ungidos
2Coríntios 1:21

ungir Davi
1Samuel 16:12-13

1Samuel 10:1 *Samuel apanhou um jarro de óleo, derramou-o sobre a cabeça de Saul e o beijou, dizendo: "O S*ENHOR *o ungiu como líder da herança dele."*

Ungir alguém, o que envolve principalmente derramar ou aspergir óleo (normalmente azeite de oliva) sobre uma pessoa, era uma prática comum na cultura hebraica. Ao longo das Escrituras, a unção é mencionada em diversos tipos de situação:

✦ *Hospitalidade cotidiana:* Um anfitrião passava óleo na cabeça de um convidado, trazendo conforto ao escalpo seco pelo sol forte, como um <u>sinal de hospitalidade</u>.

✦ *Assuntos religiosos oficiais:* Profetas, sacerdotes e reis eram ungidos como parte de sua iniciação no ofício. O óleo era uma imagem física da mão espiritual de Deus, de direção e poder, se "derramando" na vida da pessoa ungida.

✦ *Indicação profética:* O Messias, cujo nome significa "o Ungido", era o prometido <u>libertador de Israel</u>. <u>Cristo foi ungido com o Espírito Santo</u>, e não com óleo físico.

✦ *Significado espiritual:* <u>Cristãos são ungidos</u> com o Espírito Santo quando depositam a fé em Deus.

Uma frágil indicação de poder

Na Bíblia, até mesmo os detalhes muitas vezes carregam grande significado. Por exemplo, o recipiente usado por Samuel para armazenar o óleo que ele usaria para ungir o rei era um jarro. Muito provavelmente feito de barro, o jarro devia ser frágil, ou fácil de quebrar, e não muito duradouro. Também devia ser bem pequeno, talvez de doze centímetros de diâmetro ou menos. Em contraste, o recipiente que Samuel usaria para <u>ungir Davi</u>, o homem segundo o coração de Deus, como sucessor de Saul seria o chifre de um animal. Esse recipiente era bem mais durável, podia conter muito mais óleo e era um símbolo de poder político comumente reconhecido.

> **O que outros dizem**
>
> **Matthew Henry**
>
> Com apenas um pequeno frasco de óleo, um frágil recipiente, ele [Saul] foi ungido, porque seu reino logo se racharia e quebraria, e com uma pequena quantidade, porque apenas um pouquinho do Espírito lhe havia sido concedido.[1]

Um poder mais forte

1João 2:27 *A unção que receberam permanece em vocês, e não precisam que alguém os ensine.*

Assim como a unção com óleo dava poderes a um antigo rei para agir com plena confiança de que ele tinha a autoridade e o poder de Deus com ele, a unção do Espírito Santo fortalece os cristãos do século XXI para que ajam com o mesmo tipo de confiança. Os indivíduos hoje, normalmente, não precisam da força e do poder de Deus para estabelecer reinos, sustentar seu povo ou proteger as fronteiras de sua terra. Mas eles precisam, sim, da força e do poder sobrenatural de Deus para edificar famílias fiéis, prover amor e encorajamento para as comunidades cheias de pessoas sofridas e impedir que eles mesmos se desviem do bom caminho de Deus e vão para o caminho mais perigoso que o mundo tem a oferecer.

Aplique

Como usar os recursos que o Espírito Santo oferece em quantidades ilimitadas? Não há nenhum truque especial, não se exige nenhum esforço para tentar abrir a tampa do frasco contendo a presença de Deus a fim de liberar o auxílio divino. O Espírito flui livremente para dentro do coração de uma pessoa — permanentemente — no momento em que ela começa um relacionamento com Cristo.

Vá para

Espírito Santo
João 3:34

Sinais, sinais, sinais

> **Visão geral**
> **1Samuel 10:2-10**
> Quando Saul levantou a cabeça e tirou as gotas de óleo de sua têmpora com a manga do manto, Samuel deve ter percebido a apreensão, descrença ou confusão de Saul sobre o que fazer a seguir. Então ele descreveu três eventos pelos quais o jovem poderia esperar nas próximas horas:
> ◆ Na estrada, a caminho do **túmulo de Raquel**, Saul e seu servo encontrariam dois homens que repetiriam a notícia de que as jumentas perdidas haviam sido encontradas e de que seu pai estava preocupado com ele.
> ◆ Ao chegarem a uma grande árvore em Tabor, eles encontrariam três homens subindo para adorar a Deus em **Betel**. Um homem

Vá para

túmulo de Raquel
marco localizado em Zelza na fronteira entre Benjamim e Efraim

Betel
cidade de Canaã que ficava a quase vinte quilômetros ao norte da atual Jerusalém

estaria levando três cabritos; um segundo homem, três pães; e um terceiro, um odre de vinho. Os homens dariam a Saul e ao seu servo dois pães.

✦ Eles chegariam a um acampamento filisteu, onde encontrariam um grupo muito expressivo de profetas. Então a verdadeira unção do Senhor aconteceria: "O Espírito do Senhor se apossará de você, e com eles você **profetizará**, e será um novo homem" (1Samuel 10:6).

Depois que o terceiro sinal tivesse ocorrido, Saul deveria ir para Gilgal e esperar o profeta juntar-se a ele com novas instruções. Conforme prometido, todos os eventos que Samuel profetizou ocorreram naquele dia. Uma vez cheio pelo Espírito Santo, Saul começou a profetizar junto com os demais profetas.

profetizará
falará as palavras de Deus

O que outros dizem

David Guzik

Esta recepção do Espírito Santo foi a verdadeira unção. O óleo derramado sobre a cabeça de Saul era apenas uma imagem disso. Um galão de óleo poderia ter sido despejado em sua cabeça, mas, se o Espírito do Senhor não viesse sobre ele, isso não teria significado nada![2]

Os três sinais que Samuel deu significavam três verdades importantes sobre a provisão divina para o homem que Deus estava colocando no trono de Israel:

✦ Deus cuidaria das necessidades comerciais de Saul (ilustrado pela solução da questão das jumentas).

✦ Deus satisfaria as necessidades físicas de Saul (ilustrado pelos pães que lhe foram dados de presente).

✦ Deus satisfaria as necessidades espirituais de Saul (ilustrado pelo movimento do Espírito Santo para dentro de seu coração).

Aplique

Deus promete suprir todas as nossas necessidades também! Tudo o que precisamos fazer é pedir: "O meu Deus suprirá todas as necessidades de vocês, de acordo com as suas gloriosas riquezas em Cristo Jesus" (Filipenses 4:19).

É este o Saul que conhecemos?

1Samuel 10:11-12 *Quando os que já o conheciam viram-no profetizando com os profetas, perguntaram uns aos outros: "O que aconteceu ao filho de Quis? Saul também está entre os profetas?" Um homem daquele lugar respondeu: "E quem é o pai deles?" De modo que isto se tornou um ditado: "Saul também está entre os profetas?"*

Saul impressionava na aparência, e vinha de uma proeminente família **benjamita**. A despeito dessas distinções, ele levava uma vida bem comum. Ao que parece, fervor espiritual não era, até o momento, uma de suas características mais notáveis. Então, quando viram Saul com os profetas locais, as pessoas de sua terra natal, que o conheciam de longa data, ficaram chocadas. Tão chocadas, na verdade, que cunharam uma nova expressão — carregada de sarcasmo — para adicionar ao léxico hebraico: "Saul também está entre os profetas?"

benjamita
da tribo de Benjamim, que ocupava o menor território das doze tribos de Israel

Mispá
uma cidade que ficava a onze quilômetros ao norte de Jerusalém

O que outros dizem

Matthew Henry

Tornou-se um provérbio, comumente usado em Israel, quando eles expressavam sua admiração por um homem mau que estava se tornando bom ou, pelo menos, que fosse encontrado em boa companhia.[3]

Ele perdeu a chance de causar uma boa primeira impressão

Visão geral

1Samuel 10:13-23

Após deixar a companhia dos profetas, Saul foi para casa, onde seu tio o interrogou sobre o que ele havia feito enquanto viajava. Saul deu apenas detalhes superficiais e deliberadamente deixou de fora a parte em que foi ungido rei de Israel. Então Samuel reuniu o povo para adorar em **Mispá**, onde ele o preparou para receber seu novo rei. No entanto, após apresentar Saul com muita pompa e circunstância, o escolhido não podia ser encontrado em lugar nenhum... até que o Senhor sugeriu que o povo procurasse por ele no meio da bagagem.

Vá para

Deus chamou Moisés
Êxodo 3:9—4:13

Jonas
Jonas 1—4

Jonas
profeta de Deus

Se não fosse uma ocasião tão séria, o cenário poderia ter sido engraçado — o valente líder pelo qual Israel tanto ansiava simplesmente não conseguia se levantar para encarar seus novos súditos! Fosse por timidez ou por medo, tudo o que ele conseguiu fazer foi se esconder; ele mergulhou sob as pilhas de suprimentos nos carroções que, provavelmente, cercavam o acampamento, em vez de erguer-se diante do povo que ele lideraria.

> **O que outros dizem**
>
> **Richard D. Phillips**
>
> O que o teria levado a refugiar-se no meio da bagagem? É provável que fosse o olhar no rosto das pessoas enquanto esperavam pelo homem que as salvaria [...] Elas podiam até ser ovelhas, mas não eram um rebanho que ansiava por seguir seu pastor pelos campos afora; pelo contrário, elas eram ovelhas que esperavam ficar confortáveis no aprisco, enquanto seu novo rei saía sozinho para enfrentar os lobos. É difícil, assim, culpar Saul por se esconder.[4]

Bendito se fizer, maldito se não fizer

O medo muitas vezes é a primeira reação que temos quando somos chamados por Deus a dar um passo fora dos limites do que é confortável e familiar. Saul não está sozinho no rol de pessoas na Escritura que tentaram não fazer o que Senhor lhes havia instruído. Dois outros fujões de Deus, muito bem conhecidos, são:

Ponto importante

Vá para

- *Moisés:* "M-m-mas, o Senhor se esqueceu que eu gaguejo?" Quando Deus chamou Moisés para tirar os israelitas da escravidão, o homem tentou apelar ao "bom senso" de Deus quanto às suas qualificações. Ele até tomou a liberdade de sugerir uma alternativa: "Eu tenho um irmão, Arão, que é um orador muito bom."

- *Jonas:* "Ele nunca vai me achar aqui!" Como Saul, Jonas tentou realizar a mágica de desaparecer. Quando Deus lhe disse para ir pregar ao povo de Nínive, Jonas foi, em vez disso, para Társis.

Para cortar caminho e descobrir o final da história de todos os fujões de Deus, leia Deuteronômio 11:26-28, que diz que as pessoas são abençoadas quando obedecem ao Senhor, e amaldiçoadas quando lhe desobedecem. Moisés foi abençoado depois que enfrentou seus medos e deu um passo em direção à obediência. E Jonas foi abençoado depois que tirou a água salgada dos ouvidos e, por fim, ouviu a voz de Deus. E a história de Saul se desenrolará como uma história de bênção ou de maldição? Essa é uma questão importante para termos em mente à medida que avançamos no estudo de sua vida.

Ter um rei

Visão geral

1Samuel 10:24-27

Samuel, apontando para Saul, fez Israel se lembrar de que aquele era o homem que o Senhor lhe tinha dado e, em seguida, começou a ensinar ao povo a nova forma de governo. Ele escreveu os regulamentos em um livro e, muito provavelmente, colocou-o no tabernáculo, onde seria preservado para consulta futura.

Enquanto isso, ao dirigir-se para casa, Saul era acompanhado por um pequeno grupo de partidários entusiastas. Outros não aceitaram de imediato a liderança de Saul, o que demonstraram ao recusarem-se a presenteá-lo. Ele, de bom humor, "ficou calado" (v. 27).

Dava para ouvir uma mosca voando

É fácil imaginar o silêncio constrangedor que deve ter calado a multidão enquanto se espantava com o espetáculo que havia acabado de assistir. Saul estava, de fato, escondido no meio da bagagem! "O que devemos fazer agora?", muitos devem ter se perguntado, enquanto observavam um sorriso nervoso surgir no rosto do homem que Deus lhes tinha dado em resposta à obstinada exigência de ter um rei. Sem dúvida, os olhos de Saul, bem como os de cada israelita ali presente, foram parar em Samuel em busca de uma dica sobre como resolver a situação. É possível que o profeta tenha sido tentado a balançar o dedo e a dirigir um severo "eu avisei" às pessoas em pé à sua frente, parecendo ovelhas sem pastor. Mas, em vez disso, ele resolutamente encerrou o assunto que os israelitas haviam começado, apontou para Saul e fez com que eles se lembrassem de que o Senhor lhes tinha dado exatamente o que haviam pedido: "Vocês veem o homem que o Senhor escolheu? Não há ninguém como ele entre todo o povo" (1Samuel 10:24). Então o profeta deu prosseguimento ao assunto mais premente da pauta: ensinar uma nação a fazer a transição de uma teocracia para uma monarquia.

O que outros dizem

The King James Study Bible for Women

[Bíblia King James de estudo para mulheres]

Como juiz e profeta de Deus, Samuel colocou por escrito as ordenanças do reino recém-estabelecido e depositou o documento no santuário do Senhor.[5]

Robert Alter

A inferência razoável é que o conteúdo do discurso seja uma reiteração dos perigos de uma violação, por parte do rei, dos direitos individuais, como havia advertido Samuel na assembleia em Ramá.[6]

Não se pode agradar a todo mundo o tempo todo

Quando Samuel terminou seu sermão, alguns estavam convencidos de que as coisas ficariam bem, então foram para casa. Outros estavam tão entusiasmados com seu novo rei que seguiram em seu encalço como zelosos apoiadores. Outros, ainda, não ficaram convencidos de que estavam prontos para regras e regulamentos exigentes de submissão a um rei ou imaginavam como poderiam manter as esperanças de um rei nesse homem que havia deixado uma primeira impressão tão frustrante.

Um incentivo explícito

Visão geral

1Samuel 11

Naás, o líder amonita, liderou um ataque contra o povo de Israel, em Jabes-Gileade, e fez uma proposta horrível. Se os israelitas se rendessem, ele deixaria que vivessem com apenas um castigo – ele arrancaria o olho direito de todos os homens. Os líderes de Israel pediram uma semana para considerarem as opções e contaram a Saul o que estava acontecendo. Furioso por causa da ameaça, ele dilacerou dois bois e enviou mensageiros com a carniça como um aviso para aqueles que ousassem se opor a ele. O estratagema funcionou e os amonitas ficaram aterrorizados. Saul reuniu suas tropas, preparou uma emboscada no acampamento inimigo e conquistou a vitória para seu povo. Saul deu a Deus o crédito pelo salvamento de Israel, e Samuel aproveitou o momento e reuniu o povo para confirmar Saul como rei.

Essa vitória marcava a terceira, e última, fase da nomeação divina de Saul como rei de Israel:

- ✦ A <u>unção</u> de Saul <u>em segredo</u>;
- ✦ A <u>apresentação pública</u> de Saul como rei;
- ✦ A vitória de Saul sobre os amonitas, incentivando <u>Israel a aceitar seu reinado</u>.

Vá para

unção em segredo
1Samuel 10:1-8

apresentação pública
1Samuel 10:13-23

Israel a aceitar seu reinado
1Samuel 11:15

A despeito do começo duvidoso, Saul ganhou uma base forte com seu sucesso contra os amonitas. A vitória no campo de batalha conquistou para ele o respeito e o apoio de seu povo. Talvez ainda mais significativa, entretanto, seja a figura da batalha espiritual do bem contra o mal, ilustrada pela disputa de Saul com Naás, cujo nome, por acaso, significa "serpente". O ataque de Naás contra Israel ilustra o ataque de Satanás contra o povo de Deus. Assim como Naás queria conquistar e mutilar Israel, Satanás quer provocar conflito entre os cristãos e enfraquecê-los, distorcendo a Palavra de Deus.

Algo para pensar

O discurso de Samuel

1Samuel 12:1-5 *Samuel disse a todo Israel: "Atendi tudo o que vocês me pediram e estabeleci um rei para vocês. Agora vocês têm um rei que os governará. Quanto a mim, estou velho e de cabelos brancos, e meus filhos estão aqui com vocês. Tenho vivido diante de vocês desde a minha juventude até agora. Aqui estou. Se tomei um boi ou um jumento de alguém, ou se explorei ou oprimi alguém, ou se das mãos de alguém aceitei suborno, fechando os olhos para a sua culpa, testemunhem contra mim na presença do S*ENHOR *e do seu ungido. Se alguma dessas coisas pratiquei, eu farei restituição." E responderam: "Tu não nos exploraste nem nos oprimiste. Tu não tiraste coisa alguma das mãos de ninguém". Samuel lhes disse: "O S*ENHOR *é testemunha diante de vocês, como também o seu ungido é hoje testemunha, de que vocês não encontraram culpa alguma em minhas mãos." E disseram: "Ele é testemunha".*

Talvez sentindo a necessidade de sinalizar o fim de seu próprio tempo como líder de Israel e de posicionar Saul firmemente no controle, Samuel fez um longo, poderoso e tocante discurso ao povo de Israel. Então, como se colocasse seu próprio sinal de exclamação no sermão de Samuel, Deus enviou trovões e chuva. Se nada mais até esse ponto havia convencido os israelitas de que eles haviam pecado ao rejeitarem a Deus e pedirem um rei, esses fogos de artifício parecem ter dado conta do recado. Pasmos com o poder sobre a natureza demonstrado por Deus por meio de Samuel, eles começaram a implorar por misericórdia. Com a ternura de um pai que conforta o filho cheio de remorsos, Samuel então assegurou o povo de Israel de que tudo ficaria bem. Ele fez os israelitas se lembrarem de que sabiam como deviam se portar, e de que, se apenas fizessem o que sabiam ser o certo, o Senhor não os rejeitaria, porque, afinal de contas, eram o povo escolhido de Deus. "Por causa de seu grande nome, o SENHOR não os rejeitará, pois o SENHOR teve prazer em torná-los o seu próprio povo" (1Samuel 22.12).

Provavelmente o esboço do discurso de Samuel naquele dia foi algo assim:

1. *O passado*: Lembrar o povo de que meu mandato, como um homem ungido pelo Senhor, tem sido marcado por integridade e fidelidade. Recapitular a fidelidade e o cuidado de Deus ao longo da história de nossa nação.

2. *O presente*: Lembrar o povo de que sua situação atual é resultado de suas próprias ações. Reconhecer que o Senhor está, por fim, ainda no controle.

3. *O futuro*: Explicar que, embora Deus lhes tenha dado o rei que queriam, quando queriam (em vez de dar-lhes o que ele escolheria a dedo, no seu próprio tempo), os israelitas ainda poderiam receber as bênçãos de Deus se apenas temessem, servissem e obedecessem ao Senhor. Se não fizessem isso, eles podiam esperar pelo juízo certo!

Vá para

morte
1Samuel 25:1

ame os outros
João 13:34

encoraje os outros
1Tessalonicenses 5:11

fale a verdade
Efésios 4:15

Aplique

O discurso de Samuel não marcou o fim de seu ministério público. Assim como prometeu aos israelitas em 1Samuel 12:23, ele continuou a servir-lhes como sacerdote e profeta, nunca cessando de orar por eles e de ensinar-lhes a Palavra de Deus até sua <u>morte</u>.

Coisas para aprender com Samuel

✦ <u>Ame os outros</u> apesar do pecado deles, assim como o profeta amou Israel, apesar dos pecados do povo, e amou Saul, apesar dos pecados dele.

✦ <u>Encoraje os outros</u> a crescerem no entendimento da Palavra de Deus, como Samuel fez por meio de seu ministério como sacerdote, profeta e juiz.

✦ <u>Fale a verdade</u> independentemente de seus sentimentos pessoais, como ele fez ao anunciar aos que amava que o julgamento e a condenação de Deus viriam sobre eles.

Resumo do capítulo

✦ Samuel ungiu Saul como rei em um símbolo visível do poder e da direção de Deus "se derramando" sobre a vida da pessoa ungida.

✦ Após terem se cumprido três sinais prenunciados por Samuel, Saul foi cheio do Espírito Santo e começou a profetizar, junto com os demais profetas.

✦ Quando Samuel reuniu o povo a fim de prepará-lo para receber seu novo rei, depois de apresentar Saul com muita pompa e circunstância, o escolhido não era encontrado em lugar algum. Ele estava escondido em meio às bagagens.

✦ Samuel fez os israelitas se lembrarem de que esse era o homem que o Senhor lhes tinha dado; então começou a ensinar o povo sobre a nova forma de governo. Ele escreveu os regulamentos em um livro e, muito provavelmente, colocou-o no tabernáculo, onde poderia ser guardado em segurança e preservado para consulta futura.

✦ Naás, o líder amonita, liderou um ataque contra Israel em Jabes-Gileade. Saul reuniu suas tropas, preparou uma emboscada no acampamento inimigo e obteve a vitória para seu povo, marcando, desse modo, a aceitação de seu reinado por parte de Israel.

✦ Quando Samuel falou ao povo, seu discurso foi interrompido por trovões e chuva, o que convenceu o povo de que deveria se arrepender do pecado de pedir um rei.

Questões para estudo

1. Descreva o significado de unção.

2. Quais foram os três eventos que Samuel falou que Saul deveria esperar nas horas que seguiram sua unção?

3. Como e onde Saul foi ungido pela segunda vez?

4. Que fato nos dá a entender que Saul, até aquele momento de sua vida, não havia sido amplamente reconhecido como um homem de Deus?

5. O que Saul estava fazendo quando Samuel preparou o povo para se encontrar com seu novo rei?

6. Que evento ajudou a fazer com que os israelitas aceitassem Saul?

7. De que forma Deus "contribuiu" com Samuel quando o profeta discursou a Israel?

8. Como o povo respondeu à mensagem de Samuel?

TERCEIRA PARTE

Só de nome

1SAMUEL 13-15
Saul tropeça

Em destaque no capítulo:
- Quando as coisas ficam difíceis, os durões... se escondem?
- Já basta
- O reinado de Saul é amaldiçoado
- Um rei descontrolado

Vamos começar

O futuro parecia brilhante para o belo rapaz que deixou seu posto na fazenda da família para ocupar o recém-criado cargo no topo do governo de sua nação. Como rei, Saul estava no comando militar, político e econômico da nação. E esperava-se que ele fosse um líder religioso também. Tudo isso podia soar como pedir demais de um homem comum, mas Saul não era um homem comum. Ele havia sido comissionado por Deus e ungido rei por Samuel, o grande juiz e amado profeta da nação.

Assim como Samuel havia sugerido às pessoas reunidas para a coroação de Saul, tudo o que o novo rei precisava fazer para alcançar o sucesso era simplesmente seguir o "caminho que é bom e direito" (1Samuel 12:23). Ao fazer isso, e ao influenciar o povo a fazer o mesmo, ele estaria convidando o próprio Senhor para ser o protetor, defensor e provedor da nação. Contudo, fracassar nesse quesito, havia advertido Samuel, implicaria um desastre inevitável tanto para o rei como para a nação. Deus retiraria suas mãos cuidadosas e permitiria que o povo — o rei e os súditos — sofresse as consequências. Os capítulos 13 a 15 de 1Samuel detalham a opção escolhida por Saul e o impacto que sua escolha teve sobre ele e sobre seu povo.

Vá para

coroação de Saul
1Samuel 12

Vá para

Jônatas
filho de Saul e melhor amigo de Davi

Quando as coisas ficam difíceis, os durões... se escondem?

Visão geral

1Samuel 13:1-7

Com dois anos de reinado, Saul havia organizado um exército permanente de três mil homens, divididos em duas tropas: dois mil ficaram com Saul, estacionados em Micmás e Betel, e mil ficaram com **Jônatas**, seu filho, em Gibeá. Jônatas atacou o posto militar dos filisteus em Gibeá. Entretanto, à medida que os filisteus se apresentavam para lutar, muitos dos homens de Saul viravam desertores: eles correram para se esconder em cavernas e buracos. Os israelitas estavam aterrorizados, porque os inimigos eram bem mais numerosos. Saul e alguns de seus homens permaneceram em seus lugares, embora ainda tremessem de medo, pensando no que aconteceria a seguir.

Alguma coisa nessa passagem lhe parece familiar? Confira 1Samuel 10:21-22: talvez Saul tenha passado para o povo sua inclinação de fugir à responsabilidade!

Filisteus: ainda ameaçando depois de todos esses anos

Os filisteus e os israelitas aparentemente tinham uma relação delicada que lhes permitia viver em relativa harmonia. A maioria dos estudiosos entende que a razão por detrás dessa coexistência pacífica era a disposição de Israel de permanecer sob o domínio dos filisteus. Os israelitas até haviam permitido que alguns postos militares filisteus se estabelecessem em Israel. Conquanto se sujeitassem às demandas daquele povo mais forte e mais tecnologicamente avançado, os israelitas poderiam viver livres de conflito e escravização.

Ponto importante

A frágil paz de que Israel desfrutava não era, todavia, a liberdade que Deus tinha em mente para seu povo escolhido.

Jônatas: "Já basta"

Esta é a primeira vez que os leitores encontram Jônatas, o filho de Saul que certamente faz uma entrada triunfal nas páginas da Escritura com seu bravo movimento militar. Muito embora seu pai fosse rei, e não tivesse sido exigido dele que realizasse alguma façanha militar para ganhar suas condecorações, Jônatas sentia-se compelido a usar sua autoridade e seus recursos para expulsar os valentões filisteus de Israel.

Jônatas, sem dúvida, sabia que o ataque iria colocá-los (ele e seus homens) em grande perigo; qualquer um por ali presumiria que as armas de bronze dos israelitas não dariam nem para começar a competir com todo o armamento e equipamento de ferro, mais forte e mais resistente, dos filisteus.

Porém ainda mais evidente do que a coragem física de Jônatas era sua fortaleza de espírito. Enquanto seu pai parecia ser motivado pelo medo — medo do que o povo pudesse pensar dele, medo do fracasso, medo de responsabilidade —, Jônatas era motivado pela fé.

Vá para

orgulho
Provérbios 11:2;
13:10; 29:23

O que outros dizem

Bob Deffinbaugh

Pelo que sabemos de Jônatas em outras passagens, parece que suas ações são movidas por fé. Afinal, Deus deu a terra aos israelitas e os instruiu a expulsar as nações que habitavam nela. Sujeição a uma nação estrangeira é retratada em Levítico 26 e Deuteronômio 28–32 como um castigo divino pela descrença e desobediência de Israel. O rei não deveria facilitar a sujeição dos israelitas às nações circunvizinhas, mas deveria ser usado por Deus para libertá-los de seus grilhões (veja 1Samuel 14:47,48). Isso não acontecerá a menos que os israelitas ajam para remover aqueles que ocupam sua terra. Saul parece relutante e indisposto a "comprar uma briga". Jônatas parece indisposto a aceitar as coisas como estão e, assim, lidera seus homens em um ataque.[1]

Saul não podia esperar nem mais um minuto

1Samuel 13:8-10 *Ele esperou sete dias, o prazo estabelecido por Samuel; mas este não chegou a Gilgal, e os soldados de Saul começaram a se dispersar. E ele ordenou: "Tragam-me o holocausto e os sacrifícios de comunhão." Saul então ofereceu o holocausto; quando terminou de oferecê-lo, Samuel chegou, e Saul foi saudá-lo.*

Saul estava dando um passo audacioso ao apresentar um holocausto, porque sacrifícios e ofertas deviam ser apresentados apenas pelo sumo sacerdote. Esse único ato ressalta, pelo menos, três falhas no caráter de Saul:

- ✦ **Desobediência**: A Lei de Deus determinava explicitamente que apenas um sacerdote da tribo de Levi poderia oferecer holocaustos.
- ✦ **Arrogância**: Ao presumir que, como rei, tinha autoridade para indeferir ou fazer uma exceção à Lei de Deus, Saul demonstra ter uma opinião superestimada de sua posição. Isso é <u>orgulho</u>, um traço que o Senhor odeia.

Algo para pensar

Aplique

3. *Impaciência*: Saul não estava disposto a esperar por Samuel até o final do sétimo dia; em algum momento no meio do sétimo dia, ele deixou de conferir a hora, parou de sacudir as pernas e disse: "Chega! Eu não vou esperar nem mais um minuto." Ser impaciente é ser tolo, diz a Palavra de Deus; isso demonstra uma falta de fé no tempo de Deus.

Paciência, por favor!

Sara, esposa de Abraão, é outro exemplo de impaciência em ação. Deus lhe havia prometido um filho, mas, em vez de esperar pelo tempo perfeito do Senhor, ela deixou que seu relógio biológico passasse à frente do cronograma de Deus. Ela cuidou para que Hagar, sua serva, concebesse um filho de Abraão. O resultado foi trágico.

Vá para

concebesse um filho de Abraão
Gênesis 16:2

sacrifícios e ofertas
Levítico 1–7

Queda
a desobediência de Adão e Eva

> **O que outros dizem**
>
> **Elizabeth George**
> Toda vez que nos sentirmos impacientes, devemos examinar novamente o rosto de Deus, reconhecendo a ele, sua sabedoria, seus caminhos e suas escolhas para nossa vida, devemos respirar e [...] não devemos fazer nada, enquanto resistimos com paciência. Esse é o tipo de fé que faz a paciência aumentar.[2]

O que há de tão especial no sistema de sacrifícios e ofertas?

É impossível percebermos todo o impacto do pecado de Saul sem que entendamos como era importante o sistema de sacrifícios e ofertas no relacionamento de Deus com seu povo. Adão e Eva, antes da **Queda**, viviam em perfeita harmonia com Deus. O casal não tinha pecado; consequentemente, eles desfrutavam de uma comunhão livre com seu santo Criador. Mas, depois da Queda, Adão e Eva — e, por consequência, seus filhos — foram separados de Deus por aquele pecado. Desse momento em diante, o único modo pelo qual pessoas maculadas pelo pecado se aproximavam de um Deus santo era por meio do derramamento de sangue. Isso era realizado por meio do ritual de sacrifício de animais. Uma vez que Deus dava muita importância à condução adequada dos sacrifícios, ele nomeou uma linhagem especial de sacerdotes, homens separados que deviam cuidar para que as orientações divinas fossem seguidas à risca.

> **O que outros dizem**
>
> **Manual bíblico de Halley**
> Este sistema sacrificial, de origem divina, foi colocado por Deus no centro e no coração da vida nacional judaica. Fossem quais fossem suas aplicações e implicações imediatas para os judeus, o sacrifício ininterrupto de animais e o brilho incessante do fogo do altar, sem dúvida, foram concebidos por Deus para imprimir na consciência do homem um senso da profunda pecaminosidade humana e para ser uma imagem perene do futuro sacrifício de Cristo, para quem eles apontavam e em quem se cumpriram.[3]

Saul ofereceu dois sacrifícios:

+ um holocausto, que representava pagamento pelos pecados;
+ uma oferta pacífica, que representava ação de graças por uma oração respondida, selava um voto ou expressava gratidão por uma bênção inesperada.

Ao apresentar o holocausto, Saul não estava, na realidade, pagando por pecados; ele estava cometendo um pecado! E ele não estava, na verdade, rendendo ação de graças ou selando um voto; o rei estava usando o ritual como um "amuleto da sorte". Esse foi outro exemplo de um homem tentando manipular Deus, muito parecido com a ocasião em que os israelitas levaram a arca da aliança para a batalha.

Vá para

arca da aliança
para a batalha
1Samuel 4:3-6

lei de Deus
Deuteronômio
17:14-20

O reinado de Saul é amaldiçoado

> **Visão geral**
>
> **1Samuel 13:8-10**
> Mais tarde, no sétimo dia, como prometido, Samuel se acercou do campo. Quando o profeta ficou sabendo o que Saul havia feito, este despejou uma lista de desculpas:
>
> + "Meu povo me abandonou."
> + "Você ainda não estava aqui."
> + "Os filisteus estavam se preparando para atacar."
>
> Em outras palavras: "Foi uma emergência, Samuel! Eu tive que fazer isso!" Mas o profeta não estava engolindo as desculpas de Saul. O rei deveria saber melhor das coisas: A Lei de Deus convocava os reis para aprenderem a lei e serem submissos aos sacerdotes como mestres da

> lei. Assim Samuel repreendeu Saul e mostrou-lhe a tolice que havia cometido, pronunciou o julgamento de Deus e prenunciou que um novo rei, um rei melhor, viria: "Mas agora o seu reinado não permanecerá; o Senhor procurou um homem segundo o seu coração e o designou líder de seu povo, pois você não obedeceu ao mandamento do Senhor" (1Samuel 13:14).

Samuel partiu e Saul ficou para trás, um retrato lamentável de um rei desolado e um exército reduzido. O número de seus soldados diminuiu de três mil para seiscentos, e eles tinham apenas ferramentas agrícolas para usarem contra os filisteus, que estavam munidos de seu armamento de ponta.

O reinado que o Senhor faria durar para sempre no caso de um servo obediente estava no fim para Saul, por causa de sua recusa em obedecer ao Senhor.

O que outros dizem

Adam Clarke

Vemos, neste capítulo, Israel sendo levado a um estado tão baixo quanto o de quando estava sob Eli: quando os israelitas estavam completamente consternados; seus sacerdotes, mortos; sua arca, levada e o juiz, morto. Depois disso, eles se ergueram pela forte mão de Deus; e, desse modo, eles se ergueriam agora, principalmente por meio de Davi, cuja história logo se iniciará.[4]

Vá para

obediência
Romanos 6:16

retidão
ser irrepreensível
aos olhos de Deus

Algo para pensar

O valor da lei

As leis e diretrizes que Deus nos dá na Bíblia não foram designadas apenas para nos proteger e nos manter seguros, mas também são um meio que Deus pode usar para testar nossa obediência. Se vir que somos obedientes, então ele nos abençoará; se vir que não somos, ele poderá reter bênçãos, deixar de nos usar em sua obra ou continuar a enviar outras provas ao nosso caminho até que aprendamos — do modo difícil — que <u>obediência</u> é o primeiro passo em direção à **retidão**.

Jônatas: ele conseguiu!

> **1Samuel 14:8-14** *Jônatas disse: "Venha, vamos atravessar na direção dos soldados e deixaremos que nos avistem. Se nos disserem: 'Esperem aí até que cheguemos perto', ficaremos onde estivermos e não avançaremos. Mas, se disserem: 'Subam até aqui', subiremos, pois este será um sinal para nós de que o Senhor os entregou em nossas mãos".*

Então os dois se deixaram ver pelo destacamento dos filisteus, que disseram: "Vejam, os hebreus estão saindo dos buracos onde estavam escondidos". E gritaram para Jônatas e seu escudeiro: "Subam até aqui e lhes daremos uma lição".

Diante disso, Jônatas disse a seu escudeiro: "Siga-me; o Senhor os entregou nas mãos de Israel". Jônatas escalou o desfiladeiro, usando as mãos e os pés, e o escudeiro foi logo atrás. Jônatas os derrubava e seu escudeiro, logo atrás dele, os matava. Naquele primeiro ataque, Jônatas e seu escudeiro mataram cerca de vinte homens numa pequena área de terra.

Que vida amedrontada Saul estava levando! O imponente rei escolhido havia se tornado um homem rejeitado e encolhido de medo que continuava a se esconder — desta vez, sob uma romãzeira, em vez de uma pilha de bagagens. Saul parecia alheio à responsabilidade de seu alto chamado e de seu papel no plano de Deus para Israel. Parecia, em lugar disso, interessado apenas no efeito que os eventos teriam sobre ele. Consequentemente, ele estava vivendo debaixo de uma maldição. Saul havia sido informado de que seu reino estava com os dias contados, mas não sabia quando esse reino seria extinto. Toda vez que ouvia passos a distância, som de galhos estalando, certamente os pelos de sua nuca se arrepiavam: "É um filisteu que está vindo me matar? É Samuel que está se esgueirando na minha direção para me trazer a justiça de Deus?"

A posição mais nobre na nação era ocupada por um homem medroso, cujo coração se preocupava apenas com seus próprios interesses!

O que outros dizem

Matthew Henry
Nunca conseguem se ver seguros aqueles que se veem fora da proteção de Deus.[5]

Em nítido contraste com seu pai, o lema de Jônatas era "Faça!" Ele não se satisfaria a menos que fizesse alguma coisa — *qualquer coisa* — para avançar. Ele estava bem ciente dos planos de Deus para a nação e estava determinado a participar efetivamente deles. Jônatas parecia inabalável diante das ameaças à sua segurança pessoal. Ele estava certo de sua posição — não como príncipe de Israel, mas como filho de Deus. Em vez de viver com medo, vivia à procura de oportunidades para contar com o Deus a quem conhecia e amava — mesmo quando essas oportunidades o colocavam entre as pedras e os lugares difíceis do acampamento inimigo.

Aplique

A atitude "de ação" de Jônatas é uma postura espiritualmente proativa que deve ser seguida pelos cristãos.

Uma rede de proteção à prova de falhas

Um dos maiores benefícios de seguir a Deus é a confiança de estar sob seus cuidados. O mundo de hoje, com seus capacetes de proteção e cintos de segurança, parece muito distante do mundo violento que era familiar aos antigos israelitas. Mas ainda há motivos de sobra para temer, desde doenças aparentemente incuráveis a coisas como crimes violentos e desastres naturais.

A rede de proteção que Deus coloca sobre seu povo compreende muitas promessas, incluindo:

- segurança (Salmos 4:8; Provérbios 29:25);
- proteção (Salmos 34:7);
- provisão (Salmos 23:1).

Um rei descontrolado

1Samuel 14:28-30 *Então um dos soldados lhe disse: "Seu pai impôs ao exército um juramento severo, dizendo: 'Maldito seja todo o que comer hoje!' Por isso os homens estão exaustos".*

Jônatas disse: "Meu pai trouxe desgraça para nós. Veja como meus olhos brilham desde que provei um pouco deste mel. Como teria sido bem melhor se os homens tivessem comido hoje um pouco do que tomaram dos seus inimigos. A matança de filisteus não teria sido ainda maior?"

Deus pode ter impedido que os israelitas fossem destruídos pelos filisteus naquele dia, mas Saul não permitiria que seus soldados comemorassem a vitória — pelo menos, não com comida e bebida. Sob ameaça de maldição, ele proibiu que os soldados comessem o que quer que fosse, nem mesmo permitiu que sentissem um gostinho de comida, muito embora estivessem cansados e com fome. E eles ainda não haviam terminado de expulsar os filisteus da terra. Jônatas, entretanto, não recebeu a mensagem e se deleitou, lambendo mel de uma colmeia. Ao ouvir sobre o juramento de seu pai, Jônatas repudiou isso como sendo um absurdo. Mais tarde, naquele dia, as tropas expulsaram os filisteus para ainda mais longe. Quando acabou a proibição de que comessem, os homens famintos começaram a matar e a comer o gado que os inimigos deixaram para trás, desobedecendo, assim, à proibição divina contra comer carne com sangue.

Vá para

carne com sangue
Levítico 3:17;
17:10-14

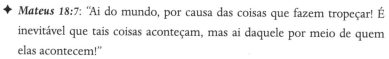

Robert Alter
Como teremos oportunidade de ver mais adiante na narrativa de Davi, era uma prática razoavelmente comum (embora, de modo algum fosse automática) que os combatentes fizessem um voto de abstinência de comida a fim de que entrassem na batalha em um estado de dedicada pureza ritual. Mas Saul, neste caso, calculou mal, impondo um jejum sobre homens famintos em uma tentativa de coagir Deus.[6]

Fazendo os outros tropeçar

Embora os soldados fossem responsáveis por seus próprios pecados, Saul, como seu líder, também tomou parte disso. A Bíblia é explícita ao declarar que somos responsáveis não apenas por nosso próprio comportamento espiritual, mas também por ajudar as pessoas à nossa volta a ficarem longe do pecado:

Aplique

- *Mateus 18:7*: "Ai do mundo, por causa das coisas que fazem tropeçar! É inevitável que tais coisas aconteçam, mas ai daquele por meio de quem elas acontecem!"
- *Romanos 14:13*: "Deixemos de julgar uns aos outros. Em vez disso, façamos o propósito de não colocar pedra de tropeço ou obstáculo no caminho do irmão."
- *1Coríntios 8:9*: "Tenham cuidado para que o exercício da liberdade de vocês não se torne uma pedra de tropeço para os fracos."

No restante do capítulo 14 de 1Samuel, os pecados de Saul continuam se acumulando. Depois de repreender seus homens por terem pecado contra Deus, ele mandou que rolassem uma grande pedra até onde estavam para que pudessem matar os animais de modo apropriado, e, desse modo, construírem um altar para oferecer sacrifícios. O rei planejou outro ataque contra os filisteus naquela noite, mas, antes disso, ele parecia determinado a resolver o problema da culpa de Jônatas em relação ao crime de provar o mel. Saul estava pronto para condenar seu filho à morte, mas o povo interveio. Ainda assim, Saul continuou a expandir seu reino para o sul (Edom), leste (Amom e Moabe), norte (Zobá) e oeste (Filístia).

Atacando os amalequitas

> ### Visão geral
>
> **1Samuel 15**
>
> Deus falou com Saul, por intermédio de Samuel, para atacar os **amalequitas**. As instruções foram explícitas: o rei não deveria demonstrar misericórdia; deveria matar todos os homens, mulheres, crianças e animais. Saul reuniu seus homens — aqui totalizando duzentos mil soldados de infantaria mais outros dez mil de Judá — e liderou o ataque. Entretanto, em vez de deixar destruição total em seu rastro, como Deus lhe havia instruído, Saul optou por poupar Agague, rei dos amalequitas. Ele também poupou os melhores animais.

amalequitas
tribo nômade dos primeiros a atacar Israel após o êxodo

Vá para

massacre de Amaleque
Êxodo 17:8-16

deserto do Sinai
Números 14:39-45

A ordem para destruição total foi uma resposta ao <u>massacre de Amaleque</u> contra os israelitas. Os amalequitas foram o primeiro povo a atacar os israelitas após o Êxodo. Depois atacaram novamente Israel, forçando o povo a voltar para o <u>deserto do Sinai</u>.

> ### O que outros dizem
>
> **Robert Alter**
>
> Há um escândalo moral associado ao massacre seletivo que Saul e suas tropas perpetraram: eles mataram os animais defeituosos e todo homem, mulher, criança e bebê, enquanto pouparam os animais bons que podiam ser comidos e o rei (talvez com a ideia de que poderiam obter algum lucro com ele no futuro).[7]

Deus se arrepende

1Samuel 15:10-11 *Então o S*ENHOR *falou a Samuel: "Arrependo-me de ter posto Saul como rei, pois ele me abandonou e não seguiu as minhas instruções." Samuel ficou irado e clamou ao S*ENHOR *toda aquela noite.*

A expressão de arrependimento de Deus não significa que ele tenha mudado de ideia e desejado ter feito as coisas de modo diferente.

Os caminhos de Deus são perfeitos, e ele não comete erros. Pelo contrário, isso foi um grito de tristeza porque um de seus filhos — Saul, a quem ele amava a despeito da desobediência — continuou a se rebelar contra suas diretrizes. Uma vez que Samuel era tão próximo de Deus, tudo o que entristecia o Senhor também o entristecia.

A bela imagem do relacionamento entre Deus e Samuel, que às vezes vai para o segundo plano, volta a ficar à vista aqui. Qualquer preocupação que Samuel tivesse, ele a levava diretamente para o Senhor, o que nos faz lembrar da orientação da Escritura: "Portanto, humilhem-se debaixo da poderosa mão de Deus, para que ele os exalte no tempo devido. Lancem sobre ele toda a sua ansiedade, porque ele tem cuidado de vocês" (1Pedro 5:6-7).

Ponto importante

Uma reprimenda devastadora

Visão geral

1Samuel 15:12-23

Samuel acordou cedo na manhã seguinte para visitar Saul, que teve a audácia de erguer um monumento para si mesmo. Ele saudou Samuel proclamando que havia seguido as instruções de Deus. Mas, ouvindo o balido das ovelhas e o mugido dos bois, o profeta perguntou por que os animais estavam ali. Saul, então, continuou a se vangloriar em sua obediência parcial aos mandamentos de Deus. Ao ser repreendido por Samuel, Saul agiu como uma criança obstinada e, mais uma vez, tentou pôr a culpa em outra pessoa. "Eu fiz o que devia fazer; foram os outros que trouxeram os despojos." Samuel, então, começou um discurso severo:

> Acaso tem o Senhor tanto prazer em holocaustos e em sacrifícios quanto em que se obedeça à sua palavra? A obediência é melhor do que o sacrifício, e a submissão é melhor do que a gordura de carneiros. Pois a rebeldia é como o pecado da feitiçaria, e a arrogância como o mal da idolatria. Assim como você rejeitou a palavra do Senhor, ele o rejeitou como rei. (1Samuel 15:22,23)

Os crimes de Saul

As palavras proferidas por Samuel listavam os crimes de Saul:

+ ***Saul havia falhado em obedecer a Deus:*** muito embora o Senhor valorize mais obediência a ritual;
+ ***Saul havia demonstrado rebelião:*** uma atitude que o Senhor coloca no mesmo patamar da feitiçaria;
+ ***Saul havia mostrado teimosia:*** aos olhos do Senhor, um traço tão perverso quanto pecado e idolatria;
+ ***Saul havia rejeitado a palavra de Deus:*** uma ação que o removeu do favor de Deus.

O que outros dizem

Beth Moore

Samuel compara rebelião ao pecado de adivinhação ou feitiçaria. A comparação parece intrigante até considerarmos que rebelião é um meio pelo qual tentamos determinar o curso de nosso futuro. Tentamos escolher nosso próprio futuro por meio de ações independentes. A adivinhação tenta predizer ou influenciar o futuro. No mesmo versículo, Deus compara a arrogância com o mal da idolatria. Quando somos arrogantes, quem se torna Deus em nossa vida?[8]

Uma confissão capciosa

Visão geral

1Samuel 15:24-35

Por fim, Saul ofereceu a Samuel uma admissão de culpa que não foi sincera, observando rapidamente que, sim, ele havia pecado, mas por um bom motivo: ele estava com medo do povo. Com aquela curta confissão, Saul pediu perdão e convidou Samuel para acompanhá-lo na adoração ao Senhor. O profeta, entretanto, recusou o convite. Enquanto Samuel se afastava, Saul agarrou a barra do manto do profeta e o rasgou. Saul continuou a implorar, e Samuel, por fim, concordou em ficar. O profeta segue, então, com o negócio inacabado de Saul e mata Agague. Samuel, então, deixa Saul e nunca mais volta para vê-lo.

Agradar ao povo nunca compensa!

O medo de outras pessoas ou do que elas pensariam foi o que motivou duas das ações de Saul na passagem citada anteriormente:

Algo para pensar

- ✦ ele usou seu medo de outras pessoas como desculpa para desobedecer a Deus;
- ✦ ele usou seu medo do que outras pessoas pensariam para persuadir Samuel a ir com ele adorar.

O que outros dizem

Adam Clarke

Essa era a melhor desculpa que ele conseguia dar a si mesmo; mas, se tivesse temido mais a DEUS, ele precisaria temer menos o POVO.[9]

> **Os Hillman**
>
> O medo e a insegurança de Saul fizeram-no temer mais as pessoas e o que elas pensavam do que temer a Deus. No cerne da desobediência de Saul estava o medo de perder o controle. Esse medo levou-o à obediência parcial e à perda de seu governo como rei. Quantos de nós corre o risco de perder a bênção de Deus por causa da obediência parcial? Quantos de nós tem tanta necessidade de controlar as pessoas e as circunstâncias que não consegue andar totalmente em obediência à voz de Deus em nossa vida? Saul dá uma grande lição para nós, como cristãos, aplicarmos em nosso local de trabalho. A necessidade de controlar excessivamente todas as coisas à nossa volta pode privar-nos de receber tudo o que Deus tem para nós.[10]

Samuel: moralmente fraco ou um marqueteiro sabido?

Uma vez que decidiu ficar e adorar com Saul, em vez de ir embora, Samuel estava demonstrando fraqueza ou autocontrole? Até aquele ponto de sua vida, Samuel não tinha dado motivo para ninguém acreditar que suas ações eram outra coisa senão sábias e deliberadas. Estudiosos sugerem dois possíveis cenários que respaldam a decisão dele de ceder aos apelos de Saul:

- ✦ ele realmente amava saul e o acompanhou por causa de sua afeição;
- ✦ ele queria demonstrar unidade entre a liderança e, desse modo, deter qualquer inquietação entre os israelitas.

É muito provável que ambas as possibilidades sejam verdadeiras. Samuel amava Saul e estava muito desapontado com o modo como o comportamento do rei havia piorado. Ele, naturalmente, iria querer acompanhar seu amigo e aconselhá-lo na esperança de que pudesse mudar os caminhos de Saul.

Entretanto, Samuel também sabia que as palavras de Deus sobre o reinado de Saul se cumpririam – o reino de Saul estava prestes a terminar. Samuel só não sabia quando nem como. Enquanto isso, os ingredientes para a calamidade política podiam ser facilmente identificados:

- ✦ o atual rei de israel estava em uma espiral descendente de imoralidade, infidelidade, imprevisibilidade, arrogância e instabilidade;
- ✦ o próximo rei de israel ainda nem estava à vista;
- ✦ os israelitas mal tiveram chance de se ajustar à vida sob a monarquia. A situação estava instável, para dizer o mínimo. Então, como sumo sacerdote, profeta e juiz de Israel, parte da responsabilidade de Samuel incluía ser o

que seria chamado hoje de "marqueteiro". Para manter as circunstâncias o mais tranquilas possível, ele precisava fazer certo "controle de dano" de caso pensado. (Àquela altura, ele já devia estar acostumado a isso, considerando que vinha remediando os danos causados pelas decisões destrutivas de Saul desde o dia em que o novo rei havia se escondido no meio das bagagens!)

Ponto importante

Enquanto Samuel confiava que Deus operaria os detalhes para remover Saul e substituí-lo por outro rei, ele agia para servir aos interesses de Israel — mesmo que isso significasse ceder ao obstinado rei.

Resumo do capítulo

- ✦ Com dois anos de reinado de Saul, Jônatas atacou o posto militar dos filisteus em Gibeá, desencadeando uma terrível batalha que amedrontou os homens de Saul e os levou a se esconder.
- ✦ Samuel instruiu Saul a esperar sete dias por ele, mas Saul ficou impaciente e, em desobediência direta às instruções de Deus, ele mesmo fez os sacrifícios antes que Samuel chegasse ao final do sétimo dia.
- ✦ Quando Samuel chegou e descobriu o que o rei havia feito, este deu uma desculpa por seu comportamento, dizendo que o povo o havia abandonado, que o profeta ainda não havia chegado e que os filisteus estavam se preparando para atacar.
- ✦ Samuel repreendeu Saul, enfatizou a tolice que o rei havia feito, anunciou o julgamento de Deus e falou de um rei novo e melhor que estava por vir.
- ✦ Jônatas e seu escudeiro surpreenderam os filisteus, fazendo com que eles se voltassem uns contra os outros. Deus conduziu Israel à vitória naquele dia.
- ✦ Saul proibiu seus soldados de comerem qualquer coisa enquanto expulsavam os filisteus de sua terra. Esse edito pôs em risco a vida de Jônatas e dos soldados famintos que desobedeceram à ordem do rei.
- ✦ Depois de ter repreendido seus homens por pecarem contra Deus, Saul — mais uma vez em desobediência às instruções de Deus — construiu um altar para sacrifícios.
- ✦ Deus disse a Saul, por intermédio de Samuel, para atacar os amalequitas, sem mostrar misericórdia por ninguém e sem deixar ninguém vivo. Saul optou por poupar a vida do rei e guardar parte dos melhores animais. Isso gerou uma reprimenda devastadora por parte de Samuel, que informou que Saul havia sido rejeitado por Deus.

Questões para estudo

1. O que motivou Jônatas a expulsar os filisteus?
2. Por que Samuel achou errado Saul ter oferecido o holocausto em Gilgal?
3. Qual foi a resposta de Samuel à desobediência de Saul quanto ao holocausto?
4. Como o edito de Saul, que proibia os homens de comerem, mostrou a falta de discernimento de sua parte?
5. Que ato de Jônatas quase lhe custou a vida?
6. Como Saul pecou após a vitória contra os filisteus?
7. Como Saul pecou em relação à vitória contra os amalequitas?
8. Como Samuel respondeu à transgressão de Saul?

1SAMUEL 16
Davi na corte de Saul

Em destaque no capítulo:

✦ Para começar a conversa
✦ Samuel na caçada por um rei
✦ Medindo os filhos
✦ Retrato de um pastor
✦ Instrumento de alívio

Vamos começar

"Seja feita a vontade de vocês", disse Deus ao povo de Israel quando colocou Saul no trono como o primeiro rei dos israelitas. Mas, quando Saul foi reprovado em um teste após outro em se tratando de obediência, integridade e fé, Deus retirou seu favor do rei e se preparou para colocar em cena o homem que escolhera. Em 1Samuel 16, ele enviou seu **profeta** Samuel aos planaltos de Judá para procurar um jovem pastor chamado Davi e **ungi-lo** como substituto de Saul.

Livrando-se da tristeza provocada por Saul ter caído da graça, Samuel parte para Belém. Saul o teria seguido e matado por ele ter entregado a áspera repreensão do Senhor? O fiel profeta obedeceu às instruções de Deus em vez de dar lugar ao medo do próximo passo do rei rebelde e temperamental em sua espiral descendente de desespero depois de saber que Deus lhe havia tirado o reino.

Para começar a conversa

> **1Samuel 16:1** O Senhor disse a Samuel: "Até quando você irá se entristecer por causa de Saul? Eu o rejeitei como rei de Israel. Encha um chifre com óleo e vá a Belém; eu o enviarei a Jessé. Escolhi um de seus filhos para fazê-lo rei".

A primeira passagem deste capítulo nos dá uma chance de espiar uma audiência privada que o Senhor concedeu a um de seus servos mais fiéis.

---

profeta
pessoa por meio de quem Deus fala

ungi-lo
separar para uma tarefa ao derramar óleo sobre a cabeça dessa pessoa

Vá para

voz
João 10:4,27

local isolado
Marcos 6:31

ungido Saul
1Samuel 10:1

Aplique

Ainda que não fique claro se Deus falou com Samuel por meio de um sonho ou se foi em uma voz audível, as primeiras palavras do versículo 1 revelam uma pista importante sobre como Deus muitas vezes se comunica com seu povo – é ele quem começa a conversa. É por isso que seus seguidores precisam se assegurar de estar sempre prontos para ouvir. Samuel pode ter se consumido de tristeza depois de ver seu amigo Saul falhar, mas, mesmo em meio à agitação de seu desespero, seus ouvidos estavam sintonizados na voz do Senhor. Lembre-se, declara a Bíblia em 1Samuel 3:19, de que ouvir a voz de Deus era um dos pontos fortes de Samuel, mesmo quando ele era jovem.

Como você pode ter certeza de que ouvirá a voz de Deus quando ele falar com você? Aqui estão algumas sugestões:

- *Estude a Bíblia.* A Bíblia é, afinal de contas, a Palavra de Deus. Todos os fatos e as diretrizes para a vida que ele deixa na Bíblia são fatos e diretrizes para a vida que ele deseja que você conheça.
- *Ore.* Oração é o sistema que Deus concebeu para que você possa ter uma comunicação recíproca com ele a qualquer momento. A Bíblia nos diz: "Orem continuamente" (1Tessalonicenses 5:17). Fazer isso mantém a linha aberta para Deus falar — e para nós o ouvirmos — todo o tempo.
- *Fique quieto.* É difícil ouvir qualquer coisa com pessoas conversando, telefones tocando, computadores zunindo, buzinas de carro soando ou bebês chorando. Jesus consistentemente pediu aos seus seguidores que se retirassem para um local isolado para poderem se distanciar das ocupações da vida e conversarem com ele — ou ouvirem-no. Ele convida você a fazer o mesmo.

Já chega!

Samuel, com certeza, se sentia paralisado de desgosto enquanto lamentava a trágica rebelião de Saul. Afinal, ele mesmo havia ungido Saul naquele encontro histórico, bem cedo, anos antes. Ao longo de todo o reinado de Saul, uma amizade próxima entre o profeta e o rei foi cultivada.

Deus reconhecia a dor de Samuel, mas o estava ajudando a dar um passo em direção à cura ao perguntar com cuidado: "Até quando você irá se entristecer por causa de Saul?" (1Samuel 16:1). Suas palavras que incentivam Samuel a parar de chorar prenunciam algumas das palavras escritas anos depois por Salomão, filho de Davi:

Eclesiastes 3:1-8 *Para tudo há uma ocasião certa; há um tempo certo para cada propósito debaixo do céu: Tempo de nascer e tempo de morrer, tempo de plantar e tempo de arrancar o que se plantou, tempo de matar e tempo de curar, tempo de derrubar e tempo de construir, tempo de chorar e tempo de rir, tempo de prantear e tempo de dançar, tempo de espalhar pedras e tempo de ajuntá-las, tempo de abraçar e tempo de se conter, tempo de procurar e tempo de desistir, tempo de guardar e tempo de jogar fora, tempo de rasgar e tempo de costurar, tempo de calar e tempo de falar, tempo de amar e tempo de odiar, tempo de lutar e tempo de viver em paz.*

Para Samuel, era tempo de o pranto acabar. Ele devia parar de chorar, secar as lágrimas e voltar ao ritmo e à rotina da vida diária.

Alguns estudiosos dizem que o termo "se entristecer", usado por Deus ao falar com Samuel, sugere que é possível que o profeta também estivesse orando pela restauração de Saul. Não é essa uma resposta típica das pessoas quando as coisas não saem como elas desejam ou quando as circunstâncias mudam para pior? Orações oferecidas em situações de crise geralmente pedem a Deus que "desfaça" o que aconteceu ou suplicam que ele "conserte" a situação difícil.

Ponto importante

Deus declara, entretanto, que *todas* as coisas, mesmo os acontecimentos ruins que não parecem fazer sentido, são parte de seus planos mais amplos e abrangentes de cuidar de seu povo e de abençoá-lo. Como diz a Escritura: "Sabemos que Deus age em todas as coisas para o bem daqueles que o amam, dos que foram chamados de acordo com o seu propósito" (Romanos 8:28).

O que outros dizem

Max Lucado
O que para você e para mim pode ser um desastre total, para Deus pode ser algo como um probleminha com espinhas que já vai passar. Ele vê sua vida do mesmo modo que você vê um filme depois de ter lido o livro. Quando algo ruim acontece, é como se faltasse ar na sala do cinema. Todo mundo respira com dificuldade diante da crise na tela. Você não. Por quê? Você leu o livro. Você sabe como o mocinho vai sair daquela enrascada. Deus vê sua vida com a mesma confiança. Ele não apenas leu sua história [...] ele a escreveu.[1]

Vá para

genealogia de Jessé
Rute 4:18-22;
1Crônicas 2

Raabe
Josué 2; 6:17-25;
Hebreus 11:31;
Tiago 2:25

medos
Salmos 118:6;
Provérbios 1:33;
2Timóteo 1:17

"O que você quer que eu faça?"

A tragédia do fracasso de Saul em servir como um governante digno não atrapalhou os planos de Deus de unir Israel sob um rei. Deus prosseguiu com seus planos de garantir o futuro de sua nação escolhida, dando a Samuel instruções detalhadas sobre o que fazer, conforme a seguir.

1. *Encha um chifre com óleo.* Chifres, mais comumente os de carneiro, bode e boi, eram usados como armas, instrumentos musicais e recipientes para pôr óleo, uma substância comum que, às vezes, era usada com o propósito extraordinário de ungir reis. Quando ouviu que devia encher um chifre com óleo, Samuel deve ter suspeitado do que Deus ainda não havia falado: o profeta usaria o recipiente com óleo para separar o próximo regente de Israel.

2. *Vá a Belém.* Belém, que significa "casa do pão", era uma pequena cidade em Judá, a cerca de dez quilômetros ao sul de Jerusalém.

3. *Encontre um homem chamado Jessé, cujo filho será o rei.* A genealogia de Jessé mostrava que ele era bisneto de Raabe, a prostituta de Jericó que, por causa de sua demonstração de fé, ganhou um lugar no rol de fiéis heróis de Deus (Hebreus 11).

"Você tem certeza disso?"

1Samuel 16:2-3 *Samuel, porém, disse: "Como poderei ir? Saul saberá disto e me matará." O SENHOR disse: "Leve um novilho com você e diga que foi sacrificar ao SENHOR. Convide Jessé para o sacrifício, e eu lhe mostrarei o que fazer. Você irá ungir para mim aquele que eu indicar".*

Algo para pensar

Certamente os temores que Samuel tinha por sua vida não eram infundados. Se chegasse aos ouvidos de Saul que o profeta havia sido visto seguindo para o sul com os equipamentos para unção debaixo do braço, poderia não haver limites para a fúria do rei. Ele talvez despachasse de imediato um número de soldados para executar Samuel antes que o profeta pudesse nomear seu substituto.

"Medo" pode fazer parte do vocabulário de um bom profeta? Alguns estudiosos descrevem o protesto de Samuel à ordem de Deus como demonstração de falta de fé. Talvez, dizem, ele não fosse o gigante espiritual que parecia ser. Outros, contudo, creem que esta passagem simplesmente ressalta a natureza humana do profeta — com temor e tudo mais — e ajuda as pessoas a verem que a melhor coisa a se fazer com seus medos é expressá-los honestamente a Deus, que é capaz de substituir esses medos com seu poder. "O SENHOR é a minha luz e a minha salvação; de quem terei temor? O Senhor é o meu forte refúgio; de quem terei medo?" (Salmos 27:1).

"Eu só estou aqui a negócios"

Samuel não fazia a menor ideia de como faria para entrar secretamente em Belém e ungir um novo rei enquanto Saul estivesse circulando pelo palácio. Mas Deus sabia exatamente o que o profeta deveria fazer.

O que outros dizem

Matthew Henry

Aqueles que realizam a obra de Deus como ele deseja, mesmo quando não sabem o que fazer, serão dirigidos passo a passo para realizá-la da melhor maneira.[2]

Para assegurar que o aparecimento de Samuel não causasse nenhuma estranheza em Belém, Deus orientou Samuel a levar consigo um **novilho** e a dizer ao povo que ele estava na cidade para fazer um sacrifício. Essa não seria uma atividade incomum para um profeta que, como servo de Deus, viajava com frequência para outras aldeias e cidades, e encorajava outros a adorarem a Deus. Aquela adoração e sacrifício exigiram um grande sacrifício pessoal do profeta.

novilho
um bezerro

O que outros dizem

Larry Richards

Quando um israelita queria se aproximar de Deus, ele trazia uma oferta ou um sacrifício. Algumas vezes, alguém queria se aproximar de Deus simplesmente para expressar gratidão. Em outras, a pessoa precisava se aproximar de Deus porque havia pecado [...] O Novo Testamento ensina que Jesus Cristo, o Filho de Deus, deu sua vida na cruz como um sacrifício para pagar a pena por nossos pecados. Quando reconhecemos nossa culpa e confiamos em Jesus como Salvador, Deus perdoa nossos pecados gratuita e completamente. Os reiterados sacrifícios no Antigo Testamento eram lições práticas que ensinavam esta linguagem especial de sacrifício e salvação.[3]

Deus não apenas deu instruções a Samuel sobre o que fazer; ele chegou a ponto de dizer ao profeta, palavra por palavra, o que deveria falar. Samuel fez exatamente o que Deus lhe havia dito e foi abençoado com segurança e proteção. E o Senhor promete em sua Palavra: "Quem me ouvir viverá em segurança e estará tranquilo, sem temer nenhum mal" (Provérbios 1:33).

Esse padrão repete-se com frequência ao longo da Palavra de Deus, particularmente ao longo da história dos judeus, e continua a aparecer, hoje, na trama da vida:

- ✦ Deus dá instrução.
- ✦ As pessoas escolhem se obedecem ou não.
- ✦ A escolha das pessoas — obediência ou desobediência — traz bênção ou punição.

Samuel na caçada por um rei

1Samuel 16:4-5 *Samuel fez o que o* Senhor *disse. Quando chegou a Belém, as autoridades da cidade foram encontrar-se com ele, tremendo de medo, e perguntaram: "Vens em paz?" Respondeu Samuel: "Sim, venho em paz; vim sacrificar ao* Senhor. *Consagrem-se e venham ao sacrifício comigo." Então ele* **consagrou** *Jessé e os filhos dele e os convidou para o sacrifício.*

consagrou
separou por meio da purificação

Quando seguiu as instruções do Senhor, Samuel não mais temeu por sua própria vida. Pelo contrário, ele encontrou os líderes religiosos da cidade temendo pela vida deles. Profetas, afinal, não eram simplesmente porta-vozes de Deus; eles também eram agentes do julgamento divino. Quando viram Samuel se aproximando da cidade, os homens se perguntaram se talvez ele estivesse vindo a Belém para pronunciar a punição de Deus para os pecados deles. Imagine a ansiedade desses homens ao saudarem o profeta com uma nervosa pergunta: "É... e aí, o que exatamente traz você à nossa bela cidade?"

Como uma deixa, a pergunta dos homens permitiu a Samuel responder com as palavras dadas por Deus que ele havia ensaiado. Ele disse o motivo para sua visita e, confiantemente, instruiu os líderes — um grupo que parecia incluir Jessé — a realizarem o ritual de purificação para que estivessem aptos a participar da cerimônia de sacrifício.

▣ que outros dizem

Adam Clarke

Trocai vossas vestes, lavai o corpo em água pura e preparai a mente por meio da meditação, reflexão e oração; para que, estando em espírito de sacrifício, possais oferecer de modo aceitável ao Senhor.[4]

Medindo os filhos

Vá para

Golias
1Samuel 17

Eva
Gênesis 3

Raabe
Josué 2

> ### Visão geral
> **1Samuel 16:6-12**
> Samuel avaliou cada um dos filhos de Jessé após o sacrifício. No entanto, não conseguindo encontrar aquele que estava procurando, ele perguntou se havia outros. Jessé disse que sim e, então, mandou chamar seu filho mais novo, Davi, que estava no pasto cuidando das ovelhas. Quando o belo garoto de belos olhos entrou no recinto, o Senhor disse a Samuel que aquele era o escolhido.

Ao considerar Eliabe, o primeiro filho de Jessé, Samuel muito provavelmente pensou que estivesse olhando para alguém com o porte de um rei. (A aparência física do rapaz deve ter sido impressionante, porque uma passagem mais adiante se refere a ele como um dos guerreiros de Saul que lutaram contra Golias, o gigante filisteu.) Mas, uma vez que o Senhor podia ver algo que Samuel não podia — o caráter de Eliabe —, ele rapidamente advertiu seu profeta: "Não considere sua aparência nem sua altura, pois eu o rejeitei. O Senhor não vê como o homem: o homem vê a aparência, mas o Senhor vê o coração" (1Samuel 16:7). Essa era uma lição que todos os israelitas precisavam desesperadamente aprender depois de conhecer a vida sob o governo de Saul, que era fisicamente notável, mas moralmente corrupto. Munido da sabedoria divina, Samuel percebeu que de todos os demais filhos de Jessé ali presentes, do segundo ao sétimo, nenhum deles era feito de tecido real. O profeta continuaria a procurar até Deus que lhe mostrasse aquele homem que havia descrito como sendo "segundo o seu coração" (1Samuel 13:14).

Aprendendo a olhar por dentro

O clichê é verdade – as aparências enganam. Eva aprendeu bem essa lição no Éden, onde descobriu que traição e mentiras, em vez de cuidado e honestidade, estavam no âmago dos motivos da encantadora serpente. E os espiões israelitas aprenderam isso em Jericó, onde descobriram a fé do tamanho da de um herói no coração de Raabe, uma prostituta marcada pela vergonha.

Aplique

A Escritura declara que mesmo "o próprio Satanás se disfarça de anjo de luz" (2Coríntios 11:14). Por isso é fundamental que aqueles que seguem a Cristo se tornem cada vez mais como ele por meio do estudo da Bíblia e da oração.

A habilidade de ir além dos traços superficiais e ver dentro do coração dos outros é uma marca inconfundível de um cristão espiritualmente maduro.

Retrato de um pastor

Vá para

ovelhas e pastores
1Reis 22:17;
2Crônicas 18:16;
Salmos 95:7; 100:3;
Isaías 40:11; João 10:14-16

bom pastor
João 10:7-18

Enquanto Samuel estava ocupado procurando o rei escolhido por Deus, Davi, cujo nome significa "bem amado", estava ocupado cuidando do rebanho de sua família. É fácil imaginar o jovem recostado ao tronco de uma oliveira, saboreando ociosamente a serenidade de sua vida pastoral. Entretanto, nada poderia estar mais distante da realidade da vida de um pastor. Ele podia estar relaxado, contando nuvens de vez em quando, mas, na maioria das vezes, ele se veria diligentemente cumprindo os deveres de seu trabalho não muito confortável: caminhando pelo terreno para conduzir suas ovelhas à água e às pastagens, protegendo o rebanho contra animais selvagens e mantendo o controle do número oscilante do rebanho, uma vez que alguns animais morriam e outros nasciam. Bons pastores chegavam ao extremo de carregar ovelhas fracas de pasto em pasto, quando necessário.

Conclusão: pastorear era um trabalho que demandava muito, realizado em rigorosos extremos climáticos; assim, para merecer seu salário, o pastor precisava de inteligência, coragem, automotivação, habilidades de observação, sensibilidade, boa saúde, vigor e a capacidade de se contentar na solidão.

Não por coincidência, todos os atributos que compõem um excelente pastor também são muito úteis para um rei em treinamento. Na verdade, poucas ocupações da época teriam equipado o segundo rei de Israel com melhores qualificações para a liderança.

Palavras relacionadas a <u>ovelhas e pastores</u> aparecem mais de duzentas vezes na Bíblia, sendo muitas dessas referências usadas simbolicamente para representar seguidores e líderes. Uma das ilustrações mais conhecidas e simpáticas do próprio Jesus é a do "<u>bom pastor</u>", que conhece suas ovelhas, seus seguidores, e está disposto a morrer por elas.

Enquanto trabalhava nos campos, apenas fazendo seu trabalho da melhor maneira possível, Davi não tinha ideia de que o Senhor o estava preparando para que, um dia, se sentasse no trono de Israel.

Deus em ação

Deus muitas vezes trabalha do mesmo modo hoje. O que ele planejou para seus seguidores amanhã, no próximo mês ou mesmo daqui a alguns anos pode envolver diretamente as coisas que eles estão aprendendo e praticando hoje.

Aplique

Um garoto se torna rei

> **1Samuel 16:12-13** *Jessé mandou chamá-lo e ele veio. Ele era ruivo, de belos olhos e boa aparência. Então o SENHOR disse a Samuel: "É este! Levante-se e unja-o". Samuel apanhou o chifre cheio de óleo e o ungiu na presença de seus irmãos, e, a partir daquele dia, o Espírito do SENHOR apoderou-se de Davi. E Samuel voltou para Ramá.*

A Bíblia não dá nenhum detalhe sobre o que acontecia por trás da cena na casa de Jessé quando Samuel mandou buscar Davi e o escolheu como o próximo rei. Será que os irmãos ficaram se cutucando com o cotovelo e sussurrando entre si enquanto especulavam o motivo da visita do profeta? É fácil imaginar as perguntas que podem ter surgido na mente deles enquanto faziam fila à espera do escrutínio de Samuel. Certamente eles suspeitavam que o profeta estivesse encarregado de algo importante; o óleo da unção e o chifre que ele havia trazido consigo provavam isso.

E aí? Será que eles se sentiram um pouco como as meias-irmãs da fábula da Cinderela enquanto balançavam os pés diante dos cortesãos do príncipe, na esperança de que o sapato de cristal lhes servisse perfeitamente?

A natureza humana deve ter levado os irmãos de Davi a quererem ser escolhidos por Samuel, muito embora não soubessem a missão do profeta. A ordem de nascimento sugere que Eliabe, em particular, como o filho mais velho, teria esperado receber tratamento especial — se, de fato, dar uma honra especial fosse a razão para a visita do profeta. Uma vez que nenhum dos irmãos, nem mesmo Eliabe, recebeu um "sinal positivo" do profeta, o orgulho da família provavelmente os levou a esperar que o irmãozinho fosse escolhido quando passasse pela porta. Por outro lado, o orgulho pessoal deve ter feito surgir ira, inveja e ressentimento para com Davi.

De qualquer modo, a escolha do mais novo e menos talentoso de todos os irmãos confere um significado adicional à seguinte passagem do Novo Testamento: "Ninguém o despreze pelo fato de você ser jovem, mas seja um exemplo para os fiéis na palavra, no procedimento, no amor, na fé e na pureza" (1Timóteo 4:12).

Tomado pelo Espírito de Deus

Vá para

Samuel ungiu Saul
1Samuel 10:1

A prática de ungir alguém, geralmente com óleo de oliva, tinha um grande significado na cultura hebraica, porque simbolizava o poder de Deus. Quando Samuel ungiu Saul, o escolhido pelo povo, lembre-se, o óleo foi despejado de um pequeno e frágil vaso de barro. Mas, quando ungiu Davi, o escolhido de Deus, o óleo foi derramado de um chifre, simbólica e fisicamente mais forte.

Deus em ação

Quando derramou óleo sobre a cabeça de Davi, Samuel estava efetivamente coroando-o como rei, muito embora Davi não pudesse ocupar o trono durante um bom tempo. No momento em que o denso aroma do óleo invadiu o ar da casa de Davi na Judeia, o Espírito do Senhor fez morada permanente dentro do coração dele, e as pedras do alicerce para os planos de Deus para Israel foram colocadas no lugar.

> ### O que outros dizem
>
> **Charles Swindoll**
> Antes que o Espírito Santo viesse no Pentecostes narrado em Atos 2, o Espírito de Deus nunca havia descansado permanentemente em um fiel, com exceção de Davi e João Batista [...] Era comum que o Espírito de Deus viesse por um período temporário de fortalecimento ou revelação, ou qualquer que fosse a necessidade do momento, e então partisse, retornando apenas para outro surto de necessidade do momento, depois partindo, mais uma vez.[5]

Após a cerimônia sagrada na casa de seu pai, Davi não saiu às pressas para "pendurar" seu cajado e atravessar repentinamente as portas do palácio, exigindo o trono de Saul. Em vez disso, ele simplesmente continuou a fazer o que sabia ser seu dever no momento — pastorear as ovelhas —, enquanto confiava que o Senhor abriria a porta do palácio quando fosse a hora certa. Davi continuou a passar hora após hora, dia após dia, na solidão dos pastos fora de Belém.

Saul: uma alma atormentada

> **1Samuel 16:14-15** *O Espírito do Senhor se retirou de Saul, e um espírito maligno, vindo da parte do Senhor, o atormentava. Os funcionários de Saul lhe disseram: "Há um espírito maligno, mandado por Deus, te atormentando".*

O Senhor havia encontrado no coração de Davi uma casa aceitável para seu Espírito, mas não a havia encontrado no de Saul. Deus retirou seu Espírito do rei, criando um vazio no qual espíritos malignos se estabeleceram de imediato. Para Saul se tornava cada vez mais difícil lidar com as funções de rei, porque ele estava operando sem a bênção do favor de Deus e sob a crescente influência do mal. Mesmo seus servos podiam ver que ele precisava de um alívio.

Saul escancarou a porta para espíritos malignos entrarem em seu coração, quando fechou a porta para Deus, por meio de sua repetida desobediência. Esse exemplo ilustra de modo vívido a verdade bíblica de que, ao se decidir por não seguir a Deus, uma pessoa automaticamente escolhe seguir a Satanás.

Ponto importante

O que outros dizem

Matthew Henry
Aqueles que afastam de si o bom Espírito se tornam, sem dúvida, vítimas do espírito maligno. Se Deus e sua graça não nos regerem, o pecado e Satanás se apossarão de nós.[6]

Uma alta taxa de aprovação desde já

Visão geral

1Samuel 16:16-23
Pensando que a música pudesse sossegar o espírito atribulado do rei, os servos sugeriram o nome de um músico talentoso: Davi. Saul concordou em tentar a musicoterapia e mandou buscar o filho de Jessé, que continuava a cuidar de ovelhas. Quando Davi entrou na corte de Saul, o rei sentiu uma afeição instantânea pelo garoto, apontou-o para a honrada posição de seu escudeiro e mandou perguntar a Jessé se ele permitia que Davi permanecesse no palácio. Toda vez que Davi tocava sua harpa para o rei, Saul encontrava alívio temporário de sua angústia.

A descrição de Davi feita pelo servo revela que, embora fosse jovem e tivesse passado longos períodos de tempo fora da aldeia, ele já tinha uma excelente reputação: "Um dos oficiais respondeu: 'Conheço um filho de Jessé, de Belém, que sabe tocar harpa. É um guerreiro valente, sabe falar bem, tem boa aparência e o Senhor está com ele'" (1Samuel 16:18). Em outras palavras, o falatório pela cidade dizia que o filho caçula de Jessé era um músico talentoso, um homem forte e corajoso, um guerreiro experiente, um comunicador habilidoso, além de ser bonito. Esse rapaz se portava como um rei muito antes de qualquer um — incluindo ele mesmo — saber que ele estava destinado ao trono.

Instrumento de alívio

Quando Davi tocava para o rei, a música ajudava Saul de três maneiras:

+ *fisicamente:* ele se sentia aliviado;
+ *emocionalmente:* ele ficava com um estado de ânimo melhor;
+ *espiritualmente:* ele ficava livre do espírito maligno.

Para os hebreus, a música era uma parte essencial da vida. Ela era usada:

+ *Em tempos de guerra:* o shofar, um instrumento como uma trombeta, era usado para soar um alarme ou enviar um sinal.
+ *Em tempos de celebração:* as gaitas ou flautas eram tocadas para compor uma atmosfera festiva.
+ *Em tempos de angústia:* um instrumento como a lira ou a harpa poderia renovar a alma atormentada – como no caso de Saul.

O que outros dizem

Beth Moore

Você pode imaginar, com razão, que muitos de seus salmos favoritos foram cantados primeiro pela voz jovem de Davi, oscilando e rajando em algum momento entre a infância e a fase adulta, com o acompanhamento de uma harpa bem gasta e profundamente amada. Sem dúvida, o próprio som de suas cordas chamava a atenção de muitas ovelhas perdidas. As palavras que o acompanhavam ainda chamam.[7]

Resumo do capítulo

+ O Senhor disse a Samuel que parasse de lamentar por Saul, e que, em vez disso, fosse à casa de Jessé, em Belém, onde o profeta encontraria o escolhido de Deus para o trono de Israel.

+ Samuel foi para Belém e convidou Jessé e seus filhos para participarem do ritual de sacrifício.

+ Samuel avaliou os filhos mais velhos de Jessé, mas não conseguiu encontrar aquele que procurava, então mandou chamar Davi, o filho caçula de Jessé, que estava cuidando das ovelhas no pasto. Samuel soube de imediato que Davi era o escolhido.

+ Não por acidente, as qualidades que faziam de Davi um bom pastor — incluindo inteligência, coragem, automotivação e boa saúde — serviam bem a Davi como um rei em treinamento.

+ Samuel ungiu Davi com óleo derramado de um chifre resistente, e não do frágil jarro usado na unção de Saul, e o Espírito Santo entrou na vida de Davi.

+ Deus retirou seu Espírito de Saul, criando um vazio no qual espíritos malignos imediatamente se estabeleceram. Saul sofria de um tormento visível.

+ Imaginando que a música pudesse acalmar o espírito atribulado de Saul, os servos sugeriram o nome de um músico talentoso: Davi. O jovem pastor conquistou a afeição de Saul no mesmo instante graças à sua habilidade de aliviar o sofrimento do rei.

Questões para estudo

1. Quando este capítulo se inicia, por que Samuel está entristecido?
2. Por que o Senhor enviou Samuel para Belém?
3. Por que Samuel questionou o Senhor sobre sua tarefa?
4. Como o Senhor amenizou os medos de Samuel?
5. Qual dos filhos de Jessé deve ter parecido ser o candidato mais provável a rei? Por quê?
6. O que Samuel usava como guia para avaliar os filhos de Jessé?
7. Como a unção de Davi foi diferente da unção de Saul?
8. O que Davi fez depois de ser ungido?
9. Como Saul mudou depois da unção de Davi?
10. Como Davi foi parar na corte do rei Saul?

QUARTA PARTE

O matador de gigantes

> **Em destaque no capítulo:**
> + O campo de batalha
> + O desafio
> + Davi levantou a mão
> + Cinco pedras lisas
> + O gigante cai

1SAMUEL 17
Um desafio gigante

Vamos começar

Quando exatamente acabou o mandato de Davi como músico na corte do rei Saul — e quando os eventos de 1Samuel 17 começaram — não está registrado na Bíblia. É provável que Davi tivesse quase doze anos quando foi convocado pelos servos de Saul para tocar sua harpa para o rei atormentado. Durante os anos seguintes, à medida que sua voz ficava grave e seus ombros se alargavam, o menino pode ter dividido seu tempo entre os pastos e o palácio, deixando os campos apenas quando convocado para tocar música para acalmar o espírito de Saul.

O tempo estava do lado de Davi enquanto ele cuidava de suas ovelhas. Os longos períodos de solidão deram-lhe a oportunidade de louvar seu Criador, meditar nas palavras de Deus, orar por direção — e, sim, aguçar suas habilidades de pontaria —, uma vez que ele avançava lentamente em direção ao reino. Talvez uma dessas atividades fosse exatamente o que ele fazia no início deste capítulo, que continua, então, a descrever talvez o mais conhecido e mais amado episódio na vida de Davi: seu encontro com o gigante ímpio da terra de Gate.

Como ler esta história

O relato bíblico destes eventos contém elementos do fantástico — afinal, um rei covarde, um gigante perverso e um jovem garoto geralmente são elementos de histórias exageradas. Mas este capítulo não é nem um conto de fadas nem uma fábula.

Ponto importante

Vá para

exemplos
1Coríntios 10:6,11

tipo
símbolo de algo que está por vir

vale de Elá
local do confronto entre Davi e Golias

O triunfo improvável de Davi sobre o gigante muito real ensina lições espirituais de proporções bíblicas, e os detalhes da narrativa acrescentam clareza ao retrato emergente de um jovem segundo o coração de Deus.

Para tirar o máximo proveito da narrativa, é útil olhar para ela de vários ângulos:

1. *Como história.* Ao olhar para os eventos em si, o leitor pode monitorar a transformação gradativa de Israel, passando de uma nação titubeante sob a liderança mal-orientada de seu primeiro rei para a nação mais forte e mais madura na qual se tornaria sob o governo de Davi.

2. *Como um estudo de personagens.* A Bíblia dá <u>exemplos</u> para que cada geração possa aprender com eles. Esta narrativa exibe um trio singular de personagens-chave que, de modo vívido, demonstram o que devemos fazer — e o que *não* devemos fazer — diante de conflitos, críticas e perigos. Há muito que aprender com:

    ✦ Davi, um cristão confiante que vivia em segurança e vitória no favor de Deus;

    ✦ Saul, um servo temeroso que vivia em perigo e derrota fora do favor de Deus;

    ✦ Golias, um incrédulo de coração duro que vivia com um falso senso de segurança e sob a suposição equivocada de que o favor de Deus não é necessário quando somos grandes, intimidadores e estamos bem armados.

3. *Como uma tipologia.* Davi serve como um **tipo** de Jesus, enquanto Golias serve como um tipo do Diabo. Isso significa que o leitor pode extrair muitos paralelos entre Davi/Jesus e Golias/Satanás, que podem ajudar a aprimorar o entendimento da natureza deles.

4. *Como uma metáfora.* Davi pode ser visto como qualquer cristão, e Golias pode ser tido como qualquer inimigo ou obstáculo que ameaça perturbar a comunhão do cristão com Deus. Olhar para a narrativa por esse ângulo possibilita uma abundância de oportunidades para o autoexame e prepara o caminho para o crescimento espiritual.

O campo de batalha

1Samuel 17:1-3 *Os filisteus juntaram suas forças para a guerra e se reuniram em Socó, de Judá. E acamparam em Efes-Damim, entre Socó e Azeca. Saul e os israelitas reuniram-se e acamparam no **vale de Elá**, posicionando-se em linha de batalha para enfrentar os filisteus. Os filisteus ocuparam uma colina e os israelitas outra, estando o vale entre eles.*

Toda a vida de Saul foi assolada pela guerra contra os filisteus, e 1Samuel 17 começa com mais um confronto direto entre os exércitos de Israel e os do violento povo da costa. Os inimigos antigos reuniram-se perto de Gate, a alguns quilômetros ao sudoeste de Jerusalém, em lados opostos de um leito de rio em declive que cortava um desfiladeiro de pouco mais de um quilômetro e meio de largura. O local desse confronto tem sido identificado por historiadores e arqueólogos como a atual cidade de Tel es-Safi.

Vá para

guerra contra os filisteus
1Samuel 14:52

aliança abraâmica
Deuteronômio 1:21

expulsaram os habitantes da terra
Juízes 1; 2:1-3

não se deixar intimidar
Deuteronômio 31:8

garantiria vitória
Deuteronômio 28:7; Josué 10:25

Lutando pela terra que já possuíam

Deuteronômio 20:1-4 *"Quando vocês forem à guerra contra os seus inimigos e virem cavalos e carros, e um exército maior do que o seu, não tenham medo, pois o Senhor, o seu Deus, que os tirou do Egito estará com vocês. Quando chegar a hora da batalha, o sacerdote virá à frente e dirá ao exército: 'Ouça, ó Israel. Hoje vocês vão lutar contra os seus inimigos. Não desanimem nem tenham medo; não fiquem apavorados nem aterrorizados por causa deles, pois o Senhor, o seu Deus, os acompanhará e lutará por vocês contra os seus inimigos, para lhes dar a vitória.'"*

A terra que os israelitas estavam defendendo já lhes havia sido dada por Deus como parte da aliança abraâmica. No entanto, os israelitas nunca expulsaram os habitantes da terra completamente, como Deus lhes havia instruído. Os filisteus eram parte do povo que permaneceu. Uma vez que a terra já era, de fato, de Israel, Deus instruiu seu povo a não se deixar intimidar pelos inimigos que viviam ali. Ele prometeu que, por mais assustador que fossem os inimigos, ele lhes garantiria vitória.

Guerreiro, na melhor acepção da palavra

1Samuel 17:4-7 *Um guerreiro chamado Golias, que era de Gate, veio do acampamento filisteu. Tinha dois metros e noventa centímetros de altura. Ele usava um capacete de bronze e vestia uma couraça de escamas de bronze que pesava sessenta quilos; nas pernas usava caneleiras de bronze e tinha um dardo de bronze pendurado nas costas. A haste de sua lança era parecida com uma lançadeira de tecelão, e sua ponta de ferro pesava sete quilos e duzentos gramas. Seu escudeiro ia à frente dele.*

Vá para

Gigantes
Gênesis 6:4
conquista do norte de Canaã
Josué 11

A palavra hebraica utilizada nesse texto traduzida como "guerreiro" (*benayim*), que não é usada em nenhuma outra passagem do Antigo Testamento, significa "o homem entre". Os filisteus, sem dúvida, haviam visto o tipo de destruição que podia resultar de uma guerra completa contra os israelitas. Então, para fortalecerem sua posição militar sem correr o risco de mortes e ferimentos generalizados, eles decidiram instigar uma batalha representativa. Seu "guerreiro", Golias, lutaria contra um "guerreiro" de Israel. O vencedor do confronto entre os dois homens asseguraria a vitória para o exército por ele representado.

Esse conflito físico representativo, cujo palco foi o vale de Elá, ilustra o conflito espiritual representativo travado entre Cristo e Satanás.

Esse cara era de verdade?

Algo para pensar

Não é de admirar que Golias fosse o guerreiro escolhido dos filisteus. Com quase três metros de altura, ele se elevava sobre seus inimigos israelitas. Como era possível? Havia mesmo esse negócio de gigantes nos dias de Davi? E nos dias de hoje? Bíblica, científica e historicamente falando, a resposta é "sim".

+ *O que a Bíblia diz sobre gigantes:* Gigantes existiram tanto antes como depois do Dilúvio, e uma raça de gigantes chamada enaquins continuou a existir durante os dias de Josué. Durante sua conquista do norte de Canaã, Josué liderou a destruição dos enaquins que estavam vivendo em Israel, mas não matou o restante dessas pessoas excepcionalmente grandes, que permaneceram nas cidades filisteias de Gaza, Asdode e Gate, sendo essa última a cidade natal de Golias.

+ *O que a ciência diz sobre gigantes:* "Gigantismo" é um estado de saúde raro, mas bem documentado, causado quando o corpo produz o hormônio do crescimento em grande quantidade antes do fim da adolescência. Essa condição pode levar a pessoa a chegar a 2,13 ou 2,43 metros.

+ *O que a história diz sobre gigantes:* Historiadores da antiguidade reportam a existência de gigantes, e a lista de gigantes na história moderna inclui Robert Pershing Wadlow, que media 2,72 metros quando morreu, em 1940, aos 22 anos, e "André, o Gigante", o lutador profissional de 2,24 metros e quase 230 quilos, que morreu em 1993.

Armadura gigante para um homem gigante

Acrescentar uma camada de metal apenas aumentava o fator intimidação do colossal gigante, que dificilmente parecia precisar de um assistente apressado à sua frente com um grande escudo. O gigante vestia:

✦ capacete de bronze;
✦ couraça de escamas pesando sessenta quilos;
✦ caneleiras de bronze.

Ele carregava:

✦ dardo de bronze;
✦ lança longa e maciça que podia chegar a quase oito quilos. A lança tinha uma ponta de ferro que pesava 7,2 quilos.

O desafio

> **1Samuel 17:8-11** *Golias parou e gritou às tropas de Israel: "Por que vocês estão se posicionando para a batalha? Não sou eu um filisteu, e vocês os servos de Saul? Escolham um homem para lutar comigo. Se ele puder lutar e vencer-me, nós seremos seus escravos; todavia, se eu o vencer e o puser fora de combate, vocês serão nossos escravos e nos servirão". E acrescentou: "Eu desafio hoje as tropas de Israel! Mandem-me um homem para lutar sozinho comigo". Ao ouvirem as palavras do filisteu, Saul e todos os israelitas ficaram atônitos e apavorados.*

Ao lançar o desafio e enunciar os termos de sua proposta de luta, o tom de Golias era desafiante, impaciente e provocador: "Se o homem de vocês me matar, os filisteus serão seus escravos. Se eu matar o homem de vocês, então vocês serão nossos escravos". Viver como escravos dos filisteus não era algo que os israelitas iriam querer; eles já haviam experimentado a vida sob o jugo dos filisteus e não queriam perder a liberdade que haviam conquistado. Entretanto, se as ameaças do gigante estavam provocando os israelitas, não o fazia suficientemente, porque nenhum dos soldados levantou a mão para se voluntariar.

Por que não Saul?

Mais uma vez, olhares de expectativa devem ter se voltado para o rei Saul. Política e militarmente, ele era o líder de Israel; fisicamente, ele ficava com cabeça e ombros acima dos demais. Talvez nenhum outro homem no

Vá para

cabeça e ombros acima dos demais
1Samuel 9:2; 10:23

Vá para

carroça de
bagagens
1Samuel 10:22

retirar seu
Espírito
1Samuel 16:13

Eliabe
irmão mais velho
de Davi

acampamento israelita tivesse sido melhor candidato a guerreiro. Entretanto, novamente Saul não conseguiu dar um passo à frente. Em lugar de se esconder sob a <u>carroça de bagagens</u> dessa vez, ele se encolheu nas sombras, tentando se misturar à linha de soldados rasos. A Escritura diz que ele se uniu aos seus homens, acovardando-se de medo, atônito e apavorado (1Samuel 17:11).

Como israelita, particularmente aquele a quem o sacerdote e profeta Samuel havia tomado sob seus cuidados, Saul deve ter crescido aprendendo sobre as muitas vitórias em batalhas que Deus havia proporcionado ao seu povo ao longo das gerações que vieram antes dele. E, em sua própria época, ele experimentou a doçura do triunfo dado por Deus. Mas, uma vez que Saul havia pecado contra Deus a ponto de levá-lo a <u>retirar seu Espírito</u> dele, o rei se viu indefeso diante de seus inimigos. Em vez de ser movido por uma fé fomentada pela lembrança do que Deus havia feito por seu povo no passado, Saul estava paralisado por um medo que havia começado a se agravar em seu coração quando ele fez a escolha de deixar Deus fora de cena.

Dwight D. Eisenhower uma vez definiu liderança como "a arte de conseguir que alguém faça alguma coisa que você quer que seja feita, porque ele quer fazê-la". O fato de Saul não apenas ter falhado no sentido de não dar um passo para lutar com o gigante, mas também ter negligenciado a tarefa de motivar seus homens a fazerem isso, mostra que lhe faltavam as habilidades de liderança.

Algo para pensar

O que outros dizem

Richards D. Phillips
O maior indicativo da deficiência de Saul como líder era a indisposição de todos os seus seguidores em responder ao desafio, dia após dia, manhã e tarde, enquanto Golias feria o orgulho coletivo deles.[1]

Uma ordem do papai

Visão geral

1Samuel 17:12-19
Os três irmãos mais velhos de Davi — **Eliabe**, Abinadabe e Samá — eram soldados no exército de Saul e faziam parte da companhia acampada no vale de Elá. Davi ainda estava cuidando das ovelhas de seu pai quando Jessé, a essa altura um senhor, ficou

> sabendo que Golias vinha ameaçando os israelitas. Ansioso por notícias da frente de batalha, ele ordenou a Davi que levasse alimentos frescos para seus irmãos, oferecesse um presente de dez queijos para o comandante deles, se informasse sobre o bem-estar de seus meninos mais velhos e retornasse com uma garantia de que estavam seguros.

Vá para

Dilúvio
Gênesis 7:5-10

corte do faraó
Êxodo 2; Atos 7:20-23

vagando pelo deserto
Números 14:26-34; Neemias 9:21

deserto
Mateus 4:1-11; Lucas 4:1-13

Por que não 29 ou 15 ou 31?

Golias andava pesadamente de um lado para outro ao longo da margem oposta, lançando insultos e se vangloriando para os israelitas, toda manhã e toda noite, durante quarenta dias.

Os números na Bíblia geralmente têm um grande significado, e esse não é exceção. Quarenta é usado nas Escrituras com frequência como um período de julgamento ou provação.

- Choveu durante quarenta dias no Dilúvio.
- Moisés passou quarenta anos crescendo na corte do faraó.
- Após o êxodo do Egito, os israelitas passaram quarenta anos vagando pelo deserto.
- Jesus, antes de começar seu ministério público, passou quarenta dias no deserto, onde foi tentado pelo Diabo.

> **O que outros dizem**
>
> **Charles Swindoll**
>
> Como isso se aplica a qualquer "gigante" que encontramos! É a mesma coisa com os gigantes do medo e da preocupação, por exemplo. Eles não vêm apenas uma vez, mas vêm de manhã e à tarde, dia após dia, tentando incansavelmente intimidar.[2]

Que paciência!

Davi não pediu para ir à frente de batalha. Nem havia pedido para ser convidado a tocar música para Saul. Embora entendesse que estava destinado a ser rei, nunca tentou entrar à força no palácio. Ele simplesmente encarava cada tarefa colocada à sua frente e esperava que o Senhor cuidasse dos detalhes.

Ponto importante

"Quem lutará por nós?"

> **1Samuel 17:20** *Levantando-se de madrugada, Davi deixou o rebanho com outro pastor, pegou a carga e partiu, conforme Jessé lhe havia ordenado.*

Essa passagem curta oferece muitas lições práticas sobre os traços que devem ser encontrados em uma pessoa segundo o coração de Deus. Davi era:

Aplique

- cheio de energia (ele acordava de madrugada);
- obediente (ele fez como Jessé, seu pai, havia ordenado);
- responsável (ele deixou o rebanho aos cuidados de um outro pastor).

"Ei, talvez eu possa pagar alguém para fazer isso!"

Visão geral

1Samuel 17:21-25

Uma vez que nenhum guerreiro se voluntariou para lutar por Israel, uma batalha completa era iminente. Os altos brados e gritos de guerra dos soldados se preparando para lutar devem ter retumbado nos tímpanos de Davi enquanto ele seguia em direção ao acampamento. Uma voz em particular se sobressaiu em meio ao alvoroço quando Davi ouviu pela primeira vez as ameaças do gigante, que já eram comuns para os israelitas nas últimas semanas. Talvez os olhos de Davi se arregalassem enquanto ele assimilava os estranhos eventos, até mesmo quando os homens explicavam o que estava acontecendo. A explicação revelou uma nova virada: Saul estava tentando atrair um guerreiro dentre a multidão, oferecendo uma recompensa generosa. Ele daria a qualquer um que conseguisse matar o gigante um pagamento também gigante — sua própria filha em casamento e favor político.

O lento desgaste do poder de Saul se torna cada vez mais visível. Primeiro, ele não deu um passo à frente para lutar. Segundo, ele não demonstrou as habilidades de liderança necessárias para convencer um de seus homens a se voluntariar. E terceiro, agora ele estava recorrendo a um suborno para incitar alguém a agir.

Justa indignação

> **1Samuel 17:26** *Davi perguntou aos soldados que estavam ao seu lado: "O que receberá o homem que matar esse filisteu e salvar a honra de Israel? Quem é esse filisteu incircunciso para desafiar os exércitos do Deus vivo?"*

Esse versículo — que inclui as primeiras palavras de Davi registradas na Bíblia — enfatiza uma das principais razões pelas quais ele foi designado para sempre homem segundo o coração de Deus: ele viu o mundo pelos olhos espirituais. Onde Saul e os soldados viram um gigante, um exército intimidador e um armamento sofisticado — evidências da superioridade física dos filisteus —, Davi não viu nada além de um homem que merecia morrer por desafiar a Deus.

Ponto importante

Os jogadores

Os comentários de Davi respondiam, em termos espirituais, a três questões fundamentais:

1. *Quem é Golias?* Davi entendia que a verdadeira identidade do gigante não tinha nada a ver com o tamanho de sua túnica ou com o peso que ele conseguia levantar no supino. Pelo contrário, tinha tudo a ver com quem ele era em relação a Deus. Davi sumarizou o relacionamento de Golias com Deus em uma palavra: "incircunciso". A **circuncisão** foi prescrita por Deus como o sinal externo do relacionamento ímpar dos israelitas com ele, e era um lembrete para Abraão e todos os seus descendentes da aliança divina eterna. Portanto, alguém que era um incircunciso claramente não fazia parte do povo de Deus. Como incircunciso filisteu, Golias negava a Deus e adorava ídolos de madeira e de pedra.

   O ritual da circuncisão não era exclusivo a Israel; também era usado em muitas outras tribos e nações para marcar a entrada de um menino na fase adulta.

2. *Quem somos nós (isto é, Davi e os israelitas)?* Davi entendia que ele e os israelitas eram soldados lutando uma batalha espiritual por Israel, a terra dada a eles por Deus. Permitir que a terra passasse para as mãos dos filisteus seria motivo de opróbrio (*cherpah*, em hebraico) — ou vergonha.

3. *A quem servimos?* O comentário de Davi também demonstrava sua consciência de que ele e os soldados circuncisos não serviam a um comandante

Vá para

circuncisão
Gênesis 17:10-11,24-27

circuncisão
sinal físico do relacionamento de Israel com Deus

terreno ou a um rei físico, não importando a quem pertencesse a insígnia na bandeira deles. Tampouco serviam a um ídolo de madeira ou pedra, como faziam o rei e os soldados da Filístia. Em vez disso, quem recebia o culto deles era unicamente o Deus vivo.

O que outros dizem

Beth Moore

Devemos nos lembrar de que não alcançamos vitória por causa de nossa fé. Alcançamos vitória por causa de nosso Deus. Fé na fé não faz sentido. Fé em um Deus vivo e ativo move montanhas.[3]

Davi levantou a mão

Visão geral

1Samuel 17:27-29

O irmão mais velho de Davi, Eliabe, ouviu a avaliação que Davi fez das circunstâncias e ficou irritado. Ele acusou Davi de ser irresponsável com as "poucas" ovelhas que estavam confiadas aos seus cuidados e depois disse que a presunção e a insolência do rapaz o haviam atraído ao campo de batalha. A exasperação na voz de Davi deve ter sido audível: "O que fiz agora?" (1Samuel 17:29). A palavra "agora" sugere que essa não era a primeira vez que a inimizade havia azedado o relacionamento entre Davi e Eliabe.

Vá para

Eli, quando julgou mal as ações de Ana
1Samuel 1:14

Eliabe não podia estar mais equivocado em sua consideração dos motivos de Davi, assim como o sacerdote <u>Eli, quando julgou mal as ações de Ana</u> no tabernáculo, anos antes. Davi não havia sido irresponsável no cuidado das ovelhas; pelo contrário, antes de sair de casa preparou tudo para que elas fossem cuidadas. Além disso, Davi havia viajado para o vale de Elá em obediência direta às instruções de seu pai, não porque uma atitude presunçosa ou insolente o havia arrastado para lá. Entretanto, há algumas outras razões para a raiva exagerada de Eliabe que podem ter entrado em jogo aqui:

- ✦ *Inveja*. Como filho mais velho, Eliabe provavelmente sentia-se no direito de ser ungido por Samuel. Aparentemente era difícil para ele aceitar que seu irmão mais novo e menos significativo havia sido escolhido para essa honra.

- **Ineficácia.** Talvez Eliabe, um líder no exército de Saul, estivesse se sentindo um fracasso, uma vez que nem seu rei nem suas tropas conseguiram levantar um guerreiro para lutar contra o filisteu. O fato de seu irmãozinho ter entrado em cena com seu comentário básico pode tê-lo magoado um pouco; afinal de contas, às vezes a verdade dói!
- **Medo.** Eliabe podia ter começado a sentir alguma pressão; se seu rei não lutasse contra Golias, e se um de seus homens não se voluntariasse para o trabalho, ele mesmo poderia ser pressionado a ir!

Os irmãos de Davi rejeitaram-no do mesmo modo que os irmãos de Cristo o rejeitaram. Cristo disse que seus seguidores sofrerão perseguição, e, vindo da família, isso pode doer mais do que qualquer coisa! Satanás parece gostar de instigar conflito entre membros da família, bem como entre membros do Corpo de Cristo. Não seria esse o modo de Satanás nos manter divididos e focados em lutar uns contra os outros, para que assim não nos unamos em nosso foco de nos posicionar contra ele?

Vá para

os irmãos
de Cristo o
rejeitaram
João 1:11

perseguição
João 15:20

"Eu sou o seu homem!"

Visão geral

1Samuel 17:30-37a

Quando Saul ouviu o que Davi havia dito, mandou chamá-lo, e Davi imediatamente se voluntariou para lutar com o gigante. Saul, ainda olhando para a situação através de lentes físicas, em vez de espirituais, objetou. Ele mostrou a desvantagem da juventude e inexperiência de Davi contra a vantagem da idade e experiência de Golias. Mas Davi não seria desencorajado. Ele disse que havia matado leões e ursos antes, e mataria o filisteu agora.

O argumento de Davi reconhecia que:
- O Senhor vinha preparando-o por toda vida para esse exato momento. Cuidar de ovelhas podia parecer uma tarefa muito doméstica para alguém que havia sido ungido rei. Mas cada momento do passado de Davi — incluindo o tempo que ele passou protegendo seu rebanho contra predadores, sem audiência além dos animais — lhe tinha dado treinamento, habilidade e sabedoria necessários para o sucesso contra o gigante.

Aplique

✦ Toda batalha — seja contra animais, homens ou outros inimigos, como doenças ou problemas familiares — realmente é do Senhor: "O Senhor que me livrou das garras do leão e das garras do urso me livrará das mãos desse filisteu" (1Samuel 17:37).

Justamente por esse motivo, manter um diário é uma boa ideia. Rever o que Deus fez no passado pode fortalecer a confiança no fato de que suas mãos estão no futuro.

Um círculo vitorioso

Uma vez que Deus foi fiel com Davi no passado, Davi tinha plena confiança de que Deus seria fiel com ele no futuro. O apóstolo Paulo reconheceu este círculo vitorioso em ação em sua própria vida: "Mas o Senhor permaneceu ao meu lado e me deu forças, para que por mim a mensagem fosse plenamente proclamada e todos os gentios a ouvissem. E eu fui libertado da boca do leão. O Senhor me livrará de toda obra maligna e me levará a salvo para o seu Reino celestial. A ele seja a glória para todo o sempre. Amém" (2Timóteo 4:17-18). Além disso, uma vez que Davi foi <u>fiel no pouco</u> ao proteger seu rebanho de animais, Deus estava para confiar-lhe muito ao colocá-lo para cuidar de Israel, seu povo.

Algo para pensar

Vá para

fiel no pouco
Mateus 25:21,22;
Lucas 16:10-11;
19:17

O que outros dizem

Charles Spurgeon

Quando Davi era jovem em idade, ele era velho em experiência, porque havia visto a mão do Senhor tratando com ele. Ele não era um homem preguiçoso entre as colinas, mas um adorador, um trabalhador, um estudante, um homem de Deus cheio de vida e útil [...] assim obteve sua experiência quando foi efetivamente liberado de seu dever como pastor. Ele fez o que foi chamado a fazer com santa ousadia, e, ao fazê-lo, aprendeu a fidelidade de Deus. Muitos homens têm leões e ursos, mas nenhuma experiência.[4]

Uma armadura mal-ajustada

Visão geral

1Samuel 17:38-40

Saul concordou em deixar Davi enfrentar Golias, e ofereceu-lhe emprestada sua armadura, que Davi experimentou, mas rapidamente tirou, porque não lhe serviu. Em vez disso, ele optou por lutar com sua atiradeira. Uma grande quantidade de munição para o estilingue de Davi encontrava-se no leito do ribeiro aos seus pés. Ele juntou cinco pedras polidas pelas águas do rio, que lhes deram um acabamento liso, e colocou-as em seu alforje. Enquanto o gigante e seu escudeiro andavam na direção de Davi, ele se aproximou do gigante.

A armadura que Saul tentou emprestar a Davi não serviu por mais de um motivo:

✦ Davi era mais jovem e, por esse motivo, provavelmente menor do que Saul, que era descrito como um homem grande. A armadura do rei era simplesmente grande demais para o adolescente.

✦ Davi ainda não era um soldado, por isso não estava acostumado a vestir trajes volumosos. Ele se sentia muito mais confortável — bem como mais confiante e capaz — em suas roupas do dia a dia.

✦ Davi planejava usar uma atiradeira, o que lhe permitiria atacar o gigante a certa distância. Ele não precisaria chegar perto demais do gigante a ponto de necessitar do tipo de proteção que uma armadura lhe daria.

✦ Davi não estava lutando uma batalha física, então não precisava de uma armadura física.

O que outros dizem

Alan Redpath

[Davi] sabia perfeitamente bem que não adiantava imitar o inimigo vestindo-se como ele e saindo com a armadura de Saul — ele via a futilidade daquilo. Antes, ele devia colocar a armadura completa de Deus para que pudesse permanecer firme naquele dia mau.[5]

Sem necessidade de plano B

Aplique

Davi nem mesmo dependeu do capacete de Saul! Manter uma ou duas peças da armadura que servissem melhor, "só para o caso de...", deve ter sido uma tentação. Mas a fé de Davi era tão grande que ele não via a necessidade de uma alternativa. Você já deu um passo de fé, certo de que Deus o estava guiando, mas deixou que as dúvidas surgissem de modo que, no final, você começou a procurar um plano B? Duvidar é um negócio arriscado! A dúvida nos coloca em perigo de perder o benefício de ver Deus em ação e de ver sua resposta às nossas orações.

Vá para

duvidar
Mateus 21:21-22;
Marcos 11:22-24;
Tiago 1:6-7

quatro irmãos
1Samuel 21:18-22

Cinco pedras lisas

Alguns estudiosos dizem que Davi escolheu cinco pedras porque Golias tinha quatro irmãos; ele pode ter antecipado a possibilidade de ter de lutar contra eles também. Outros dizem que Davi juntou cinco pedras simplesmente porque era isso que qualquer atirador experiente teria feito.

O gigante cai

> **Visão geral**
>
> **1Samuel 17:42-45**
>
> Quando viu Davi, Golias olhou para o menino com desprezo por causa da pouca idade dele. Ainda disparando insultos e invocando seus deuses pagãos, Golias disse: "Pode vir!" Davi, concentrando-se no tamanho de seu Deus e não no tamanho do gigante, replicou: "Você vem contra mim com espada, com lança e com dardos, mas eu vou contra você em nome do SENHOR dos Exércitos, o Deus dos exércitos de Israel, a quem você desafiou" (1Samuel 17:45).

O fato de os israelitas terem enviado contra ele uma pessoa jovem e inexperiente em batalha obviamente foi um insulto para Golias. Ele não pareceu nem soou assustador o suficiente? Sua armadura não era superior? Por que eles não enviaram o maior cara deles, o guerreiro mais experiente? E por que esse adversário minúsculo não carregava uma espada ou um escudo?

A verdade é que Deus muitas vezes usa pessoas jovens para fazerem parte de sua obra mais importante:

- ✦ Miriã, irmã de Moisés, foi encarregada por Deus de cuidar de Moisés, o libertador de Israel.
- ✦ Josias, rei de Judá, subiu ao trono aos oito anos de idade e purgou o reino da idolatria quando tinha apenas vinte anos.
- ✦ O profeta Jeremias ainda estava na adolescência quando Deus o chamou para profetizar na rebelde Judá.
- ✦ Maria, mãe de Jesus, estava possivelmente no começo da adolescência quando deu à luz o Cristo.
- ✦ Timóteo, companheiro próximo do apóstolo Paulo, ainda não tinha vinte anos quando começou a trabalhar ao lado dele no ministério.

Vá para

Miriã
Êxodo 2:4-8

Josias
2Reis 22–23;
2Crônicas 34–35

Jeremias
Jeremias 1:6-8

Maria
Mateus 1:18–2:11;
Lucas 1:26–2:7

Timóteo
Atos 6–20; 1Coríntios 4:17; 16:10;
2Coríntios 1:19;
1Tessalonicenses 3:2-6

Na mosca!

Visão geral

1Samuel 17:46-51

Davi garantiu ao gigante que a vitória não seria de Golias e explicou que sua motivação não era a generosa recompensa prometida pelo rei nem a glória que receberia pela vitória. Seu triunfo sobre Golias faria com que todos soubessem que havia um Deus em Israel, e que a batalha era do Senhor. Então Davi correu em direção ao filisteu, carregou a atiradeira e lançou uma de suas pedras, acertando um tiro fatal na testa do gigante. O jovem, em seguida, foi até o gigante caído e cortou-lhe a cabeça.

O alvoroço que estava acontecendo no vale por quarenta dias deve ter sido abruptamente silenciado depois que o corpo de Golias caiu ao chão.

A pontaria de Davi realmente pôde ser tão boa assim? Com certeza. O livro de Juízes relata que, dos 26 mil homens da tribo de Benjamim que tinham idade suficiente para lutar, setecentos podiam "atirar com a funda uma pedra num cabelo sem errar" (Juízes 20:16). Além disso, uma pedra atirada por uma funda pode ganhar uma velocidade incrível, sem ceder em nada quando acerta o alvo. Para fins de comparação, apenas alguns arremessadores da liga principal de beisebol conseguem atirar com frequência bolas a 150 quilômetros por hora ou mais rápido. Mas, mesmo assim, se outro jogador for atingido no rosto, *ainda que por um lance mais lento*, ele poderá facilmente sofrer um dano permanente — ou morrer. Mas, com uma funda, um bom caçador como Davi poderia atirar uma pedra com muito mais velocidade e poder de ataque do que isso!

Vá para

se tornaram escravos dos israelitas
1Samuel 17:9

Os filisteus fugiram

> **Visão geral**
>
> **1Samuel 17:51-54**
>
> Vendo que seu guerreiro gigante havia sido morto, os filisteus fugiram de medo e os soldados de Israel os perseguiram até os portões de Ecrom antes de retornarem para saquear o acampamento filisteu. Davi levou seu troféu — a cabeça de Golias — para Jerusalém.

Note, entretanto, que os filisteus não fizeram o que haviam dito que fariam — não se renderam nem se tornaram escravos dos israelitas. Eles simplesmente fugiram.

> **O que outros dizem**
>
> **David Guzik**
>
> Nunca devemos esperar que o Diabo cumpra suas promessas. Mas os soldados de Israel perseguiram e derrotaram os filisteus. O exemplo de Davi lhes tinha dado grande coragem e fé no Senhor.[6]

Quem é esse menino?

> **Visão geral**
>
> **1Samuel 17:55-57**
>
> Uma pessoa que observava com cuidado tudo o que estava acontecendo era Saul, que queria saber mais sobre o jovem herói.

Parece estranho que Saul estivesse fazendo perguntas sobre o músico de sua própria corte. Ou ele:

1. Conhecia Davi (observe que Saul não perguntou o nome de Davi, mas o nome do pai do menino) e o reconheceu como seu músico, mas agora queria saber mais sobre o pai do jovem. Talvez ele quisesse descobrir se o menino que lhe servia vinha de uma família extraordinária, ou ele talvez quisesse saber à qual família recompensar com os presentes que havia prometido.

2. Não o reconheceu de modo nenhum. É possível que algum tempo tivesse se passado desde a última vez que Davi tocara para Saul. Davi podia estar mais alto e mais corpulento ou ter deixado a barba crescer. Outro fator:

Davi havia sido chamado para tocar para Saul durante ocasiões em que o rei era atormentado por espíritos perturbadores, então pode ser que Saul não estivesse lúcido ou atento.

UM PARALELO "CAMPEÃO" ENTRE DAVI E JESUS

Davi	Jesus
Representava seu povo — Israel.	Representa seu povo — todos os que creem nele e aceitam sua oferta de salvação.
Lutava pela Terra Prometida — a propriedade física — que já havia sido dada ao povo de Deus, mas que os israelitas perderam por causa de seus pecados e desobediência.	Lutou pela Terra Prometida — a comunhão espiritual com Deus — que já havia sido dada ao povo de Deus, mas que os filhos de Deus perderam por causa de seu pecado e desobediência no jardim do Éden.
Enviado à batalha por seu pai, Jessé.	Enviado à batalha por seu Pai, Deus.
Rejeitado por seus irmãos.	Rejeitado por seus irmãos.
Não lutava com armas materiais ou estratégias terrenas.	Não lutou com armas materiais ou estratégias terrenas.

Resumo do capítulo

✦ A história de Davi e Golias tem muito a ensinar sobre a história de Israel, sobre os personagens bíblicos envolvidos, sobre Cristo e Satanás, e sobre crescimento espiritual.

✦ Os filisteus reuniram-se no lado oposto de um leito de rio, no vale de Elá, para travarem uma batalha representativa, que seria lutada por um guerreiro de cada lado.

✦ Ninguém do exército israelita deu um passo à frente para lutar contra o guerreiro filisteu, Golias, de Gate, que, havia quarenta dias, andava de um lado para outro insultando e desafiando os israelitas.

✦ Davi, enviado à frente de batalha com uma incumbência de seu pai, foi motivado por tudo isso a persuadir Saul a deixá-lo lutar contra o gigante pesadamente armado.

✦ Davi recusou a armadura de Saul e as armas que ele ofereceu, e, após pegar cinco pedras lisas do leito do ribeiro, ele derrubou o gigante com seu primeiro tiro.

✦ Saul exigiu saber mais sobre aquele que havia massacrado o gigante.

Questões para estudo

1. Descreva Golias.
2. Que tipo de batalha os filisteus e os israelitas estavam se preparando para travar?
3. Por que nenhum dos israelitas se voluntariava para servir como guerreiro de Israel?
4. Por que Davi apareceu na cena do confronto?
5. Como Davi persuadiu Saul a deixá-lo lutar contra Golias?
6. Por que Davi se recusou a usar a armadura de Saul?
7. Como Davi derrotou Golias?
8. Qual foi a reação de Saul à vitória de Davi?

Em destaque no capítulo:

- ✦ Amigos muito unidos
- ✦ Não olhe para trás!
- ✦ Aliança de amizade
- ✦ Dando a roupa do corpo
- ✦ O homem do rei: subindo na vida

1SAMUEL 18
Um amigo verdadeiro e um rei enciumado

Vamos começar

O heroísmo de Davi contra Golias assegurou-lhe um lugar no coração do povo, acabou com sua preparação privada para a vida pública e anunciou sua mais-súbita-do-que-gradual entrada no serviço público. No entanto, embora houvesse passado a desfrutar de uma posição elevada no exército e do começo de uma amizade para a vida toda (com Jônatas, filho de Saul), sua promoção do aprisco para o palácio não seria um caso instantâneo do tipo "felizes para sempre". O capítulo 18 de 1Samuel esboça o modo como a mudança de carreira de Davi arremessou-o em um caminho de engano e perigo — acontecimentos que provavelmente fizeram com que o gigante que ele havia acabado de matar parecesse um anão.

Ainda assim, apesar de tudo isso, os leitores leem repetidamente que Davi "se conduzia com prudência" (ARC) e que "o Senhor estava com ele". Quase no final do capítulo, uma tremenda inversão ocorreu – o humilde menino pastor é uma estrela em ascensão, desfrutando tanto do favor de Deus quanto do favor das pessoas ao seu redor, enquanto o rei em exercício perdeu o favor de Deus e entrou em um estado destrutivo de inveja e raiva.

Amigos muito unidos

1Samuel 18:1 *Depois dessa conversa de Davi com Saul, surgiu tão grande amizade entre Jônatas e Davi que Jônatas tornou-se o seu melhor amigo.*

Vá para

façanha contra
os filisteus
1Samuel 14

homossexualidade
Romanos 1:27

Jônatas, o filho de Saul, que não era mencionado desde sua notável <u>façanha contra os filisteus</u>, aparece mais uma vez na história de Davi neste ponto. Dessa vez, ele não instigou um ato de coragem, mas testemunhou um. Junto com os demais israelitas acampados no vale de Elá, ele viu quando um pastor de aparência comum se transformou em um célebre guerreiro por causa do lançamento de uma pedra com uma atiradeira.

Talvez Jônatas tenha ficado comovido com a convicção na voz de Davi quando, por acaso, o ouviu pedir a Saul permissão para lutar contra Golias. Pode ser que ele tivesse sentido o mesmo tipo de justa indignação que brilhou nos olhos de Davi enquanto o jovem falava com o gigante. É possível que ele tivesse se comovido com a humildade que Davi havia demonstrado após o evento, quando Saul o convocou para descobrir a identidade de sua família. O que quer que Jônatas tenha sentido com relação a Davi, foi algo que atraiu poderosamente sua alma à de Davi. A expressão "surgiu tão grande amizade", traduzida em algumas versões como "se ligou" (ARA) e usada para descrever o que aconteceu com a alma de Jônatas em relação à de Davi, vem da palavra hebraica *qashar,* que sugere uma ligação forte.

A alma dos dois jovens, então, estava firmemente amarrada uma à outra em amor.

> **O que outros dizem**
>
> **Dee Brestin**
> Esta palavra hebraica traduzida como "se ligou" (ARA) é exatamente a mesma palavra usada para descrever o amor intenso que Jacó tinha por seu filho mais novo, Benjamim. Sabemos que, se algum mal viesse sobre Benjamim, isso faria Jacó descer de tristeza à sepultura, porque sua alma estava ligada à de Benjamim.[1]

Uma suposição totalmente infundada

Algumas pessoas usam esta passagem como base bíblica para a homossexualidade. No entanto, se estudada à luz de toda a Escritura, o argumento não se sustenta. O texto de 1Reis 15:5 afirma que Davi "fizera o que o SENHOR aprova e não deixara de obedecer a nenhum dos mandamentos do SENHOR durante todos os dias da sua vida, exceto no caso de Urias, o hitita". Uma vez que "o que o SENHOR aprova" não inclui a prática da <u>homossexualidade</u>, é evidente que o relacionamento de Davi e Jônatas era puramente platônico.

> **O que outros dizem**
> **Charles Swindoll**
> Era uma amizade verdadeira e profunda que transcendia as circunstâncias em que esses dois homens se encontraram. Era um relacionamento saudável, que honrava a Deus, usado por Deus na vida de ambos — e mesmo na vida futura da família de cada um.²

Três razões pelas quais um príncipe comum não seria amigo de Davi

1. *Arrogância.* Sendo um príncipe, Jônatas poderia ter ostentado a superioridade de pertencer à realeza, recusando-se a associar-se com um homem que, até onde se sabia, era apenas um peão.
2. *Medo.* Sendo herdeiro natural ao trono de Saul — e tendo um relacionamento com seu pai aquém do desejado—, Jônatas poderia ter se sentido ameaçado por qualquer um que chamasse a atenção de Saul do modo como Davi havia chamado. Afinal, o pai de Jônatas teria <u>executado</u> o filho se os soldados não tivessem interferido.
3. *Orgulho.* Sendo o filho mais velho de Saul, Jônatas poderia ter se ofendido pelo fato de Davi ter feito seu pai, o rei, parecer mau. E, como um guerreiro talentoso, Jônatas poderia ter ficado com o ego ferido pelo fato de um homem sem qualificações militares haver conseguido matar um gigante que nem ele nem seus homens tiveram coragem de enfrentar.

Vá para

executado
1Samuel 14:44

Qualquer príncipe comum teria abrigado no coração esses tipos de sentimentos venenosos e procurado meios de usar sua posição e seu poder a fim de barrar o jovem emergente vindo do aprisco. Mas Jônatas não era esse príncipe comum. Ele era um homem fora do comum que via o mundo com olhos espirituais e colocava os grandes planos de Deus acima de qualquer uma de suas ambições terrenas. Como resultado do relacionamento de Jônatas com Deus, nenhum sentimento ruim ou motivação mal-intencionada distorceu sua visão ou criou raízes em seu coração, deixando, assim, um terreno fértil para o amor florescer, como expresso na amizade profunda e duradoura que desenvolveu com Davi.

Algo para pensar

Não olhe para trás!

Vá para
seguir Jesus
Mateus 8:20-21

1Samuel 18:2 *Daquele dia em diante, Saul manteve Davi consigo e não o deixou voltar à casa de seu pai.*

Este versículo deixa uma coisa bem clara: os dias de pastor de Davi em tranquila solidão tiveram um fim abrupto no dia em que ele matou Golias. Uma vez que havia visto algo de que gostava naquele bravo jovem, Saul nem mesmo lhe deu a chance de correr para casa e fazer as malas; ele o manteve consigo para que servisse em seu próprio exército.

Davi literalmente largou o que estava fazendo para servir a Saul, uma atitude muito parecida com a de Simão Pedro, Tiago e João, que pararam o que estavam fazendo para <u>seguir Jesus</u> quando ele os chamou para se tornarem seus discípulos. No entanto, a comparação só se sustenta se lembrarmos que, ao obedecer a Saul, Davi realmente estava obedecendo ao Senhor. Muitas vezes nos sentimos como se estivéssemos presos no aprisco, fazendo tarefas insignificantes que parecem muito aquém daquilo que imaginamos ser um grande chamado na vida. Talvez você esteja em um emprego sem futuro que não aproveita ao máximo seus talentos ou suas habilidades. Talvez você esteja em um ciclo aparentemente interminável de dar comida, trocar fraldas e balançar bebês. Talvez esteja vendo seu tempo sendo consumido em um comitê de bastidores em sua igreja. Aqui vão dois conselhos encorajadores encontrados neste episódio da vida de Davi:

Aplique

1. *Aproveite ao máximo o tempo que você está passando no aprisco.* Deus está usando essas horas a fim de prepará-lo para as tarefas que reservou para o papel futuro que você terá nos planos dele. Você pode não perceber isso, mas, mesmo que esteja classificando correspondência, cantando canções de ninar ou organizando o orçamento para o serviço comunitário de sua igreja, você está aprimorando as habilidades e desenvolvendo as atitudes que Deus precisa que você tenha com as pessoas que conhecerá e para as circunstâncias que encontrará em algum momento no caminho.

2. *Esteja pronto para deixar o aprisco sem aviso prévio.* Muitas vezes a vida muda de modo mais súbito do que gradual. Uma carta, um telefonema, um novo conhecido... há uma série de catalisadores que podem abruptamente mudar seu rumo. Quando foi recrutado por Saul para o serviço, Davi foi capaz de assumir seu novo papel sem titubear. Ele já havia cuidado de suas ovelhas! Você estará preparado para largar o que estiver fazendo e entrar em ação quando receber esse chamado para servir e obedecer?

Aliança de amizade

Vá para

relação de aliança entre Deus e Israel
Gênesis 17:7-8

> **1Samuel 18:3-4 (ARA)** *Jônatas e Davi fizeram aliança; porque Jônatas o amava como à sua própria alma. Despojou-se Jônatas da capa que vestia e a deu a Davi, como também a armadura, inclusive a espada, o arco e o cinto.*

Ao examinar as características que fizeram de Davi um homem segundo o coração de Deus, é fácil perceber uma consequência de se seguir o Senhor – bênção. Deus foi muito bom com Davi ao dar-lhe a amizade de Jônatas, um companheiro que pensava como ele. Àquela altura, nenhum deles imaginava a tábua de salvação que esse relacionamento se tornaria. Tudo o que sabiam na época era que haviam encontrado um no outro um espírito compatível. Para consolidar o vínculo, eles fizeram uma **aliança**, que se estenderia aos seus filhos.

Mais que um acordo

"Aliança". O termo aparece com mais frequência hoje em "aliança de casamento". A palavra "aliança" significa muito mais do que o anel em que está gravado o nome do cônjuge. A ideia por trás da aliança de casamento, na verdade, remonta aos tempos antigos, e se espelha na relação de aliança entre Deus e Israel.

O que outros dizem

Al Janssen

Hoje a maioria das pessoas não compreende o significado de uma **aliança**. Nossa cultura está baseada em contratos, e todo mundo sabe que um bom advogado consegue encontrar uma brecha se você realmente quiser cancelar algum. Então, os contratos ficam cada vez mais longos à medida que as partes tentam fechar todas as brechas; mas o conflito de interesses aumenta porque as pessoas mudam de ideia e resolvem cancelar seus acordos [...] No passado, uma aliança era um compromisso legal, mas com duas grandes diferenças com relação aos contratos de hoje. A aliança era feita diante da divindade. E a punição por quebrá-la era a morte. As pessoas podiam negociar a saída de contratos, mas não de alianças.[3]

aliança
compromisso com uma relação eterna mútua

Segredos para uma aliança de sucesso

Fazer uma aliança parece apropriado para dois cônjuges ou para chefes de Estado que estão planejando estabelecer relações, mas parece algo muito formal para dois amigos como Jônatas e Davi. Eles não poderiam simplesmente ter decidido se encontrar uma vez por semana para tomar um café da manhã e, assim, manter a amizade? Isso poderia ter sido divertido, mas, sem uma aliança, faltariam à amizade dois ingredientes que não estão presentes em muitos relacionamentos hoje – compromisso e permanência. O poder de um relacionamento de aliança depende de:

✦ *compromisso* com a proteção, a provisão e o bem-estar do outro;
✦ *permanência*, no sentido de que nunca haverá data para expirar a aliança. A afiliação mútua é permanente.

Ponto importante

Dando a roupa do corpo

Em um gesto comovente de humildade e devoção a Davi, Jônatas presenteou seu novo amigo com as próprias roupas.

Ao dar a Davi sua capa, sua espada, seu arco e seu cinto, Jônatas estava expressando um senso de proteção, mas, ao presenteá-lo com as próprias vestes reais, ele reconhecia que entendia o que só alguns ao seu redor perceberam – Davi se tornaria o próximo rei.

Que contraste entre essa cena e aquela em que o pai de Jônatas fez uma oferta semelhante a Davi! Davi havia se recusado a vestir os trajes (grandes demais para ele) do rei, mas aceitou com alegria os presentes do amigo. Por quê?

Primeiro, a motivação de quem dava os presentes em cada caso era diferente. A motivação de Saul era *egoísmo*. O mais provável é que ele não tenha oferecido sua armadura por afeição a Davi ou para protegê-lo do perigo, mas para marcá-lo como mais um de seus homens. Dessa forma, qualquer vitória que Davi obtivesse no campo de batalha seria creditada como vitória de Saul. A motivação de Jônatas, por outro lado, *era servir a Deus*. Ele ofereceu a Davi as próprias vestes em reconhecimento do fato de que o plano de Deus para o futuro de Israel seria cumprido — mesmo que isso significasse que ele próprio, o herdeiro natural, nunca se sentaria no trono.

Outra razão para Davi ter recusado o presente de Saul, mas ter aceitado o de Jônatas, teria sido porque ele reconhecia os presentes de Jônatas pelo que significavam: símbolos de lealdade e símbolos da aliança de amizade que compartilhavam. A armadura que Jônatas deu não teria protegido Davi de seu inimigo melhor do que a armadura que Saul havia oferecido. No entanto, a lealdade e o apoio que a armadura de Jônatas representava garantiram que Davi teria um aliado para enfrentar qualquer inimigo que viesse a encontrar.

O homem do rei: subindo na vida

1Samuel 18:5-7 *Tudo o que Saul lhe ordenava fazer, Davi fazia com tanta habilidade que Saul lhe deu um posto elevado no exército. Isso agradou a todo o povo, bem como aos conselheiros de Saul. Quando os soldados voltavam para casa, depois que Davi matou o filisteu, as mulheres saíram de todas as cidades de Israel ao encontro do rei Saul com cânticos e danças, com tamborins, com músicas alegres e instrumentos de três cordas. As mulheres dançavam e cantavam: "Saul matou milhares, e Davi, dezenas de milhares."*

Se o rei Saul estava precisando de um braço direito, agora ele tinha alguém. Davi estava fazendo um bom trabalho no campo de batalha, tão bom que ganhou uma promoção. Saul fez dele seu general, e, após Davi liderar os israelitas na vitória contra os filisteus, o povo começou a cantar seus louvores — literalmente. (Deve-se ser salientado que o cântico de celebração que as mulheres de Israel cantaram não tinha a intenção de relatar uma contagem real de corpos após a guerra. Era um poema melódico que sugeria proporções relativas, em vez de números específicos.)

É fácil imaginar o pensamento por trás do cântico: "Uau! Tivemos muito êxito seguindo Saul, mas agora tivemos ainda mais seguindo esse cara novo, Davi! Que demais!" O cântico obviamente não foi feito para depreciar Saul, mas este preferiu ouvi-lo de forma diferente, distorcida por sua insegurança e sua inveja.

Plano A: matar Davi

1Samuel 18:8-11 *Saul ficou muito irritado com esse refrão e, aborrecido, disse: "Atribuíram a Davi dezenas de milhares, mas a mim apenas milhares. O que mais lhe falta senão o reino?" Daí em diante Saul olhava com inveja para Davi. No dia seguinte, um espírito maligno mandado por Deus apoderou-se de Saul e ele entrou em transe em sua casa, enquanto Davi tocava harpa, como costumava fazer. Saul estava com uma lança na mão e a atirou, dizendo: "Encravarei Davi na parede". Mas Davi desviou-se duas vezes.*

Algo partiu o coração obscurecido de Saul naquele dia enquanto ouvia as palavras dos cânticos de vitória que as mulheres cantaram. Elas estavam menosprezando seu nome para exaltar o de Davi! A raiva que ele sentiu, descrita com a palavra hebraica *charis* ("queimar"), acendeu um pavio de atitudes destrutivas e ainda convidou os espíritos atormentadores para outra visita. O rei começou a delirar, e sua raiva explodiu em inveja, desconfiança e, por fim, em ódio mortal.

Saul com a lança na sala de música

Ponto importante

Era algo que parecia tirado do enredo de algum romance policial: dois homens sentados na sala de música do palácio, o mais novo tocando uma música que ele mesmo havia composto para acalmar os nervos irritados do homem mais velho. Silenciosamente, com os olhos atentos no músico, o ouvinte tirou uma lança das dobras de seu manto. Mirou rapidamente e, então, jogou-a, ainda que o jovem, cujos ouvidos foram treinados para detectar o menor indício audível do ataque de um animal selvagem contra o rebanho, tivesse conseguido se desviar. Antes que a sessão de terapia com música tivesse acabado, duas pontas de lança estavam cravadas na parede atrás dele. Duas vezes o rei Saul tentou atingir — sim, para matar — Davi... enquanto Davi só estava tentando ajudar o rei.

Coisas ruins podem — e vão — acontecer com pessoas boas que estão fazendo coisas boas! Na verdade, é quando pessoas estão fazendo coisas boas para Deus que Satanás muitas vezes quer realizar suas façanhas mais devastadoras.

Plano B: arranjar alguém para matar Davi

> **1Samuel 18:12-16** *Saul tinha medo de Davi porque o Senhor o havia abandonado e agora estava com Davi. Então afastou Davi de sua presença e deu-lhe o comando de uma tropa de mil soldados, que Davi conduzia em suas campanhas. Ele tinha êxito em tudo o que fazia, pois o Senhor estava com ele. Vendo isso, Saul teve muito medo dele. Todo o Israel e todo o Judá, porém, gostavam de Davi, pois ele os conduzia em suas batalhas.*

Mas Saul não desistiu. Ele decidiu que, se não poderia realizar o plano A — matar Davi com as próprias mãos —, partiria para o plano B — deixar que o inimigo fizesse isso por ele. Então, deu outra promoção ao jovem e o enviou à guerra, provavelmente esperando receber a qualquer momento a notícia de que o jovem herói havia morrido. No entanto, uma vez que o Senhor estava continuamente com Davi, nem mesmo espadas e lanças dos inimigos de Israel poderiam detê-lo.

Quanto mais o povo se afeiçoava a Davi, mais temeroso Saul ficava. Afinal, Saul havia tido muitas chances de agir com sabedoria e, assim, garantir a bênção de Deus sobre sua nação. Contudo, o rei desperdiçou quase todas elas. O povo de Israel havia sido surpreendentemente paciente com ele ao longo dos anos, mas agora os israelitas estavam vendo em Davi um verdadeiro homem de Deus e como ele agia. Quanto tempo demoraria para que exigissem a remoção de Saul e pudessem coroar Davi como seu rei? Sim, aparentemente Saul tinha motivos de sobra para estar com medo — e todos eles resultavam de suas próprias escolhas erradas. Saul poderia ter guiado uma nação inteira e se saído melhor, mas agora seu único objetivo consistia em destruir a vida de um homem.

Plano C: se não consegue vencê-lo, engane-o

1Samuel 18:17-19 *Saul disse a Davi: "Aqui está a minha filha mais velha, Merabe. Eu a darei em casamento a você; apenas sirva-me com bravura e lute as batalhas do* Senhor*". Pois Saul pensou: "Não o matarei. Deixo isso para os filisteus!"*
Mas Davi disse a Saul: "Quem sou eu, e o que é minha família ou o clã de meu pai em Israel, para que eu me torne genro do rei?" Por isso, quando chegou a época de Merabe, a filha de Saul, ser dada em casamento a Davi, ela foi dada a Adriel, de Meolá.

Uma vez que seus esforços para matar Davi na sala de música e no campo de batalha foram frustrados, Saul imaginou que teria uma chance melhor para se livrar de Davi se conseguisse com que seus maiores inimigos — os filisteus — estivessem enfurecidos com ele. Para isso, ele elaborou um plano sorrateiro. Ofereceu Merabe, sua filha, a Davi, como um ostensivo cumprimento da promessa para quem vencesse Golias. A oferta colocou Davi em uma situação complicada. Se recusasse, estaria correndo o risco de ofender o rei (como se sua presença por si só já não fosse o suficiente para o rei se sentir ofendido). Se aceitasse, ele correria o risco de cair em uma ardilosa armadilha. Veja como deve ter sido a armação na mente distorcida de Saul:

- ✦ Davi concorda em se casar com Merabe.
- ✦ Eu, como exigem os costumes, exijo um dote alto o suficiente para que seja digno da filha do rei.

GUIA FÁCIL PARA ENTENDER A VIDA DE DAVI

✦ Davi não terá condições de pagar essa quantia.

✦ Eu digo a Davi que, em vez de me trazer dinheiro como dote, ele mate alguns filisteus.

✦ Isso fará com que os filisteus contra-ataquem e, assim, matem Davi.

Davi, naturalmente desconfiado da oferta do rei, começou a protestar, afirmando que sua posição na vida era muito inferior para se juntar à realeza. Mas Saul imediatamente veio com outra estratégia: ele deu Merabe a outro homem, uma atitude que muitos estudiosos acreditam que foi concebida para provocar o ciúme e a raiva de Davi, e instigá-lo a se revoltar contra o rei — uma reação que poderia dar a Saul condições legais para executá-lo.

Plano C, revisto

Visão geral

1Samuel 18:20-25

Sabendo que sua filha **Mical** era apaixonada por Davi, Saul a apresentou em uma segunda oferta antes de conspirar com seus servos para tentar convencer Davi a aceitar a proposta. E, mais uma vez, Davi lembrou Saul, por intermédio de seus servos, que ele era pobre e tinha baixo *status* social. Já com uma resposta na ponta da língua, Saul deu a Davi uma alternativa macabra para pagar o preço por uma noiva real: o rei pediu a Davi que lhe trouxesse cem prepúcios de filisteus, supostamente como prova do mérito de Davi. Na verdade, é obvio que a intenção de Saul era que Davi morresse.

> **Mical**
> filha de Saul e
> primeira esposa
> de Davi

O que outros dizem

Liz Curtis Higgis

A palavra "armadilha" (em hebraico, *moqesh*) sugere algo que iria enganar ou seduzir Davi a entrar em uma rede que o levaria à destruição. "Armadilha", por definição, significa "algo enganosamente atrativo". Se o rei Saul queria seguir de perto o paradeiro de Davi, que maneira melhor do que casá-lo com sua encantadora filha mais nova?[4]

> **Sue e Larry Richards**
> Ser casada com um rei, ou nascer na família real, traz muitos privilégios, mas muitos deveres e muitos, muitos desapontamentos. Essencialmente, e com poucas exceções, as mulheres nas famílias reais do mundo antigo eram peões movidos no tabuleiro da geopolítica por homens que estavam muito mais preocupados com política do que com o bem-estar e a felicidade de esposas ou filhas.[5]

Vá para

respeite as autoridades
Romanos 13:1-5;
1Tessalonicenses 5:12

faça seu trabalho bem feito
Colossenses 3:23

permaneça humilde
Provérbios 3:34;
Efésios 4:2

Como lidar com um chefe mau

> **Visão geral**
> **1Samuel 18:26-30**
> Davi concordou com os termos de Saul e partiu para o desafio, retornando não apenas com cem, mas duzentos troféus. O casamento aconteceu, Saul ficou com mais medo de Davi do que nunca... e Davi passou a ser ainda mais respeitado pelo povo do que antes.

Saul pode nos fazer lembrar de um supervisor que é injusto, cruel ou manipulador. O que a reação de Davi ao seu "chefe mau" tem a ensinar aos cristãos do século XXI que estão em situação semelhante?

1. Respeite as autoridades.
2. Faça seu trabalho bem-feito.
3. Permaneça humilde.

Aplique

Resumo do capítulo

✦ Quando Davi terminou de falar com Saul após matar Golias, a alma de Jônatas foi atraída à de Davi, e os dois se tornaram amigos muito unidos.

✦ Os dois homens consolidaram sua amizade com uma aliança: um compromisso com um relacionamento eterno entre eles. Jônatas deu a Davi presentes como sua capa, sua espada, seu arco e seu cinto, expressando um senso de proteção e demonstrando que sabia que Davi se tornaria o próximo rei.

✦ Saul, impressionado com o triunfo de Davi sobre Golias, recrutou-o para servir em seu exército. O impressionante sucesso de Davi lhe rendeu fama e louvores do povo, mas essa atenção fez com que Saul ardesse de inveja, desconfiança e ódio.

✦ O rei Saul tentou matar Davi duas vezes enquanto o jovem estava tocando música para ele.

✦ Após essas tentativas frustradas, Saul enviou Davi para a guerra na esperança de que morresse em batalha. No entanto, uma vez que o Senhor estava continuamente com Davi, os adversários de Israel não puderam detê-lo.

✦ Saul, então, ofereceu sua filha Merabe para se casar com Davi, dizendo a ele que, em vez de pagar o preço normal por uma noiva da realeza, Davi poderia matar alguns filisteus. Saul esperava que isso incitasse os filisteus a matarem Davi.

✦ Para colocar Davi em uma situação ainda mais perigosa, Saul trocou as filhas e disse a Davi que o preço pela noiva seriam cem prepúcios de filisteus. Davi aceitou os termos e retornou não apenas com cem, mas com duzentos prepúcios. O casamento aconteceu, Saul ficou com mais medo de Davi do que nunca... e Davi passou a ser ainda mais respeitado pelo povo do que antes.

Questões para estudo

1. Por que a amizade entre Davi e Jônatas desafiava a lógica em vários aspectos?

2. Quais são os dois ingredientes fundamentais para uma aliança?

3. Qual o presente que Jônatas deu a Davi?

4. Como Davi se saiu em suas tarefas militares para o rei Saul?

5. O que desencadeou o ódio mortal de Saul por Davi?

6. Como Saul tentou se livrar de Davi?

7. Como Davi lidou com as tentativas de Saul de matá-lo?

1SAMUEL 19-24
Guerreiro em fuga

Em destaque no capítulo:

✦ Visitando um velho amigo sem avisar
✦ A proteção de um sacerdote
✦ Davi conta uma enorme mentira!
✦ Fugir ainda mais
✦ Saul: salvo por um triz

Vamos começar

Davi era agora um homem casado, mas praticamente nada em sua vida parecia estar no lugar certo. O povo de Israel o amava, mas o rei o odiava. Ele era um guerreiro habilidoso do exército real, mas era obrigado a viver como um fugitivo. Ele tinha um amigo chegado, mas a amizade pôs a vida de ambos em perigo. Ele havia sido ungido por Deus para ser rei, porém, apesar disso, provavelmente se sentiu qualquer coisa, menos um rei, quando se fingiu de louco para escapar de seus perseguidores mais uma vez.

Saul: ainda à procura de Davi

Visão geral

1Samuel 19

Depois de Saul ter ordenado ao seu filho e aos seus servos que matassem Davi, Jônatas não pôde acreditar que o pai realmente intentasse tamanho mal. Em uma ação comovente de defesa ao seu amigo, Jônatas convenceu Saul a reconsiderar. Mas o juramento que o rei fez para poupar a vida de Davi expirou rapidamente. Assim que a vitória seguinte sobre os filisteus trouxe mais louvor do povo a Davi, espíritos atormentadores vieram sobre Saul, que começou novamente a planejar o assassinato. Primeiro, jogou uma lança contra Davi, que novamente se desviou. Depois, mandou um bando de homens armarem

Vá para

ídolo do clã
Gênesis 31:19;
Juízes 17:5;
1Samuel 15:23

Ídolo do clã
ídolo familiar

desobedecido sem intenção
1Samuel 14:27-28

juramento
Números 30:2;
Êxodo 20:7;
Levítico 19:12;
Deuteronômio 19:16-19; Tiago 4:13; Mateus 5:34;
Tiago 5:12

emboscada para Davi em sua própria casa. Contudo, Mical, a esposa de Davi, utilizou uma das cartas que tinha na manga: ajudou o esposo a escapar por uma janela e, então, colocou **um ídolo do clã**, ou *terafim*, debaixo das cobertas da cama e uma pele de cabra sobre o travesseiro para fazer parecer que seu marido estava dormindo. Quando os servos de Saul chegaram, Davi havia fugido para a cidade natal de Samuel, Ramá. A perseguição chegou a um surpreendente fim quando três grupos de capangas de Saul e, finalmente, o próprio Saul chegaram à cidade dos sacerdotes, onde foram detidos pelo Espírito Santo. Os perseguidores foram compelidos a se juntarem ao grupo de profetas que estavam no meio de uma reunião de adoração, e assim não puderem cometer o mal que haviam planejado a princípio.

Jônatas: um amigo que assume riscos

Quando Saul emitiu o decreto de morte, Jônatas teve a primeira oportunidade de colocar em prática a aliança que havia feito com Davi. Após avisá-lo e pedir que se escondesse, ele tentou chamar seu pai à razão. As duas atitudes foram negócio arriscado para o filho do rei por duas razões:

✦ Jônatas estava deliberadamente desobedecendo a uma ordem do pai. (Saul já havia, uma vez, se prontificado a matar o filho por um crime menor: o de ter desobedecido *sem intenção* às ordens do pai.)

✦ Jônatas estava corajosamente se alinhando à pessoa que seu pai via como a maior ameaça. Estar ao lado de Davi contra Saul poderia facilmente ter sido uma jogada fatal para o filho de um homem instável, odioso e invejoso como o rei.

Palavras bem escolhidas

Entendendo que o rei estava irado e descontrolado, Jônatas permaneceu calmo e racional ao conversar com ele. O jovem apelou para o senso de Saul do que era certo, e agiu como se o rei fosse racional. Jônatas simplesmente listou os atributos de Davi e afirmou a inocência do amigo.

A estratégia funcionou: Saul fez um juramento de não condenar Davi à morte.

De acordo com a lei de Deus, fazer um juramento não é algo que *qualquer um* deveria fazer.

Sem o Espírito Santo, ninguém é capaz de fazer o que é certo diante do pecado! Uma vez que faltava a Saul o poder do Espírito de Deus, ele não tinha uma bússola espiritual precisa para discernir o certo e o errado nem o domínio próprio para manter o juramento. Sua resolução — seu voto — se evaporou no calor da terrível inveja que sentiu quando viu o holofote brilhando novamente sobre os sucessos militares de Davi.

Ponto importante

Fruto bom, fruto ruim

Em sua carta para o povo que vivia na Galácia, o apóstolo Paulo disse que, sem o Espírito Santo, as pessoas são controladas por sua natureza pecaminosa (Gálatas 5:16-21). Os sinais externos — os "frutos ruins" — de uma natureza pecaminosa são fáceis de notar: imoralidade sexual, impureza, devassidão, idolatria, feitiçaria, ódio, discórdia, inveja, ataques de raiva, ambição egoísta, dissensão, facções, cobiça, embriaguez e orgias. Saul é um exemplo clássico de uma pessoa controlada pela natureza pecaminosa. Na narrativa de seu reino até esse ponto, poderíamos marcar na lista de "frutos ruins" os itens ódio, inveja, ataques de raiva, ambição egoísta e cobiça. E, à medida que a história de Saul continuar a se desenrolar nos próximos capítulos de 1Samuel, sem dúvida, haverá mais itens a serem adicionados à lista.

Contudo, quando as pessoas permitem que o Espírito Santo assuma o controle da vida delas, elas têm o poder — por meio do Espírito — de deixar de produzir "frutos ruins", pois têm uma colheita de "frutos bons" por vir. Esses "frutos bons" incluem amor, alegria, paz, paciência, bondade, benignidade, fidelidade, mansidão e domínio próprio. Davi é um exemplo clássico de uma pessoa controlada pelo Espírito Santo. Até esse ponto da narrativa de sua vida, poderíamos marcar na lista a maioria dessas características, se não todas.

Quando Saul fez o juramento, faltavam-lhe os "frutos bons" da bondade e da fidelidade necessários para ajudá-lo a manter a palavra. E, quando sentiu inveja dos feitos de Davi, faltou a Saul o "fruto bom" do domínio próprio que o ajudaria a não agir de acordo com aquela inveja.

Algo para pensar

O problema do homem de Mical

Apesar de ter sido usada pelo pai como <u>armadilha</u> para Davi, Mical não tinha motivo algum para reclamar: ela é a única mulher nas Escrituras de quem é dito expressamente ter amado um homem, e esse homem era Davi. Como seu coração deve ter disparado quando o pai arranjou seu casamento com o

Vá para

armadilha
1Samuel 18:21

heroico guerreiro! Seu amor pelo marido parecia autêntico o suficiente; ela o ajudou a fugir dos homens de Saul que cercavam a casa deles. Mas sua prontidão em entregar Davi ao seu pai (dizendo a Saul que Davi iria matá-la se ela não o tivesse ajudado a escapar) torna difícil dizer se ela era verdadeiramente aliada ou inimiga de Davi. É verdade que ela mentiu para salvar a própria vida; mas, ao fazer isso, ela alimentou a ira de Saul contra seu marido.

O ídolo que foi útil para Mical como disfarce sob as cobertas da cama pode ser um forte indicativo de sua saúde espiritual e, pelo menos, uma explicação parcial de seu comportamento futuro.

> **o que outros dizem**
>
> **Liz Curtis Higgs**
> Apesar de seu nome piedoso [Mical: "Quem é como Deus?"], Mical não mostrou evidência alguma de ser uma mulher que ansiasse por agradar a Deus como seu marido ansiava [...] Deus havia claramente proibido tais imagens de escultura, o que significava que a casa de Saul não havia aceitado completamente o Senhor Deus, não importava que tipo de postura pública seus membros tivessem. Das paredes para dentro eles tinham ídolos. E dos grandes, se é que remotamente se pareciam com um Davi dormindo.[1]

Inspiração nos momentos mais estranhos

Enquanto Davi descia pela janela e colocava os pés no chão para iniciar sua vida de fuga, palavras de oração e expressões de louvor brotavam de seu coração. Aqueles pensamentos seriam, mais tarde, registrados no salmo 59:

Algo para pensar

Salmos 59:1-4 *Livra-me dos meus inimigos, ó Deus;*
põe-me fora do alcance dos meus agressores.
Livra-me dos que praticam o mal e salva-me dos assassinos.
Vê como ficam à minha espreita!
Homens cruéis conspiram contra mim,
sem que eu tenha cometido qualquer delito ou pecado, ó Senhor.
Mesmo eu não tendo culpa de nada,
eles se preparam às pressas para atacar-me.
Levanta-te para ajudar-me;
olha para a situação em que me encontro!

As palavras desse salmo esboçam um plano de ação de grande ajuda para quando você enfrentar adversários:

- **Primeiro passo: *Fale com Deus*.** Davi entendia que Deus estava sempre <u>ouvindo seu clamor</u>, e ele agia de acordo com esse entendimento ao orar ardentemente pelo que ele mais precisava: libertação e proteção.

- **Segundo passo: *Identifique o inimigo*.** Muitas vezes, orações feitas durante uma crise fazem de Deus o inimigo: "Por que tu estás permitindo isso?" é uma pergunta feita em desespero ou até mesmo raiva. Não foi isso que Davi fez. Ele reconheceu seus inimigos pelo que eles faziam: "Os que praticam o **mal**". Ele sabia por experiência própria a identidade do verdadeiro inimigo e também sabia, sem sombra de dúvida, no campo de quem ele estava: no de Deus.

- **Terceiro passo: *Faça um intenso autoexame*.** Davi era defensor do autoexame; afinal, ele recebeu os créditos de Salmos 139:23-24: "Sonda-me, ó Deus, e conhece o meu coração; prova-me, e conhece as minhas inquietações. Vê se em minha conduta algo que te ofende, e dirige-me pelo caminho eterno". Nesse exemplo, Davi parece ter examinado o próprio coração para ver se era culpado de algum comportamento que pudesse ter sido ofensivo a Deus. Um exame como esse pode conter dois possíveis resultados: primeiro, pode desenterrar algum tipo de pecado, que talvez venha na forma de uma atitude destrutiva, um coração estagnado, uma fé instável ou motivos impuros. (Seja qual for nosso pecado, se o confessarmos, Deus promete removê-lo, esquecê-lo e restaurar nosso relacionamento com a sua pessoa!) Segundo, um autoexame pode revelar nada mais do que um coração puro, como foi visto em Davi neste caso.

Vá para

ouvindo seu clamor
Salmos 34:15

mal
pecado

que outros dizem

Burton Coffman

Estes clamores repetidos que urgem pela ajuda de Deus enfatizam a natureza dramática da crise que Davi enfrentava. Ele era um homem sozinho, odiado, perseguido, reprovado pelo rei, condenado à morte sem julgamento, e um exército inteiro à disposição de seu principal inimigo havia sido comissionado para matá-lo. Sem esperança? Na verdade, não; Deus estava com Davi![2]

Vá para

ungiu Davi
1Samuel 16:12-13

grupo de profetas
1Samuel 10:5-18;
1Reis 18:4

Visitando um velho amigo sem avisar

Possivelmente, ninguém na terra entendia o perigo de Davi melhor do que o profeta Samuel. O velho sacerdote, afinal de contas, um dia foi o amigo e conselheiro mais próximo de Saul, e sabia por experiência própria qual era a condição espiritual e mental do rei. Também foi ele que <u>ungiu Davi</u> como sucessor de Saul, por isso sabia do possível choque entre o rei e seu sucessor, e reconhecia plenamente o papel que Davi estava para cumprir na história de Israel. Deve ter sido por isso que Davi fugiu à procura de Samuel. Se precisava de proteção e direção de alguém mais velho e mais sábio que ele, era ali que ele encontraria! E que melhor lugar para procurar refúgio de um homem mau do que a companhia de um homem de Deus?

Nada poderia deter aquela reunião de oração!

Samuel e seu <u>grupo de profetas,</u> ou seja, os alunos dos profetas, estavam em profundo louvor e adoração quando os servos de Saul irromperam no lugar procurando por Davi. Mas os perseguidores não detiveram a adoração; em vez disso, a adoração deteve os perseguidores.

Eles foram paralisados pelo poder do Espírito Santo e compelidos a juntarem-se ao coro de louvor de profetas. Quando decidiu fazer ele mesmo o que três bandos de seus servos não conseguiram fazer, Saul encontrou o mesmo destino. Em um episódio muito similar ao que deu início ao seu reinado, ele começou a profetizar junto com as demais pessoas presentes. À medida que o capítulo 19 se encerra, ele se despe. O gesto foi muito simbólico, pois a vestimenta que ele usava era o que o identificava como rei.

Até que ponto o pai de Jônatas era louco?

Visão geral

1Samuel 20

Davi soube de imediato que não devia confiar em Saul nem naquele momento nem depois. Saul poderia ter sido tomado pelo Espírito, mas, julgando pelas oscilações anteriores de humor do rei, Davi sabia que o surto de santidade de Saul só podia ser temporário. Então, ele fugiu de Samuel e do grupo de profetas para encontrar seu aliado mais próximo: Jônatas.

> Exausto e exasperado, as primeiras palavras registradas de Davi para seu amigo foram de cortar o coração: "O que foi que eu fiz? Qual é o meu crime? Qual foi o pecado que cometi contra seu pai para que ele queira tirar a minha vida?" (1Samuel 20:1). Davi simplesmente não conseguia entender o comportamento de Saul e havia procurado seu melhor amigo, o filho de Saul, para encontrar respostas. Os dois, então, fizeram um plano para descobrir os verdadeiros motivos de Saul com respeito a Davi. Quando descobriu que Saul ainda intentava matar Davi, Jônatas deu a notícia ao amigo, e os dois se separaram com uma afetuosa despedida.

Vá para

morte de Saul
1Samuel 31:3-6

Enquanto ambos conversavam, antes e depois de confirmar as intenções assassinas de Saul com relação a Davi, os dois amigos renovaram o compromisso um para com o outro mediante uma série de juramentos solenes que reafirmavam:

- *A disposição de Jônatas em ajudar Davi:* "Eu farei o que você achar necessário" (1Samuel 20:4).
- *A fidelidade de Jônatas a Davi:* "Disse Jônatas: 'Nem pense nisso! Se eu tiver a menor suspeita de que meu pai está decidido a matá-lo, certamente eu o avisarei!'" (1Samuel 20:9).
- *A duração do compromisso:* "Se eu continuar vivo, seja leal comigo, com a lealdade do SENHOR; mas se eu morrer, jamais deixe de mostrar a sua lealdade para com a minha família, inclusive quando o SENHOR eliminar da face da terra todos os inimigos de Davi" (1Samuel 20:14-15).
- *O amor dos amigos um pelo outro:* "E Jônatas fez Davi reafirmar seu juramento de amizade, pois era seu amigo leal [...] Depois que o menino foi embora, Davi saiu do lado sul da pedra e inclinou-se três vezes perante Jônatas, rosto em terra. Então despediram-se beijando um ao outro e chorando; Davi chorou ainda mais do que Jônatas" (1Samuel 20:17,41).
- *A presença do Senhor na amizade:* "Quanto ao nosso acordo, o SENHOR é testemunha entre mim e você para sempre" (1Samuel 20:23).

Nada jamais voltaria ao normal na vida de Davi. Sua despedida de Jônatas rompia seu último laço com a esposa e tudo o mais associado com seu novo lar. Ele era agora um fugitivo encarando o futuro de uma vida em fuga.

Davi só poderia voltar a descansar no palácio em sua coroação após a morte de Saul, vinte anos mais tarde.

Ponto importante

Vá para

encontro
1Samuel 23:16-18

> **O que outros dizem**
>
> **Ronald Youngblood**
> Longe de ser um breve <u>encontro</u>, essa foi a última vez que os dois homens se veriam. Amizade é um produto raro, e dificilmente pode haver um sentimento mais devastador do que a sensação de que um companheirismo próximo e de longa data, seja qual for a razão, chegou ao fim.³

A proteção de um sacerdote

1Samuel 21:1-2 *Davi foi falar com o sacerdote Aimeleque, em Nobe. Aimeleque tremia de medo quando se encontrou com ele, e perguntou: "Por que você está sozinho? Ninguém veio com você?" Respondeu Davi: "O rei me encarregou de uma certa missão e me disse: 'Ninguém deve saber coisa alguma sobre sua missão e sobre as suas instruções.' E eu ordenei aos meus soldados que se encontrassem comigo num certo lugar".*

Aimeleque
neto de Eli

Davi pode ter sido um fugitivo, mas era um fugitivo segundo o coração de Deus. Por isso ele andou quase cinco quilômetros pela estrada que levava a Nobe. Esta era uma cidade habitada por sacerdotes, um dos quais era **Aimeleque**, que servia como sumo sacerdote no tabernáculo. Vendo um homem tão proeminente e poderoso como Davi viajando sozinho, Aimeleque ficou confuso e perguntou-lhe por que não havia nenhum companheiro de viagem. Davi mentiu e disse que estava em uma missão secreta para o rei.

Ponto importante

Até esse momento na vida de Davi, a narrativa bíblica havia ressaltado sua humildade, seu coração puro, seu talento musical, seu valor, sua habilidade, sua coragem, sua obediência e sua fé. Era quase como se houvesse uma grande letra "S" vermelha – de "Super-homem" ou mesmo de "Santo" – costurada no peito de sua túnica! Mas agora Davi mostra que esse "S" representa uma palavra bem menos agradável: "Sem-vergonha".

Por mais tentador que seja exaltar Davi como um herói destemido, fiel e irrepreensível, muitas vezes ele cedeu ao medo, vacilou na fé e não conseguiu seguir as ordens de Deus.

A verdade sobre a mentira

A razão de Davi ter mentido é bastante clara – ele estava tentando salvar a própria pele, e a de Aimeleque também. Mas ter um bom motivo justifica contar uma mentira? Deus sempre condena a mentira ou permite que o mentiroso escape?

Considere o que a Bíblia diz sobre esse assunto:

✦ A verdade é uma das <u>características de Deus</u>.
✦ <u>Veracidade</u> é uma parte fundamental dos ensinamentos da Bíblia.
✦ A mentira, como todos os pecados, <u>provém do Diabo</u>.
✦ A Bíblia usa palavras fortes tais como "abomina", "odeia", "detesta" e "despreza" para descrever a reação de Deus à desonestidade.
✦ Mentir, como qualquer outro pecado, pode destruir o **testemunho** de uma pessoa e prejudicar seu relacionamento com Deus.

Mentir, portanto, claramente não é o que Deus deseja que as pessoas façam. Ele sabe qual é a fonte da mentira — Satanás — e vê o preço que pagamos por ela. Ele não quer que seus seguidores tenham nada a ver com essa fonte e quer ajudá-los a evitar suas consequências.

Pessoas boas, mentiras ruins

Quando <u>Ananias e Safira</u> contaram uma mentira, caíram mortos. Mas tal julgamento drástico não é o destino de todos os mentirosos da Bíblia. Na verdade, alguns dos santos mais ilustres das Escrituras, incluindo <u>Abraão</u>, <u>Jacó</u>, as <u>parteiras</u> egípcias, <u>Raabe</u> e <u>Pedro</u>, contaram mentiras ou enganaram.

É importante perceber que quando as pessoas da Bíblia — até mesmo aquelas que, como Davi, são consideradas heróis da fé — contam mentiras, não há um aval para esse pecado, apenas um registro do que pecadores fazem. Às vezes, Deus revela em sua Palavra o preço que eles pagaram pelo pecado; outras vezes, ele não menciona nenhuma consequência.

Se pessoas como essas puderam contar mentiras e ainda ser chamadas de servos de Deus, por que não está certo mentir? A resposta é simples — porque mentir é errado; nunca faz parte do bom plano de Deus para seu povo. No entanto, por ser soberano, Deus pode cumprir seu plano, a despeito das mentiras e dos enganos de homens e mulheres.

Vá para

características de Deus
Números 23:19; 1Samuel 15:29; Romanos 3:4; Tito 1:2; Hebreus 6:18

veracidade
Êxodo 20:16; 23:1-2, 7; Deuteronômio 5:20; 19:18-19; 22:13-21; Provérbios 6:16-19; 12:22; Mateus 5:37

provém do Diabo
João 8:44

testemunho
capacidade de levar outras pessoas a um relacionamento com Deus

Ananias e Safira
Atos 5:1-11

Abraão
Gênesis 20:2

Jacó
Gênesis 25:23; 27:35

parteiras
Êxodo 1:17-21

Raabe
Josué 2:4-6

Pedro
Mateus 26:72

Aplique

Mostre-me os pães da Presença

Vá para

cerimonialmente limpos
pessoas aptas a participar das cerimônias religiosas

incenso
óleo aromático

comer o pão velho
Levítico 24:5-9

não podia ser consumido
Levítico 15

Visão geral

1Samuel 21:3-6

Voltando à narrativa, Davi pede comida a Aimeleque. Enfeitando ainda mais a história que já havia começado, ele disse que não teve tempo de preparar provisões quando saiu, e que iria se encontrar com seus companheiros de viagem em breve. Tudo o que os sacerdotes tinham, no entanto, era o pão consagrado feito apenas para ele e para os **cerimonialmente limpos** comerem. Davi assegurou-lhe que ele — e os homens que supostamente encontraria — estavam puros, por isso o sacerdote concordou.

Assim como outros aspectos do tabernáculo, os pães da Presença eram apresentados e manuseados de acordo com um conjunto de regras detalhadas.

1. A mesa dos pães da Presença — com noventa centímetros de comprimento, quarenta e cinco centímetros de largura e setenta centímetros de altura — ficava do lado direito da entrada do tabernáculo, oposta ao candelabro de ouro. Era feita de madeira de acácia e coberta de ouro.
2. Havia doze pães da Presença — um para cada tribo de Israel — feitos de farinha fina e aspergidos com **incenso**.
3. O pão deveria sempre estar fresco, por isso era trocado uma vez por semana.
4. Aos sacerdotes era permitido comer o pão velho.
5. O pão da Presença era consagrado, por isso não podia ser comido por quem não estivesse cerimonialmente limpo.

O que outros dizem

David Guzik

Vemos a importância e o significado dos pães da Presença em seu próprio nome. Literalmente, pão da Presença significa "pão da face". É o pão associado com a presença de Deus, e que nela deveria ser comido [...] Comer o pão da Presença era comer o pão de Deus na casa de Deus como um amigo e convidado do Senhor, desfrutando de sua hospitalidade.[4]

Um espião no recinto

Vá para

Doegue
espião edomita de Saul

Gate
cidade filisteia e cidade natal de Golias

> **1Samuel 21:7-10** *Aconteceu que um dos servos de Saul estava ali naquele dia, cumprindo seus deveres diante do SENHOR; era o edomita Doegue, chefe dos pastores de Saul. Davi perguntou a Aimeleque: "Você tem uma lança ou uma espada aqui? Não trouxe minha espada nem qualquer outra arma, pois o rei exigiu urgência". O sacerdote respondeu: "A espada de Golias, o filisteu que você matou no vale de Elá, está enrolada num pano atrás do colete sacerdotal. Se quiser, pegue-a; não há nenhuma outra espada". Davi disse: "Não há outra melhor; dê-me essa espada". Naquele dia, Davi fugiu de Saul e foi procurar Aquis, rei de Gate.*

Um dos homens de Saul, **Doegue**, de Edom, estava no tabernáculo espiando a conversa entre Davi e Aimeleque. Ele havia ouvido a discussão sobre o pão da Presença, e depois ouviu Davi pedir armas ao sacerdote. A única espada disponível, disse Aimeleque, era a de Golias. "Dê-me essa", disse Davi, e com o pão em uma das mãos e a espada de Golias em outra, ele se dirigiu a Gate.

Por que Davi procuraria fugir de Saul em **Gate**, a terra natal de Golias, no território inimigo, a terra dos filisteus? Considerando a ira de Saul contra Davi, sua determinação de matá-lo e o número de homens à disposição de Saul, sua terra natal já não parecia ser um lugar seguro. Davi deve ter pensado que estaria mais seguro em um lugar onde Saul e seus homens não eram bem-vindos. Provavelmente, essa parecia uma boa ideia naquele momento.

> **Visão geral**
>
> **1Samuel 21:11-15**
>
> Os servos de Aquis, rei de Gate, não podiam acreditar que estavam vendo quem estava se aproximando. Incrédulos, perguntaram: "Não é este Davi, o rei da terra de Israel? Não é aquele acerca de quem cantavam em suas danças: 'Saul abateu seus milhares, e Davi suas dezenas de milhares?'" (1Samuel 21:11). Davi ficou com medo quando deixou de ouvir seu sistema de navegação interno — o Espírito Santo — e ouviu as palavras dos servos de Aquis. "O que eu fui fazer?", ele deve ter pensado ao perceber sua situação complicada. É como se ele tivesse um grande alvo pintado na roupa: parado ali, na terra natal de Golias, segurando a espada de Golias diante de amigos e admiradores do gigante. O desespero muitas vezes faz as pessoas cometerem

> loucuras, e esse é um dos casos: Davi começou a riscar as portas da cidade e a babar para parecer um louco. O fingimento funcionou (acrescente "bom ator" à lista de talentos de Davi!), e o rei filisteu, alegando com sarcasmo que já tinha doidos demais consigo para contender, mandou Davi embora.

Até os homens dessa cidade ímpia sabiam que a verdadeira identidade de Davi era "rei da terra de Israel"!

O Ebenézer de Davi: Salmos 34

Assim como Samuel erigiu um monumento de pedra em Ebenézer para comemorar o livramento das mãos dos filisteus que o Senhor tinha dado a Israel, Davi escreveu muitos salmos para celebrar o resgate do Senhor em seu favor. O salmo 34 é uma grande canção de adoração. O subtítulo introdutório do salmo declara que foi escrito para descrever que Deus livrou a vida de Davi quando se fingiu de louco para escapar de Aquis, o **Abimeleque** de Gate.

Vá para

Abimeleque
título semelhante ao de faraó

salmos acrósticos
poesia em que cada verso começa com uma letra consecutiva do alfabeto hebraico

Esse é o segundo dos **salmos acrósticos**, no qual cada verso começa com uma letra consecutiva do alfabeto hebraico (O primeiro é o 25). No entanto, a tradução para outro idioma altera esse padrão alfabético. As palavras e expressões que Davi usa nesse salmo descrevem mais plenamente as razões pelas quais o Senhor o favoreceu, dão uma imagem clara do Deus a quem ele servia e listam coisas que os leitores deveriam fazer para vivenciar um relacionamento mais próximo com Deus.

O que o Salmo 34 diz sobre Davi

- ✦ Ele tornou Deus o alvo e o centro de tudo o que fazia.
- ✦ Ele fez do louvor uma prioridade.
- ✦ Ele baseou seu valor em sua identidade com o Senhor.
- ✦ Ele convidou outros a se juntarem a ele em louvor a Deus.
- ✦ Sua primeira reação quando teve medo foi buscar a Deus.
- ✦ Ele compartilha abertamente sua experiência pessoal com Deus.
- ✦ Ele entendia com o coração coisas que não podia ver com os olhos.
- ✦ Ele desfrutava calorosamente da comunhão com o Senhor.
- ✦ Ele contava com a provisão de Deus.

O que o Salmo 34 diz sobre Deus

- Ele é o libertador.
- Ele é santo.
- Ele é atencioso.
- Ele é onipresente.
- Ele é digno de confiança.
- Ele é compassivo.
- Ele é o Redentor.

O que o Salmo 34 nos ensina

- O "temor do Senhor" é uma disciplina a ser aprendida.
- As pessoas não deveriam usar palavras más ou enganosas.
- As pessoas deveriam se afastar de fazer obras más.
- As pessoas deveriam fazer boas escolhas.
- As pessoas deveriam se esforçar para viver em paz.
- As pessoas deveriam deixar para Deus a vingança de injustiças.

Vá para

Rute
Rute 1:4; 4:21-22

Adulão
região montanhosa no extremo oeste de Judá a dezesseis quilômetros ao sudeste de Gate

No esconderijo

Visão geral

1Samuel 22:1-5; 1Crônicas 12:16-18

Davi foi para a caverna de **Adulão**, onde se juntou à sua família e a um bando de quatrocentos seguidores. De lá, Davi levou os familiares para se refugiarem em Mispá, em Moabe, onde tinha laços de família: sua bisavó Rute havia vivido ali. Então, seguindo o conselho do profeta Gade, Davi e seus seguidores foram para a floresta de Herete, em Judá, a alguns quilômetros ao leste de Adulão.

Os refugiados não poderiam encontrar melhor lugar para se esconder do que as cavernas de Adulão. Escavadas no calcário macio do cume do que hoje é chamado de Deir-Dubban, a aproximadamente dez quilômetros ao sudoeste de Belém, sua característica mais peculiar é a de uma quantidade de fendas ou criptas subterrâneas de até seis metros de profundidade, algumas quadriculares e ideais para abrigar certo número de pessoas.

Algo para pensar

Um olhar atento ao bando variado

Seria tentador pensar no grupo de seguidores de Davi como um ajuntamento fascinante da elite de soldados que haviam sido escolhidos a dedo por seu valor, por sua honestidade e por sua integridade, algo como os fantásticos cavaleiros da Távola Redonda do rei Artur. Mas não havia nenhum cavaleiro Galaaz naquele grupo. Os seguidores de Davi são descritos como:

- *Aflitos.* A palavra hebraica *maw-tsoke'* sugere que alguns homens estavam em aperto e em confinamento ou tinham alguma incapacidade. Em outras palavras, algo na vida deles não estava certo, e eles sentiam que o cerco estava se fechando para eles.
- *Endividados.* Alguns desses homens não haviam pagado as contas, e os cobradores começaram a aparecer. A pressão estava aumentando e eles não tinham a quem recorrer. Nem Saul nem seus homens de confiança estavam dispostos a formular uma renegociação de dívidas.
- *Descontentes.* Às vezes, as pessoas permitem que seus problemas as deixem *marah*, ou "amargas", e foi isso que aconteceu com esses homens. As razões são desconhecidas, mas é fácil imaginar tornar-se amargo enquanto se mantém uma família sob o reino de um rei tão volátil e desorientado como Saul.

Considerando que o exército de Saul era composto dos guerreiros mais competentes, pode parecer que Davi estivesse em desvantagem em se tratando de equipe! Mas, como ilustra repetidamente a história de Davi, aparência não é tudo o que importa.

Vá para

recebe pecadores
Lucas 15:2
aflitos
Mateus 11:28
endividados
Lucas 7:41-43

> **O que outros dizem**
>
> **John Gill**
>
> Nesta situação [Davi] era um tipo de Cristo, que <u>recebe pecadores</u> <u>aflitos</u> com a percepção do pecado, descontentes com seu estado atual, <u>endividados</u> e incapazes de pagar suas dívidas.[5]

Algo para pensar

Um reino limitado

Saul, o homem rejeitado por Deus porque orgulhosamente presumiu ser mais sábio que ele, ainda estava reinando sobre Israel, enquanto Davi, o homem escolhido por Deus, estava se escondendo em cavernas e florestas com os poucos seguidores leais que sabiam que ele era o verdadeiro rei de Israel.

Parece familiar?

Deveria ser, porque é uma boa ilustração do que está acontecendo hoje entre Satanás e Jesus Cristo. Satanás foi rejeitado por Deus quando, ainda usando o nome de Lúcifer, orgulhosamente presumiu ser mais sábio que o Senhor. No entanto, Satanás ainda reina neste mundo enquanto Jesus Cristo espera com seus seguidores que o reconheçam ser quem é: o verdadeiro Rei de toda a criação.

Vá para

Satanás foi rejeitado por Deus
Isaías 14:12-23

Satanás ainda reina neste mundo
João 12:31; 16:11

O que outros dizem

Alan Redpath

Assim como nos dias de Davi, há um Rei no exílio que está reunindo à sua volta uma companhia de pessoas aflitas, endividadas e descontentes. Ele as está treinando e preparando para o dia em que ele virá para reinar.[6]

O espião Doegue fala

1Samuel 22:6-10 *Saul ficou sabendo que Davi e seus homens tinham sido descobertos. Saul estava sentado, com a lança na mão, debaixo da tamargueira, na colina de Gibeá, com todos os seus oficiais ao redor, e ele lhes disse: "Ouçam, homens de Benjamim! Será que o filho de Jessé dará a todos vocês terras e vinhas? Será que ele os fará todos comandantes de mil e comandantes de cem? É por isso que todos vocês têm conspirado contra mim? Ninguém me informa quando meu filho faz acordo com o filho de Jessé. Nenhum de vocês se preocupa comigo nem me avisa que meu filho incitou meu servo a ficar à minha espreita, como ele está fazendo hoje". Entretanto, Doegue, o edomita, que estava com os oficiais de Saul, disse: "Vi o filho de Jessé chegar em Nobe e encontrar-se com Aimeleque, filho de Aitube. Aimeleque consultou o S*ENHOR *em favor dele; também lhe deu provisões e a espada de Golias, o filisteu".*

Quando Saul, que estava em Gibeá, ouviu que Davi e os homens que estavam com ele haviam retornado a Judá, repreendeu seus servos e, demonstrando um aumento de sua paranoia, acusou-os de conspirarem contra ele. De repente, Doegue, o edomita, lembrou-se de uma informação que simplesmente poderia livrá-lo desses maus lençóis. Ele contou a Saul que havia visto Davi em Nobe, e que Aimeleque tinha dado ao fugitivo comida e espada. Saul imediatamente foi ao sacerdote, confrontou-o e ordenou que ele e todos os sacerdotes — 86 ao todo, junto com as famílias e os animais — fossem mortos como punição pelo que Saul erroneamente acreditava, em sua paranoia, ser

Profecia

parte de uma conspiração contra ele. Nenhum dos servos do rei quis obedecer à ordem, por isso Saul ordenou que Doegue o fizesse. Abiatar, filho de Aimeleque, escapou do massacre e correu a Davi para contar o que havia acabado de acontecer. Davi assumiu a responsabilidade total pela tragédia e prometeu proteção a Abiatar.

A morte de Aimeleque, bisneto de Eli, cumpriu a maldição que Deus havia pronunciado por meio de Samuel sobre a família de Eli.

Corra, corra, corra e corra mais um pouco

Vá para

maldição
1Samuel 2:27-36

Queila
cidade de Judá fronteiriça com a Filístia

Zife
um deserto árido entre a terra montanhosa e o mar Morto

En-Gedi
um oásis ao leste de Hebrom

> **Visão geral**
>
> **1Samuel 23**
>
> Saul perseguiu Davi por todo o território de Judá. Alguns eventos importantes:
>
> 1. Davi libertou **Queila**. Os filisteus continuavam a ser uma ameaça, por isso, quando Davi soube que eles faziam saques em Queila, uma cidade de Judá fronteiriça com a Filístia, ele e seus homens salvaram a cidade dos invasores, tomaram os animais dos filisteus e lhes infligiram grandes perdas.
>
> 2. Davi continuou a fugir. Apesar da bondade de Davi para com os habitantes de Queila, eles o entregaram a Saul. Quando soube da conspiração de Saul para capturá-lo, Davi e seus seguidores — um grupo que agora era de cerca de seiscentos homens — escaparam para o deserto de **Zife**.
>
> 3. Davi e Jônatas se encontraram mais uma vez. Enquanto Davi estava em Zife, Jônatas fez-lhe uma visita, encorajando-o e assegurando-lhe que tudo ficaria bem. Os dois renovaram sua aliança de amizade antes de se separarem pela última vez.
>
> 4. A perseguição foi retomada. Saul perseguiu Davi pelo deserto de Maom, onde quase o capturou. No entanto, no momento em que Saul e seus homens se aproximavam, o rei subitamente foi chamado para uma emergência. Davi fugiu de lá para estar em segurança em uma área exuberante chamada **En-Gedi**.

Surge um líder

Enquanto fugia de Saul e seus homens, Davi não se escondia com medo em cavernas. Ele estava praticando e afiando suas habilidades como líder à medida que assumia seu lugar no bando de homens que se juntaram a ele em Adulão. A forma como Davi lidou com o "problema de Queila" demonstra muito bem suas habilidades de liderança. Seu sucesso nessa operação não se apoiou em uma porção de autoconfiança digna de um conquistador, em superioridade de armas, em palavras inteligentes ou em uma destreza astuciosa; ele achou sua fonte em sua constante, quase infantil, persistência em buscar a instrução de Deus.

Ele não queria dar nem um só passo fora do plano de Deus.

Ponto importante

Quando começou a considerar se deveria defender Queila, Davi imediatamente pediu direção a Deus e recebeu um "sim" como resposta, por isso ordenou aos seus homens que agissem. Mas os homens lhe trouxeram uma preocupação: eles tinham medo de ir lá! Seus temores não eram infundados: o resgate daquela cidade seria como cutucar uma colmeia de filisteus irados, e, como se isso já não fosse perigoso o suficiente, faria com que Davi e seu bando fossem um alvo fácil para os assassinos de Saul. Mas, em vez de bater pé e se recusar a voltar atrás em sua decisão de tomar a cidade, Davi ouviu com atenção o conselho de seus homens. Considerou a recomendação deles; então, pediu a direção de Deus por uma segunda vez.

Ao fazer isso, ele não estava duvidando da direção de Deus ou demonstrando falta de fé; ele estava se certificando de que havia ouvido a resposta correta de Deus e de que não estava agindo por impulso próprio ou por sentimentos equivocados.

Quando recebeu um segundo "sim", Davi soube que era hora de agir de acordo com o papel inquestionável que Deus lhe havia ordenado: ele insistiu para que seus homens fossem para Queila, que foi libertada com grande sucesso, como Deus havia prometido.

DAVI E SAUL: DIFERENTES ESCOLAS DE LIDERANÇA

Davi	Saul
Importava-se com suas "ovelhas": seu povo	Importava-se com o "pastor": ele mesmo.
Era visionário, entendia plenamente que tinha um papel em um plano muito maior que sua própria vida.	Tinha uma visão de túnel: não via nada além do presente imediato.
Focava sua atenção em Deus.	Focava sua atenção em si mesmo.

Assumia total responsabilidade por seus pecados, sentia remorso e se arrependia deles.	Recusava-se a assumir responsabilidade por seus pecados, demonstrando alguns espasmos vazios de remorso e nenhum arrependimento real.
Não lutava com armas materiais ou estratégias terrenas.	Não lutou com armas materiais ou estratégias terrenas.

Saul: salvo por um triz

Visão geral

1Samuel 24

Nesse ponto, Davi e seus seiscentos homens estavam sendo perseguidos por Saul e seus três mil. As proporções se tornavam parecidas com o confronto desigual de Davi e Golias no vale de Elá! Saul quase capturou Davi em En-Gedi, mas, no momento em que o rei teve de parar para descansar na caverna, o jogo virou. Acontece que Davi e seus homens estavam escondidos bem no fundo daquela mesma caverna, e tinham o rei em uma situação muito vulnerável: ele estava sozinho, desarmado e preocupado. Os homens de Davi não podiam acreditar na sorte deles. Eles tinham Saul exatamente onde queriam. No entanto, em vez de emboscar Saul, Davi simplesmente se levantou e cortou uma ponta do manto de Saul sem que o rei percebesse, possivelmente parar usar como evidência de que havia estado perto o suficiente para matá-lo, mas o poupou. Mas, mesmo aquela ação inofensiva incomodou Davi, que ficou imediatamente com a consciência pesada por sua audácia e insubordinação contra o rei, o ungido do Senhor. Assim que Saul saiu da caverna, Davi o seguiu, chamou-o e, então, curvou-se diante dele. Davi expôs claramente sua situação para Saul, falando com humildade e autoridade.

- ✦ Ele repreendeu ao rei por acreditar naqueles que lhe diziam que Davi queria lhe fazer mal.
- ✦ Ele mostrou ao rei que havia poupado a vida dele mesmo tendo o motivo — e a oportunidade — para matá-lo.
- ✦ Ele respeitava a posição do rei como o ungido do Senhor.
- ✦ Ele declarou sua inocência, afirmando que não guardava no coração nenhuma intenção má ou rebelde.

> ✦ Ele entregava o julgamento e a vingança ao Senhor.
>
> Saul quebrantou-se com um remorso aparentemente genuíno – apesar de temporário. Ele chorou enquanto reconhecia a retidão de Davi e admitiu que sabia que Davi era aquele que Samuel havia dito que o substituiria. Davi jurou cuidado e bom tratamento do legado familiar de Saul, e cada um seguiu seu caminho.

Dois salmos

A Davi é atribuída a autoria de duas orações por ajuda — Salmos 57 e 142 — durante esse período de sua vida. Em cada oração, ele exprime seu sentimento de angústia, seu clamor por ajuda, sua confiança de que Deus o salvaria e seu louvor a Deus por salvá-lo.

Quando Davi, o inocente, curvou-se diante de Saul, o culpado, ele se posicionou da mesma forma que Cristo faria mais tarde diante de seus acusadores. Foi um ato arriscado para Davi! Saul poderia ter ordenado aos seus homens que o prendessem. Ainda assim, Davi tinha confiança na mão de Deus sobre sua vida e entendia o poder da humildade.

Algo para pensar

Considere o que esse capítulo revela sobre as habilidades de liderança de cada homem. Quando Golias andava para lá e para cá do outro lado do riacho, Saul — o rei da terra — não conseguiu encorajar nem pagando seus homens para lutarem, muito menos motivá-los para fazer isso de livre e espontânea vontade. Contudo, os seguidores de Davi — claramente os perdedores, com base em sua quantidade numérica e currículos — não podiam esperar para colocarem as mãos no pescoço do rei e vingarem seu líder maltratado. Ainda assim, obedeceram a Davi. Seu exemplo de domínio próprio e paciência provavelmente foi passado para eles.

Resumo do capítulo

> ✦ Depois de uma breve pausa na perseguição a Davi, Saul retomou a caçada com uma vingança, forçando Davi a escapar de casa e a correr para a cidade de Samuel. Ele foi seguido de perto por três grupos de capangas de Saul, que foram detidos no caminho pelo Espírito Santo. Eles foram impossibilitados de fazer o mal que haviam planejado a princípio.

- Davi fugiu de Samuel e do grupo de profetas para se encontrar com seu aliado mais chegado, Jônatas. Após executar um plano que os dois elaboraram para descobrir os reais motivos de Saul, eles concluíram que o rei, na verdade, ainda estava determinado a matar Davi. Os dois, então, se despediram reafirmando sua aliança de amizade.
- Davi, então, fugiu para Nobe onde, depois de contar ao confuso sumo sacerdote Aimeleque que estava em uma missão para o rei, conseguiu provisões para sua fuga. Um dos homens de Saul, Doegue, estava espionando a conversa.
- Davi fugiu para a cidade filisteia de Gate, onde fingiu ser louco para salvar a própria vida, e depois foi para a caverna de Adulão, onde se juntou à sua família e a um bando de cerca de quatrocentos seguidores.
- Doegue contou a Saul o que havia ouvido em Nobe, instigando Saul a executar os sacerdotes ali. Apenas uma pessoa, Abiatar, filho de Aimeleque, escapou do massacre.
- Saul continuou a perseguir Davi por todo o território de Judá. Quando o rei fez uma parada na caverna de En-Gedi, Davi e seus homens tiveram a chance de matá-lo, mas não fizeram isso porque Davi honrava a Saul como o ungido do Senhor.
- Saul, em um remorso aparentemente genuíno, mas temporário, reconheceu a retidão de Davi e afirmou que Davi era o rei escolhido por Deus antes de cada um dos dois tomar seu rumo.

Questões para estudo

1. Como a amizade com Davi colocou Jônatas em perigo?
2. Como Davi escapou quando os homens de Saul o emboscaram em casa?
3. O que impediu os homens de Saul de matarem Davi em Ramá, a cidade de Samuel?
4. Quais escolhas erradas Davi fez em Nobe, a cidade dos sacerdotes?
5. Por que Davi fugiu para a cidade inimiga de Gate, na Filístia?
6. Que tipo de recepção ele teve lá?
7. Quem se juntou a Davi quando ele estava fugindo à procura de refúgio na caverna de Adulão?
8. Quais foram as consequências da visita de Davi a Nobe?
9. Quais os resultados positivos que surgiram do tempo em que Davi estava fugindo de Saul?
10. Por que Davi poupou a vida de Saul?

Em destaque no capítulo:
- O que Davi está fazendo
- Hora de tosquiar as ovelhas!
- O casal incompatível de Maom
- O perigo da ira
- Intervenção divina

1SAMUEL 25
Davi e Abigail

Vamos começar

A forma como a história de Davi ilumina o que significa ser uma pessoa segundo o coração de Deus não depende apenas das características de Davi, muito menos depende somente de como ele responde às marcantes circunstâncias dessa história. Tem relação também com as pessoas, tanto aliadas quanto inimigas, que Deus pôs no caminho dele. Em seu modo de tratar os amigos, como Samuel, Jônatas e seu grupo de homens, Davi aprendeu muito sobre lealdade, liderança e, o mais importante, sobre fé. E seus encontros com pessoas como Saul e Golias ofereceram a Davi razões ameaçadoras, porém vitais, para testar essa fé.

Escondido na narrativa do tempo que Davi passou com seu bando de homens escondendo-se em cavernas e fugindo pelos campos a fim de evitar os ataques de Saul está outro encontro extraordinário. Dessa vez, Davi, percorrendo com ira o caminho que o levaria a um erro fatal, foi parado por uma mulher que pareceu jogar por terra qualquer estereótipo de feminilidade da antiguidade. Ela era corajosa, independente, confiante, rápida para agir e com visão de futuro. E, enquanto impedia o futuro rei de pôr em risco a própria reputação, ela cativava o coração dele.

O legado de Samuel

1Samuel 25:1 *Samuel morreu, e todo o Israel se reuniu e o pranteou; e o sepultaram onde tinha vivido, em Ramá. Depois Davi foi para o deserto de Maom.*

Vá para

Siló
1Samuel 2:11

primeiro rei
1Samuel 10:1

escola de profetas
1Samuel 19:20;
1Reis 18:4

procedimentos
1Crônicas 9:22

tesouros
1Crônicas 26:27-28

promessas que Deus fez a Davi
2Samuel 7:1-29

tesouros
presentes especiais

intercessor
quem ora em nome de outras pessoas

Samuel morreu aos 98 anos, depois de ter fielmente servido ao seu Deus e à sua nação, sendo o 13º juiz de Israel e um importantíssimo profeta. A conversa entre os israelitas que se reuniram em Ramá para prantear a morte do sacerdote e sepultá-lo nos terrenos de seu lar certamente incluiu referências aos seus muitos feitos e ao seu legado de fé. Samuel havia:

✦ vivido os primeiros anos de vida em Siló a serviço do Senhor;

✦ inaugurado uma nova forma de governo, a monarquia, e ungido o primeiro rei de Israel;

✦ estabelecido a primeira escola de profetas;

✦ organizado vários procedimentos para o tabernáculo, sistemas que seriam usados mais tarde no templo;

✦ reunido alguns dos **tesouros** que seriam postos mais tarde no templo de Salomão, filho de Davi.

Seu legado incluiu algumas menções posteriores feitas nas Escrituras, que o declaram como:

✦ um homem de Deus (Salmos 99:6);

✦ um **intercessor** de Israel (Jeremias 15:1);

✦ um homem de grande fé (Hebreus 11:32-33).

O ministério de Samuel foi comparável ao de João Batista. Ambos eram nazireus e tiveram muito a ver com a vinda de um rei. Samuel serviu ao primeiro rei de Israel designado por Deus; João serviu a Jesus, o último da linhagem e o cumprimento total das promessas que Deus fez a Davi.

O que Davi está fazendo

Nesse momento, Saul era um rei fracassado. Ele ainda estava no cargo, mas seus dias estavam contados. Deus havia proclamado isso, o rei sabia disso, Davi sabia disso, e muitos do povo de Israel sabiam também. Da mesma maneira, Davi, sem o desejo de derrubar Saul com as próprias mãos, tinha o tedioso trabalho de esperar o fim do rei. Sabendo muito bem que não poderia confiar que Saul não tentaria matá-lo de novo, Davi e seus homens foram forçados a permanecer escondidos. Então, após lamentar a perda de seu mentor e amigo, Davi e seus companheiros recuaram novamente, dessa vez para o deserto na terra de Maom. Ali estabeleceram uma vida que estava longe do que uma pessoa poderia esperar ser a vida de um rei escolhido por Deus. Em vez de viverem em um castelo, Davi e seus seguidores viviam em cavernas. Em vez de festejarem em banquetes reais, eram forçados a saquear por comida. E em vez de terem guarda-costas para os protegerem de inimigos e invasores, lutavam contra inimigos e invasores por si mesmos, e com lavradores vizinhos também.

O jogo da espera

Poderia ser fácil para Davi olhar para as circunstâncias nem um pouco majestosas ao redor e se afligir com a possibilidade de Deus ter se esquecido da promessa de torná-lo rei. E seria igualmente fácil para Davi continuar a ver as horas passando e desperdiçá-las sem fazer nada além de sonhar acordado com como seria, finalmente, tornar-se rei de Israel. Mas, ao que tudo indica, Davi foi um homem que soube esperar com sabedoria e paciência. Enquanto esperava a promessa de Deus se cumprir, ele passava o tempo se concentrando não nas circunstâncias ou em seu objetivo, mas no que mais importava: seu relacionamento constante com Deus.

Algo para pensar

O que outros dizem

John Indermark

Por quanto tempo você esperou? Tempo suficiente para questionar se podia confiar? Tempo suficiente para duvidar que haveria de se cumprir? Um dia, uma semana, um mês [...] uma vida inteira? [...] Muitas coisas podem acontecer em vigílias. Podemos trocar o olhar para frente por um olhar para trás ao questionarmos a promessa ou aquele que prometeu. Podemos trocar o olhar para frente por uma venda ao nos recusarmos a ver aquilo que não se conforma com nossas expectativas ou ao recuarmos e nos fecharmos em nós mesmos. Ou o olhar para frente pode ser mantido. A promessa de novos começos pode ser mantida com afinco até mesmo quando, dia após dia, aquilo que é avidamente antecipado parece apenas agonizantemente postergado.[1]

Jennifer Rothschild

O prêmio muitas vezes é aquilo que nos mantém fiéis enquanto esperamos, mas considere que nossa alegria não é reservada apenas para a cerimônia de premiação, pense também que há algo profundamente prazeroso no período intermediário. Se nos focarmos somente no prêmio, veremos a espera como uma provação, perdendo a alegria da jornada e negligenciando os tesouros ao longo do caminho. Aprender a esperar nos ensina que nossa alegria não depende da possibilidade

Vá para

tolo
Salmos 14:1; 53:1;
Provérbios 10:23;
26:12; 28:26

sábio
Salmos 19:7;
107: 43; 111:10;
Provérbios 1:7; 3:7

Nabal
fazendeiro rico de Maom

Abigail
esposa sábia e bonita de Nabal que, após a morte do marido, tornou-se esposa de Davi

> de termos as coisas pelas quais esperamos. Ensina-nos a experimentar o efeito fortalecedor de estarmos *contentes em todo tempo*, não apenas *contentes no fim de tudo*.²

Hora de tosquiar as ovelhas!

> **1Samuel 25:2** *Certo homem de Maom, que tinha seus bens na cidade de Carmelo, era muito rico. Possuía mil cabras e três mil ovelhas, as quais estavam sendo tosquiadas em Carmelo.*

Ao saberem que era a hora da tosquia das ovelhas na região, Davi e seus homens devem ter ficado eufóricos. Era um momento festivo pontuado por alegria, celebração e festas. A boca dos rapazes famintos no bando de Davi começou a salivar ao anteciparem a deliciosa comida que logo saboreariam. Seriam bem-vindos, se assim desejassem, pensaram eles, pois qualquer fazendeiro nessa sociedade tribal iria, por honra, oferecer com satisfação hospitalidade àqueles que haviam protegido sua família e seus rebanhos dos saqueadores que perambulavam pelos campos. Mas Davi e seus homens logo descobririam que Nabal não era um fazendeiro qualquer.

O casal incompatível de Maom

> **1Samuel 25:3** *Seu nome era **Nabal** e o nome de sua mulher era **Abigail**, mulher inteligente e bonita; mas seu marido, descendente de Calebe, era rude e mau.*

Esse versículo, de forma sucinta, resume as diferenças entre o homem e a mulher de Maom: **Nabal**, cujo nome soa como a palavra hebraica para "tolo", era bronco e desonesto; e **Abigail**, cujo nome significa "alegria de seu pai", era uma mulher sábia, linda por fora e por dentro.

A Bíblia define tolo como aquele que não conhece a Deus e sábio, como aquele que teme a Deus; conclui-se, então, que Nabal era ímpio, e Abigail, temente a Deus.

Os opostos podem se atrair, mas, dadas as grandes diferenças, parece improvável que Abigail tenha, algum dia, escolhido casar-se com Nabal.

Ponto importante

Ela só fez isso porque, como ditava o costume da época, seu pai arranjou o casamento. Mesmo que Abigail fosse a menina dos olhos de seu pai, ele aparentemente teve em mente o próprio bolso e prestígio, e não a felicidade da filha, ao oferecer a mão dela ao poderoso e rico Nabal.

O que outros dizem

Ann Spangler
Abigail devia sentir-se sufocada, tendo sido casada com tal marido. Seu pai deve ter pensado que a riqueza de Nabal era um benefício, ignorando que a atitude dominadora do homem, um dia, colocaria o bem-estar da filha em perigo.[3]

Davi: finalmente perde a paciência?

Visão geral

1Samuel 25:4-13
Davi enviou dez homens para pedirem provisões a Nabal. Sempre habilidoso com palavras, Davi falou aos mensageiros exatamente o que dizer com o fim de causar a impressão mais apropriada: uma saudação gentil, um lembrete da diligência e da honestidade deles e um pedido de seu favor e sua hospitalidade. A eloquência deles não impressionou Nabal. Ele respondeu insultando Davi, questionando a linhagem dele e o acusando de rebelião contra Saul. Quando Davi ouviu o relatório da resposta de Nabal, o rapaz de antes, exemplar em se tratando de domínio próprio, explodiu violentamente de raiva. Ele ordenou que quatrocentos de seus homens se armassem e se preparassem para matar Nabal, como também cada um dos membros da casa dele.

Davi havia sido paciente por muito tempo! Como mencionado anteriormente, ele havia esperado sem bater os pés ou olhar as horas.

✦ Depois de ser ungido rei quando era muito jovem, qualquer um teria certamente deixado de lado o cajado na expectativa de ter um cetro. Mas Davi voltou para o aprisco a fim de esperar *pacientemente* que algo acontecesse.

✦ Depois de ser convocado para o palácio a fim de ser o músico do rei, qualquer um teria feito as malas para uma mudança permanente de endereço.

Algo para pensar

Vá para

Jesus não tinha pecado
2Coríntios 5:21

expressou ira
Mateus 21:12-13;
Marcos 11:15

em perigo de cometer pecado
Salmos 4:4

tolo
Provérbios 29:11

contenda
Provérbios 29:22;
30:33

fazer amizade com aqueles que são propensos à ira
Provérbios 22:24-25

base de operação para o Diabo
Efésios 4:27

a ira interfere
Tiago 1:20

Mas Davi continuou a dividir seu tempo entre o palácio e o aprisco enquanto continuava a esperar *pacientemente* que Deus determinasse quando ele iria se mudar para a residência real.

✦ Depois de matar Golias e tornar-se um guerreiro e líder celebrado, qualquer um pensaria que a única honra apropriada para suas conquistas militares seria a coroa. Mas Davi esperou *pacientemente* que Deus preparasse o tempo para esse evento — mesmo deixando passar a oportunidade de matar aquele a quem estava destinado a substituir.

✦ Depois de ouvir a confissão do rei de que sabia que Davi iria substituí-lo, qualquer um pensaria que as chaves do castelo estariam tilintando no próprio bolso até o fim da noite. E, mais uma vez, Davi retornou ao que vinha fazendo antes: esperar *pacientemente* que Deus dissesse "quando".

Além disso, Davi havia suportado insultos sem desembainhar a espada com ira. Então, o que aconteceu para esse súbito ataque de ira? A rudeza de Nabal, ao que parece, foi a gota d'água para Davi, que se mostrou disposto a parar de esperar e começou a tomar providências com as próprias mãos, muito embora isso o colocasse em perigo político (assassinar um de seu próprio povo daria a Saul e aos apoiadores dele a legítima desculpa para condená-lo) e o mergulhasse em pecado espiritual (a Lei fazia clara distinção entre matar em uma guerra e matar por vingança). Sangue em suas mãos não era algo que esse futuro rei poderia ter.

O perigo da ira

Ira não é um pecado, é uma emoção. Não pode ser um pecado, porque Jesus não tinha pecado, e a Bíblia claramente afirma que ele expressou ira pelo menos em uma ocasião. No entanto, ira é uma emoção volátil. Pode causar problemas físicos, do aumento de pressão sanguínea a úlceras estomacais, e pode causar um estrago nas emoções em forma de depressão e vícios. Também coloca as pessoas em perigo de cometer pecado.

Salomão descreveu aquele que se deixa levar pela ira como "tolo"; ele disse que nada, além de pecado e contenda, pode resultar da ira incontrolada; e alertou sobre fazer amizade com aqueles que são propensos à ira, pois a ira deles pode ser contagiosa. O apóstolo Paulo descreveu a ira como uma base de operação para o Diabo, no sentido de que ela dá a Satanás a oportunidade de desencadear uma série de atitudes e comportamentos pecaminosos. E Tiago disse que a ira interfere na habilidade do indivíduo de viver uma vida de retidão.

Administrando a ira

A Bíblia oferece muitas estratégias para lidar com a ira:

1. Esteja alerta ao perigo da ira. Quando você se vir irritado, faça um esforço deliberado para evitar o traiçoeiro passo da ira para o pecado.
2. Lide rapidamente com a ira. Não vá irado para a cama; a fúria só aumentará quanto mais você a negligenciar.
3. Apresente sua ira a Deus. Ele já sabe o que está em seu coração, mas admitir a ira para ele irá convidar a ajuda divina para controlá-la.
4. Peça ao Espírito Santo que lhe dê o poder para vencer sua ira.
5. Perdoe a pessoa que o deixou irado.

Intervenção divina

Aplique

Vá para

ira
Efésios 4:26

Não vá irado para a cama
Efésios 4:26

sabe o que está em seu coração
Salmos 139:1-4

Espírito Santo
João 14:16

Perdoe
Mateus 6:12, 14-15

mulher como propriedade
Êxodo 20:17

> **Visão geral**
> **1Samuel 25:14-19**
>
> Um dos servos de Nabal viu o problema fervendo na cabeça quente de Davi. Ele sabia que não podia contar essa notícia ao seu senhor, porque ele era um "canalha" incomunicável, por isso foi diretamente a alguém em quem podia confiar: Abigail. Ele contou a ela precisamente o que havia acontecido, e ela não perdeu tempo em agir. Sem dizer uma palavra ao marido, ela juntou provisões de um banquete suntuoso — pão, vinho, carne, grãos, uvas-passas e figos — e as colocou em jumentos como presentes para Davi e os homens dele. Ela enviou os servos à sua frente com as provisões; então, ela mesma montou em um jumento para ir ao acampamento de Davi.

A palavra hebraica para marido é *ba'al*, "possuidor" ou "senhor", e para esposa a palavra é *be'ulah*, "possuída", ilustrando o ponto de vista do Antigo Testamento para a mulher como propriedade. No entanto, muitas mulheres aparentemente desfrutavam de considerável liberdade e exerciam uma grande influência na família, na comunidade e até mesmo nos afazeres de seu governo. Claramente Abigail era uma dessas mulheres. Já ficou claro que ela era sábia e bonita, mas essa passagem oferece mais detalhes ainda sobre seu caráter. Ela era acessível. Havia ganhado o respeito de seus servos. Agia com autoridade. Resolvia problemas. Além disso, tinha o raciocínio rápido e era proativa e independente. Ela não era sufocada pela posição do marido como uma tola; aparentemente, estava livre para estabelecer sua própria reputação como uma mulher justa e digna de confiança. E ela entendia a verdade expressa em Provérbios 21:14 de que um presente pode acalmar a ira.

Palavras graciosas

1Samuel 25:20-24 *Enquanto ela ia montada num jumento, encoberta pela montanha, Davi e seus soldados estavam descendo em sua direção, e ela os encontrou. Davi tinha dito: "De nada adiantou proteger os bens daquele homem no deserto, para que nada se perdesse. Ele me pagou o bem com o mal. Que Deus castigue Davi, e o faça com muita severidade, caso até de manhã eu deixe vivo um só do sexo masculino de todos os que pertencem a Nabal!"*
Quando Abigail viu Davi, desceu depressa do jumento e prostrou-se perante Davi, rosto em terra. Ela caiu a seus pés e disse: "Meu senhor, a culpa é toda minha. Por favor, permite que tua serva te fale; ouve o que ela tem a dizer."

A caravana encontrou os soldados de Davi na estrada. Antes de Davi avistá-la, Abigail o avistou — ainda resmungando, soltando fumaça pelas ventas e ameaçando Nabal e os da casa dele à medida que seus homens e ele seguiam pela estrada. Descendo do jumento, a bela mulher prostrou-se, rosto em terra, diante dele para fazer um dos mais longos discursos feitos por uma mulher registrados na Bíblia. Suas palavras para Davi incluíram:

1. Uma saudação humilde. Ela se prostrou aos pés dele e rogou que ele a ouvisse.
2. Noção de responsabilidade. Claro que a falta de hospitalidade não era sua culpa; era de seu marido! Mas, como a dona da casa, ela assumiu a responsabilidade dizendo que não havia visto os homens de Davi que levaram a mensagem, e pediu perdão a Davi.
3. Reconhecimento do verdadeiro caráter de Nabal. Ela o chamou de mau-caráter e afirmou que ele era tolo, como sugeria o nome dele.
4. Um lembrete de que a mão do Senhor estava sobre Davi.
5. Uma avaliação precisa da situação diante deles; ela afirmou que a ação que Davi estava para tomar tinha a ver com vingança pessoal.
6. Um resumo do papel de Davi no sentido de dar continuidade ao plano de Deus.
7. Uma referência à vitória de Davi no passado sobre Golias mediante o poder de Deus.

Ponto importante

8. Um lembrete do futuro de Davi como soberano sobre Israel.

9. Um pedido para que Davi se lembrasse dela.

O discurso de Abigail tem muito a ensinar sobre a comunicação eficiente. Ela escolheu com cuidado as palavras para expressar respeito (mesmo que Davi não estivesse agindo de forma a merecê-lo!), honestidade, entendimento espiritual, tato, confiança e assertividade. Mas talvez a lição mais poderosa a ser aprendida no encontro de Abigail com Davi não esteja em seu discurso. Está no modo como ela entendeu que tinha a responsabilidade de cuidar da saúde espiritual de alguém que também cria em Deus.

Vá para

língua branda
Provérbios 25:15

desviar a fúria de uma pessoa
Provérbios 15: 1

> ### O que outros dizem
>
> **Rick Warren**
> Dada a situação certa, você e eu somos capazes de cometer qualquer pecado. Deus sabe disso, por isso designou a cada um de nós a responsabilidade de mantermos uns aos outros nos trilhos [...] "Cuide da sua vida" não é uma expressão cristã. Somos chamados e ordenados a envolver-nos na vida uns dos outros. Se você conhece alguém que está vacilando espiritualmente nesse momento, é sua responsabilidade ir atrás dessa pessoa e trazê-la de volta à comunhão.[4]

Algo para pensar

Que coisa difícil de dizer!

> ### Visão geral
>
> **1Samuel 25:32-35**
> Se "a língua branda quebra até ossos", ela pode também desviar a fúria de uma pessoa. Abigail provou isso, e Davi foi eternamente grato pelo favor. Tão grato, na verdade, que louvou a Deus por ter colocado Abigail em seu caminho, agradeceu-lhe efusivamente, aceitou com gratidão o presente dela e depois a mandou para casa com uma bênção.

Insubordinada. Rude. Fora da linha. Presunçosa. Abusada. Davi poderia ter rotulado Abigail com essas ou muitas outras palavras, mas não fez isso. Se a lição fundamental do exemplo de Abigail é sua disposição em falar o que pensa para evitar que um cristão peque, a grande lição na reação de Davi é que ele se dispôs a ouvi-la. Ao fazer isso, ele permitiu que Deus

Ponto importante

usasse as palavras de Abigail como um jorro de água fresca sobre o fogo de sua ira.

Lembre-se: esse era um rapaz que realmente não queria pecar; seu desejo era agradar a Deus. Ele ficou agradecido pelo fato de uma serva de Deus ter interferido em seu favor.

> **O que outros dizem**
>
> **John Vawter**
> Todos temos momentos em que muito de nós e pouco de Cristo se mostra. Precisamos de pessoas que nos amem o suficiente para nos apontar nossas deficiências, nossas inconsistências e nossos pecados a fim de que a imagem de Cristo não seja obscurecida.[5]

Nabal teve um infarto

> **Visão geral**
>
> **1Samuel 25:36-38**
> Certamente, Abigail foi para casa se sentindo confiante e aliviada, talvez até alegre, ao perceber que havia agido como porta-voz do Senhor no cumprimento de seus planos na vida de Davi. Ser usado por Deus — nada pode ser mais doce! Mas seu coração deve ter pesado ao lembrar que seu marido provavelmente não entenderia a magnitude do que Deus havia acabado de fazer por seu intermédio. Ele poderia se irar ainda mais, ela deve ter pensado. Não era de surpreender que, ao chegar em casa, ela o tenha encontrado bêbado; no entanto, ela sabia que ele não entenderia, ainda que estivesse sóbrio. É comum dizermos hoje: "Ele vai ter um infarto quando souber". Se esses foram os pensamentos de Abigail enquanto seguia em direção à região de Carmelo, foram proféticos: depois de contar ao marido no dia seguinte o que havia acontecido, ele sofreu um infarto que o paralisou por dez dias, e depois morreu.

Deus fala para homens e mulheres não se juntarem com descrentes: "Não se ponham em jugo desigual com descrentes. Pois o que têm em comum a justiça e a maldade? Ou que comunhão pode ter a luz com as trevas?" (2Coríntios 6:14). A despeito dessa advertência, mulheres tementes a Deus continuam a se casar com homens ímpios, e vice-versa, todos os dias. Se você está nesse tipo de relacionamento conjugal, é útil se lembrar dos seguintes princípios:

Para o seu casamento

1. Você deve pessoalmente responder por sua vida a Deus, por isso é importante não deixar seu marido ou sua mulher descrente obstruir seu relacionamento com Deus e sua obediência a ele. Abigail serve como um exemplo vívido dessa verdade em ação. Ela entendia a cegueira espiritual do marido, mas, em vez de deixar que a incapacidade dele a atrapalhasse, ela permaneceu obediente a Deus, demonstrando a confiança de que o Senhor iria protegê-la e sustentá-la.

2. Você tem influência, não controle. Você pode influenciar, mas não ditar a condição espiritual de seu cônjuge. Maximize sua influência por meio de orações, de suas palavras e, mais importante, de seu exemplo — nunca com reclamações, coerção ou joguinhos.

3. Você pode não ser o único meio pelo qual seu cônjuge venha a ter um relacionamento com Cristo. Se você acha que a responsabilidade de levar seu cônjuge a um relacionamento com Cristo é totalmente sua, pense de novo; Deus é perfeitamente capaz de atraí-lo para si mesmo de muitas outras formas, incluindo outras pessoas e outras circunstâncias.

4. Deus é soberano e pode trabalhar em cada situação para o bem maior. Ele pode usar os testes e as provações de ser casado com um descrente para ensinar importantes lições sobre amor, perdão e confiança, e para moldar um coração a se parecer mais com o dele.

5. A necessidade que o cônjuge tem de Cristo pode ser o ímã que aproxima você mais dele em amor, em vez de uma barreira que causa distância emocional entre vocês dois.

6. Você não precisa deixar que seu cônjuge descrente afaste você da comunhão com outros cristãos. Na verdade, você precisa ainda mais de apoio, encorajamento e orações de seus amigos cristãos, uma vez que não tem isso com seu cônjuge.

O que outros dizem

Kathy Collard Miller e D. Larry Miller
Um cristão casando-se com alguém que não conhece a Deus é como misturar água e óleo. É uma união incompatível. O apóstolo Paulo escreveu que tais relacionamentos podem afastar a pessoa da devoção a Deus.[6]

Vá para

encorajamento
Hebreus 10:25

A recompensa de Abigail: um terreno perigoso para Davi?

> **Visão geral**
>
> **1Samuel 25:39-41**
>
> Quando ficou sabendo que Nabal havia morrido, Davi louvou a Deus por ter intervindo e feito vingança. Em seguida, pediu que Abigail se casasse com ele, uma proposta à que ela respondeu com sua característica eloquência e humildade: ela se levantou, inclinou-se, rosto em terra, e disse: "Aqui está a sua serva, pronta para servi-lo e lavar os pés dos servos de meu senhor" (v. 41). Essa passagem também revela que Davi tomou outra esposa, Ainoã, de Jezreel, que teria sido sua terceira esposa se Saul não tivesse, por algum motivo desconhecido, dado Mical a outro homem.

Deus transformou a esposa de um tolo na esposa de um rei. Para uma mulher como Abigail, no entanto, a paz de se tornar a esposa de um homem de Deus teria sido muito mais emocionante do que o prestígio de se tornar a esposa de um rei. Depois de suportar a tolice de Nabal dia após dia, que alívio Abigail deve ter achado por estar casada com um homem cuja paixão pelo Senhor era igual à dela.

Casamentos poligâmicos: eles foram feitos no céu?

Faça as contas: Davi tinha uma esposa, Mical. Então, tomou mais duas, Abigail e Ainoã. Mas, na ausência de Davi, Saul tomou Mical de Davi e a deu para outro homem, deixando Davi com duas esposas. Em termos simples, o futuro rei agora era um polígamo.

Os homens na antiga cultura hebraica frequentemente tomavam mais de uma esposa por várias razões:

Algo para pensar

♦ Porque filhos eram muito valiosos, e ter múltiplas esposas significava produzir muitos descendentes e aumentar as chances de eles serem pais de filhos homens.

♦ Porque as mulheres eram consideradas posses, e ter muitas mulheres significava prestígio; elas eram como troféus embelezando a prateleira na sala.

♦ E porque a família era importante, e ter muitas mulheres permitia aos homens trazer parentes viúvas para o cuidado e proteção de uma família estabelecida.

> ### O que outros dizem
>
> **Larry e Sue Richards**
> Na antiga lei babilônica, quando um homem se casava com duas mulheres, uma era a primeira esposa, e a segunda tinha uma posição inferior. Normalmente essa posição era mencionada em um contrato de casamento, muitos dos quais foram recuperados por arqueólogos.[7]

Vá para

mulher
Provérbios 5:18;
Eclesiastes 9:9

monogâmicos
Deuteronômio 17:17

Uma discussão sobre poligamia levanta duas questões-chave:

1. *A poligamia era ou é de acordo com Deus?*

Para responder a essa pergunta, é importante descobrir o que as Escrituras têm a dizer sobre casamento, e o começo do casamento é o melhor lugar para começar. Diz Gênesis 2:24: "O homem deixará pai e mãe e se unirá à sua mulher, e eles se tornarão uma só carne". Esse versículo e muitos outros usam o singular "<u>mulher</u>" no lugar do plural "mulheres", sugerindo fortemente que a poligamia não faz parte do plano de Deus para o casamento. Outra evidência de que o casamento é feito para duas pessoas, e não três, nem quatro ou mesmo centenas (como no caso de Salomão) inclui o modo como o Novo Testamento usa o casamento para descrever o relacionamento entre Cristo e a Igreja. É dito que Cristo tem uma esposa, não várias.

Fortaleça sua família

A lei de Moisés ordenava que reis fossem <u>monogâmicos</u> e desencorajava a poligamia para outros homens; no entanto, ela apresentava instruções acerca do tratamento para mais de uma esposa... o que nos leva à próxima questão.

2. *Se a poligamia não era nem é de acordo com Deus, por que ele a permitiu?*

Primeiro, note que as instruções sobre poligamia começam com um "se", não um "quando": "*Se* o senhor tomar uma segunda mulher para si, não poderá privar a primeira de alimento, de roupas e dos direitos conjugais" (Êxodo 21:10, grifo nosso). Deus sabe como as pessoas agem e sabe que, uma vez que lhes deu livre-arbítrio, elas nem sempre seguirão suas orientações.

Segundo, a ausência do registro de Deus condenando algo não implica sua aprovação. Por motivos que as pessoas podem não entender, ele simplesmente escolheu não revelar os detalhes sobre as consequências ou a condenação para cada ação e atitude na Bíblia.

E, terceiro, vários exemplos nas Escrituras mostram claramente que os participantes da poligamia pagavam um preço alto, muito frequentemente na forma de problemas familiares. A <u>casa de Elcana</u> estava em discórdia por

casa de Elcana
1Samuel 1:1-8

Vá para

Sara e Hagar
Gênesis 16:1-6

Raquel e Lia
Gênesis 29:18,27-28

causa do conflito entre suas duas esposas: Ana, que não tinha filhos, e Penina, de língua afiada. A poligamia também trouxe sofrimento e dor às casas de Sara e Hagar, e de Raquel e Lia.

> **O que outros dizem**
>
> **Larry e Sue Richards**
> A vida de Raquel e de Lia como irmãs casadas com o mesmo homem era mais complicada por causa da competição de dar filhos ao marido. Nessa competição, cada uma deu também a Jacó suas servas ["empregadas"] como suplentes [...] Os relacionamentos complexos que isso criou causaram extrema dor para cada uma das mulheres e, sem dúvida, para Jacó também.[8]

Resumo do capítulo

- Samuel morreu aos 98 anos, depois de ter servido fielmente ao seu Deus e à nação como o 13° juiz e um importantíssimo profeta de Israel.
- Saul ainda estava no cargo, mas seus dias estavam contados. Davi — ainda sem desejo de eliminar Saul com as próprias mãos — e seus homens estavam escondidos no deserto de Maom.
- Quando Davi ouviu que a ocasião da tosquia de ovelhas estava para acontecer na região de Nabal, um fazendeiro bem-sucedido, porém tolo, enviou dez homens para pedir-lhe provisões. Nabal respondeu com um insulto a Davi, questionando sua linhagem e acusando-o de rebelião contra Saul.
- Quando ouviu a resposta de Nabal, Davi ordenou que quatrocentos de seus homens se armassem e se preparassem para matar Nabal e cada membro da casa dele.
- Um dos servos de Nabal, vendo o problema surgir na cabeça quente de Davi, contou à bela e sábia esposa de Nabal, Abigail, o que havia acontecido. Ela interceptou Davi, que ficou impressionado com sua beleza e sua sabedoria, e o persuadiu a cancelar seu plano de ataque.
- Depois que Abigail contou a Nabal o que havia acontecido, ele sofreu um infarto que o paralisou por dez dias, e depois morreu.
- Quando Davi soube que Nabal havia morrido, louvou a Deus por sua intervenção e, então, pediu que Abigail se casasse com ele.

Questões para estudo

1. Quais foram as realizações de Samuel?
2. Para onde Davi foi depois que Samuel morreu?
3. Por que Davi se alegrou ao saber que a ocasião da tosquia de ovelhas havia chegado na região circunvizinha de Nabal?
4. Por que Davi esperou hospitalidade da parte de Nabal?
5. Como Davi respondeu aos insultos de Nabal?
6. Por que o servo de Nabal procurou Abigail, e não Nabal?
7. Que efeito a intervenção de Abigail teve em Davi?
8. Por que Abigail esperou até o dia seguinte para contar a notícia ao marido?
9. O que Davi fez ao saber da morte de Nabal?

Em destaque no capítulo:

- ✦ Saul: salvo por um triz pela última vez
- ✦ Aquis ganha um guerreiro
- ✦ Saul e a médium
- ✦ Saul morre
- ✦ O dilema de Davi

1SAMUEL 26-31
1Crônicas 10: O livramento de Davi

Vamos começar

Refletindo sobre sua situação, Davi provavelmente achava cada vez mais difícil ver o lado bom dela. Primeiro, havia Saul, que o odiava sem qualquer motivo aparente. Depois, havia o exército do rei com três mil soldados de alta categoria: não exatamente um páreo justo para seu bando de seiscentos desajustados, desencorajados e descontentes. O que levava a outra questão: Davi era responsável por cuidar para que as esposas e os filhos de seus homens — além de suas próprias duas esposas — tivessem comida, água e provisões. Isso não devia ser fácil no inóspito terreno do deserto do Oriente Médio. À medida que a pressão continuava a aumentar, a força física, emocional e espiritual de Davi começou a se desgastar. Dúvidas começaram a dominar seus pensamentos, e ele começou a acreditar que realmente morreria nas mãos de Saul. Mas, nesse meio-tempo, tudo o que ele sabia fazer era fugir para salvar a própria vida, e o único lugar aonde poderia ir a fim de encontrar qualquer esperança de segurança era em território inimigo, aonde Saul e seus amigos jamais ousariam ir.

E, quanto a Saul, ele também lutava com pensamentos sobre a própria mortalidade. Enquanto o medo que Davi tinha de Saul o levava à falsa segurança do território inimigo, o medo de Saul de um ataque iminente dos filisteus o levava a tomar medidas extremas. Ele logo descobriu que sua escolha de deixar Deus de fora de sua vida não lhe deixava ninguém a quem pudesse recorrer.

Saul: salvo por um triz pela última vez

Vá para

zifeus
1Samuel 23:19-23

temperamento conturbado
1Samuel 16:23

Golias
1Samuel 17:32-58

Abisai
Sobrinho de Davi e soldado habilidoso.

Abner
Comandante de Saul e também seu guarda pessoal.

Visão geral

1Samuel 26

Na última vez que o nome de Saul apareceu nas Escrituras, ele havia se lançado diante de Davi e, com muitas palavras, dito que deixaria de persegui-lo. Como Davi havia suspeitado, aquelas eram palavras vazias. Quando Saul soube pelos zifeus — que pareciam gostar de ficar de olho em Davi para dar informações ao rei — onde Davi se escondia, ele começou outra perseguição com sua tropa de elite.

Descobrindo que Saul estava, mais uma vez, louco atrás dele, Davi enviou um espião para descobrir o paradeiro do rei. Então ele e seu sobrinho — seu habilidoso e leal soldado **Abisai** — foram ao acampamento do rei, onde encontraram Saul dormindo, com a lança no chão perto da cabeça, e **Abner**, seu comandante, dormindo ali perto. Abisai viu a circunstância como providencial e implorou para Davi que o deixasse matar o rei. Mais uma vez, Davi se recusou a assassinar o rei, reafirmando sua confiança de que Deus cuidaria do caso. Davi tomou a lança do rei e o jarro de água antes de sair com Abisai; eles escaparam sem serem vistos, porque os homens haviam sido colocados para dormir por indução divina. Os dois saíram do acampamento e se dirigiram para o topo da colina a uma boa distância. De lá, Davi começou a repreender Abner por não conseguir guardar o rei.

Saul acordou, reconhecendo instantaneamente a voz que, a essa altura, conhecia tão bem quanto a de seus próprios filhos. Essa era a voz que havia acalmado seu temperamento conturbado, que, com seriedade, havia lhe pedido permissão para lutar contra Golias e que havia lhe perguntado antes por que o rei estava atrás de sua vida. Ele ouvia agora palavras similares, enquanto Davi falava, do outro lado da ravina, para o inimigo sonolento, querendo saber por que Saul o perseguia. E, mais uma vez, Saul confessou sua culpa, reconheceu a posição de Davi como o próximo rei de Israel e prometeu cessar a caçada. Os dois seguiram rumos separados.

Quem poupou a vida de quem?

Imagine a cena: um acampamento militar ocupado por soldados suficientes para encher um ginásio de futebol. Como de costume, Saul e seus altos oficiais estavam situados em uma clareira circular central. Eles estavam cercados pelo restante dos homens, pelas bagagens e pelas carroças.

Esses homens foram escolhidos a dedo pelo rei por causa de suas façanhas militares excepcionais. Eram uma milícia de primeira, mas estavam, até aqui, fartos da perseguição a Davi. Quanto mais se alongava a caçada frustrada, mais irado — e louco — Saul se tornava. Nada lhes daria mais satisfação do que capturar ou matar Davi e pôr um fim à loucura, para que pudessem ir para casa estar com a família ou, pelo menos, lançarem-se em outra luta, sem dúvida mais recompensadora, contra os filisteus ou outros inimigos.

Contudo, quando o fugitivo, cuja cabeça esses homens buscavam, entrou na ponta dos pés passando por seus catres à luz da lua, nem um dos soldados sonolentos se moveu. Eles estavam dormindo profundamente em serviço.

Eram soldados desleixados? Foram muitas horas de trabalho? Estavam adoecendo? Dificilmente.

A razão para o absoluto torpor dos soldados de Saul era a ação Deus. Ele havia feito com que caíssem em um sono profundo, a mesma palavra usada para descrever a anestesia que Deus aplicou em Adão para poder tirar-lhe uma das costelas e, a partir dela, criar Eva. Então, muito embora esse episódio na vida de Davi seja visto como a segunda vez em que Davi poupou a vida de Saul, um título mais preciso para o incidente seria: "Deus poupou a vida de Davi – de novo".

Deus em ação

> **O que outros dizem**
>
> **Matthew Henry**
>
> Saul e todos os seus soldados estavam indefesos; todos, na verdade, desarmados e facilmente capturáveis! Contudo, nada é feito contra eles; eles foram apenas embalados até que conseguiram dormir. Com que facilidade Deus pode enfraquecer o mais forte, fazer de tolo o mais sábio e despistar o mais vigilante! Que todos os seus amigos, portanto, confiem nele e que todos os seus inimigos o temam.[1]

Vendo dobrado?

Alguns estudiosos acreditam que os relatos de Davi poupando a vida de Saul na caverna de En-Gedi e aqui são tão similares que devem ser duas versões do mesmo evento. As semelhanças são de fato impressionantes. Em ambas as passagens:

Vá para

três mil homens
1Samuel 13:2; 24:2; 26:2

- Os zifeus revelaram o paradeiro de Davi para Saul.
- Saul estava na perseguição com três mil homens.
- Os homens de Davi fizeram observações similares.
- Davi teve a chance de matar Saul, mas se recusou.
- Davi tomou um "troféu" de Saul para provar sua proximidade.
- Saul reconheceu a voz de Davi.

Outros pesquisadores da Bíblia, no entanto, acreditam que os detalhes são simplesmente muito diferentes para presumirmos que os dois registros se refiram ao mesmo incidente. Eles apontam que:

- As localizações eram muito diferentes – uma caverna foi o lugar do primeiro relato e um grande acampamento aberto, o do segundo.
- Saul *sempre* teve três mil homens consigo, então não há nenhuma estranha coincidência.
- No primeiro incidente, Saul perambulou pelo esconderijo de Davi; no segundo, Davi foi até Saul.
- No primeiro incidente, Saul estava separado de seus homens e, no segundo, estava cercado por eles.

Perdido!

1Samuel 27:1-4 *Davi, contudo, pensou: "Algum dia serei morto por Saul. É melhor fugir para a terra dos filisteus. Então Saul desistirá de procurar-me por todo o Israel, e escaparei dele". Assim, Davi e os seiscentos homens que estavam com ele foram até Aquis, filho de Maoque, rei de Gate. Davi e seus soldados se estabeleceram em Gate, acolhidos por Aquis. Cada homem levou sua família, e Davi, suas duas mulheres: Ainoã, de Jezreel, e Abigail, que fora mulher de Nabal, de Carmelo. Quando contaram a Saul que Davi havia fugido para Gate, ele parou de persegui-lo.*

À medida que a narrativa muda para acompanhar a atividade de Davi, o monólogo interior na linha de abertura — "Davi, contudo, pensou" — dá ao leitor o primeiro vislumbre registrado de seus pensamentos.

Dessa vez, Saul havia dito a verdade. Ele nunca mais buscaria a vida de Davi. O problema era que Davi não sabia disso. Tudo o que ele sabia era que, por duas vezes antes, Saul havia feito as mesmas promessas e, por duas vezes, a palavra do rei de nada havia valido. Como ele poderia esperar que dessa vez seria diferente? Não poderia.

Mas eram as palavras de Deus, não as de Saul, que deveriam importar mais para Davi. Deus havia prometido remover Saul do poder e fazer de Davi rei de Israel. (E, se Davi havia se esquecido dessa promessa, ele poderia ter revisado uma longa lista de afirmações quanto ao seu reinado vindouro, feitas por pessoas como Samuel, Jônatas, Abigail, os filisteus e até mesmo Saul.) Com apenas seis palavras — "Algum dia serei morto por Saul" —, Davi demonstrou uma atitude espantosamente atípica desse homem segundo o coração de Deus. Aquele rapaz geralmente otimista revelou um obscuro pessimismo ao assumir o pior cenário possível e, de modo flagrante, expressar falta de confiança em Deus. O Senhor, de repente, não parecia ser fiel o suficiente para cumprir promessas nem forte o suficiente para vencer inimigos.

Ponto importante

Vá para

esperar no Senhor
Salmos 27:14; 37:7, 34; 130:6

Davi permitiu que a dúvida distorcesse sua visão e danificasse sua habilidade de tomar decisões acertadas. Para tomar a boa estrada espiritual, Davi teria de "esperar no Senhor". Mas ele tomou a estrada ruim quando decidiu resolver as coisas com as próprias mãos, chocando sua família, seus homens e a família deles com o anúncio: "Façam as malas; vamos nos mudar para Gate".

O que deu nele?

Isso devia ser o que os homens de Davi se perguntavam enquanto desmontavam as tendas e embalavam as provisões para estabelecerem residência em uma nova vizinhança, bem no meio do território de seu pior inimigo. Eles haviam ficado contentes por romper a aliança com o instável e covarde rei Saul quando viram o fogo no coração de Davi em lutar pelo povo de Deus ao modo de Deus. Muito embora isso tenha significado viver em dificuldades e pobreza no deserto, Davi havia ganhado a lealdade deles com sua paixão e sua coragem firmes para fazer o que era certo, mesmo em face da adversidade. Mas agora eles deviam ter se perguntado se haviam se enganado muito ao julgarem seu líder. O homem que havia pedido direção a Deus, não apenas uma, mas duas vezes antes de conduzi-los à operação em Queila, nem havia se incomodado de consultar a Deus nessa grande decisão! Talvez ele não fosse tão extraordinário quanto pensaram que fosse.

Algo para pensar

> ## O que outros dizem
>
> **Alan Redpath**
>
> Peço que você note o quanto isso desonrou o Senhor. Deus não havia prometido a Davi que ele seria rei? O Senhor não havia dito que expulsaria os inimigos de Davi como uma pedra lançada de uma funda? Cada palavra de Deus para Davi não foi confirmada? [...] Davi, todas as promessas de Deus seriam descartadas?[2]

Aquis ganha um guerreiro

"Já tem muita gente doida por aqui", disse Aquis na última vez que Davi bateu à porta da cidade, com saliva escorrendo pela barba e arranhando as portas como um maluco. Mas o extraordinário jovem pastor havia melhorado muito, por assim dizer. Tanto que, de fato, Aquis concluiu que o matador de gigantes não era, afinal, um doido. Ele percebeu que poderia usar as ilustres habilidades do guerreiro — e do bando de soldados dele — para benefício próprio, tornando a perda de Israel em ganho para si. Quando o rei abriu o portão para deixar que Davi e seus homens entrassem, ele estabeleceu um relacionamento de senhor e vassalo com Davi. Em outras palavras, o homem que deveria ser rei de Israel foi trabalhar para o inimigo mais desprezível de Israel.

Uma olhada rápida em Gate

+ *Grande quinteto:* Gate era uma — e possivelmente a mais importante — das cinco cidades da Filístia (junto com Ascalom, Asdode, Ecrom e Gaza) chamadas de "pentápole filisteia".
+ *País do vinho:* o nome de Gate é tomado da palavra hebraica *gat*, que significa "lagar". A área ao redor de Gate era muito fértil e possivelmente um local de muitos lagares.
+ *Monte branco:* Gate é identificada com a cidade moderna de Tel es-Safi, em árabe, "o monte branco", em referência às falésias de calcário branco da região. Com aproximadamente cem acres, é um dos maiores lugares bíblicos em Israel.

De mudança para Ziclague

1Samuel 27:5-7 Então Davi disse a Aquis: "Se eu conto com a tua simpatia, dá-me um lugar numa das cidades desta terra onde eu possa viver. Por que este teu servo viveria contigo na cidade real?" Naquele dia Aquis deu-lhe Ziclague. Por isso, Ziclague pertence aos reis de Judá até hoje. Davi morou em território filisteu durante um ano e quatro meses.

Vá para

Ziclague
pequeno povoado ao sul da fronteira da Filístia entre Gaza e Berseba

Simeão
Josué 15:31; 19:5; 1Crônicas 4:30

adoravam ídolos
2Samuel 5:21

Considerando quantas pessoas estavam na comitiva de Davi, não é de admirar que Gate logo tenha começado a se sentir superpovoada, forçando Davi a pedir para Aquis outro lugar para habitar. Imagine isto: o herdeiro do trono da terra que Deus havia prometido aos israelitas pedindo a um inimigo um pedaço de terra que pudesse chamar de seu! Aquis concordou em dar a Davi um feudo, enviando Davi e seu povo para uma cidade chamada **Ziclague**.

Ziclague tinha pouco valor para os filisteus. Eles haviam capturado a cidade cananeia que havia sido alocada à Judá quando Josué entrou na Terra Prometida, mas nunca viveram nela. Era então ocupada por descendentes de Simeão, e servia bem aos propósitos de Davi, pois ficava distante do território de Saul e relativamente isolada de Gate.

O que outros dizem

Alan Redpath

Essas pessoas estavam vivendo em um território que Deus lhes tinha dado, mas que era controlado pelo inimigo, e viviam em sujeição.[3]

Vivendo com o inimigo

Desse modo, um período distintamente sombrio começou na vida de Davi, no qual ele deixou de viver pela fé e pela honra na terra de Israel — ainda que lá estivesse em fuga de Saul — para viver com medo e engano na terra dos inimigos.

Na verdade, a Filístia era um território inimigo em muitos aspectos. Os filisteus não eram apenas uma ameaça militar gigantesca, mas eram também uma ameaça espiritual significativa. Por fora eles talvez não aparentassem ser maus: com raízes na cultura grega, eram sofisticados e atraentes, com todos os apetrechos e ferramentas avançados que tornam a vida mais fácil e mais prazerosa. Mas, por baixo de todo o refinamento, havia corações endurecidos pela impiedade e pela imoralidade. Talvez o traço mais perturbador deles fosse que adoravam ídolos.

Davi havia se mudado para junto dos filisteus porque pensava que assim estaria seguro. E por um tempo ele esteve. Fisicamente seguro, quer dizer. Mas todo tempo que uma pessoa piedosa passa com pessoas ímpias, é

Algo para pensar

provável que ela experimente algumas consequências desconfortáveis. Será que Davi não sabia que se aliar com os filisteus não apenas ajudava a causa inimiga, como também desonrava o Deus a quem ele tanto queria agradar? Ninguém sabe a resposta a essa pergunta, pois os pensamentos de Davi sobre a questão não estão registrados na Bíblia — nem em 1Samuel nem em Salmos. Mas, por outro lado, seu silêncio pode ser de fato um indicativo de como estava seu estado de espírito durante esse tempo, considerando que o homem que compôs salmos de oração, paz e louvor, durante um dos momentos mais escuros, deixou de lado a pena e a tinta durante todos os dezesseis meses que viveu entre os filisteus.

> **O que outros dizem**
>
> **Charles Swindoll**
> O doce cantor de Israel estava mudo. Ele não escreveu nenhum cântico quando estava nessa crise. Ele não podia cantar os cânticos do Senhor estando em uma terra estrangeira governada pela influência do inimigo! Como diriam mais tarde os judeus cativos na Babilônia, "como poderíamos cantar as canções do SENHOR numa terra estrangeira?" (Salmos 137:4). Não há muita alegria fluindo da vida de Davi durante esse interlúdio carnal em Gate.⁴

Um por todos

Quando Davi ousou entrar na terra do inimigo, desobedecendo diretamente às instruções de Deus de que seu povo deveria permanecer separado, ele não alugou um quartinho. Ele trouxe consigo uma vila inteira de pessoas, incluindo suas esposas, sua família, seus amigos e sua milícia. Ao fazer isso, ele os expôs à mesma influência ímpia dos filisteus que ele recebia.

Nem todos lideram um bando de soldados, mas todos somos líderes. Quando nos aventuramos a ultrapassar os limites que Deus estabeleceu para nós, não é apenas nossa própria segurança que comprometemos: arrastamos também para uma zona de perigo nosso cônjuge, nossos filhos, nossos colegas, parentes e inúmeras outras pessoas de nossa esfera de influência!

Aplique

Deus nunca para de trabalhar

Muito embora Davi e seus seguidores estivessem firmemente plantados fora da vontade divina, Deus continuava a prover proteção e a operar seu propósito maior no futuro de Davi. Ele até continuou a colocar as futuras tropas de Davi em seu devido lugar; durante esse tempo em Ziclague, 23 parentes de Saul juntaram-se à companhia de Davi de "homens valentes".

Não façam prisioneiros!

Vá para

juntaram-se à companhia de Davi
1Crônicas 12:3-7

Visão geral

1Samuel 27:8-12

Como vassalo de Aquis, Davi tinha de dedicar ao rei sua força militar e sua lealdade. Isso significava que tinha de estar ocupado na batalha de seu quartel-general em Ziclague. Incapaz de digerir uma luta contra seu próprio povo, Davi, em vez disso, iniciou uma série de ataques repentinos contra inimigos antigos de Israel: gesuritas, gersitas e amalequitas. Uma vez que essas tribos nômades do deserto eram aliadas dos filisteus, Davi era forçado a mentir sempre que Aquis lhe perguntava sobre suas incursões recentes. E, para garantir que nenhuma notícia sobre sua atividade desleal chegasse ao rei Aquis, ele teve de implantar uma política especialmente severa: matar todos os membros da cada uma das tribos, incluindo mulheres e crianças, para que ninguém ficasse vivo para falar sobre suas atividades. Aquis acreditou no engodo e entendeu a aparente diligência de Davi como sendo um sinal de seu rompimento com Israel e sua aliança sincera com os filisteus. Então quando os filisteus começaram a organizar a guerra contra Israel mais uma vez, Aquis contava que poderia usar Davi como seu guarda-costas pessoal na batalha.

Tentar justificar as ações confusas de Davi pode nos levar a aplaudir sua teimosa recusa de atacar o próprio povo. Contudo, praticamente nada em seu comportamento durante esse tempo é digno de louvor. Ele era um líder colocando seus seguidores em perigo físico e espiritual; era um israelita agindo como traidor da própria nação e era um homem de Deus claramente vivendo fora da vontade de Deus. A dúvida havia enfraquecido sua fé inabalável; mentiras e dissimulações se tornaram práticas cotidianas; e seu engano o estava forçando a prejudicar pessoas inocentes. Alguns estudiosos dizem que esse episódio na vida de Davi o compeliu a escrever Salmos 119:28-29: "A minha

Algo para pensar

médiuns e os que consultavam espíritos
aqueles que se comunicam com os mortos, ou que alegam fazer isso

alma se consome de tristeza; fortalece-me conforme a tua palavra. Desvia-me dos caminhos enganosos; por tua graça, ensina-me a tua lei."

O que outros dizem

Burton Coffman

Não há como maquiar o pecado de Davi aqui. Ele mentiu continuamente sobre o que estava de fato fazendo. Aquis, que acreditou em Davi, confiou nele e o ajudou, foi vergonhosamente traído e enganado por Davi.[5]

O enorme pecado de Saul com uma médium

1Samuel 28:3 *Samuel já havia morrido, e todo o Israel o havia pranteado e sepultado em Ramá, sua cidade natal. Saul havia expulsado do país os médiuns e os que consultavam os espíritos.*

O foco do capítulo 28 subitamente volta para Saul, começando com um lembrete da morte de Samuel. A repetição do fato de que Samuel havia morrido destaca o papel importante que ele desempenhou na vida de Saul — e ressalta o vazio que deixou. O rei desfrutava de um relacionamento próximo, ainda que turbulento, com o profeta, que o ungiu, lhe ajudou a estabelecer a monarquia, foi seu mentor, o defendeu e orou por ele. Foi provavelmente sob orientação de Samuel que, no início de seu reinado, Saul demonstrou obediência a Deus ao expulsar da terra todos os **médiuns e os que consultavam espíritos**.

Saul recebeu um tratamento de silêncio

1Samuel 28:4-6 *Depois que os filisteus se reuniram, vieram e acamparam em Suném, enquanto Saul reunia todos os israelitas e acampava em Gilboa. Quando Saul viu o acampamento filisteu, teve medo; ficou apavorado. Ele consultou o SENHOR, mas este não lhe respondeu nem por sonhos, nem por Urim, nem por profetas.*

Saul já sabia há algum tempo o que iria acontecer: Deus iria tirá-lo do poder para que Davi pudesse ocupar o trono. Ele só não sabia exatamente como essas coisas iriam acontecer. Quando Saul viu os filisteus reunidos para outra luta, eles pareciam maiores, mais bem armados e mais assustadores do que nunca. Muito embora seus medos e sua paranoia frequentemente anuviassem seus pensamentos, deve ter sido em um momento de perfeita clareza que Saul se perguntou: seria esse confronto o modo pelo qual Deus o tiraria de cena para que Davi tomasse o trono?

A severidade de seu apuro era clara: Samuel já não podia ajudá-lo com conselhos ou orações, e o poder militar de Davi estava fora de seu alcance desde que o rei o havia empurrado para uma aliança com o inimigo. As duas únicas pessoas na terra que poderiam ajudá-lo estavam longe de seu alcance.

Pior de tudo, Deus estava em silêncio.

Quando Deus para de falar

Deus deseja falar. Suas palavras instruem, protegem, encorajam, guiam, nutrem e capacitam aqueles que as ouvem e agem de acordo com elas. Suas palavras são até infalíveis. Uma vez que são tão inestimáveis, Deus se deleita em quem as deseja e se agarra a elas como se fossem a própria vida. Considere como Samuel, quando menino, "nenhuma de todas as suas palavras [as palavras de Deus] deixou cair em terra" (1Samuel 3:19, ARA); como Davi escreveu que ansiava pelas instruções de Deus; como o profeta Jeremias disse ter "comido" as palavras de Deus, que "são a minha alegria e o meu júbilo" (Jeremias 15:16), e como Jó disse que preferia ter a palavra de Deus ao seu pão diário. Mas o oposto é verdadeiro para aqueles que continuamente desconsideram o que Deus fala. Deus desaprova pessoas que não atentam para suas palavras ou que as ouvem, mas as descartam como se fossem sem valor.

Quando pessoas param de ouvir, Deus para de falar:

✦ Vejam! O braço do Senhor não está tão encolhido que não possa salvar, e o seu ouvido tão surdo que não possa ouvir. Mas as suas maldades separaram vocês do seu Deus; os seus pecados esconderam de vocês o rosto dele, e por isso ele não os ouvirá" (Isaías 59:1-2).

✦ Endureceram o coração e não ouviram a Lei e as palavras que o Senhor dos Exércitos tinha falado, pelo seu Espírito, por meio dos antigos profetas. Por isso o Senhor dos Exércitos irou-se muito. 'Quando eu os chamei, não me deram ouvidos; por isso, quando eles me chamarem, também não os ouvirei', diz o Senhor dos Exércitos" (Zacarias 7:12-13).

Em sua determinação egoísta de repetidamente fazer o que queria em vez de fazer o que Deus lhe havia instruído a fazer, Saul calou a Deus havia muito tempo. Agora, quando ele finalmente estava pronto para buscar a ajuda

Vá para

instruem
Salmos 119:104, 129-130;
Colossenses 3:16;
2Timóteo 3:14-17

encorajam
Miqueias 2:7b; Atos 20:32

guiam
Salmos 119:105

nutrem
Deuteronômio 8:3b;
Jó 23:12; Salmos 119:103

capacitam
Salmos 119:11

infalíveis
2Samuel 22:31;
Salmos 19:7

cair em terra
1Samuel 3:19

ansiava pelas instruções de Deus
Salmos 119:131

palavra de Deus
Jó 23:12

Ponto importante

divina, Deus não responderia ao seu chamado. Deus havia "escondido sua face" de Saul, e não ouviria o clamor dele.

Vá para

sonhos de José
Mateus 1:20; 2:13

Nabucodonosor
Daniel 2 e 4

Urim e Tumim
Êxodo 28:29-30;
Levítico 8:8

peitoral
Êxodo 28:15-30

médiuns
Deuteronômio 18:10-11; 1Samuel 28:3,7; Isaías 8:19

ídolos familiares
Juízes 17:5; 18:13-20; Oseias 3:4; Zacarias 10:2

divindades pagãs
2Reis 1:2-3,16; Sofonias 1:5

adivinhação
maneiras de determinar a vontade de Deus

O que outros dizem

Beth Moore

Pecados não confessados, não arrependidos, podem facilmente ser a razão do silêncio de Deus em nossa vida. Lembre-se, Saul permaneceu em desobediência a Deus. Ele buscou impiedosamente a vida de um homem inocente, e até tentou matar com uma lança um de seus próprios filhos! [...] Vimos alguns arrependimentos, mas nunca o vimos verdadeiramente afastar-se da perversidade e voltar-se para a retidão.[6]

Como Deus fala

Quando pediu ajuda a Deus, o rei Saul procurou uma resposta em três fontes:

- *Sonhos*. A Escritura registra muitas vezes em que Deus revelou sua palavra para alguém por meio de sonhos. Às vezes as mensagens reveladas em sonhos eram simples; não precisavam de interpretação especial, como no caso dos sonhos de José com respeito a Maria e Herodes. Outros tipos de sonhos usavam símbolos claros o suficiente para serem compreendidos, como os sonhos do patriarca José em Gênesis 37. Outros sonhos ainda — como os do rei babilônico Nabucodonosor — apresentavam símbolos complexos e requeriam interpretação de alguém com uma habilidade especial.

- *Urim (e Tumim)*. Um sistema de comunicação estabelecido pelo próprio Deus, o Urim e o Tumim eram objetos que se encaixavam em um bolso do peitoral usado pelo sumo sacerdote. Detalhes sobre sua construção e como eram usados são imprecisos. Alguns estudiosos acreditam que eram um par de pedras – uma escura e outra clara – usadas para indicar um "sim" ou um "não" de Deus. A diferença entre esse e outros métodos de **adivinhação** — tais como consultar médiuns, ídolos familiares e divindades pagãs — está em sua fonte. O Urim e o Tumim foram estabelecidos por Deus e, portanto, eram santos; outras formas de buscar a vontade de Deus foram instituídas por homens e, por isso, eram profanas e proibidas.

- *Profetas*. Pessoas que falavam sobre Deus ou em nome dele eram profetas. Samuel, sem dúvida, havia sido o primeiro profeta e acredita-se que tenha iniciado uma escola de profetas. De certa forma, ele havia estabelecido um seminário para os que Deus havia escolhido para ser seus porta-vozes.

Tentando a sorte

Visão geral

1Samuel 28:7-25

Um traço característico da nação de Deus, Israel, que a separava das nações ímpias do outro lado de suas fronteiras era a recusa dos israelitas em participar de feitiçaria e magia. Deus havia claramente proibido essas práticas, que eram comumente usadas em outras nações pagãs. Na verdade, em Deuteronômio 18:12, Deus chama essas práticas de "abominações", um dos termos mais fortes que ele usa para expressar sua desaprovação. Saul sabia muito bem disso; afinal, ele mesmo havia expulsado da terra muitos dos médiuns e dos que consultavam espíritos. Contudo, ele estava desesperado por algum tipo de direção quanto ao seu dilema atual, tão desesperado por uma palavra de Deus que se disfarçou e partiu em uma perigosa viagem rumo a En-Dor, a fim de consultar uma dos poucos adivinhadores que permaneciam na região. Assegurando à feiticeira que ele cuidaria para que ela não se metesse em apuros por causa da prática ilegal, Saul lhe pediu que trouxesse Samuel dos mortos. Quando, para sua surpresa, o profeta apareceu, ela percebeu quem Saul devia ser, mas continuou sua tarefa.

Samuel, cuja aparição logo fez com que Saul se prostrasse, rosto em terra, diante dele, obviamente não estava contente em ser perturbado. Saul pediu a Samuel instruções, mas não recebeu nenhuma garantia nem conselho. Em vez disso, recebeu uma dura repreensão por sua desobediência no passado e uma notícia de gelar o sangue:

Vá para

proibido essas práticas
Deuteronômio 18:10-12; Levítico 19:31; 20:6,27; Êxodo 22:18; Isaías 8:19

Saul e seus filhos morreriam nas mãos dos filisteus no dia seguinte. O rei desmoronou de medo, e a médium, então, cuidou dele, preparando-lhe uma "última refeição", da qual ele e seus companheiros comeram antes de retornar para casa.

O que outros dizem

David Guzik

Coisas como cartas de tarô, leitura da mão, horóscopo e tabuleiro ouija são tentativas modernas de praticar formas de espiritismo. Estão perigosamente ligadas com demônios, mesmo que sejam empreendidas em um espírito de diversão.[7]

Profecia

Algo para pensar

Vá para

despiu
1Samuel 19:24

tecido
1Samuel 24:4-8

filhos de Eli
1Samuel 4

O que Saul vestiu

Que história as vestes de Saul contam sobre sua vida e seu caráter! O rei se <u>despiu</u> de suas vestes reais e deitou-se nu e vulnerável enquanto profetizava em Ramá com os outros profetas, dolorosamente ciente de que estava fora da vontade e proteção de Deus. O colapso de seu reino foi, mais tarde, simbolizado por um pedaço de <u>tecido</u> que Davi cortou de seu manto na caverna de En-Gedi. Ele se degenerou indo da mera nudez e vulnerabilidade ao fingimento flagrante enquanto deliberadamente pisava no terreno proibido do submundo. A ausência de seu adorno real prenunciava sua morte iminente.

O dilema de Davi

Visão geral

1Samuel 29 e 30

A narrativa retrocede para descrever eventos que ocorreram antes de Saul ter feito a viagem tarde da noite para se encontrar com a médium. Antes que os filisteus tivessem partido para o norte em direção a Suném, Aquis reuniu suas tropas em um acampamento em Afeque, o mesmo lugar onde se reuniram antes de os filisteus terem dispersado os israelitas durante a batalha que demandou a vida de os <u>filhos de Eli</u>. Aquis havia aprendido a confiar em Davi, que agora lhe servia como vassalo bem como seu guarda-costas, mas seus homens não tinham tanta certeza. Eles convenceram o rei a ordenar que a companhia israelita voltasse para Ziclague. Davi e seus homens bateram em retirada para casa, provavelmente sentindo-se muito aliviados por não terem de enfrentar seus compatriotas em batalha. No entanto, seus suspiros de alívio se transformaram em prantos de lamento quando descobriram que os amalequitas haviam incendiado sua cidade e levado cativas suas famílias — incluindo as esposas de Davi, Ainoã e Abigail. Davi e seus homens choraram até não terem mais forças. Então Davi se encontrou em dificuldades ainda maiores quando os homens, aflitos, começaram a procurar alguém em quem colocar a culpa pela dor que sentiam, e falavam em apedrejá-lo. Bem quando as coisas começaram a parecer as mais sombrias possíveis, um lampejo de esperança surgiu. Davi encontrou forças em Deus, e perguntou-lhe o que fazer em seguida.

Vendo-se preso no tumulto da preparação para estar ombro a ombro em batalha contra seu próprio povo, Davi deve ter sentido seu coração pesado. Como foi que as coisas se tornaram tão complicadas? Sua estadia em território inimigo parecia bastante inofensiva no início; havia sido um refúgio temporário, um lugar para se estabelecer por alguns meses a fim de passar o tempo em paz e segurança até que Saul se acalmasse. Mas era impossível estar no meio de um povo violento sem ser arrastado para suas tropas. Usando de engano, Davi conseguiu se esquivar de fazer o que esperavam dele — que ferisse seu próprio povo —, mas que truque poderia usar para sair do apuro em que se encontrava dessa vez? A não ser por intervenção divina, não haveria maneira segura de sair desse dilema. Ele lutaria ao lado dos inimigos e seria forçado a matar seus compatriotas ou se recusaria a lutar, revelando sua verdadeira lealdade e trazendo uma sentença de morte sobre a própria cabeça.

Quando os comandantes no exército de Aquis bateram o pé contra a ideia de permitir que Davi guerreasse com eles contra os israelitas, o amoroso cuidado de Deus sobre Davi não poderia ter sido mais evidente. (Talvez eles tenham se lembrado de algumas das coisas que Davi, pelo poder de Deus, havia feito no passado – ainda que Davi não se lembrasse!)

Davi no fundo do poço

Davi já havia tido algumas crises de desespero antes, mas agora era o fundo absoluto do poço da depressão. O rei com coração de pastor havia retornado ao aprisco e encontrado o pasto carbonizado e fumegando, e as ovelhas, levadas embora. A tristeza vinha sobre ele em ondas: enquanto o Davi soldado estava aflito pela perda física da propriedade, o Davi homem sofria a dolorosa perda daqueles a quem amava e o Davi líder lamentava com expressões do tipo "quem me dera" e "eu devia" que poderiam ter poupado seu povo e seus bens. E, como se isso não bastasse, as pessoas que ele considerava seus aliados fortes e amigos leais planejavam um motim. As coisas estavam mal, muito mal.

Nesse momento, ele tinha duas opções: poderia continuar a encarar o chão, de cabeça baixa, paralisado por vergonha, arrependimento e medo; ou poderia olhar para cima e pedir ajuda.

Sendo um homem segundo o coração de Deus, ele escolheu olhar para cima. "Fortaleceu-se no Senhor, o seu Deus" (1Samuel 30:6).

Vá para

filho pródigo
Lucas 15:22-24

O pródigo antes da parábola

Um filho intransigente e orgulhoso deixa sua casa para seguir seu caminho no mundo, onde não encontra nada além de pobreza, solidão e perigo. Sentindo-se desesperado, desencorajado e, acima de tudo, indigno, mas com saudades de casa, ele dá um passo na direção certa — um passo em direção à sua casa. É tudo de que precisa. À medida que se aproxima de casa, vê o pai correndo em sua direção para recebê-lo de braços abertos e com um jantar no forno.

É a parábola do filho pródigo, mas também é um bom resumo do retorno de Davi aos cuidados de Deus depois de estar afastado por dezesseis meses. Davi, assim como o filho pródigo, começou a achar que poderia ficar bem mesmo fora do cuidado e provisão de seu pai. Mas ele não pôde. Uma decisão ruim levou à outra, e, em pouco tempo, ele já estava tão distante da proteção que havia no amor e cuidado de Deus que, certamente, deve ter se perguntado se estava longe demais para ser resgatado. Mas isso não poderia estar mais longe da verdade.

Deus estava atento e esperava pelo momento em que Davi se voltaria para ele.

O que outros dizem

Max Lucado

O filho podia estar fora de casa, mas nunca fora do coração de seu pai. Ele pode ter deixado a mesa, mas nunca deixou a família. Não ignore a mensagem aqui. Você pode querer deixar de ser filho de Deus. Mas Deus não está disposto a deixar de ser seu Pai.[8]

Um sinal de arrependimento

Ponto importante

Embora a Bíblia não diga nesta passagem que "Davi se arrependeu", as ações dele deixam óbvio o fato de que "se arrepender" foi exatamente o que ele fez ao fitar as ruínas fumegantes de Ziclague e ouvir seus homens perturbados mencionando a possibilidade de apedrejá-lo. Sem arrependimento ele não teria encontrado forças em Deus. Sem arrependimento ele não teria pedido ajuda a Deus.

Ao comparar os quadros de Davi e Saul, notamos que arrependimento é uma das características mais visíveis em Davi, e é o traço mais notavelmente ausente em Saul.

Recuperação!

> **1Samuel 30:15-20** *Davi lhe perguntou: "Você pode levar-me até esse bando de invasores?" Ele respondeu: "Jura, diante de Deus, que não me matarás nem me entregarás nas mãos de meu senhor, e te levarei até eles". Quando ele levou Davi até lá, os amalequitas estavam espalhados pela região, comendo, bebendo e festejando os muitos bens que haviam tomado da terra dos filisteus e de Judá. Davi os atacou no dia seguinte, desde o amanhecer até a tarde, e nenhum deles escapou, com exceção de quatrocentos jovens que montaram em camelos e fugiram. Davi recuperou tudo o que os amalequitas tinham levado, incluindo suas duas mulheres. Nada faltou: nem jovens, nem velhos, nem filhos, nem filhas, nem bens, nem qualquer outra coisa que fora levada. Davi recuperou tudo. E tomou também todos os rebanhos dos amalequitas, e seus soldados os conduziram à frente dos outros animais, dizendo: "Estes são os despojos de Davi".*

Uma vez que "fortaleceu-se" no Senhor, Davi partiu para a ação. Convocou o sacerdote Abiatar para ajudá-lo a saber o que Deus queria que ele fizesse em seguida. Davi perguntou a Deus se deveria perseguir os amalequitas, e Deus, por meio do colete sacerdotal, respondeu com um "sim", prometendo vitória certa. Assim Davi e seus seiscentos homens se puseram a obedecer. Quando chegaram ao ribeiro de Besor, um terço dos homens estava tão cansado que eles ficaram na ravina, a cerca de trinta quilômetros ao sul de Ziclague, mas Davi e os quatrocentos restantes continuaram na perseguição. Eles encontraram e socorreram o servo de um amalequita, abandonado doente, que os guiou até o acampamento amalequita, onde uma celebração de vitória estava em plena atividade. Davi iniciou um ataque de 24 horas que resultou no resgate de todas as pessoas mantidas cativas e na recuperação de todos os bens que os amalequitas tomaram, bem como rebanhos e manadas que os amalequitas roubaram de outras cidades e vilas de Judá. Estabelecendo um princípio que implementaria daquele momento em diante, ele distribuiu os bens recuperados entre os homens que ficaram para trás assim como entre os quatrocentos que lutaram com ele na batalha. Além disso, ele compartilhou os despojos com outras cidades e vilas de Judá que haviam sido invadidas pelos amalequitas.

Houve um tempo em que Davi não dava nem um passo sem pedir a permissão e a orientação de Deus. Mas, começando com sua acalorada ameaça de ataque à casa de Nabal, Davi adquiriu o mau hábito de deixar de buscar o conselho celestial antes de agir.

Algo para pensar

Vá para

templo de Dagom
1Samuel 5:2

povo de Jabes-Gileade
1Samuel 11:1-11

Astarote
deusa pagã muitas vezes associada com os filisteus

Essa prática transformou-o de um futuro rei à prova de lanças em um pobre fugitivo cuja família foi sequestrada e cujos amigos começaram a se voltar contra ele. Uma vez que Davi decidiu recorrer à ajuda de Deus, ele abandonou o mau e velho hábito e retomou o bom: buscar primeiro a direção de Deus.

Saul morre

Visão geral

1Samuel 31:1-13 e 1Crônicas 10

Assim como Samuel havia profetizado durante a visita noturna de Saul à médium, os filisteus lutaram e facilmente derrotaram Israel no vale de Jezreel, onde também mataram Jônatas, Abinadabe, e Malquisua, três dos filhos de Saul. (Seu quarto filho, Is-Bosete, será mencionado a partir de 2Samuel 2:8.) Então, assim como Saul havia temido, os filisteus o alcançaram e os arqueiros o atingiram, deixando uma ferida mortal. Com medo de ser encontrado vivo e de ser torturado pelos filisteus, ele pediu ao seu escudeiro para matá-lo. Ele se recusou, então Saul se jogou sobre a própria espada, cometendo suicídio e violando mais um tabu do povo de Israel. Quando os israelitas descobriram que seu rei estava morto, se dispersaram e se esconderam no deserto. Os filisteus encontraram Saul, cortaram-lhe a cabeça e tiraram suas armas. Puseram suas armas no templo da deusa **Astarote**, penduraram seu corpo no muro de Bete-Seã, nas encostas orientais do monte Gilboa, com vista para o vale do Jordão, e levaram sua cabeça para o templo de Dagom. O povo de Jabes-Gileade — que Saul havia resgatado dos amonitas quarenta anos antes — ficou tão triste pelo que os filisteus fizeram ao rei que viajou à noite para recuperar o corpo de Saul e de seus filhos. Muito provavelmente pelos cadáveres estarem brutalmente mutilados, o povo de Jabes-Gileade queimou os corpos, enterrou os ossos e então jejuou por sete dias.

O legado de Saul

Ninguém resumiu a queda de Saul de forma mais concisa do que ele mesmo ao lamentar em 1Samuel 26:21: "Tenho agido como um tolo". Isso inclui muita coisa, mas o rei fez, de fato, muitas escolhas tolas:

- ele foi infiel ao Senhor;
- ele negligenciou e recusou o conselho de seu piedoso amigo, Samuel;
- ele falhou em não pedir a direção de Deus;
- ele desobedeceu a Deus;
- ele não conseguiu ver a obra de Deus em sua vida nem se lembrar dela;
- ele tentou disfarçar seu pecado com religião;
- ele se deixou controlar pelas emoções — inveja e ódio, em particular;
- ele se afastou de Deus;
- ele participou de feitiçaria;
- ele continuamente se recusou a se arrepender.

O apóstolo Paulo, que certamente conhecia bem a história antiga de seu povo, pode ter tido em mente o primeiro rei de Israel — ou alguém muito parecido com ele — quando descreveu, em sua carta aos Romanos, as pessoas que mereciam condenação: "Porque, tendo conhecido a Deus, não o glorificaram como Deus, nem lhe renderam graças, mas os seus pensamentos tornaram-se fúteis e o coração insensato deles obscureceu-se. Dizendo-se sábios, tornaram-se loucos" (Romanos 1:21-22). Paulo então listou algumas características de tais pessoas, a quem ele chama de "indesculpáveis" (1:20). Ele disse que elas adoram ídolos, não reconhecem a Deus, têm uma disposição mental reprovável e são injustas, más, gananciosas, depravadas, invejosas, homicidas, contenciosas, enganadoras, mal-intencionadas, violentas, orgulhosas, sem discernimento, não confiáveis, sem-amor, implacáveis e impiedosas. "As pessoas que praticam tais coisas", disse Paulo, "merecem a morte" (1:32).

Algo para pensar

Suicídio nas Escrituras

Como é significativo o fato de que Saul, que estava tão determinado a agir independentemente de Deus em quase tudo o que fez, tentou até cuidar de sua morte por suas próprias mãos! Ele é uma das seis pessoas na Bíblia que cometeram suicídio. As outras são:

- Abimeleque (Juízes 9:50-54);
- Sansão (Juízes 16:23-31);
- Aitofel (2Samuel 17:23);
- Zinri (1Reis 16:15-20);
- Judas (Mateus 27:3-5).

Algo para pensar

> ## O que outros dizem
>
> **International Bible Encyclopedia**
> **[Enciclopédia Bíblica Internacional]**
> Nenhuma lei especial é encontrada sobre este crime, pois está incluído na mesma proibição contra matança. Ao contrário da prática e filosofia do paganismo, o ato era visto com profundo repúdio pelos hebreus por causa do alto valor que atribuíam à vida humana. Era indesculpável que qualquer um, mesmo que o mais corrompido e satânico, tirasse a própria vida. Somente o remorso do condenado poderia levar alguém a isso, como demonstram Saul (1Samuel 31:4) e Judas (Mateus 27:5).[9]

Resumo do capítulo

+ Davi e seu sobrinho Abisai descobriram onde Saul estava e foram até o acampamento do rei, onde Davi deixou passar ainda outra oportunidade de matá-lo. Saul confessou sua culpa, reconheceu a posição de Davi como próximo rei de Israel e, antes que cada um tomasse seu caminho separado, prometeu deixar de perseguir Davi.

+ Profundamente desencorajado, Davi se mudou com sua família e seus seguidores para o território inimigo de Gate, na Filístia, iniciando um período nitidamente sombrio em sua vida, no qual deixou de viver por fé e honra na terra de Israel — ainda que lá estivesse fugindo de Saul —, para viver com medo e engano na terra dos inimigos.

+ Saul, depois que Samuel se foi, perdeu a direção de Deus em sua vida e, com os filisteus se aproximando, estava desesperado por algum tipo de direção, então consultou uma feiticeira, que invocou o espírito de Samuel dentre os mortos.

+ O profeta repreendeu Saul por sua desobediência no passado e disse que ele e seus filhos morreriam nas mãos dos filisteus no dia seguinte.

+ Davi chegou ao fundo do poço da depressão depois de voltar para Ziclague e descobrir que sua família e seus amigos haviam sido levados cativos, seus rebanhos, tomados, o assentamento, em ruínas fumegantes, e seus homens, considerando matá-lo.

+ Em sua aflição, ele se voltou para o Senhor, que restaurou sua alma. Davi encontrou forças em Deus e então recuperou as pessoas e os bens que haviam sido perdidos.

✦ Assim como Samuel havia profetizado, os filisteus lutaram e facilmente derrotaram os israelitas no vale de Jezreel, matando três dos filhos de Saul, incluindo Jônatas. Saul, gravemente ferido, se suicidou após seu escudeiro ter se recusado a matar seu rei para salvá-lo da dor e humilhação de ser torturado ou mutilado pelos inimigos.

Questões para estudo

1. Por que Davi se mudou para o território filisteu?

2. Que características marcaram a vida de Davi durante o tempo que permaneceu na terra inimiga?

3. Por que Saul se sentiu tão desesperado?

4. O que aconteceu que surpreendeu a médium de En-Dor?

5. Quais as notícias que Samuel deu a Saul?

6. Que evento devastador levou Davi ao desespero?

7. Como Davi encontrou o caminho para sair desse desespero?

8. Por que Saul pediu que seu escudeiro o matasse?

9. O que os filisteus fizeram com o corpo de Saul?

10. O que o povo de Jabes-Gileade fez depois da morte de Saul, e por quê?

QUINTA PARTE

Dias de glória

Em destaque no capítulo:

+ Mensageiro com uma intenção
+ Seguindo para Hebrom
+ Guerra civil!
+ O assassinato de Abner
+ Davi: rei de Israel
+ A tomada de Jerusalém

2SAMUEL 1–5; 1CRÔNICAS 11
O homem de Deus assume o trono

Vamos começar

O dia em que o irmão de Davi foi buscar no aprisco o adolescente bronzeado para se encontrar com Samuel na casa do pai já se fora há muito tempo. A linha do tempo conectando a atividade daquele dia aos eventos que ocorreram em seguida só pode ser descrita como turbulenta. Durante os últimos quinze anos ou mais, Davi experimentou os altos de vitórias e sucessos bem como os baixos de derrotas e fracassos. Cada experiência ajudou a moldar Davi para ser o homem que precisaria ser na fase seguinte de sua vida. E, com a morte de Saul, ficou evidente que a última fase — a fase de fugir — chegou ao fim. Ele estava às portas de se tornar o segundo rei de Israel. Entretanto, antes de sua coroação, ele enfrentaria mais alguns testes, a maior parte deles relacionada a como lidar com pessoas difíceis, desonestas, imprevisíveis e ímpias — tudo isso enquanto a nação observava cada um de seus movimentos.

Mensageiro com uma intenção

Visão geral

2Samuel 1:1-10

Davi esteve por dois dias em Ziclague após afugentar os amalequitas e, subsequentemente, resgatar e recuperar todas as pessoas e todos os bens que haviam sido apreendidos. Em uma cena que lembrava aquela ocorri-

Vá para

destino de seus filhos
1Samuel 4:12-18

da no dia em que Eli recebeu notícias devastadoras acerca do destino de seus filhos, durante a batalha na qual os filisteus tomaram a arca, Davi avistou um vulto se aproximando. Uma vez que a pessoa — um mensageiro, ele podia supor — vestia roupas rasgadas e tinha terra sobre a cabeça, ele soube que as notícias não podiam ser boas; essas eram expressões de luto. Quando o homem se prostrou no chão aos seus pés, Davi exigiu mais detalhes. Ele ficou sabendo que Saul e três dos filhos dele estavam mortos. Pressionando por mais informações, Davi ouvia enquanto o amalequita descrevia o que aconteceu com o ferido Saul, que lhe implorou que mostrasse misericórdia, matando-o. O amalequita, vendo que os ferimentos de Saul eram tão graves que ele não viveria mesmo, afirmou ter atendido ao pedido de Saul.

A descoberta do amalequita

Saul e seus filhos estavam mortos; essa parte era verdade. Mas o resto do que o amalequita contou a Davi contradiz os detalhes fornecidos em 1Samuel 31:3-5. Então, qual dos relatos é o verdadeiro? Muitos estudiosos acreditam que o amalequita mentiu a fim de conseguir o favor de Davi.

- ✦ *O que o amalequita disse que aconteceu:* O amalequita disse que, quando encontrou Saul, o rei estava vivo, mas mortalmente ferido. Saul pediu a ele que o matasse. O amalequita, convicto de que o rei não viveria de modo algum, consentiu. Ele matou o rei e tomou a coroa e o bracelete dele.

- ✦ *O que o amalequita pensou que aconteceria:* O amalequita não podia acreditar na própria sorte quando percebeu a identidade daquele que estava no chão à sua frente. Ser a primeira pessoa a se deparar com o corpo caído do rei apresentava incríveis possibilidades. Ele agiu rapidamente para transformar a descoberta extraordinária em vantagens para si mesmo. Deslizando a pesada coroa da cabeça do rei morto e o bracelete esculpido de seu braço, ele forjou uma história que convenientemente o levaria de um faminto refugiado sem-teto do acampamento de Saul a um herói celebrado no de Davi. Ele imaginava que Davi pelo menos pagaria uma bela recompensa para aquele que havia matado Saul. Que poderia até fazer mais do que isso. Será que ele lhe ofereceria uma posição em seu exército? Ou lhe daria um pedaço de terra? A imaginação do amalequita deve ter corrido solta enquanto ele considerava as possibilidades. Sem dúvida, ele ensaiou durante todo o caminho o que iria dizer quando chegasse ao acampamento de Davi.

✦ *O que realmente aconteceu:* De acordo com 1Samuel 31:1-6, Saul cometeu suicídio após ser mortalmente ferido pelos filisteus. Seu escudeiro, que recusou o pedido de matá-lo, testemunhou a morte dele e depois se matou.

> ### O que outros dizem
>
> **Robert Alter**
>
> Tendo encontrado o corpo de Saul, [o amalequita] vê uma grande oportunidade para si mesmo: ele trará os adereços de Saul para Davi, reivindicará pessoalmente ter liquidado o homem conhecido por ser o arqui-inimigo e rival de Davi e, assim, superará sua marginalidade como estrangeiro residente [...] ao receber um benefício do novo rei — talvez até uma porção de terra de que Davi dispusesse.[1]

Quer o amalequita tenha matado a Saul, quer não, ele é um lembrete de uma das principais razões para o fim de Saul: a falha do rei em obedecer às ordens de Deus para aniquilar totalmente os amalequitas. (Se tivesse obedecido a essa ordem, esse homem nem estaria vivo no momento, nem para matar Saul nem dizer que o fez!)

Algo para pensar

A recompensa do amalequita

> ### Visão geral
>
> **2Samuel 1:11-16**
>
> Se o amalequita pensou que sua notícia sobre a morte de Saul faria Davi saltar de euforia, pensou errado. Em vez de cumprimentar o mensageiro por um trabalho bem feito e expressar alívio pela morte do homem que tornou sua vida miserável, Davi ficou imediatamente entristecido com a notícia. Ele rasgou suas vestes, lamentou, chorou e jejuou por Saul e seu filho Jônatas, querido amigo de Davi. Ele também lamentou por todo o povo de Israel, que teve seu rei ungido — ainda que ineficaz — arrancado de seu meio de modo violento.
> Davi sabia por experiência própria o que era enfrentar uma decisão de tirar ou não a vida do ungido do Senhor, e ele não podia acreditar que o amalequita tivesse ousado matar o rei. Ele ordenou que o mensageiro fosse executado por tal transgressão.

Lidando com a morte do inimigo

A reação de Davi à "confissão" do amalequita poderia ser considerada um dos primeiros testes em que Deus o colocaria em uma série de passagens que o levaria à sua coroação como rei de todo Israel. Aparentemente, ele passou na prova com louvor. Sua resposta ao amalequita expôs a sabedoria e a bondade do coração de Davi.

Davi entendia que colocar reis no trono — e removê-los do trono — é trabalho de Deus, não de homens. Isso se aplicava a Saul e, ele sabia, se aplicaria a ele também. É por isso que ele nunca tentou esquematizar uma forma de chegar ao trono. Ele confiava em Deus como o único que fazia reis.

Deus — e somente Deus — é aquele que pode dar e tomar a vida. Suas leis devem ser seguidas. A lei de Deus proibia assassinato. O amalequita violou a lei sagrada de Deus, e Davi estava determinado a aplicar as consequências legais.

Davi amava Saul. A despeito do ódio de Saul por Davi, este amava Saul e a família dele. Jesus disse que amar aqueles que amam de volta é o comportamento humano comum. Mas amar aqueles que não são recíprocos, incluindo amar os inimigos, é uma façanha que só pode ser alcançada com o poder do Espírito Santo. A tristeza profunda e sincera de Davi demonstrava seus verdadeiros sentimentos em relação a Saul. Um amor como esse só pode ter uma fonte: Deus. Além disso, se Davi não tivesse amado a Saul, mas o tivesse odiado, ele teria sido culpado de assassinato de qualquer maneira, de acordo com o ensino do Novo Testamento.

O Lamento do Arco

> ### Visão geral
>
> **2Samuel 1:17-27**
>
> Davi expressou sua dor por meio de um belo **lamento** sobre Saul e Jônatas, um cântico que ele ordenou que fosse registrado no **Livro de Jasar**. O cântico transmitia sua admiração pelo heroísmo e liderança de Saul, expunha seu genuíno pesar com o destino que Saul teve e apresentava um comovente tributo ao seu amigo, que era como um irmão.
>
> A partida do primeiro rei de Israel foi um evento monumental e Davi, que era bom com as palavras assim como era bom guerreiro, pastor e músico, acreditava ser importante compor uma elegia apropriada. Ele elaborou cuidadosamente um poema chamado "Lamento do Arco", que:

Vá para

dar e tomar a vida
Jó 1:21;
Colossenses 1:16-17

assassinato
Êxodo 20:13;
Deuteronômio 5:17;
Provérbios 6:16-17

amar os inimigos
Mateus 5:43-47;
Lucas 6: 32-33

culpado de assassinato
1João 3:15

Livro de Jasar
Josué 10:13

lamento
elegia ou endecha

Livro de Jasar
antigo livro de história que não faz parte do cânone bíblico estabelecido pela Igreja

> - contou a verdade sobre Saul sem tecer qualquer tipo de amargura ou condenação (obviamente decidindo deixar que os historiadores registrassem os detalhes menos brilhantes da vida do rei);
> - descreveu seu amor por Jônatas;
> - demonstrou preocupação pela honra de Deus;
> - reconheceu o caráter público da perda.

O que os homens de Jabes-Gileade fizeram com seus atos — eles levaram respeitosamente os restos mortais de seu rei mutilado para um lugar de honra em Jabes —, Davi fez com essas palavras. O comportamento de Saul durante sua vida, que foi de crises de depressão e ataques de paranoia à obsessão de matar Davi, e os fracassos em cumprir adequadamente as responsabilidades de ser um rei certamente poderiam ter alimentado uma desmoralização do rei. Mas Davi, por meio de seu exemplo e de suas palavras, levou o povo para longe desse tipo de comportamento. Seu lamento guiou o povo pelo bom caminho do perdão, do respeito e do amor, em vez de guiá-lo pelo mau caminho do rancor, do desrespeito e do desprezo.

Seguindo para Hebrom

> **2Samuel 2:1-3** *Passado algum tempo, Davi perguntou ao SENHOR: "Devo ir para uma das cidades de Judá?" O SENHOR respondeu que sim, e Davi perguntou para qual delas. "Para Hebrom", respondeu o SENHOR. Então Davi foi para Hebrom com suas duas mulheres, Ainoã, de Jezreel, e Abigail, viúva de Nabal, o carmelita. Davi também levou os homens que o acompanhavam, cada um com sua família, e estabeleceram-se em Hebrom e nos povoados vizinhos.*

Havia uma vaga na sala do trono de Israel e Davi havia sido indicado por Deus para preenchê-la. No entanto, antes de carregar seu camelo e se dirigir a Israel para começar em seu empolgante trabalho novo, ele deu um passo importante que muitos em seu lugar poderiam ter negligenciado: ele perguntou a Deus o que deveria fazer a seguir.

Como os pais ou qualquer pessoa que trabalhe com crianças rapidamente descobrem, algumas crianças são obedientes por natureza. Elas pedem permissão antes de fazer algo, buscam orientação e querem evitar fazer coisas que desagradam àqueles que cuidam delas. Outras crianças são mais teimosas. Elas agem por impulso e não parecem nem pensar em pedir permissão

Aplique

Vá para

seus filhos
João 1:12; 11:52;
Romanos 8:16-17,
21; 9:8; 1João 3:1-2

filhos obedientes
Efésios 5:1;
Filipenses 2:15

buscam sua orientação
Jeremias 6:16;
Mateus 6:33

ou orientação. Elas apenas fazem. As Escrituras frequentemente se referem aos seguidores de Deus como <u>seus filhos</u>; e ele quer que sejamos como <u>filhos obedientes</u> que <u>buscam sua orientação</u> antes de agir.

Quando Deus não parece fazer sentido

Será que Davi ficou surpreso quando Deus o conduziu a Hebrom em vez de conduzi-lo a Israel? A ordem pode não ter feito muito sentido para ele. Mas Davi não duvidou. Ele simplesmente obedeceu às instruções de Deus, confiante de que, se o plano de Deus para o futuro rei de todo o Israel incluía uma viagem adicional à sua tribo natal para governar sobre Judá, então esse era o melhor plano possível.

Imagine a sensação de alívio que Davi deve ter sentido enquanto mudava sua família das ruínas de Ziclague para um lugar que ela poderia finalmente chamar de lar, após passar anos fugindo para salvar sua vida e se escondendo em cavernas!

Ao ouvirem que Saul estava morto, os familiares e seguidores de Davi podem ter questionado se Davi não estaria "se contentando com menos" ao ir para Judá em vez de invadir os portões do palácio para tomar seu lugar de direito como rei de Israel. Mas, aparentemente, a confiança deles em Davi havia sido restaurada; eles devem ter começado a respirar com mais facilidade a cada passo que davam para longe de Ziclague. Eles não experimentaram nada além de tentação, desassossego e pesar na terra pagã dos filisteus, e estavam ansiosos para estabelecer suas famílias na estimada cidade de Hebrom. Na verdade, seu tempo de serviço e lealdade a Davi — ainda que ao menos uma vez tenham se sentido tentados a se voltar contra ele — estava sendo recompensado.

> **O que outros dizem**
>
> **Matthew Henry**
>
> Eles o acompanharam em suas andanças e, portanto, quando ele pôde se instalar em um lugar, eles se instalaram com ele. Assim, se sofremos com Cristo, com ele também reinaremos (2Timóteo 2:12). Não só isso, Cristo faz por seus bons soldados mais do que Davi poderia fazer pelos dele; Davi encontrou residência para eles — eles habitaram na cidade de Hebrom e nos povoados adjacentes; mas àqueles que permanecem com Cristo em suas tentações ele concede um Reino, e festejará com eles à sua própria mesa.[2]

A história de Hebrom

A cidade de Hebrom, mesmo nessa data antiga, já tinha uma rica história. O nome vem da palavra hebraica para "amigo", uma descrição do patriarca Abraão, que foi considerado amigo de Deus. Foi em Hebrom que Abraão, aos 99 anos, recebeu os três visitantes angelicais que confirmaram a promessa do Senhor de que sua esposa estéril teria um filho chamado Isaque. Foi onde Abraão testemunhou a destruição de Sodoma. Também foi o local onde estava a caverna que Abraão comprou como lugar de sepultura para sua esposa Sara, e onde Abraão, Isaque, Jacó, Rebeca e Lia — patriarcas e matriarcas do povo judeu — também foram sepultados mais tarde. Essa caverna é conhecida hoje como o Túmulo dos Patriarcas e permanece entre os locais mais sagrados para os judeus.

Após Josué tomar posse da Terra Prometida, ele deu Hebrom a Calebe, que, aos 85 anos, expulsou os **enaquins** que ainda residiam no lugar e se estabeleceu lá. Ela se tornou uma das 48 cidades onde os levitas foram alocados para viver e uma das seis cidades levíticas denominadas **cidades de refúgio**.

O exercício do reinado em Judá

> **Visão geral**
>
> **2Samuel 2:4-11**
>
> Os homens de Judá ungiram Davi como seu rei e indicaram os homens de Jabes-Gileade que haviam sepultado Saul. Davi agradeceu-lhes e se comprometeu a retribuir a bondade. Abner, general de Saul, era o homem que exercia a maior parte do poder sobre as outras onze tribos após a morte de Saul. Ele rapidamente colocou **Is-Bosete**, o mais novo e único filho sobrevivente de Saul, como substituto do pai. Is-Bosete governou de **Maanaim**, na parte leste-central da Transjordânia, por dois anos. O reinado de Davi em Judá durou sete anos e meio.

A mudança de Davi para a cidade de Hebrom, em sua terra natal de Judá, provou-se algo valioso, diplomaticamente falando, em muitos sentidos. É como se Deus estivesse dizendo: "Se você se mostrar fiel a essa pequena porção de poder, irei abençoá-lo mais tarde com uma porção maior dele".

Vá para

amigo de Deus
2Crônicas 20:7;
Tiago 2:23

a promessa do Senhor
Gênesis 18:1-15

destruição de Sodoma
Gênesis 19

lugar de sepultura
Gênesis 23:19-20

posse da Terra Prometida
Josué 10.36-37

deu Hebrom a Calebe
Josué 14:6-15;
15:13; Juízes 1:20

expulsou os enaquins
Josué 15:14

levitas foram alocados para viver
Números 35:2-5

cidades de refúgio
Números 35:9-34;
Josué 20:1-9; 21:11

enaquins
raça de pessoas gigantes

cidades de refúgio
lugares seguros para esperar o julgamento

Is-Bosete
o filho mais novo de Saul; governante temporário e impotente de Israel entre a morte de Saul e o reinado de Davi

Maanaim
cidade em Gileade, ao leste do rio Jordão; centro do governo de Saul

Verdadeiramente Davi foi fiel em sua missão. Ele aproveitou ao máximo sua liderança em Judá e, enquanto esteve lá, cumpriu com habilidade pelo menos três façanhas diplomáticas valiosas:

+ ele formalizou a ruptura de sua aliança ímpia com os filisteus;
+ ele fez amizade com o povo de Jabes-Gileade, que gentilmente havia tratado dos restos mortais de Saul (1Samuel 31:11-13). Ganhar o favor deles o ajudou a obter o apoio do norte de Israel;
+ ele sutilmente começou a se posicionar na mente do povo como o substituto de Saul: "pois Saul, seu senhor, está morto, e já fui ungido rei pela tribo de Judá" (2Samuel 2:7).

O que outros dizem

The Bible Knowledge Commentary
[Conhecimento bíblico comentado]

Este foi um movimento importante e decisivo, pois imediatamente o alienou dos filisteus com os quais havia feito aliança e se refugiou; significou a quase independência de Judá em relação a Israel, uma atitude que encontraria expressão completa na divisão do reino após a morte de Salomão (1Reis 12:16), e afirmou o reino de Davi como estando em rivalidade ao do filho de Saul, Is-Bosete, que sucedeu ao seu pai no norte.[3]

A discrepância da extensão de tempo que cada rei serviu pode ser explicada pelo fato de que algum tempo pode ter passado após a morte de Saul antes de Abner poder ter êxito em estabelecer Is-Bosete como rei; além disso, o reinado de Davi sobre Judá não necessariamente acabou quando Is-Bosete morreu.

A VIDA DE DAVI, DEFINIDA DE ACORDO COM SUAS TRÊS UNÇÕES

Unção	Referência	Acontecimento determinante
1	1Samuel 16:13	Samuel ungiu Davi em particular; marcou o início dos anos que Davi passou fugindo de Saul.
2	2Samuel 2:4	Os homens de Judá publicamente ungiram Davi como rei de Judá; marcou o início dos sete anos e meio de reinado de Davi sobre Judá, durante os quais houve guerras civis e intrigas políticas.
3	2Samuel 5:3; 1Crônicas 14:8	Os homens de Israel ungem Davi para marcar o início de seu governo como rei sobre todo o Israel.

Guerra civil!

Joabe
sobrinho e capitão do exército de Davi

> ### Visão geral
>
> **2Samuel 2:12-32**
>
> Abner e o líder militar de Davi, **Joabe**, encontraram-se para uma "conversa pacífica" no açude de Gibeom (Gibeom ficava em Benjamin, onde Saul provavelmente tinha muitos apoiadores), entre tropas de elite de doze homens de cada lado. Todos os 24 homens foram mortos e o episódio se desenvolveu em uma guerra sangrenta, a qual os homens de Davi venceram. Asael, irmão de Joabe e um dos sobrinhos de Davi, continuou a perseguir Abner até que o experiente general, irritado pela perseguição do jovem, matou Asael. Joabe e Abisei, seu irmão sobrevivente, juraram vingança, mas, por fim, desistiram da perseguição e puseram termo à luta. Abner foi para a casa, em Maanaim, e Joabe retornou a Hebrom. Davi perdeu vinte soldados, mas Abner perdeu 360. Joabe e seus homens voltaram então para Hebrom.

Se Israel quisesse se tornar uma monarquia unida, o povo deveria se submeter ao governo de um homem. Todavia, dois reis estavam agora sentados em tronos: Davi — escolhido por Deus — reinava em Judá, e Is-Bosete — escolhido por homens — reinava em Maanaim.

O conflito era claro, e as duas facções decidiram resolvê-lo. Em dias anteriores, o exército impressionante de Saul aparentemente teria a vantagem. Mas as tropas do rei caído haviam sofrido perdas durante o ataque filisteu, e o violento embate por poder das hierarquias superiores, sem dúvida, abalaram o moral. Enquanto isso, as tropas de Davi, mesmo que menores, ganhavam em força, em número e em espírito. Deus estava do lado delas, e não havia fonte de confiança mais segura do que essa. A contagem de baixas fala por si mesma.

Ponto importante

Lutas por poder

> ### Visão geral
>
> **2Samuel 3:1-19; 1Crônicas 3:1-4**
>
> A guerra civil continuou, e, de fato, se tornou uma prolongada luta pelo poder entre a dinastia de Saul, ao norte, e a de Davi em Judá, ao sul. À medida que os anos passavam, a posição de Davi se consolida

Vá para

casar-se novamente
Deuteronômio 24:1-4

concubinas
escravas muitas vezes empregadas para proporcionar herdeiros

va. Ele continuou a tomar mais esposas, chegando ao total de seis, e foi pai de seis filhos homens: Amnom (o primogênito), Quileabe, Absalão, Adonias, Sefatias e Itreão. Enquanto isso, a posição de Saul continuava a enfraquecer. Abner continuava a exercer o verdadeiro poder, enquanto Is-Bosete permanecia apenas como uma figura representativa. O conflito surgiu entre os dois quando Abner tomou Rispa, uma das **concubinas** de Saul, como esposa. O gesto indicava que ele pensou que seria o próximo rei. Quando Is-Bosete questionou seus motivos, Abner se irou e mudou sua lealdade, dizendo a Davi que o ajudaria a assegurar o reino de Saul. Tudo o que Davi demandou de Abner foi o retorno de Mical, sua primeira esposa. Abner viajou pela terra encontrando-se com os anciãos de Israel e convencendo-os a aceitarem Davi como seu rei.

Davi novamente recorreu à prática proibida da poligamia com a finalidade de forjar e firmar alianças políticas. Durante seu reinado em Judá, ele elevou o número de esposas para seis. O rei violou mais uma vez a vontade de Deus ao pedir para casar-se novamente com Mical. Essas violações poderiam ser consideradas pontos negativos em seu placar de rei em experiência em Judá, mas Deus continuou a abençoar Davi apesar dos pecados. (No entanto, eles o enfraqueceriam, como fica firmemente provado em episódios posteriores da vida de Davi.)

O que outros dizem

Richard D. Phillips

O significado disto é claro: com Davi sendo reconhecido novamente como genro de Saul, seria muito mais fácil que a facção rebelde o reconhecesse como rei.[4]

OS FILHOS DE DAVI NASCIDOS EM HEBROM

Esposa	Filhos
Ainoã	Amnom
Abigail	Quileabe (Daniel)
Maaca	Absalão e Tamar
Hagite	Adonias

Esposa	Filhos
Abital	Sefatias
Eglá	Itreão

O assassinato de Abner

Visão geral

2Samuel 3:20-38

Quando soube do acordo entre Davi e Abner, Joabe ficou furioso; ele tinha muitas razões para odiar Abner, desde o fato de ele ser o co-mandante-chefe do inimigo até o de ter assassinado seu irmão Asael. Joabe confrontou Davi, acusou Abner de espionagem e então — sem o conhecimento de Davi — concebeu uma forma de chamar Abner para um canto a fim de que ele e seu irmão Abisai pudessem assassiná-lo com o fim de vingar o assassinato do irmão deles. Davi foi surpreendi-do pela notícia da morte de Abner. Ele pronunciou uma terrível maldi-ção sobre Joabe e a família dele, conduziu a nação a um luto coletivo pelo general abatido e o enterrou com grande honra.

O que outros dizem

Burton Coffman

O incrível dano a toda a história de Israel que resultou desse vergo-nhoso assassinato de Abner dificilmente poderia ser superestimado. A divisão inevitável do reino durante o governo de Roboão deveu-se em parte à desconfiança e ao ódio que decorreram dessa ação terri-velmente injusta de Joabe e Abisai.[5]

Joabe desaponta Davi

Por que Davi ficou enfurecido, em vez de se encher de alegria, ao ouvir que o homem que lhe tinha dado nos nervos por tantos anos havia sido assas-sinado pelas mãos de seu próprio general?

✦ Politicamente, o assassinato poderia ter colocado em risco o apoio, recen-temente ganho por Abner, das tribos do norte. A força da maldição que Davi pronunciou contra Joabe, o nível de aflição que expressou sobre a morte de Abner e a paixão com a qual lamentou mantiveram Davi a uma distância segura de qualquer especulação no sentido de que ele poderia estar por trás do assassinato.

Ponto importante

- Pessoalmente, Davi estava desolado porque um dos líderes mais proeminentes de seu exército havia violado tão flagrantemente as leis de Deus.
- A vingança cabia ao Senhor, não ao homem. Davi havia demonstrado seu entendimento dessa lei vez após outra no trato com Saul, e não conseguia compreender como seu colega mais próximo e membro de sua família podia ter desprezado as instruções de Deus.
- Legalmente, Hebrom era uma cidade de refúgio onde tal vingança não era permitida. Era inimaginável que um dos próprios homens de Davi cruzasse tal limite santo.

Problemas internos

Aplique

Como se o conflito com o inimigo já não apresentasse dificuldades suficientes, Joabe estava causando ainda mais problemas — de dentro do próprio acampamento de Davi! O mesmo muitas vezes acontece na vida cristã. Muitos dos maiores desafios surgem de dentro do próprio acampamento. De uma língua que pode corromper a pessoa por inteiro, e da inveja de raízes profundas que causa contenda, em vez de união, a um coração desesperadamente perverso, as pessoas, ao que parece, conseguem se colocar em muitos perigos dentro do próprio espaço sem nem colocar o pé em solo inimigo.

Vá para

vingança
Deuteronômio 32:35; Salmos 94:1; Romanos 12:19; Hebreus 10:30

língua
Tiago 3:5-8

inveja
Tiago 4:1

perverso
Jeremias 17:9

A morte de Is-Bosete

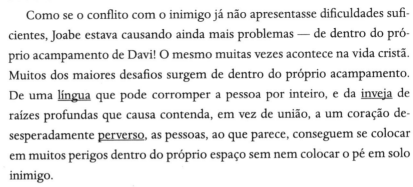

Visão geral

2Samuel 4

A morte de Abner deixou Is-Bosete em pânico, que, sem dúvida, pôde ver a malha de seu reino rapidamente desfiando. A morte de Abner também chocou a já instável nação de Israel. No auge do tumulto, enquanto Is-Bosete tirava uma sesta, dois assassinos benjamitas — Baaná e Recabe — esgueiraram-se até ele e o mataram da mesma maneira que Abner foi morto — com um golpe no estômago. Eles também o decapitaram e levaram sua cabeça para Davi, que ordenou que os dois fossem executados por assassinarem um homem indefeso. O relato do assassinato de Is-Bosete no capítulo 4 é interrompido por uma apresentação do filho de

> Jônatas, Mefibosete, que é chamado de Meribe-Baal em 1Crônicas 8:34. O menino era o filho de cinco anos de idade de Jônatas, que ficou coxo por conta de ferimentos sofridos quando uma ama o deixou cair ao tirá-lo de perto do perigo, logo após a morte de seu pai e de seu avô. O nome do menino e mais de sua história aparecem em 2Samuel 9.

Quando Deus está no controle, não há necessidade de temer. Quando homens estão no controle, o temor toma conta. Isso é claramente visto no temor de Is-Bosete — um rei colocado no trono por um homem — e no de Israel — uma nação liderada por um homem escolhido por ela mesma, não por Deus.

Ponto importante

"Parem a violência!", o povo assustado de Israel deve ter murmurado ao ouvir a notícia de que seu rei havia sido assassinado logo após a morte violenta de seu general. As pessoas estavam sem um líder e estavam mais vulneráveis que nunca a ataques de filisteus e de outros.

"Parem a violência!", o rei Davi deve ter pensado também, quando ouviu notícias ainda mais terríveis que testariam suas habilidades de tomar atitudes sábias e decisivas diante dos olhos de todos os que o observavam de perto.

Deus havia assegurado a Davi que, um dia, ele seria rei, mas não disse que a jornada seria fácil. Mesmo agora, com um pé praticamente à entrada do palácio, parece que Davi estava tendo de lutar para chegar à posição prometida.

Os paralelos relevantes aos cristãos são claros:

✦ Assim como Davi suportou perigo e perseguição antes de poder governar como rei de Israel, Cristo suportou perigo e perseguição antes que pudesse governar como Rei de sua Igreja.

✦ Assim como o povo de Israel sofreu dor e morte enquanto o velho e pecaminoso regime estava sendo despedaçado para permitir que um novo e piedoso rei fosse colocado em seu trono, os cristãos sofrem dor e morte enquanto sua velha e pecaminosa natureza é destruída para que Jesus tome seu lugar como Rei nos corações.

Aplique

Davi: rei de Israel!

> **Visão geral**
>
> **2Samuel 5:1-5; 1Crônicas 11:1-3; 12:23-40**
>
> O povo de Israel esteve observando a forma como Davi lidou com a morte de Abner e de Is-Bosete, e, ao que parece, gostou do que viu.

Vá para

jebuseus
Josué 15:63

> Em vez de ver um homem focado em retaliação e vingança pessoal, elas viram um homem que lutava para pôr em prática um conjunto de princípios dignos e santos — um homem que aparentava estar focado em reunir antigos inimigos para formar uma só nação, unida. Convencida de que era tempo de seguir a liderança de Davi, uma delegação de todas as tribos do norte foi para Hebrom a fim de encorajar Davi, agora com 37 anos, a governar sobre eles. Davi fez uma aliança com os representantes, provavelmente envolvendo seu juramento de seguir os requisitos de reis estabelecidos em Deuteronômio 17:14-20, e eles o colocaram como seu rei, confirmando a ocasião com sua terceira unção. O capítulo 12 de 1Crônicas discorre com grandes detalhes sobre os milhares de homens que foram atrás de Davi para ajudá-lo a ser rei: "Todos esses eram homens de combate e se apresentaram voluntariamente para servir nas fileiras. Vieram a Hebrom totalmente decididos a fazer de Davi rei sobre todo o Israel. E todos os outros israelitas tinham esse mesmo propósito" (1Crônicas 12:38).

Após ser ungido rei de Israel, Davi não perdeu tempo com discursos ou desfiles. Ele se pôs diretamente a trabalhar, apresentando aos seguidores um desafio: garantiu um quartel-general para seu novo governo.

Davi precisava encontrar um local propício para se tornar o centro do novo governo de Israel, e ele sabia exatamente onde era: Jerusalém. Ele favoreceu essa cidade por várias razões:

- ficava localizada numa região central;
- era fácil de ser defendida — situada em uma cadeia de montanhas cercadas por vales em todas as direções;
- era facilmente acessível ao mar por meio do porto em Jope;
- era bem provida de água por chuva abundante e pela fonte de Giom;
- ficava em território neutro — Jerusalém havia estado sob controle dos jebuseus desde os dias de Josué e, portanto, era considerada politicamente neutra; vivendo lá, Davi poderia demonstrar sua imparcialidade tribal.

O que outros dizem

Richard D. Phillips

Jerusalém esteve durante muito tempo na mente de Davi. Não era apenas um lugar proeminente e estrategicamente vital, bem no coração de Israel, mas sua habilidade de resistir contra os israelitas era um símbolo centenário do fracasso, falta de fé e mediocridade deles. Outros homens bravos tentaram conquistar Jerusalém [...] e, no fim, recuaram diante da tarefa. Jerusalém era a posição de defesa ideal [...] Assim, tomar Jerusalém seria mais do que uma jogada, seria o tipo de sucesso em torno do qual uma nova identidade é forjada. Para Israel, um futuro em Jerusalém significava o cumprimento de seu passado e as promessas que tal cumprimento reservavam para o futuro.[6]

Alfred J. Kolatch

A história e as tradições judaicas estão ligadas a Jerusalém mais do que a qualquer outro lugar na terra. Desde 1000 a.C., quando Davi capturou a cidade das mãos dos jebuseus (dos quais não há mais resquício nenhum) e a estabeleceu como sua capital, Jerusalém tem sido sagrada para os judeus. Quando Salomão construiu o primeiro templo lá, tornou-se a cidade santa, muitas vezes chamada de "Cidade Eterna". Judeus viveram em Jerusalém e oraram por seu bem-estar durante mil anos antes de haver qualquer cristão na face da terra, e por 1.600 anos antes de existirem nações muçulmanas.[7]

A tomada de Jerusalém

Visão geral

2Samuel 5:6-25; 1Crônicas 11:4-9; 14

Havia apenas um problema em estabelecer Jerusalém como a capital: os **jebuseus** que viviam lá eram um povo forte, e de atitude! Então Davi lançou um desafio: quem encontrasse acesso à cidade seria promovido a comandante-chefe. Joabe, o general desonrado por Davi, esgueirou-se pelos túneis de água da cidade. Desse modo, os homens de Davi fizeram de Jerusalém, bem como de algumas das áreas circunvizinhas, a capital, chamando todo o local de Cidade de Davi.

jebuseus
habitantes da antiga Jerusalém

O grande poder e o sucesso de Davi deixaram claro para todos os que o observavam que a mão de Deus estava sobre ele. Uma evidência particularmente notável disso foi ser reconhecido por Hirão, rei da cidade-Estado fenícia de Tiro, que enviou presentes na forma de suprimentos para serem usados na construção do palácio de Davi. O rei Davi, já um polígamo, continuou a aumentar o tamanho de sua família e o poder de seu governo ao adquirir um grande harém de acordo com o antigo costume do Oriente Próximo de fundamentar alianças ao receber princesas como presentes.

A captura de Jerusalém sinalizou para os filisteus o sucesso de Davi. Eles agora compreendiam totalmente que, apesar do breve período de tempo de serviço a eles, Davi era seu inimigo. Por duas vezes fizeram incursões ofensivas nas proximidades do vale de Refaim, cinco ou seis quilômetros ao sudoeste de Jerusalém, por duas vezes Davi buscou direção de Deus sobre como proceder contra o inimigo e por duas vezes Davi conduziu as tropas de Israel à vitória, levando finalmente os filisteus de Gibeom para Gezer, a 24 quilômetros de distância.

O que outros dizem

Chaim Herzog e Mordechai Gichon

A proeza de Joabe só pode ser suficientemente apreciada quando estamos cientes do fato de que ele e seus homens tiveram de subir um poço de quinze metros de altura entre o túnel chegando na cidade e o canal que conduzia a água da nascente até seu fundo. Essas águas eram puxadas do poço por meio de baldes, mas parece que um motivo adicional para sua construção era evitar uma invasão na cidade usando sua entrada de água — como surpreendentemente aconteceu, apesar dessa precaução.[8]

2SAMUEL 1–5; 1CRÔNICAS 11 O HOMEM DE DEUS ASSUME O TRONO

O que outros dizem

Charles Swindoll

As realizações de Davi foram maravilhosas. Territorialmente, ele expandiu os limites de Israel de quinze mil para quase 156 mil quilômetros quadrados. Incrível! Ele estabeleceu extensas rotas comerciais que alcançavam todo o mundo conhecido. E a partir disso, riquezas entraram em Israel de uma forma que a nação nunca havia visto antes.[9]

Resumo do capítulo

✦ Um mensageiro contou a Davi que havia encontrado e matado Saul, atendendo ao pedido do próprio rei mortalmente ferido. Davi, no mesmo instante entristecido com a notícia, ordenou que o mensageiro fosse executado pela transgressão e expressou sua tristeza por meio de um belo lamento.

✦ Seguindo a direção do Senhor, Davi, sua família e seus seguidores se mudaram para sua terra natal em Judá, onde foi ungido rei deles. Ele aproveitou ao máximo sua liderança em Judá e usou seu tempo ali para fazer uma importante obra diplomática.

✦ Abner, general de Saul, exercia a maior parte do poder sobre as onze tribos restantes após a morte de Saul. Ele rapidamente estabeleceu Is-Bosete, o mais jovem e o único filho sobrevivente de Saul, como substituto do pai.

✦ A guerra civil se desenvolveu em uma prolongada luta pelo poder entre a dinastia de Saul, ao norte, e a de Davi, em Judá, ao sul. Conforme os anos passavam, a posição de Davi se consolidava. Ele continuou a tomar mais esposas, chegando ao total de seis, e foi pai de seis filhos homens.

✦ Joabe soube de um acordo de paz entre Davi e Abner, e, em sua fúria, matou Abner. Davi, chocado com a notícia, pronunciou uma horrível maldição sobre Joabe e a família dele, conduziu a nação em um luto público pela morte de Abner e sepultou o general com grande honra.

✦ A morte de Abner deixou Is-Bosete em pânico e agitou a já instável nação de Israel. Dois benjamitas assassinos esgueiraram-se até Is-Bosete e o mataram.

✦ O povo de Israel, que vinha observando Davi enquanto ele lidava com a morte de Abner e do rei Is-Bosete, foi convencido de que era hora de seguir a liderança de Davi. As pessoas enviaram uma delegação de todas as tribos do norte a Hebrom para estabelecer Davi como rei.

✦ Davi imediatamente garantiu Jerusalém como o quartel-general de seu novo governo.

Questões para estudo

1. Quando Saul morreu, por que Davi não se moveu de imediato para substituí-lo como rei de Israel?

2. Que tipo de líder era Is-Bosete, filho de Saul?

3. O que Davi realizou durante seu governo como rei de Judá?

4. O que fez Abner mudar sua lealdade, direcionando-a a Davi?

5. Como Joabe reagiu ao acordo entre Abner e Davi?

6. Como Is-Bosete foi morto?

7. Como o povo de Israel confirmou o estabelecimento de Davi como rei?

8. Qual foi a primeira atitude de Davi como rei de Israel?

Em destaque no capítulo:

✦ Como NÃO mover a arca
✦ Eles fizeram da maneira correta na segunda vez
✦ Mical não entendeu nada
✦ A defesa de Davi

2SAMUEL 6; 1CRÔNICAS 13-16
O rei que dança

Vamos começar

Os homens e as mulheres de Israel suportaram por muito tempo as consequências desagradáveis, e muitas vezes violentas, de sua exigência para ter seu próprio rei, a seu modo e de acordo com seus próprios planos. Mas o futuro subitamente se tornou mais brilhante. Sem dúvida, eles se sentiram muito aliviados quando viram um homem de Deus, Davi, tomar seu lugar de direito no trono. Se o vacilante senso de segurança nacional e o orgulho patriótico deles foram restaurados pelo movimento rápido e eficaz de Davi para estabelecer Jerusalém como a próspera sede política e de governo, quanto mais a fé que tinham em Deus foi fortificada quando Davi revelou seus planos de tornar Jerusalém o centro religioso da nação. Eles podiam ver que Davi entendia uma verdade que haviam esquecido há muito tempo: poder político e força militar são impossíveis à parte de Deus.

Onde está a arca?

Durante o reinado de Saul, o rei fez pouco para conduzir a nação de acordo com as orientações de Deus. Ele praticamente abandonou a execução do modelo de culto no tabernáculo definido por Deus, e, consequentemente, o relacionamento de Israel com Deus se tornou medíocre. A arca da aliança — o ponto central da adoração no tabernáculo — nem sequer foi mencionada na narrativa bíblica desde que Saul, tentando parecer espiritual quando os filisteus se aproximavam, pediu ao seu sacerdote para trazê-la para a frente de

Vá para

Baalá, em Judá
Josué 15:9

Baalá, em Judá
outro nome para
Quiriate-Jearim

batalha (veja 1Samuel 14:18). Com a possível exceção desse curto período de tempo, a arca havia passado os últimos vinte anos ou mais na casa de Abinadabe, em Quiriate-Jearim.

Mas Davi estava prestes a mudar isso. Como um homem cujo coração tinha fome pela presença de Deus, ele queria restabelecer para sua nação a adoração ao modo de Deus. Isso significava ir buscar o objeto sagrado na casa de Abinadabe e colocá-la de volta no lugar a que pertencia: o tabernáculo.

A proposta de Davi

Visão geral

2Samuel 6:1-2; 1Crônicas 13:1-6

Falando a uma multidão de israelitas, Davi apresentou sua proposta para recuperar a arca da aliança, e o povo a aceitou de todo o coração. Então Davi e cerca de trinta mil soldados israelitas foram para **Baalá, em Judá**, a fim de recuperar o santo receptáculo.

O que outros dizem

Charles Swindoll

Davi unificou a nação sob o Senhor Deus, criando um interesse nacional por coisas espirituais. Ele não era um sacerdote; ele era um rei [...] mas levantou o papel do sacerdócio para que o judaísmo pudesse operar aberta e livremente na terra.[1]

O discurso de Davi

Ao procurarmos lições sobre liderança ensinadas pela vida de Davi, é útil estudarmos com atenção as palavras que ele usou em seu breve discurso sobre a importância de recuperar a arca da aliança:

1Crônicas 13:2-3 *Davi disse a toda a assembleia de Israel: "Se vocês estão de acordo e se esta é a vontade do Senhor, o nosso Deus, enviemos uma mensagem a nossos irmãos em todo o território de Israel, e também aos sacerdotes e aos levitas que estão com eles em suas cidades, para virem unir-se a nós. Vamos trazer de volta a arca de nosso Deus, pois não nos importamos com ela durante o reinado de Saul.*

Davi era um excelente comunicador!

- ✦ Ele se dirigiu à nação toda, e não a apenas alguns conselheiros próximos.
- ✦ Ele elaborou a proposta se preocupando com a opinião dos ouvintes.
- ✦ Ele reconheceu a autoridade de Deus.
- ✦ Ele se conectou com o povo.
- ✦ Ele assumiu total responsabilidade por negligenciar a questão da arca no culto nacional, muito embora tenha sido sob a liderança de Saul que a adoração adequada se deteriorou.

Como NÃO transportar a arca

Visão geral

2Samuel 6:3-10; 1Crônicas 13:5-13

Celebrar! Essa era a palavra do dia quando Davi e seus seguidores recuperaram a arca e a colocaram no carroção que haviam construído sob medida para esse trabalho. Davi e os israelitas marcaram a ocasião com música, tocando harpas, liras, tamborins, címbalos e trombetas, enquanto os filhos de Abinadabe — **Uzá e Aiô** —, que não eram filhos de **Coate**, lentamente guiavam o carroção em direção a Jerusalém. Mas quando o desfile encontrou uma pedra no caminho — literalmente —, os bois que puxavam o carroção tropeçaram, o veículo se inclinou, e a arca sagrada se deslocou. Uzá automaticamente fez o que qualquer pessoa cuidadosa transportando uma carga preciosa faria: estendeu a mão para firmar a arca, evitando que ela caísse no chão. Mas, ao fazer isso, o toque de Uzá violou a santidade da arca e Deus o matou no mesmo instante. Davi imediatamente percebeu o que havia ocorrido: ele não seguiu as instruções divinas específicas sobre o manuseio da arca. Ele se irritou; não se sabe com quem. Talvez estivesse irritado com Uzá por ter cometido o erro mortal. Talvez estivesse irritado com Deus por manifestar seu reto juízo. O mais provável, no entanto, era que Davi estivesse irritado consigo mesmo por permitir que a tragédia acontecesse. Qualquer que fosse o foco de sua ira, o rei se encheu do temor do Senhor e cancelou toda a operação. Guardando temporariamente a arca na casa de **Obede-Edom**, próxima dali, abandonou seus esforços para trazer a arca para a cidade de Davi.

Vá para

Obede-Edom
1Crônicas 26:4

Coate
Números 4:15

Uzá e Aiô
filhos de Abinadabe que, ilicitamente, moveram a arca de Quiriate-Jearim

Obede-Edom
levita da família de Coate

Coate
a família levita responsável por transportar a arca

Somente os coatitas podiam transportar a arca, e somente podiam carregá-la nos ombros utilizando as varas especialmente designadas para essa tarefa. A arca nunca deveria ser transportada em um carroção e, acima de tudo, nunca deveria ser tocada por mãos humanas.

O que Davi estava pensando?

Nada no texto sugere que Davi tinha a intenção de desobedecer a Deus quando decidiu construir um carroção novo sobre o qual transportaria a arca. Nem diz que suas ações foram deliberadamente rebeldes ou desrespeitosas. Davi estava simplesmente determinado a se inclinar a um objetivo: levar a arca de volta para Israel. Era um bom objetivo, certamente aprovado por Deus. No entanto, no entusiasmo de Davi para concluir o trabalho, ele não se preocupou em verificar o guia de "como fazer" antes de dar o primeiro passo. Ele agiu por um impulso incitado pela paixão, conveniência e pressa — e seu descuido custou a vida de um homem.

Ponto importante

Isso traz à tona novamente o desagradável, mas importante, ponto que é enfaticamente expresso ao longo da vida de Davi: a pessoa que peca raramente é a única a sofrer as consequências. Muitas vezes, efeitos inevitáveis transbordam sobre a vida de outras pessoas — incluindo aqueles que, como Uzá, são igualmente culpados do pecado e também sobre os que são inocentes.

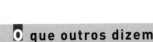
O que outros dizem

Mark Buchanan

A disposição de Uzá para levar a arca em um carro de bois violava explicitamente a ordem divina. Deus tinha dado instruções detalhadas sobre como a arca deveria ser transportada: suspensa por varas e erguida por sacerdotes. Transportar a arca em um carro de bois era um conceito filisteu. Deve ter parecido para Uzá — talvez tenha sido sua ideia tirá-la dos filisteus — mais conveniente, eficiente e elegante. A última moda em apetrechos de adoração. Por que Deus não havia pensado nisso? Bem, vamos corrigir então. Sempre foi o anseio dos israelitas ser como as outras nações. E sempre foi o anseio da Igreja também. Se todo mundo está fazendo isso lá fora, então deve ser um aprimoramento para o que fazemos aqui.[2]

Há um velho ditado que diz: "A estrada para o inferno é pavimentada de boas intenções", e esse episódio ilustra a verdade de que, embora Deus muitas vezes escolha mostrar misericórdia em vez de juízo, certos absolutos não mudam de acordo com as intenções ou sentimentos de uma pessoa. Quando Deus disse em Números 4:15: "Mas não tocarão nas coisas sagradas; se o fizerem, morrerão", isso foi exatamente o que ele quis dizer. Era responsabilidade de Davi — e de Uzá também — seguir a lei de Deus. Independentemente de nossas boas intenções, realizar a obra de Deus, mas se recusar a fazê-la da maneira dele, frustra até mesmo o melhor dos planos e normalmente traz consequências desastrosas.

Aplique

O que outros dizem

Kay Arthur
Não importa quanto tempo tenha se passado desde que Deus deu suas ordens, suas instruções, a revelação de seu coração ou de sua vontade a respeito de qualquer assunto, temos amplas evidências de que ele espera que o "[consultemos] sobre como proceder" (1Crônicas 15:13). Não devemos optar por colocar nossa vontade acima da dele. Não importa o quanto nossas intenções sejam nobres, ainda que nobres como as de Davi ao restaurar a arca da aliança à sua posição devida na vida da nação, o que fazemos deve ser feito à maneira de Deus. Deus é santo, e, quando não agimos de acordo com sua vontade, não o estamos tratando como santo.[3]

Eles fizeram da maneira correta na segunda vez

Visão geral

2Samuel 6:11-19; 1Crônicas 15
Quando Davi ouviu a notícia de que a casa de Obede-Edom estava sendo grandemente abençoada porque a arca da aliança havia sido guardada ali nos últimos três meses, ele decidiu que era hora de tentar trazê-la novamente. Dessa vez, querendo agir da maneira correta, ele supervisionou cada etapa do processo. Ele preparou um lugar para a arca, reuniu as pessoas certas — os sacerdotes — para transportá-la e se certificou de que carregariam da forma correta. O resultado foi que a jornada do dia de mudança se tornou uma festa de adoração cheia

Vá para

dança
Eclesiastes 3:4

celebrações de vitória
Êxodo 15:20-21;
Juízes 11:34;
1Samuel 18:6; 30:16

casamentos
Juízes 21:1; Salmos 45:14-15; Cântico dos Cânticos 6:13

entretenimento
Mateus 14:6;
Marcos 6:22; Jó 21:11; Mateus 11:17; Lucas 7:32

celebração pessoal
Lucas 15:25

sacerdote
1Reis 8:62-65;
1Samuel 2:35;
Deuteronômio 18:15-19

de alegria com a presença de milhares de israelitas tocando instrumentos, dançando e cantando louvores. O rei Davi não foi exceção; ele rodopiava livremente em êxtase e abraçava os privilégios sacerdotais que Deus havia concedido aos reis. Ele vestiu o colete sacerdotal de linho, o uniforme oficial dos sacerdotes, ofereceu holocaustos e sacrifícios de comunhão, abençoou o povo e deu aos israelitas presentes individuais de alimento. Mal sabia Davi que, enquanto dançava, sua esposa Mical, de seu assento na janela, o observava em cada movimento. Ela achou desprezível a alegria de Davi.

O tipo de dança que Davi realizou não era como a que pré-adolescentes praticam na frente do espelho em seu quarto. Essa era uma expressão física do louvor que vinha do fundo de sua alma e da adoração que transbordava de seu coração. Sua dança — provavelmente muito parecida danças folclóricas tradicionais — pode ter surpreendido Mical, mas não deveria; afinal, a dança era parte integrante da vida dos hebreus. Eles também dançavam por:

✦ celebrações de vitória;

✦ casamentos;

✦ entretenimento;

✦ celebração pessoal.

O traje de dança de Davi

Tão significativo quanto o fato de que Davi dançava é o que ele estava vestindo enquanto fazia isso. Declara 2Samuel 6:14 que ele vestia um colete sacerdotal de linho. O texto de 1Crônicas 15:27 diz que ele vestia um manto e uma túnica de linho, e que estava vestido como outros sacerdotes e levitas. Por que um rei recém-coroado abandonaria seus adornos reais e colocaria essas vestimentas simples para seu momento de louvor e adoração? Porque não era o rei Davi que estava adorando ao Senhor; era Davi, o humilde servo de Deus, que estava prestando adoração. Ele vestiu as roupas de linho fino usadas por aqueles que serviam com humildade diante do Senhor. Isso oferece um bom exemplo do dever do Novo Testamento de que os cristãos devem ser "todos humildes uns para com os outros" (1Pedro 5:5).

Davi era um rei, não um sacerdote. No entanto, a lei de Deus o autorizava a assumir a função de um sacerdote.

Comandando a adoração

> **Visão geral**
>
> **1Crônicas 16:4-43**
> Davi fez mais do que dançar no dia especial em que a arca chegou à sua nova casa, em Jerusalém. Ele também preparou tudo para os cultos futuros.
>
> 1. Davi organizou os levitas em uma estrutura administrativa, nomeando Asafe, Hemã e Jedutum como chefes dos músicos.
> 2. Atribuiu a cada sacerdote um instrumento específico para tocar.
> 3. Compôs um salmo de ação de graças em honra ao Senhor.
> 4. Cuidou para que a adoração organizada continuasse, nomeando alguns sacerdotes para continuarem a ministrar diante da arca do Senhor, em Jerusalém, em turnos alternados.
> 5. Uma vez que o tabernáculo ainda estava em Gibeom, ele cuidou para que o culto continuasse lá, com Zadoque servindo como sacerdote daquele tabernáculo.

Encarte dos salmos

O hino de ação de graças oferecido naquele dia era, na verdade, uma combinação de outros salmos, incluindo Salmos 105:1-15; 96:1-13 e 106:1,47-48. Ele apresentava um chamado à adoração, uma expressão da grandeza, glória e louvor que proclamavam a superioridade de Deus sobre os deuses das outras nações. Também destacava seu poder de criação e incluía um convite para que todos se voltassem para Deus.

Adoração: qual é seu estilo?

Alternativo, experiencial, contemporâneo, formal, casual, tradicional. O modo como as pessoas adoram a Deus varia não apenas de denominação para denominação e igreja para igreja, mas muitas vezes também muda de uma pessoa para outra. Alguns adoradores expressam sua adoração a Deus com o movimento total do corpo, como Davi; outros permanecem muito mais reservados, raramente erguendo a mão ou mexendo um dedo do pé. Então o que faz com que adoração seja adoração?

Aplique

1. Ela diz respeito a Deus — não à pessoa que se senta ao seu lado na igreja, ao pastor ou ao líder de música — e se concentra no caráter de Deus, em sua grandiosidade e em sua presença.

Vá para

pessoal
Romanos 12:1

coletiva
Salmos 34:3; 95:6-7

muda o adorador
Isaías 6:1-8

> **O que outros dizem**
>
> **Max Lucado**
>
> Adoração é um ato de engrandecer a Deus. Ampliar nossa visão dele. Entrar na cabine de comando e ver onde ele se senta e observar como ele trabalha. Claro que o tamanho dele não muda, mas nossa percepção dele, sim. À medida que nos aproximamos, ele parece maior. Não é disso que precisamos? Uma grande visão de Deus? Não temos grandes problemas, grandes preocupações, grandes questionamentos? Claro que temos. Por isso precisamos de uma grande visão de Deus. A adoração oferece isso.[4]

2. É uma questão do coração. Jesus ensinou que "os verdadeiros adoradores adorarão o Pai em espírito e em verdade" (João 4:23). O coração verdadeiramente envolvido na adoração se curva em humildade, impressionado com a grandeza de Deus e reverentemente submisso para servir a ele.

> **O que outros dizem**
>
> **Rick Warren**
>
> Entregar-se a Deus é a essência da adoração. É a resposta natural ao maravilhoso amor e à misericórdia de Deus. Nós nos entregamos a ele, não por medo ou obrigação, mas em amor, "porque ele nos amou primeiro".[5]

3. É tanto pessoal como coletiva.
4. É alimentada por fé em vez de emoção, rituais ou ambientação, e se baseia no princípio de que a única entrada para a presença de Deus é a graça dele.
5. Muda o adorador.

> **O que outros dizem**
>
> **Max Lucado**
>
> Deus nos convida a ver sua face para que possa mudar a nossa. Ele usa nossa face descoberta para exibir sua glória.[6]

Mical não entendeu nada

> **2Samuel 6:20** *Voltando Davi para casa para* **abençoar** *sua família, Mical, filha de Saul, saiu ao seu encontro e lhe disse: "Como o rei de Israel se destacou hoje, tirando o manto na frente das escravas de seus servos, como um homem vulgar!"*

abençoar
expressar bons votos para e/ou fazer oração por

Davi provavelmente não conseguia se lembrar de uma ocasião mais feliz. A arca sagrada havia retornado, e ele havia passado as últimas horas celebrando a chegada dela à cidade de Davi, dando graças a Deus e presenteando seu povo. E o dia ainda nem tinha acabado! Davi foi para casa com os pés fora do chão e com o coração plenamente satisfeito com a intenção de compartilhar sua alegria ao abençoar a própria família.

Entretanto, seu entusiasmo logo desapareceu quando Mical saiu de seu assento à janela para encontrá-lo na porta com um sarcasmo cruel. Com apenas uma frase cheia de veneno, ela acusou o marido de não estar à altura de um rei, de ser indigno e até indecente.

O que outros dizem

Liz Curtis Higgs
A verdade é que Mical não entendeu nada. Ela não entendeu o propósito da dança de Davi. Viu aquilo como uma paixão da carne, enquanto Davi sabia que era uma paixão espiritual por Deus que fazia seus pés se movimentarem.[7]

Mical: Vítima ou megera?

De onde vinha a amargura de Mical? Vinha do mesmo lugar que originou a alegria desenfreada de Davi: o coração. Com toda a justiça, Mical tinha motivos para abrigar amargura em seu coração:

Algo para pensar

- Ela havia se apaixonado, quando ainda jovem, e se casado com o homem de seus sonhos porque ele era um conveniente peão político, e não porque ela era uma princesa cobiçada.
- Seu marido a abandonou logo depois que eles se casaram.
- Seu pai havia desenvolvido um ódio assassino por seu marido.
- Seu pai a separou do marido e lhe deu outro homem.
- Seu pai e seus irmãos sofreram mortes violentas.
- Ela foi separada de seu segundo marido — um homem que aparentemente a amava de verdade — por vantagens políticas.

Vá para

escapar
1Samuel 19:12

Grande parte da tragédia na vida de Mical foi acarretada pelos dois homens que deveriam zelar por ela: seu pai, Saul, e seu primeiro marido, Davi. Não é de admirar que aquela princesa apaixonada junto à janela em sua primeira casa, aliviada por ver o marido <u>escapar</u> dos que o perseguiam, agora estava junto à janela como uma rainha amargurada, planejando emboscar o marido com palavras ofensivas! Os eventos que lhe sobrevieram fizeram seu amor esfriar e seu coração endurecer.

É fácil simpatizar com Mical e identificá-la como uma vítima de suas circunstâncias. No entanto, também é importante lembrar que ela não era a única que tinha razões para estar ressentida. Todo mundo tem motivos de sobra para ser amargurado, seja um chefe ruim, uma alergia crônica, um filho rebelde ou um negócio que deu errado. O próprio Davi havia acabado de sair de um período cheio de razões para cultivar uma atitude azeda, assim como Abigail, sua outra esposa. Apesar disso, Davi e Abigail aparentemente haviam aprendido algo que Mical não entendia. Mical não entendeu a exibição de Davi porque, assim como seu pai antes dela, não estava vendo o mundo através dos olhos de Deus, mas através dos olhos de um humano com motivos muito egoístas e com uma compreensão muito limitada.

O que outros dizem

Ann Spangler

A história de Mical é trágica. Ao longo das circunstâncias difíceis de sua vida, vemos poucas evidências de uma fé que a sustentasse. Em vez disso, ela é jogada de um lado para o outro, restando ao seu coração chegar às suas próprias conclusões amarguradas [...] A história de Mical parece indicar que ela passou a se tornar mais parecida com Saul do que com Davi. Como tal, ela nos lembra de que até mesmo vítimas têm escolhas. Não importa o quanto tenhamos pecado, ainda temos o poder para escolher a atitude de nosso coração. Se nos lançarmos na misericórdia de Deus, pedindo-lhe que nos ajude, ele não pode recusar. Mesmo em dificuldade, ele habitará em nós, moldando nosso coração rebelde para que seja semelhante ao seu próprio coração.[8]

Duas esposas, duas reações

Abigail	Mical
Casada com um homem ímpio e tolo que tinha grande riqueza e influência.	Casada com um homem piedoso e sábio que tinha grande riqueza e influência.
Mulher com potencial para influenciar muitas pessoas ao seu redor.	Mulher com potencial para influenciar muitas pessoas ao seu redor.
Conheceu Davi na estrada enquanto ele vinha para levar desgraça ao lar dela.	Conheceu Davi na estrada enquanto ele vinha para levar bênção ao lar dela.
Usou palavras escolhidas para abrandar a raiva.	Usou palavras escolhidas para incitar a raiva.
Demonstrou sua compreensão a respeito do sublime chamado de Davi no plano de Deus para Israel.	Demonstrou sua ignorância a respeito do sublime chamado de Davi no plano de Deus para Israel.
Agiu sem considerar o que os espectadores poderiam pensar.	Fundamentou sua opinião acerca de Davi muito no que os espectadores poderiam pensar.
Por fim, foi recompensada por Davi.	Por fim, foi punida pelo rei.

A defesa de Davi

> **2Samuel 6:21-23** *Mas Davi disse a Mical: "Foi perante o Senhor que eu dancei, perante aquele que me escolheu em lugar de seu pai ou de qualquer outro da família dele, quando me designou soberano sobre o povo do Senhor, sobre Israel; perante o Senhor celebrarei e me rebaixarei ainda mais, e me humilharei aos meus próprios olhos. Mas serei honrado por essas escravas que você mencionou". E até o dia de sua morte, Mical, filha de Saul, jamais teve filhos.*

Se Mical havia deliberadamente escolhido suas palavras para provocar uma reação de Davi, ela foi bem-sucedida. Contudo, em vez de envergonhar Davi, constrangendo-o a se desculpar, ela recebeu uma bronca bem merecida: Davi fez com que Mical ficasse sabendo, em termos claros, que o Senhor, não ela, era audiência dele; que ele estava agindo como o governante de Israel escolhido pelo Senhor e que ele, de bom grado, se sujeitaria a ainda mais indignidades em seu serviço ao Senhor. Em outras palavras: "Você não viu nada ainda!"

No entanto, mesmo em sua raiva, Davi manteve a humildade. Em contraste com as soberbas e presunçosas palavras usadas pelo anjo caído, <u>Lúcifer</u>, para proclamar sua intenção de usurpar a posição exaltada do Senhor, as

Vá para

Lúcifer
Isaías 14:12-15

palavras de Davi proclamavam apaixonadamente sua intenção de se humilhar ainda mais no serviço ao Senhor.

Em uma triste conclusão para esse episódio, os leitores descobrem que Mical viveu o resto de seus dias sob a sombra da desgraça mais vergonhosa que poderia suceder a uma mulher hebreia: ela não teve filhos. A Bíblia não declara que isso foi um julgamento específico de esterilidade vindo da parte de Deus; a maioria dos estudiosos concorda que sua incapacidade de ter filhos foi um resultado natural da ira de Davi: ele provavelmente não desejava ter intimidade com a mulher odiosa e a baniu de seu quarto.

Tal pai, tal filha

Algo para pensar

A semelhança familiar é estranha! Assim como seu pai, Mical estava terrivelmente preocupada com o que os outros pensavam dela, e parece ter escolhido suspeita, paranoia e cinismo, em vez de confiança nas pessoas e no Senhor. Assim como Saul, quando rei, foi em grande parte estéril em produzir qualquer bem para a nação de Israel, Mical, como rainha, foi estéril em produzir qualquer bem para a nação de Israel — ou para sua própria linhagem.

> **O que outros dizem**
>
> **Mark Buchanan**
> Mical, a um grande custo pessoal, nos ensina outra valiosa lição sobre Deus. Deus não é o protetor de nossa reputação. Deus não é uma divindade doméstica pedante, uma Senhora-Boas-Maneiras celestial que se propõe a prescrever a etiqueta que mantém a sociedade educada, horrorizada com qualquer explosão de fervor. E nosso papel nesta Terra, seja ele de profeta, rei, sacerdote ou dona de casa, não é para impedir que sejamos constrangidos. Devemos nos colocar diante do Rei, digna ou indignamente, vestidos ou despidos, na presença da elite ou na companhia de escravas, e adorar com toda a nossa força.[9]
>
> **Liz Curtis Higgs**
> Como primeira esposa do rei Davi, Mical teve a oportunidade de aprender a verdadeira adoração com um falho, porém apaixonado, homem segundo o coração de Deus. Em vez disso, ela jogou fora tais bênçãos e, depois, cerrou os punhos bem cuidados entre as dobras de sua túnica cara, determinada a ser infeliz para sempre. E assim ela foi.[10]

Resumo do capítulo

✦ Davi queria restabelecer para sua nação a adoração, ao modo de Deus. Isso significava trazer a arca da aliança de Quiriate-Jearim e colocá-la de volta onde pertencia: no tabernáculo.

✦ Davi e seus seguidores recuperaram a arca e a colocaram no carroção que fizeram sob medida para esse trabalho, marcando a ocasião com muita celebração. Quando os bois puxando o carroção tropeçaram, o carroção se inclinou, e a arca sagrada se deslocou. Uzá estendeu a mão para segurar a arca, mas foi morto por tocar a peça sagrada.

✦ Davi, imediatamente percebendo que não havia seguido as instruções específicas de Deus sobre como manusear a arca, guardou-a na casa de Obede-Edom, próxima dali, abandonando temporariamente seu esforço de trazer a arca para a cidade de Davi.

✦ Davi tentou o esquema de novo, acertando na segunda vez, ao se certificar de que a arca fosse manuseada da maneira adequada.

✦ A chegada da arca em Jerusalém foi marcada por uma grande celebração, com Davi rodopiando livremente em êxtase.

✦ Mical, que estava observando cada movimento do marido de seu assento à janela, achou desprezível a alegria de Davi e deu-lhe uma repreensão mordaz.

✦ Davi fez que ela soubesse, em termos claros, que o Senhor, não Mical, era sua audiência, que ele estava agindo como o governante de Israel escolhido pelo Senhor e que ele se sujeitaria a ainda mais indignidades em seu serviço ao Senhor.

Questões para estudo

1. Por que era importante para Davi ter a arca da aliança de volta em Jerusalém?

2. Como foi a primeira tentativa de Davi de mover a arca de forma incorreta?

3. Quais foram as consequências desse erro?

4. Como Davi demonstrou sua alegria por ter a arca finalmente em Jerusalém?

5. De que forma Mical interpretou mal a manifestação de alegria de Davi?

6. Quais são algumas das possíveis razões pelas quais ela não compreendeu as ações de Davi?

7. Como Davi reagiu à repreensão de Mical?

Em destaque no capítulo:

+ Paz no palácio, na família e na nação
+ A grande ideia
+ Deus diz "não"
+ Uma casa de um tipo diferente

2Samuel 7; 1Crônicas 17: O profundo desejo de Davi

Vamos começar

A fuga de Davi havia chegado ao fim, seu reino estava estabelecido, e sua residência, construída. Ao olhar para a grandeza ao seu redor, sentiu--se envergonhado: o Criador do Universo vivia em uma tenda enquanto ele vivia em um palácio esplêndido. A disparidade deflagrou a inspiração: ele construiria uma casa — um templo — digno de Deus! A ideia de erigir uma habitação elaborada para o Senhor pode ter sido boa, mas não era a ideia de Deus. Deus disse "não," e mudou o jogo para Davi ao dizer que, em vez disso, *Deus* é que construiria uma casa para Davi. O rei não deixou que o desapontamento de ouvir um "não" celestial o desanimasse; ao contrário, com os olhos espirituais treinados somente na vontade de Deus, ele escolheu a adoração, em vez de enfado, e gratidão, em vez de murmúrio.

Paz no palácio, na família e na nação

> **2Samuel 7:1** *O rei Davi já morava em seu palácio e o Senhor lhe dera descanso de todos os seus inimigos ao redor.*

Considerando a história de Davi, o fato de que estivesse morando em uma casa não é, de modo nenhum, um detalhe em sua biografia. Suas casas foram desde um quarto no palácio de um rei que constantemente tentava

Vá para

presente
2Samuel 5:11;
1Crônicas 14:1

matá-lo ao fundo de uma caverna úmida e desconfortável no deserto. Seu endereço atual não era a primeira casinha própria que alguém pode comprar: após Davi ser ungido rei de Israel, Hirão, o vizinho rei de Tiro, deu ao novo governante um <u>presente</u> generoso: os materiais (cedro valioso do Líbano) e a mão de obra (habilidosos artesãos) para construir um lugar literalmente digno de um rei.

No aspecto doméstico, Davi estava bem casado, e ao menos uma de suas esposas (Abigail) compartilhava sua paixão pelo Senhor. Suas esposas acumulavam para ele honra sobre honra a cada novo filho homem que concebiam. Os tempos eram, de fato, muito bons para o florescimento da família dentro dos muros da casa de Davi.

Os tempos eram bons fora do palácio também. A união da nação havia liberado uma fresca onda de patriotismo e um senso de segurança sem precedentes. Os inimigos de longa data dos israelitas haviam recuado, dando aos homens de Israel um raro descanso da batalha. Os ânimos estavam elevados, assim como a média de aprovação do rei. Davi realmente tinha muito que agradecer.

O "descanso" na história

O tipo de "descanso" de que Davi desfrutava nas grandes salas de seu extraordinário novo lar não vinha de cochilos revigorantes à tarde em uma espreguiçadeira no jardim do castelo. Ah, com certeza Davi estava fisicamente esgotado após anos desviando de lanças e lutando contra filisteus. Mas esse "descanso" significava muito mais do que oito a dez horas de sono por noite. A palavra hebraica usada aqui — *nuach* — sugere acalmar-se, permanecer parado e ficar quieto. É a mesma palavra usada em Josué 21:44 para explicar o descanso que Deus deu aos israelitas após escoltá-los até a Terra Prometida. Em outras palavras, *nuach* significa dar um grande suspiro de alívio. Significa não ter de correr os olhos constantemente no horizonte à procura de inimigos se aproximando. Significa não ter de olhar para trás para ver se alguém está no seu rastro. Mais importante, significa desfrutar da benção de ver cumpridas as promessas de Deus.

Em Jeremias 6:16, o Senhor promete *margoa* — "descanso" — para a alma do povo que segue suas instruções para a vida; e em Mateus 11:28, Jesus Cristo promete ao seu povo *anapauo* — um "descanso" revigorante — para a alma dos que permanecerem próximos a ele.

Aplique

A grande ideia

> **2Samuel 7:1-2 (Veja também 1Crônicas 17:1b-2.)** *Certo dia ele disse ao profeta Natã: "Aqui estou eu, morando num palácio de cedro, enquanto a arca de Deus permanece numa simples tenda." Natã respondeu ao rei: "Faze o que tiveres em mente, pois o SENHOR está contigo."*

Muitas vezes, quando a pessoa tem um momento de súbita ociosidade após um longo período de trabalho, o corpo para de se mexer, mas a mente continua agitada. Certamente esse era o caso de Davi, e seus pensamentos a mil não poderiam ter sido mais elevados. Ele olhou para os sólidos muros de cedro ao redor de sua casa espetacular, comparou-os com as finas vigas e cortinas esvoaçantes que abrigavam a presença de Deus no tabernáculo e decidiu fazer algo quanto a essa disparidade: ele construiria um templo adequado para o Senhor.

Davi mal podia esperar para contar a Natã sobre sua ideia monumental, e o profeta respondeu como ele esperava, com um entusiástico: "Então, mãos à obra!"

O que outros dizem

Quando Deus, em sua providência, nos dá descanso, devemos considerar como podemos honrá-lo com as vantagens disso, e qual serviço podemos prestar aos nossos irmãos que não estão tranquilos, ou não tão tranquilos quanto nós. Quando Deus deu descanso a Davi, veja o quanto Davi ficou sem descanso enquanto não *encontrou uma habitação* para a arca.[1]

Não é de surpreender que Davi acreditasse que o tabernáculo não era grande ou magnífico o suficiente para o Senhor! Talvez um dos maiores bens de Davi fosse sua habilidade de ver a si mesmo como era — e de ver Deus como ele é. Davi, afinal, escreveu os salmos 19, 24 e 29, nos quais, dentre outras coisas, expressa a grandiosa presença de Deus.

Algo para pensar

Deus diz "não"

Visão geral

2Samuel 7:4-7; 1Crônicas 17:1-6
Natã pode ter dado a Davi uma aprovação na proposta de construção, mas Deus não. Não de imediato, pelo menos. Naquela noite, Deus deu a Natã uma mensagem de duas partes para entregar a Davi.

Estêvão
líder na Igreja primitiva

A primeira parte respondia à proposta de Davi. Não era exatamente uma dura repreensão, mas abrigava um tom severo:

1. "Você construirá uma casa para eu morar?" Deus queria que Davi se lembrasse de quem estava no comando. Escolher um construtor para o templo — se haveria de haver um — era responsabilidade de Deus, não de Davi.

2. "Eu não preciso de uma casa." Deus queria que Davi se lembrasse de *quem ele era* — um Deus que está em todo lugar, todo o tempo. Como **Estêvão** disse aos sumos sacerdotes no sinédrio: "O Altíssimo não habita em casas feitas por homens" (Atos 7:48).

3. "O modo como eu escolhi para revelar minha presença entre meu povo no passado — em uma tenda temporária e transportável — tem com precisão se adequado aos meus propósitos." *Deus queria que Davi lembrasse quem o Senhor havia sido.* Ele apontou para sua fidelidade no passado para garantir que Davi não duvidasse dela no presente.

Algo para pensar

Mesmo Deus tendo negado a Davi permissão para construir o templo, ele lhe deu crédito por suas boas intenções. Falando na ocasião da dedicação do templo, Salomão, filho de Davi, disse:

1Reis 8:17-20 *"Meu pai Davi tinha no coração o propósito de construir um templo em honra ao nome do Senhor, o Deus de Israel. Mas o Senhor lhe disse: 'Você fez bem em ter no coração o plano de construir um templo em honra ao meu nome; no entanto, não será você que o construirá, mas o seu filho, que procederá de você; ele construirá o templo em honra ao meu nome'. E o Senhor cumpriu a sua promessa: Sou o sucessor de meu pai Davi, e agora ocupo o trono de Israel, como o Senhor tinha prometido, e construí o templo em honra ao nome do Senhor, o Deus de Israel."*

Uma casa de um tipo diferente

Visão geral

2Samuel 7:8-17: 1Crônicas 17:7-15
A segunda parte da resposta de Deus a Davi foi uma promessa surpreendente: um de seus descendentes reinaria, por fim, sobre Israel e sobre o mundo para sempre.

A promessa que Deus deu a Davi é chamada de aliança davídica. Ela não apenas reafirmava a <u>promessa de terra</u> que Deus havia feito para Israel; também delineava em grande detalhe o que Davi e Israel poderiam esperar em um futuro próximo e distante.

Vá para

promessa de terra
Gênesis 15

Para o futuro próximo, Deus prometeu:

✦ Uma dinastia de reis: Deus garantiu que a linhagem de Davi iria sucedê-lo como rei de Israel.

✦ Um atraso na construção: Deus afirmou que o herdeiro de Davi, não Davi, seria o construtor de uma casa para Deus.

Para o futuro distante, Deus prometeu:

✦ Um reino eterno: Deus prometeu que a dinastia de Davi nunca se acabaria.

✦ Um Messias vindouro: Deus apontou para o reino eterno do Messias que haveria de vir, um Salvador que entraria na história da humanidade por meio da linhagem de Davi e da tribo de Judá. O anjo Gabriel referiu-se a esse reino sem fim quando disse a Maria: "Ele será grande e será chamado Filho do Altíssimo. O Senhor Deus lhe dará o trono de seu pai Davi, e ele reinará para sempre sobre o povo de Jacó; seu Reino jamais terá fim" (Lucas 1:32-33).

O que outros dizem

Larry Richards
Esta aliança davídica é o fundamento de grande parte da profecia do Antigo Testamento, a qual descreve uma era de paz mundial sob o prometido descendente de Davi. Os Evangelhos, no Novo Testamento, deixam claro que a pessoa referida em tais promessas não é outra senão Jesus Cristo. Jesus Cristo, o único descendente vivo de Davi, cumprirá a promessa de Deus e governará um Reino eterno.[2]

Tim LaHaye
Pelo período de quinhentos anos, a promessa de que a linhagem davídica permaneceria para sempre foi repetida muitas vezes: para o próprio Davi, para Salomão, nos salmos e pelos profetas Isaías, Jeremias, Amós, Miqueias e Zacarias. Embora cada um dos reis tenha sido castigado por desobediência, a aliança nunca foi **ab-rogada**. De Davi, uma linhagem direta de descendentes continuou ao longo de mil anos até nascer Jesus, o Filho de Abraão, o Filho de Davi.[3]

ab-rogada
abolida

Profecias sobre o Messias

Vá para

pais de reis
Gênesis 17:6, 16; 35:11

prometido a Judá
Gênesis 49:10

A aliança de Deus com Davi é apenas um exemplo no Antigo Testamento de um prenúncio sobre o Messias vindouro. Outros incluem:

PRENÚNCIOS SOBRE O MESSIAS QUE HAVERIA DE VIR

Profecia	Referência no Antigo Testamento	Cumprimento no Novo Testamento
O Messias nasceria em Belém.	Miqueias 5:2	Mateus 2:1
O Messias nasceria de uma virgem.	Isaías 7:14	Mateus 1:18-23
Herodes tentaria assassinar o Messias.	Jeremias 31:15	Mateus 2:16-18
O Messias seria traído por um amigo.	Salmos 41:9	João 13:18,19, 26
O Messias seria vendido por trinta moedas de prata.	Zacarias 11:12	Mateus 26:14-16
O Messias seria crucificado.	Zacarias 12:10	João 19:16-18,37
Sortes seriam jogadas sobre a veste do Messias.	Salmos 22:18	Mateus 27:35
Nenhum dos ossos do Messias seria quebrado.	Salmos 34:20	João 19:31-36
O Messias seria enterrado no túmulo de um homem rico.	Isaías 53:9	Mateus 27:57-60
O Messias ressuscitaria dos mortos no terceiro dia após sua crucificação.	Oseias 6:2	Atos 10:38-40

Sem condições

A aliança que Deus fez com Davi era incondicional, significando que não havia nada que Davi ou o povo de Israel pudesse fazer — ou deixar de fazer — para perder as promessas de Deus. Na verdade, essa aliança marcou o cumprimento de promessas anteriores que Deus havia feito para seu povo. Ele havia prometido aos patriarcas que eles seriam <u>pais de reis</u>, e ele havia <u>prometido a Judá</u>, bisneto de Abraão, que o regente viria de sua tribo.

> **O que outros dizem**
>
> **J. Dwight Pentecost**
>
> Como as outras alianças de Israel, esta é chamada de eterna em 2Samuel 7:13,16; 23:5; Isaías 55:3 e Ezequiel 37:25. A única maneira de ser chamada de eterna é ser incondicional e basear-se na fidelidade de Deus para se cumprir.[4]

Os pontos fundamentais da aliança

Enquanto as promessas de Deus a Davi certamente são pontos cruciais nesta passagem, os eventos de 2Samuel 7 e 1Crônicas 17 discutem, pelo menos, dois outros assuntos importantes:

1. *Deus às vezes diz "não".*

É difícil compreender, e até parece um pouco injusto, que Deus não tenha aprovado a proposta de Davi. Afinal de contas, o presente — o templo que Davi tinha em mente construir — seria projetado para honrar a Deus, e, mais, as intenções do ofertante não eram nada senão as melhores. As pessoas jamais entenderão totalmente as razões de Deus agir do modo como age, porque seus caminhos são mais altos que os caminhos humanos. No entanto, um olhar para o passado pode às vezes revelar muitas possíveis razões para Deus julgar adequado dizer "não".

Por exemplo, algumas vezes um "não" de Deus amplia e aumenta a fé do cristão. Outras vezes refina seu caráter, tornando os seguidores de Cristo mais parecidos com ele. E frequentemente pavimenta o caminho para um "sim" muito maior que servirá melhor aos planos de Deus para seu povo e seu Reino. No caso de Davi, Deus disse "não" por algumas razões reveladas na Escritura. Primeiro, ele queria que seu templo fosse construído por um homem associado com paz, não com guerra. Segundo, ele tinha planos melhores que, de longe, ofuscavam os de Davi: Davi queria construir para Deus uma estrutura temporária, um templo de pedra e madeira; Deus queria construir para Davi uma estrutura permanente, uma dinastia eterna.

Vá para

seus caminhos
são mais altos
Isaías 55:9

homem
associado com
paz, não com
guerra
1Crônicas 22:8-10

Aplique

O que outros dizem

Charles Swindoll

Quando Deus diz "não", isso não é necessariamente disciplina ou rejeição. Pode ser simplesmente uma nova direção.[5]

John MacArthur

Deus tirou de Davi uma grande alegria e, em troca, deu-lhe uma grande promessa e, em 2Samuel 7, disse-lhe: apesar de você não construir minha casa, de sua descendência virá um filho e desse filho será construído um reino que nunca terá fim.[6]

Vá para

buscar conselho
Provérbios 1:5;
11:14; 12:15; 15:22;
19:20

Aplique

2. *Pessoas de Deus às vezes dão conselhos errados.*

Natã é o caso em questão. Profetas, como porta-vozes oficiais de Deus, estavam encarregados de entregar as palavras de instrução, profecia e julgamento de Deus aos antigos hebreus. Uma vez que Natã deu a Davi um conselho refutado por Deus, isso significa que ele não era de confiança? Estudiosos variam em suas opiniões. Alguns dizem que, como profeta, ele estava "em serviço" o tempo todo, e falou fora de hora ao oferecer seu próprio conselho e bênção antes de consultar a opinião de Deus. Outros sugerem que, quando Natã disse a Davi: "Parece uma boa ideia para mim", ele não estava em "missão oficial" de Deus; ele estava simplesmente respondendo a Davi baseado no que sabia ser verdade: que o Senhor era com Davi. (O próprio Senhor confirmou isso no versículo 9.)

De qualquer forma, esse episódio é um lembrete de que até mesmo os homens e mulheres chamados por Deus para ensinar e pregar a Palavra podem se enganar. Ainda que não seja uma má ideia buscar conselho de amigos e conselheiros piedosos, não é uma boa ideia fazer isso sem antes buscar a direção do próprio Deus.

o que outros dizem

Thomas L. Constable

Note que não foi porque estava disciplinando Davi ou porque o havia rejeitado que Deus não aceitou as boas intenções de Davi. Deus estava simplesmente redirecionando seu servo. Ele deveria ser um governante, não um construtor de templo. Da mesma forma, Deus nem sempre nos permite levar adiante nossos desejos de honrá-lo, como, por exemplo, sendo pastores ou missionários. Às vezes ele nos impossibilita porque quer que lhe sirvamos de outras maneiras. A percepção desse fato aliviaria muitos cristãos de falsa culpa e de sonhos frustrados.[7]

Alan Redpath

Quando Deus diz "não" à ambição de sua vida, a algo que lhe é muito precioso, ele traz você para perto de seu coração e lhe mostra que toda necessidade da alma humana é satisfeita por suas promessas. Deus quer ensiná-lo, em face às respostas negativas que lhe dá, a aprender a se apropriar de cada possível promessa no Livro.[8]

John Wesley

Pois os santos profetas não falavam todas as coisas por inspiração profética, mas algumas coisas por um espírito humano.[9]

As primeiras palavras de Davi

> **2Samuel 7:18 (Veja também 1Crônicas 17:16.)** *Então o rei Davi entrou no tabernáculo, assentou-se diante do Senhor, e orou: "Quem sou eu, ó Soberano Senhor, e o que é a minha família, para que me trouxesses a este ponto?"*

Deus deu sua resposta à proposta de Davi com uma pergunta. Agora Davi, em uma posição física adequada ao estado de seu coração, assentou-se para orar — uma postura diferente da atitude comum de ajoelhar-se ou ficar em pé para orar. Ao fazer isso, ele começou sua resposta a Deus com uma pergunta sobre si mesmo: "Quem sou eu?"

Davi reconheceu que não havia feito nada para merecer o favor de Deus; na verdade, ele nem tinha uma "casa" nem antecedentes familiares importantes o suficiente para fazê-lo digno das bênçãos que Deus lhe tinha dado. As primeiras palavras de seu discurso têm o tom de humildade e gratidão — um fundamento apropriado para suas palavras seguintes.

Ponto importante

O que outros dizem

Charles Stanley
Note a expressão, Davi "assentou-se diante do Senhor". Ele não estava sentado em uma cadeira como nós faríamos. Ele estava se ajoelhando e se sentando sobre os calcanhares, ouvindo e falando com o Senhor. Davi estava meditando.[10]

Warren Wiersbe
A postura de oração é diferente em vários lugares ao longo da Bíblia. Às vezes as pessoas ficam em pé para orar; Salomão ficou em pé e levantou as mãos para Deus em sua oração de dedicação do templo. Às vezes, as pessoas ficam de joelhos para orar. Nosso Senhor prostrou-se, rosto em terra, e orou. O dr. Oswald J. Smith andava de um lado para o outro no quarto para orar. Davi "assentou-se" diante do Senhor. É uma imagem de uma criança vindo e se sentando diante do Pai.[11]

O restante da oração de Davi

Visão geral

2Samuel 7:19-29; 1Crônicas 17:16-27
O restante da oração de Davi fala de:

1. **A humildade de Davi.** Davi referiu-se a si mesmo dez vezes como "teu servo" em sua oração a Deus. Assim como ele demonstrou quando vestiu o simples colete sacerdotal — veste usada pelos servos de Deus —, em vez da indumentária real, durante a celebração que acompanhava a chegada da arca a Jerusalém, Davi preferiu enfatizar sua posição de servo, e não a de rei.

2. **A grandeza de Deus.** Davi referiu-se à grandeza de Deus ao relembrar os grandes feitos divinos no passado e proclamar a presente majestade de Deus.

3. **A identidade de Israel.** Davi expressou que entendia o relacionamento único e duradouro de seu povo com o Senhor.

4. **A conformidade de Davi.** Diante de planos aparentemente conflitantes, Davi não tentou impor seus próprios planos aos de Deus. Em vez disso, ele instantaneamente realinhou seus desejos para adequá-los aos planos perfeitos de Deus. Seu "faze conforme prometeste" é ecoado na resposta de Maria para Gabriel e na de Cristo em "faça-se a tua vontade", no jardim do Getsêmani.

O que outros dizem

Warren Wiersbe

Note a humildade de Davi: "Quem sou eu, ó Soberano SENHOR, e o que é a minha família?" E note no versículo 20 que Davi usa seu próprio nome. As crianças frequentemente se referem a si mesmas dessa maneira, e aqui temos Davi como uma criancinha sentada diante de Deus, agradecendo a ele, usando humildade de espírito para mostrar a Deus o quanto está agradecido. Na verdade, esse mesmo versículo diz que Davi ficou até mesmo sem palavras (v. 20) "Que mais Davi poderá dizer-te?" Davi não era muito de ficar sem palavras, mas aqui ele estava vindo, com humildade, como uma criança diante de um pai.[12]

The Bible Knowledge Commentary [Conhecimento Bíblico Comentado]

A resposta de Davi a essa magnífica revelação concernente à natureza de seu reinado era reconhecer a bondade do Senhor ao concedê-lo e exaltar a incomparável soberania de Deus.[13]

Robbie Castleman

Quantas vezes corremos à frente de Deus e decidimos o que deveria acontecer em nossa vida? Às vezes por zelo, em outras por medo, seguimos em frente com nossos planos e então nos sentimos desiludidos ou irritados quando as coisas não saem como planejamos. Davi experimentou um desejo similar de fazer algo acontecer. Ele queria honrar a Deus de um modo específico, um modo que parecia bom e direito. Ao saber da perspectiva de Deus sobre o assunto, ele descobriu que os planos soberanos de Deus, a longo prazo, são melhores.[14]

Resumo do capítulo

+ Após anos vividos em lugares que iam de cavernas a acampamentos militares, Davi estava vivendo em uma casa magnífica e desfrutando da paz que havia se estabelecido sobre a terra.

+ Quando olhou para a habitação espetacular e sólida ao seu redor e comparou-a com o tabernáculo temporário e já gasto pelo tempo que abrigava a presença de Deus, Davi teve a ideia de construir um templo adequado para o Senhor.

+ Davi compartilhou sua ideia com o profeta Natã que, com entusiasmo, a aprovou.

+ Naquela noite, Deus deu a Natã uma mensagem de duas partes para Davi, dizendo que o Senhor não precisava de uma casa; na verdade, ele construiria uma casa para Davi.

+ A casa que Deus construiria para Davi seria uma dinastia eterna que apresentaria o Messias vindouro; em outras palavras, um dos descendentes de Davi, por fim, reinaria sobre Israel e o mundo para sempre.

+ Davi respondeu às palavras de Deus reconhecendo que não havia feito nada para merecer o favor dele; na verdade, ele nem tinha uma "casa" nem antecedentes familiares importantes o suficiente para fazê-lo digno das bênçãos que Deus lhe tinha dado.

Questões para estudo

1. O que fez Davi querer construir um templo para o Senhor?
2. Qual foi a resposta inicial de Natã à ideia de Davi?
3. Como o Senhor fez Davi saber que tinha planos diferentes para o rei?
4. Quais razões o Senhor deu a Davi para explicar por que não precisava de Davi para construir um templo?
5. Que promessa o Senhor fez a Davi?
6. Quais eram as condições da aliança davídica?
7. Para quem a aliança davídica aponta?
8. Como Davi respondeu à promessa do Senhor?

Em destaque no capítulo:

+ Finalmente, os filisteus
+ Dominando os moabitas
+ Por amor a Jônatas
+ Um convite indesejado
+ De volta à batalha

2SAMUEL 8-10; 1CRÔNICAS 18-21
As conquistas e benevolências do rei

Vamos começar

Após estabelecer Jerusalém como centro político da nação, Davi congregou as tribos de Israel sob uma única bandeira ao lembrá-las de sua posição especial como povo escolhido de Deus. Ele trouxe o objeto mais sagrado do povo, a arca da aliança, para o centro da atenção da nação, simbolizando a visão espiritual restaurada dos israelitas. Contudo, o rei não estava pronto para se acomodar no prazer doméstico. Ainda havia muito trabalho, e ele se pôs a resolver isso, iniciando uma série de campanhas para expulsar os inimigos do povo de Deus.

(A propósito, esses eventos precedem os de 2Samuel 7 [veja capítulo anterior].) O mapa da nação, cobrindo alguma mesa no quartel-general militar de Israel, provavelmente era atualizado com frequência enquanto Davi e suas tropas conquistavam um inimigo depois do outro. O registro de povos levados à submissão de Israel crescia à medida que as fronteiras da nação se estendiam até que o povo de Deus finalmente — e completamente! — possuiu toda a extensão de terra que Deus lhe havia prometido.

No entanto, as passagens discutidas neste capítulo não se limitam a demonstrar o poder que Deus exerceu por meio de seu poderoso guerreiro e talentoso administrador, Davi. Escondido dentro da ampla e abrangente narrativa que descreve a magnitude das conquistas públicas do rei está um relato destacando o grau de compromisso pessoal do rei com a aliança que havia feito com Jônatas.

Finalmente, os filisteus

Vá para

o mataram
1Samuel 31

> **Visão geral**
>
> **2Samuel 8:1**
>
> Davi derrotou os inimigos de longa data, os filisteus, em Metegue-Amá.

Os filisteus haviam sido um inimigo ameaçador para Israel tanto durante o reinado de Saul quanto durante o de Davi. Por que, com seus enormes recursos e vasto exército, Saul não foi capaz de vencê-los? Os filisteus foram, na verdade, a ruína de Saul muitas vezes, até que eles finalmente o mataram no monte Gilboa.

Parte do motivo pelo qual Davi, e não Saul, obteve essa vitória sobre os filisteus pode ter tido algo a ver com o seguinte: Saul, com sua visão limitada, considerava os filisteus inimigos políticos, um "golias" de agressão, arrogância e armamento superior. Eles eram simplesmente o povo a ser superado na arena política da época. Davi, entretanto, com a visão de Deus, considerava esse povo como sendo muito mais do que os campeões pesos pesados imperantes no Oriente Médio. Ele não estava lá para destruí-los somente porque eram inimigos de longa data; ele não estava lá para conquistá-los para que pudesse acrescentar o nome deles à sua lista de vitórias. Ele queria subjugá-los por causa do que eles representavam. A idolatria e a impiedade desse povo representavam tudo o que o rei odiava; assim, seu objetivo era dar um fim neles.

Ponto importante

Saul falhou repetidamente contra os filisteus, porque usava estratégias falhas baseadas na lógica humana, não na direção de Deus, e porque dependia de armas físicas ineficazes. As impressionantes vitórias de Davi podem ser atribuídas à sua compreensão das palavras registradas em Salmos 60:11-12: "Dá-nos ajuda contra os adversários, pois inútil é o socorro do homem. Com Deus conquistaremos a vitória, e ele pisoteará os nossos adversários."

> **O que outros dizem**
>
> **Robbie Castleman**
>
> Sendo um homem de sua época, Davi liderou sua cota de batalhas para proteger e ampliar seu reino. Mas o fundamento do reinado de Davi era sua fé em Deus e seu conhecimento de que Deus era com ele e com o povo de Israel. Por causa dessa convicção, ele podia responder agressivamente, quando necessário, e com bondade, quando oportuno.[1]

O que outros dizem

Alan Redpath

O que me fascina sobre essa vitória completa é o absoluto desprezo com o qual Davi tratou o grande poder de seus adversários. Os filisteus, por exemplo, que haviam ocupado parte da terra e perturbado os israelitas por tanto tempo, tiveram sua principal cidade tirada deles. Em 2Samuel 8:1 ela é chamada de Metegue-Amá, mas esse é outro nome para Gate, "a rédea de Amá". Isso implica que a cidade era uma rédea, e foi exatamente isso para o povo de Israel. Davi simplesmente tomou-a das mãos dos filisteus e, então, a usou contra eles.[2]

Vá para

moabitas
1Samuel 14:47;
Gênesis 19:37

Rute
Rute 1:4

pais
1Samuel 22:3-4

moabitas
descendentes de Ló por meio de uma união incestuosa entre ele e sua filha

Dominando os moabitas

Visão geral

2Samuel 8:2

Davi derrotou os moabitas, levando dois de cada três deles à morte. Os sobreviventes foram submetidos à servidão por Israel.

Saul atacou, mas não subjugou os **moabitas**. Embora houvesse discórdia entre Moabe e Israel, ainda é difícil entender por que Davi tratou os moabitas de modo tão severo. Afinal, sua bisavó Rute havia vindo de Moabe; além disso, o próprio Davi havia deixado seus pais aos cuidados dos moabitas quando fugiu de Saul no deserto.

Senão por outro motivo, esta única explicação seria mais do que suficiente para justificar o tratamento severo de Davi para com os moabitas: ele estava reivindicando para os israelitas o que era deles por direito. Como rei e como homem de Deus, Davi não se contentaria com nada menos do que garantir toda a extensão da terra que Deus concedera ao seu povo.

Pense em todas as promessas que Deus fez para aqueles que o seguem! Ele promete segurança, proteção, bênçãos, poder e inúmeros outros benefícios aos seus servos. Mas ele não diz que essas coisas virão sem esforço ou luta. Assim como Davi teve de travar uma guerra contra o povo que reivindicou a terra que Deus havia prometido aos israelitas, os cristãos devem travar uma guerra contra uma longa lista de "intrusos" espirituais que os privam das promessas de Deus.

Aplique

Os arameus e os edomitas

Vá para

tesouro do templo
1Reis 7:51

cavalos
Deuteronômio 17:16

tesouro
despojos de guerras e presentes de nações vizinhas

Visão geral

2Samuel 8:3-15

Tendo conquistado os filisteus e os moabitas, Davi, em seguida, voltou sua atenção para os arameus, ou sírios, ao norte, ao longo do rio Eufrates, e para os edomitas, que viviam na região montanhosa ao sul do mar Morto. Davi facilmente venceu a ambos. No processo, ele adquiriu mais homens, carros e objetos de valor. Estabeleceu guarnições ao longo de todos os territórios conquistados. Seus habitantes, então, se tornaram sujeitos a Israel. Durante essas batalhas, Davi adquiriu uma abundância de riquezas: escudos de ouro, utensílios de bronze e outros itens de grande valor. Ele acrescentou os artigos ao crescente estoque de bens que vinha recolhendo de outras nações que havia subjugado. Seu filho Salomão colocaria, mais tarde, no **tesouro do templo** os artigos que Davi havia consagrado ao serviço do Senhor.

Davi manteve a cabeça no lugar

Davi suportou um bom período de provações, testes e problemas, mas esse certamente não era um desses momentos. As vitórias estavam vindo com facilidade, e as riquezas jorravam de todos os cantos para dentro do tesouro nacional. Sua fama e sua fortuna, seu alcance e suas responsabilidades nunca haviam sido tão grandes, mas o homem segundo o coração de Deus não deixou que o sucesso lhe subisse à cabeça. Na verdade, ele manteve a cabeça no lugar enquanto deixava o coração guiar o caminho em direção à misericórdia, à obediência e à fidelidade a Deus:

- *Misericórdia para com os moabitas*. Davi permitiu que um terço dos moabitas vivesse, dando-lhes não só a dignidade de continuar a linhagem deles, mas também lhes concedendo a possibilidade de voltar o coração para Deus.
- *Obediência quanto aos cavalos*. Davi poderia ter aumentado o poder de montaria de sua máquina militar retornando com milhares de cavalos resultantes do conflito com os sírios; no entanto, ele apenas trouxe para casa uma centena em cumprimento à lei de Deus que declarava que os reis não deveriam acumular uma quantidade excessiva de cavalos. (Que contraste com o registro de desobediência de Saul às instruções do Senhor!) Davi esboçou sua filosofia a respeito da verdadeira natureza da força militar em Salmos

20:7-8: "Alguns confiam em carros e outros em cavalos, mas nós confiamos no nome do Senhor, o nosso Deus. Eles vacilam e caem, mas nós nos erguemos e estamos firmes."

✦ *Fidelidade com suas posses*. Davi não estava amontoando riquezas em antecipação ao dia em que poderia se aposentar e ficar sentado em seu quarto contando moedas de ouro; como dito anteriormente, ele dedicou os espólios de guerra ao Senhor para serem usados no futuro templo. (Isso também demonstra sua obediência às instruções de Deus de que os reis não deveriam acumular riquezas excessivas.)

O que outros dizem

Beth Moore
Davi deixou um remanescente entre as nações. Ele exibiu esperança às nações a fim de que dobrassem seus joelhos ao Rei de todos os reis.[3]

A administração de Davi

Visão geral

2Samuel 8:15-18
Um império tão extenso como o de Davi não se gerenciaria por conta própria, por isso "administrador" é mais um título na lista de atributos que descrevem o rei escolhido por Deus. Davi organizou seu círculo interno da seguinte maneira:

✦ Comandante militar: Joabe
✦ Arquivista real: Josafá
✦ Sumos sacerdotes: Zadoque e Aimeleque
✦ Secretário: Seraías
✦ Comandante das **tropas queretitas e peletitas** de elite: Benaia
✦ Conselheiros reais: os filhos de Davi

tropas queretitas e peletitas
soldados de Creta contratados para servirem como guarda-costas do rei

Vá para

pacto de amizade
1Samuel 20:14-17

> **O que outros dizem**
>
> **The Bible Knowledge Commentary
> [Conhecimento bíblico comentado]**
>
> A menção de Zadoque e Aimeleque juntos (8:17) indica a transição que estava ocorrendo no ofício de sacerdote. Aimeleque, filho de Abiatar, era descendente de Eli [...], cuja linhagem sacerdotal Samuel disse que acabaria (1Samuel 3:10-14). Zadoque era descendente de Arão por meio de Eleazar (1Crônicas 6:4-8). Por meio de Zadoque a linhagem de sacerdotes, por fim, continuaria pelo restante do período do Antigo Testamento.[4]

Por amor a Jônatas

2Samuel 9:1-5 *Certa ocasião Davi perguntou: "Resta ainda alguém da família de Saul a quem eu possa mostrar lealdade, por causa de minha amizade com Jônatas?" Então chamaram Ziba, um dos servos de Saul, para apresentar-se a Davi, e o rei lhe perguntou: "Você é Ziba?" "Sou teu servo", respondeu ele. Perguntou-lhe Davi: "Resta ainda alguém da família de Saul a quem eu possa mostrar a lealdade de Deus?" Respondeu Ziba: "Ainda há um filho de Jônatas, aleijado dos pés." "Onde está ele?", perguntou o rei. Ziba respondeu: "Na casa de Maquir, filho de Amiel, em Lo-Debar." Então o rei Davi mandou trazê-lo de Lo-Debar.*

Davi prometeu a Jônatas que nunca esqueceria o pacto de amizade que os dois haviam feito, por isso perguntou se algum dos membros da família de Saul ainda estava vivo. Ziba, o servo de Saul, disse-lhe que Mefibosete, o filho aleijado de Jônatas, estava vivendo em Lo-Debar. Davi fez com que trouxessem o homem de imediato.

Que momento empolgante para viver e trabalhar na capital da nação de Israel! A lista de afazeres do rei deve ter incluído tarefas tão emocionantes como planejar estratégias militares, inspecionar sua administração, estabelecer relações com estrangeiros e supervisionar a construção de novas cidades. Por que, então, ele daria uma pausa na ação para voltar sua atenção a um problema tão cotidiano como o de procurar um parente há muito perdido de um amigo de muito tempo atrás?

Para entender o que motivou Davi a investigar sobre esse assunto, relembre o encontro dele com Jônatas muitos anos antes. Davi, desencorajado pela incansável perseguição de Saul, confidenciou ao seu amigo que estava com mais medo do que nunca do pai de Jônatas: "No entanto, eu juro pelo nome do S‍enhor e por sua vida que estou a um passo da morte" (1Samuel 20:3).

Ponto importante

Jônatas, uma das poucas pessoas que verdadeiramente compreendiam o futuro papel de Davi como o rei de Israel ungido por Deus, tranquilizou Davi com um compromisso de lealdade: "Eu farei o que você achar necessário", disse ele. Os dois então elaboraram um plano para averiguar as intenções de Saul para com Davi. Mas antes de se separarem, Jônatas — reconhecendo o perigo que sua amizade com Davi poderia apresentar à sua família — pediu a Davi que fosse benevolente para com as próximas gerações: "Se eu continuar vivo, seja leal comigo, com a lealdade do Senhor; mas se eu morrer, jamais deixe de ser leal com a minha família, mesmo quando o Senhor eliminar da face da terra todos os inimigos de Davi" (1Samuel 20:14,15).

Talvez essas mesmas palavras percorressem os pensamentos de Davi enquanto ouvia o servo Ziba dizendo que Jônatas tinha um filho, um que ainda estava vivo. Isso daria a Davi o privilégio de colocar sua promessa em ação! Ele poderia honrar o herdeiro de seu falecido amigo com *hesed*, a bondade de Deus.

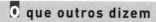

O que outros dizem

The Ryrie Study Bible [Bíblia de estudo Ryrie]
Amor e lealdade, os dois aspectos essenciais de uma relação de aliança, estão unidos nesta palavra. Jônatas reconhecia que Davi, um dia, seria o rei e pediu proteção para ele e para sua família quando Davi ocupasse o trono.[5]

Tão bom quanto a sua palavra

A propósito, Jônatas não foi o único a quem Davi fez uma promessa. Quando Davi poupou a vida de Saul na caverna de En-Gedi, Saul pediu a Davi: "Portanto, jure-me pelo S‍enhor que você não eliminará meus descendentes nem fará meu nome desaparecer da família de meu pai" (1Samuel 24:21). Davi concordou. Mesmo que Davi não houvesse prometido benevolência para com a descendência de Jônatas, ele o teria feito para manter sua

Algo para pensar

palavra com Saul — independentemente das circunstâncias ou de seus sentimentos pessoais para com o homem.

Um convite indesejado

2Samuel 9:6-7 *Quando Mefibosete, filho de Jônatas e neto de Saul, compareceu diante de Davi, prostrou-se, rosto em terra. "Mefibosete?", perguntou Davi. Ele respondeu: "Sim, sou teu servo." "Não tenha medo", disse-lhe Davi, "pois é certo que eu o tratarei com bondade por causa de minha amizade com Jônatas, seu pai. Vou devolver-lhe todas as terras que pertenciam a seu avô Saul, e você comerá sempre à minha mesa."*

O costume ditava que membros de uma nova dinastia deviam aniquilar completamente qualquer traço da anterior. Portanto, se qualquer um dos parentes de Saul ainda estivesse vivo, eles certamente não revelariam voluntariamente sua existência a Davi. Uma vez que Mefibosete não tinha como saber que Davi não estava lá para eliminar possíveis rivais ao trono, ele deve ter ficado apavorado quando os mensageiros do rei vieram bater à sua porta para escoltá-lo de volta ao palácio.

Quando Mefibosete foi trazido diante de Davi, o jovem caiu perante o rei com o rosto em terra. Ele estava, com toda razão, temendo por sua vida, sem ter ideia de que os planos para seu cuidado já haviam há muito tempo sido estabelecidos por Davi e Jônatas. Davi imediatamente chamou Mefibosete pelo nome e o acalmou. Ele fez várias promessas:

- ✦ benevolência;
- ✦ restauração da terra que era dele por direito como herdeiro das propriedades de Saul;
- ✦ uma renda contínua do que fosse produzido naquela terra; e
- ✦ um lugar à mesa de jantar real.

Davi e Mefibosete: Um retrato de Deus e os pecadores

Poucas histórias na Bíblia oferecem uma ilustração tão vívida do caráter e da graça de Deus e do modo como ele se relaciona com seu povo como o diálogo entre Davi e Mefibosete. Para começar, o nome, a residência e a condição de Mefibosete são ricos de significado e simbolismo:

- ✦ *Seu nome*: "Mefibosete" vem de duas palavras hebraicas:
  paah: "quebrar em pedaços ou despedaçar"
  bosheth: "muito envergonhado, coisa vergonhosa" e "confusão"

◆ *Sua residência*: Mefibosete vivia em Lo-Debar; o nome desse local deri-
vava das palavras hebraicas:

Lo: "nada"

Dober: "nenhuma promessa"

◆ *Sua condição*: Os pés de Mefibosete foram aleijados quando sua ama
o deixou cair enquanto ela e o menino fugiam em busca de segurança
após a morte de Saul e Jônatas.

As palavras que caracterizam Mefibosete descrevem apropriadamente
uma pessoa antes de ela vir a conhecer Jesus Cristo como Salvador. Que-
brada, envergonhada e sem direção, vivendo em uma versão terrena de
"Lo-Debar" — um lugar estéril, desolado e que não oferece nenhuma fonte
de alimento espiritual. Todas as pessoas são "aleijadas" pelo pecado por
causa da queda do homem no jardim do Éden.

Assim como Mefibosete serve como exemplo de um pecador, Davi, em
muitos sentidos, simboliza Deus:

◆ *Deus persegue*. Davi efetivamente procurou um parente de Jônatas;
Deus vai atrás das pessoas para chamá-las de seus filhos.

◆ *Deus cumpre alianças*. Davi tinha uma aliança com Mefibosete por
meio de Jônatas; Deus tem uma aliança com seu povo por meio de Jesus
Cristo.

◆ *Deus é doador da graça*. Mefibosete não havia feito nada para merecer o
favor de Davi (na verdade, não havia nada que ele pudesse fazer sobre seu
parentesco e sua condição de aleijado); da mesma forma, um pecador não
pode fazer nada para merecer os dons de Deus. Esses são dádivas da graça,
dadas gratuitamente àqueles que as aceitarem.

◆ *Deus é restaurador*. Assim como Davi restaurou a Mefibosete a terra que
era sua por direito, Deus restaura bênçãos aos seus seguidores. Por meio
de Davi, ele restaurou a Terra Prometida a Israel; por meio de Jesus Cristo,
ele restaura todas as suas promessas espirituais aos cristãos.

◆ *Deus aceita as pessoas como elas são*. Davi não desprezou Mefibosete
porque ele era aleijado. Na verdade, muitos estudiosos observam que,
ao colocar Mefibosete sentado à sua mesa, Davi teve a oportunidade
de graciosamente esconder de vista aqueles pés aleijados, ilustrando a
irrelevância da condição deles.

◆ *Deus deseja comunhão com seu povo*. Davi não convidou Mefibosete para
se sentar à mesa de jantar do rei por apenas uma noite; ele deu ao filho

Ponto importante

Vá para

pobres e necessitados
Salmos 72:13; 113:7

Algo para pensar

de Jônatas um assento permanente. Isso significava que os dois teriam a oportunidade de formar uma amizade para o resto da vida.

O convite de Deus não se estende àqueles que atingiram a perfeição; é oferecido àqueles que são <u>pobres e necessitados</u>.

> **O que outros dizem**
>
> **John Vawter**
> A ética no Reino de Deus não é a "sobrevivência do mais forte", mas o "serviço ao mais necessitado". Trazemos pessoas para este Reino quando atendemos às suas necessidades.[6]

Assim como Davi encontrou alegria ao iniciar um relacionamento pessoal com seu recém-descoberto membro da família, Deus encontra alegria na interação pessoal com aqueles a quem ele ama.

> **O que outros dizem**
>
> **Burton Coffman**
> Não apenas as necessidades básicas de Mefibosete foram atendidas, mas ele ganhou a honra de comer continuamente à mesa do rei. Jesus não quer apenas suprir nossas necessidades, mas quer comunhão conosco.[7]

Humildade antes da honra

> **Visão geral**
>
> **2Samuel 9:8-12**
> Mefibosete respondeu às surpreendentes promessas de Davi com uma questão: "Quem é o teu servo, para que te preocupes com um cão morto como eu?" (v. 8). Davi, então, instruiu Ziba, sua família e seus servos para que cuidassem da administração da terra restaurada a Mefibosete, que comeu com o rei depois disso.

Mefibosete não apenas chamou a si mesmo de "cão" — um insulto severo tanto no hebraico antigo como no atual —, mas também intensificou a autodepreciação com a palavra "morto". O tom de seu comentário ecoa o da oração de Davi em que Deus lhe havia prometido um reino eterno e reforça que a única resposta apropriada à graça de Deus é a humildade.

Vá para

pedido
Efésios 3:20

> **O que outros dizem**
>
> **Charles Spurgeon**
>
> Se Mefibosete foi assim humilhado pela bondade de Davi, que diremos nós na presença do nosso gracioso Senhor? Quanto mais graça temos, menos devemos pensar em nós mesmos, pois a graça, como a luz, revela nossa impureza.[8]

Bênçãos exageradas

Em poucos instantes Mefibosete deixou de ser um homem aleijado que havia sido forçado a se esconder em uma residência emprestada e passou a ser um rico e respeitado proprietário de terras com um convite para jantar com o rei. Certamente essas bênçãos eram mais do que ele jamais poderia ter pedido, e foram uma amostra do que o apóstolo Paulo descreveu em Efésios 2:7: "A incomparável riqueza de sua graça, demonstrada em sua bondade para conosco [...]".

Algo para pensar

> **O que outros dizem**
>
> **Charles Spurgeon**
>
> Mefibosete não era um grande ornamento para uma mesa real, contudo ele tinha um lugar permanente no quadro de Davi, porque o rei podia ver na face dele as características do amado Jônatas. Como Mefibosete, podemos clamar ao Rei da Glória: "Quem é o teu servo, para que te preocupes com um cão morto como eu?", mas, ainda assim, o Senhor nos sacia com uma relação ainda mais familiar consigo mesmo, porque vê em nosso semblante a lembrança de seu muito amado Jesus.[9]

De volta à batalha

Após relatar a importância da interação de Davi com Mefibosete, a narrativa bíblica retoma seu foco nas guerras que Davi travou para proteger e expandir a nação de Israel. Embora os detalhes dos exércitos do rei não sejam especificamente mencionados nesse ponto das Escrituras, aqui está um bom momento para parar e dar uma olhada em sua configuração.

Uma rápida olhada no exército de Davi

Com a coroação de Saul veio a instituição de um inexperiente exército permanente dividido em três unidades. Sob o reinado de Davi, as forças armadas israelitas passaram por uma grande quantidade de mudanças e refinamento.

O exército regular do rei consistia de duas divisões:

1. Soldados profissionais, incluindo:

✦ *Israelitas*: Esse grupo de "principais guerreiros" incluía a primeira parcela de seguidores leais que se reuniram em torno de Davi, bem como também aqueles que deram um passo à frente para servir quando ele recebeu a coroa de Judá. Esses homens foram colocados sob o comando de Joabe e, uma vez que Davi se tornou rei, conseguiram altas posições no exército.

✦ *Mercenários estrangeiros*: Esse grupo de **gentios** em sua maioria, incluindo alguns filisteus, era comandado por Itai, o giteu. Eram excelentes lutadores que estavam mais fortemente armados do que a maioria dos israelitas.

2. *Milícia*: Esse exército recrutado, provavelmente comandado por Amasa, estava organizado em doze divisões de 24 mil cada, com cada divisão servindo um mês ao ano. Aparentemente Davi foi capaz de construir uma forte e diversificada milícia ao capitalizar os pontos fortes de cada uma das doze tribos. Por exemplo, os benjamitas eram arqueiros altamente qualificados que também eram ambidestros, e o povo da tribo de Issacar aparentemente era especializado em inteligência militar, visto que "sabiam como Israel deveria agir em qualquer circunstância" (1Crônicas 12:32).

Vá para

exército permanente
1Samuel 13:2

Vá para

Amasa
2Samuel 20:4-5

benjamitas
1Crônicas 12:2

gentios
aqueles que não fazem parte da raça judaica

> ### O que outros dizem
>
> **The Bible Almanac [O almanaque bíblico]**
> Esses homens foram provavelmente recrutados no momento em que Davi fugia de Saul para a Filístia e servia como mercenário para Aquis, rei de Gate.[10]

Animosidade amonita

Vá para

Ló
Gênesis 19:36-38

acordo com Israel
1Samuel 11:2-11

Visão geral

2Samuel 10:1-14

Para retribuir uma gentileza não especificada demonstrada por Naás, rei dos amonitas, Davi enviou um grupo de embaixadores para demonstrar suas condolências a Hanum, filho do falecido rei. No entanto, os homens de Hanum interpretaram mal as motivações israelitas e aconselharam o rei a considerá-los espiões que estavam lá para prejudicá-los. Eles, então, envergonharam muito os servos de Davi, cortando a barba deles pela metade e aparando suas vestes em um comprimento indecente, deixando-os humilhados. Quando Davi soube o que havia acontecido, ele primeiro enviou uma mensagem para que os homens ficassem onde estavam até que lhes crescessem a barba novamente. Em seguida, enviou Joabe e seu exército, que lutaram e derrotaram os milhares de sírios que os líderes de Amom recrutaram para a batalha assim que perceberam que seu ato desdenhoso havia sido, basicamente, um chamado à luta.

Davi reivindicou a Terra Prometida na extensão total de suas fronteiras, mas também precisou cuidar do relacionamento dos israelitas com os gentios, as nações fora dos limites de Israel. Seu primeiro conflito com uma dessas nações foi com Amom.

Os amonitas, da família de Ló, ameaçaram os israelitas durante os primeiros dias do reinado de Saul. Naquela época, Naás propôs fazer um acordo com Israel sob uma condição: que ele fosse autorizado a arrancar o olho direito de cada guerreiro israelita. Tal crueldade sórdida foi recompensada com uma derrota esmagadora. Entretanto, o mal inerente dos amonitas aparentemente permaneceu, como visto no tratamento humilhante que deram aos servos de Davi. Dificilmente poderia haver um ato mais insultuoso ou humilhante para um israelita dos tempos antigos do que expor indecentemente seu corpo ou raspar parte de sua barba.

> ### O que outros dizem
>
> **Easton's Bible Dictionary**
> **[Dicionário bíblico Easton]**
>
> O modo de usar [a barba] foi claramente prescrito para os judeus (Levítico 19:27; 21:5) [...] Fazia parte dos hábitos de higiene diários de um judeu ungir a barba com óleo e perfume (Salmos 133:2). A barba era aparada com o cuidado mais exigente (2Samuel 19:24), e a negligência com ela era uma indicação de profunda tristeza (Isaías 15:2; Jeremias 41:5).[11]

Algo para pensar

Mais da bondade do rei

Note a preocupação de Davi com a dignidade de seus homens. Em vez de permitir que sofressem mais desonra pública em uma viagem de volta para casa, ele mandou dizer que eles deveriam permanecer onde estavam até que já houvesse dado tempo para a barba deles crescer. Ele cuidou das necessidades pessoais deles antes de voltar sua atenção para assuntos políticos. Assim como Jesus Cristo! Ele tinha apenas três anos para completar seu ministério público na terra, contudo constantemente colocava as pessoas acima da agenda e o relacionamento pessoal, acima do ministério público.

Sob controle de Israel

> ### Visão geral
>
> **2Samuel 10:15-19**
>
> Os arameus tentaram vingar a derrota amonita. Entretanto, Davi e suas tropas os enfrentaram e os esmagaram em uma vitória curta, mas decisiva, antes mesmo que tivessem chance de cruzar o rio Jordão para atacar Israel. Os arameus não tiveram escolha senão se submeter à autoridade de Israel.

2SAMUEL 8–10; 1CRÔNICAS 18–21 AS CONQUISTAS E BENEVOLÊNCIAS DO REI

> ### O que outros dizem
>
> **Chaim Herzog e Mordechai Gichon**
> [Os arameus eram] uma nação grande, rica e bem-estabelecida, cuja capacidade tecnológica e conhecimento estratégico eram comparáveis aos dos filisteus. Com uma população muito maior do que a dos filisteus, os arameus ocupavam a área hoje conhecida como colinas de Golã, uma posição de comando para as abordagens à Filístia.[12]

Preparando o terreno

Os relatos das campanhas militares de Israel podem parecer um pouco secos se comparados com muitos dos outros episódios mais exuberantes da vida de Davi. No entanto, uma coisa é certa: se Deus colocou na Bíblia, está lá por uma razão importante. Embora ninguém saiba com certeza todos os porquês concernentes às razões de Deus fazer o que faz, estudiosos sugerem que essas "histórias de guerra" são importantes por várias razões:

Algo para pensar

1. elas começam uma seção da Bíblia (iniciando em 2Samuel 9) chamada de "narrativas de sucessão" que esboçam o modo como Davi sucedeu a Saul e estabeleceu sua própria dinastia;
2. elas registram cronologicamente a expansão de Israel, uma nação importante para o resto do mundo por ser importante para Deus;
3. elas ilustram a fé e dependência de Davi em Deus;
4. elas dão aos leitores uma noção do clima político da época.

> ### O que outros dizem
>
> **Robert Alter**
> Toda esta narrativa das operações militares [...] destina-se a estabelecer os fatos do contínuo conflito armado com os amonitas, que é o contexto fundamental para a história de Davi e Bate-Seba no próximo capítulo.[13]

Resumo do capítulo

✦ Davi iniciou uma série de campanhas para expulsar os inimigos do povo de Deus, incluindo os filisteus, moabitas, arameus e edomitas, alongar a lista dos povos levados à sujeição de Israel e expandir suas fronteiras até que o povo de Deus, finalmente — e completamente! — possuísse todo o território que Deus lhe havia prometido em sua aliança com Abraão.

✦ Davi prometeu a Jônatas que nunca esqueceria a aliança de amizade entre eles; por isso, quando soube que Jônatas tinha um filho aleijado chamado Mefibosete que ainda estava vivo, mandou chamá-lo.

✦ Davi prometeu a Mefibosete benevolência, restauração das terras de seu avô, o rei Saul, e um lugar permanente à mesa real.

✦ Davi e Mefibosete servem como uma ilustração vívida do caráter e da graça de Deus, e do modo como ele se relaciona com seu povo.

✦ Naás, rei de Amom, provoca uma guerra ao humilhar os embaixadores de Davi que estavam em uma missão de bondade para com o rei. Israel conquistou a vitória.

✦ Os arameus tentaram, então, vingar a derrota amonita, mas Davi e suas tropas os encontraram e os esmagaram em uma vitória curta, mas decisiva. Os arameus, então, foram submetidos à autoridade de Israel.

Questões para estudo

1. Quais foram os quatro inimigos que Davi e os israelitas derrotaram e subjugaram?

2. O que Davi fez com os despojos que acumulou dessas guerras?

3. Por que Davi perguntou se Jônatas tinha algum parente vivo?

4. O fato de Mefibosete ser aleijado foi uma preocupação para Davi?

5. O que Davi prometeu a Mefibosete?

6. De que modo Davi é uma ilustração de Deus nesse relato?

7. De que modo Mefibosete é uma ilustração dos pecadores nessa história?

8. De que modo o rei Naás humilhou os embaixadores de Davi?

9. Qual foi a reação de Davi?

SEXTA PARTE

Dias de vergonha

Em destaque no capítulo:

- Primavera, tempo de guerra
- Um pátio com uma vista
- Uma gravidez indesejada
- Um homem com um plano
- Davi prolonga o pecado

2Samuel 11
Os pecados de Davi

Vamos começar

Mais uma vez a biografia de Davi muda o foco. O último capítulo ofereceu uma visão panorâmica do cenário político de Israel e das nações vizinhas. O capítulo 11 de 2Samuel abre as portas do palácio para darmos uma olhada de perto na vida pessoal do rei de Israel que, de uma hora para outra, se tornou um escândalo. Esse enfeite do tipo "enquanto isso, de volta ao palácio" para a ação de 2Samuel 11 — quando Urias, soldado de Davi, está no campo lutando ao lado de Joabe contra os amonitas — marca um momento decisivo na vida do homem segundo o coração de Deus.

Ao que parece, Davi, já não sendo um administrador ativo praticamente sem um minuto a perder, tornou-se um monarca sedentário. E ele parece ter tempo de sobra ao seu dispor. A maneira como passa alguns desses momentos de ócio certa noite, dando uma volta no terraço no último andar, mostra-se catastrófica. Se a vitória de Davi contra Golias foi seu ato de heroísmo mais celebrado, certamente seu encontro com Bate-Seba depois desse passeio ao luar foi seu ato de pecado mais infame.

A trama que começa em 2Samuel 11 é bem conhecida. Por causa disso, pode ser fácil para o leitor passar apressadamente pelo texto com base na familiaridade, sem se preocupar com as lições habituais — até mesmo previsíveis — a serem extraídas das ações e das consequências envolvidas na transgressão de Davi. No entanto, é importante não se deixar levar pela familiaridade com o texto. Ler a história de Davi e Bate-Seba como se fosse a primeira vez pode dar uma nova perspectiva às verdades espiritualmente profundas e amplas que são tão relevantes para os cristãos de hoje quanto o foram para cada geração desde o reinado de Davi.

Primavera, tempo de guerra

> **2Samuel 11:1** *Na primavera, época em que os reis saíam para a guerra, Davi enviou para a batalha Joabe com seus oficiais e todo o exército de Israel; e eles derrotaram os amonitas e cercaram Rabá. Mas Davi permaneceu em Jerusalém.*

Este versículo está repleto de informações:

- ✦ Era primavera ou, como poderiam dizer os antigos guerreiros, era "tempo de lutar". A primavera — após a colheita — era tempo de guerra, porque o solo seco, os dias ensolarados e as noites amenas substituíam as temperaturas frias e as chuvas pesadas do inverno, propiciando aos guerreiros um ambiente mais adequado para cumprir ordens.
- ✦ Davi enviou seu exército, liderado por Joabe, para lutar contra os amonitas em Rabá, a cidade moderna de Amã, capital da Jordânia, e nos arredores dela.
- ✦ Davi preferiu não participar dessa batalha e permaneceu em casa, em Jerusalém.

Vocês continuarão sem mim

Davi foi um guerreiro desde os dias e noites que passou no aprisco das ovelhas, afugentando animais selvagens que ameaçavam a segurança do rebanho. Ele também provou sua habilidade contra o terrível gigante filisteu. Desde então, permaneceu no auge de uma batalha ou de outra.

Mas, por alguma razão, Davi preferiu não se juntar aos seus soldados nessa empreitada. Resta à lógica — e mais, talvez, a um pouco de imaginação — explicar o porquê. Aqui estão algumas teorias:

- ✦ Davi estava ficando velho. A essa altura ele se deu conta de que havia chegado aos cinquenta anos — e é possível que não tivesse percebido que ainda possuía força para o combate físico.
- ✦ Davi estava ficando cansado. Ele havia levado uma vida acelerada, fugindo de Saul e lutando nas guerras da nação para assegurar as fronteiras e expandir a influência do país. Enquanto observava seus soldados se preparando para marchar em direção a Rabá, ele pode ter simplesmente pensado: "Não aguento mais; estou cansado e quero ficar em casa".

✦ Davi estava ficando mimado. A essa altura já fazia algum tempo que ele era rei, e talvez ele tenha se acostumado tanto às refeições fartas e acomodações luxuosas no palácio que já não achava que poderia suportar as rações no campo ou dormir em colchões de palha desconfortáveis.

Seja qual for a razão, os comentaristas da Bíblia, sem exceção, concordam que permanecer em casa foi a primeira de uma série de más escolhas que Davi fez durante esse período de sua vida. Mesmo que a Lei não especificamente proibisse reis de abster-se do dever militar, não participar dessa campanha, por fim, pôs Davi em um perigo mais sério do que qualquer outro apresentado por lanças, flechas ou estilingues.

Ponto importante

O que outros dizem

Kay Arthur
Certa primavera, enquanto seu exército foi para a batalha, o valente guerreiro Davi preferiu ficar para trás. Essa transigência aparentemente insignificante deixou Davi em uma posição vulnerável.[1]

Charles Swindoll
Davi estava na cama, não na batalha. Se ele estivesse em seu lugar — com suas tropas —, nunca teria ocorrido o episódio com Bate-Seba. Nossas maiores batalhas normalmente não vêm quando estamos dando o máximo de nós mesmos; elas vêm quando estamos com tempo livre à nossa disposição, quando estamos entediados.[2]

Davi Guzik
Em 2Samuel 10 Joabe e o exército de guerreiros foram preservados contra os arameus e os amonitas, mas eles não conseguiram uma vitória decisiva. A vitória decisiva veio quando Davi liderou a batalha no final de 2Samuel 10. Por meio do costume e da experiência, Deus disse a Davi: "Você precisa estar na batalha". Mas Davi permaneceu em Jerusalém.[3]

Um pátio com uma vista

Vá para

Bate-Seba
a mulher com quem Davi cometeu adultério que, mais tarde, se tornou sua esposa e mãe de Salomão

Urias
um dos guerreiros de Davi; marido de Bate-Seba

*2Samuel 11:2-3 Uma tarde Davi levantou-se da cama e foi passear pelo terraço do palácio. Do terraço viu uma mulher muito bonita tomando banho, e mandou alguém procurar saber quem era. Disseram-lhe: "É **Bate-Seba**, filha de Eliã e mulher de **Urias**, o hitita."*

Talvez sua consciência o estivesse incomodando por dormir "como um rei" em roupas de cama macias no palácio enquanto seus homens fiéis matavam mosquitos para que pudessem tirar algumas horas de cochilo em colchões de palha irregulares. Ou talvez ele só tivesse tido um caso rotineiro de insônia. Seja qual for o motivo que fez Davi empurrar os lençóis e rolar para fora da cama, ninguém sabe. Por uma razão ou outra, ele simplesmente decidiu se levantar e tomar um pouco de ar fresco.

O que outros dizem

Charles Swindoll
Os monarcas do Oriente frequentemente construíam os aposentos no segundo andar do palácio e tinham uma porta que dava para o que você e eu chamaríamos de terraço. Muitas vezes o espaço tinha mobílias elegantes, um lugar para se sentar com a família ou deliberar com os soldados. Situado acima das exigências públicas e longe das ruas, era um lugar escondido para que o povo não pudesse avistá-lo. E foi nesse lugar que Davi se viu naquela noite inesquecível.[4]

Quem Davi viu

De seu terraço, Davi teve um vislumbre de sua vizinha, tomando banho. Nesse instante, ele se viu diante de outra escolha: afastar-se ou continuar a olhar. A Bíblia sugere que ele escolheu a segunda opção. Sem nem ao menos corar pela ousadia, ele teve de olhar para Bate-Seba pelo menos por tempo suficiente para ver que ela era muito bonita.

> ### O que outros dizem
>
> **Larry e Sue Richards**
> O texto hebraico tem duas palavras que são normalmente usadas para descrever a aparência pessoal. Uma, *yapeh*, é bastante suave e significa "boa aparência". A outra, *tob*, quando aplicada à aparência de uma mulher, expressa apelo sensual. Esta mulher é tão bela que desperta o desejo dos homens que a veem. Bate-Seba era "muito bonita" nesse segundo sentido, e era sua beleza que a induziria ao erro.[5]

Ele deveria ter voltado para a cama

Davi já havia cometido alguns erros: não estar no campo de batalha onde ele deveria estar e não tirar os olhos da mulher nua da casa ao lado. Agora ele estava diante de outra decisão: voltar para a cama e esquecer o que havia visto ou descobrir mais sobre aquela mulher atraente. Mais uma vez, ele escolheu a segunda opção. Em vez de afastar-se da bela visão, ele começou a descobrir mais coisas sobre ela. Ele talvez tivesse a intenção de descobrir se ela estava disponível para que ele a tomasse como uma nova esposa.

O servo de Davi disse ao rei que Bate-Seba (cujo nome significa "filha de um juramento") era uma mulher de prestígio. Ela era neta de Aitofel, um dos conselheiros mais próximos de Davi, e esposa de Urias, um dos soldados do alto escalão de Davi.

> ### O que outros dizem
>
> **Larry e Sue Richards**
> Embora o texto bíblico não diga, o fato de Urias ter uma casa em Jerusalém perto do palácio pode sugerir que, quando a nação não estava em guerra, ele trabalhava na guarda do palácio de Davi.[6]

Era hora de decidir mais uma vez. Davi, depois de ter descoberto que Bate-Seba havia sido "tomada", poderia esquecer o assunto ou levá-lo adiante.

Sua paixão — possivelmente alimentada por uma fome de poder depois de descobrir que alguma coisa que ele queria estava fora de cogitação ou, possivelmente, alimentada pelo orgulho depois de ver que seu próprio oficial tinha uma esposa mais bonita que qualquer uma das suas — ditou sua ação.

Ponto importante

Pela terceira vez em apenas alguns minutos Davi escolheu a rota espiritual mais difícil. Dessa vez ela o tirou da esfera da conduta questionável e colocou-o no meio do pecado inquestionável.

Manipuladora, manipulada ou algo entre as duas coisas?

2Samuel 11:4 *Davi mandou que a trouxessem, e se deitou com ela, que havia acabado de se purificar da impureza da sua menstruação. Depois, voltou para casa.*

As avaliações feitas pelos comentaristas da Bíblia sobre o papel de Bate-Seba no caso vão desde acusá-la de uma mulher sedutora que levou Davi ao pecado a apresentá-la como uma vítima inocente de estupro:

✦ *Manipuladora.* Alguns estudiosos sugerem que Bate-Seba sabia muito bem que o tanque onde se banhava podia ser visto do terraço do rei. Uma vez que o pudor da época teria exigido que ela fugisse ou se cobrisse no momento em que percebeu que um homem a estava observando, o fato de ela ter continuado a se banhar poderia sugerir que ela transformou a hora do banho em um ato de sedução. Afinal, ela poderia estar entediada e solitária com o marido em guerra, longe de casa. Ser vizinha do rei também poderia ter dado a Bate-Seba um vislumbre de perto do — e desejo pelo — estilo de vida opulento levado por aqueles que viviam do outro lado das portas do palácio.

✦ *Manipulada.* Outros estudiosos enfatizam que Bate-Seba estava se banhando na privacidade de sua própria casa e não teria tido razão alguma para pensar que estava sendo observada. Ainda que estivesse ciente da posição privilegiada do rei, ela nunca teria suspeitado que alguém — especialmente um homem — a estivesse observando enquanto ela se banhava nessa noite em particular, porque, afinal de contas, a maioria dos homens da cidade estava na guerra. Além disso, esse não era um banho como pensamos nos termos de hoje que implica banhar-se como um momento de luxo, mimo e sensualidade. Esse era seu **ritual de purificação** mensal após o período menstrual. Finalmente, o fato de Bate-Seba ter condescendido com o rei não indicava seu consentimento; como mulher e como súdita do rei, ela não poderia ter recusado o convite.

> **ritual de purificação**
> para se tornar espiritualmente (ou seja, simbolicamente) limpa e pura diante de Deus

✦ *Algo entre as duas coisas.* É provável que a avaliação mais precisa do papel de Bate-Seba no caso de adultério esteja entre os dois extremos, mas provavelmente muito mais próximo de "manipulada" do que de "manipuladora". Classificá-la como uma mulher sedutora com intenções premeditadas de pôr a mão em uma parte da riqueza do rei parece ser uma interpretação forçada que não tem respaldo bíblico. Também parece difícil acreditar que, considerando a história de Davi e seu caráter, o rei tenha sido capaz de um crime tão violento como o estupro. No entanto, talvez seja lógico concluir que Bate-Seba poderia ter percebido que estava sendo observada, que poderia ter se esquivado para se cobrir o mais rapidamente possível ou que, como Abigail, a esposa piedosa de Davi, poderia ter tentado convencer o descontrolado Davi a não agir de acordo com suas paixões.

> **O que outros dizem**
>
> **Ann Spangler**
>
> Mas por que Bate-Seba teve de sofrer junto com o homem que a molestou e assassinou seu marido? Embora a história nos dê poucas informações sobre seu verdadeiro caráter, é pouco provável que Bate-Seba estivesse em posição de recusar o rei. Na parábola de Natã, na verdade, ela é descrita como um cordeiro inocente. Por que, então, tantas pessoas a descreveram como uma mulher sedutora? Talvez seja muito doloroso encarar a inocência de Bate-Seba. O fato de que uma pessoa boa pode sofrer tais tragédias, especialmente nas mãos de uma pessoa piedosa, nos assusta. Pior ainda, Deus castiga Davi e Bate-Seba ao levar o filho deles. Se pudermos acreditar que Bate-Seba teve um caso com Davi, poderemos aceitar seu sofrimento mais facilmente; sua culpa faz com que o pecado de Davi pareça menos grave e o castigo de Deus, menos cruel.[7]

A Palavra de Deus sobre o adultério

O adultério é um tema tão importante que é discutido na lista de Deus das dez principais coisas que as pessoas deveriam e não deveriam fazer: "Não adulterarás", diz ele no sétimo dos Dez Mandamentos (Êxodo 20:14). Mas a lista dos Dez Mandamentos não é a única passagem na Bíblia em que há uma advertência contra o adultério e a imoralidade sexual:

Para o seu casamento

- ✦ *Provérbios 6:32*: Mas o homem que comete adultério não tem juízo; todo aquele que assim procede a si mesmo se destrói.
- ✦ *Gálatas 5:19-21*: Ora, as obras da carne são manifestas: imoralidade sexual, impureza e libertinagem; idolatria e feitiçaria; ódio, discórdias, ciúmes, ira, egoísmo, dissensões, facções e inveja; embriaguez, orgias e coisas semelhantes. Eu os advirto, como antes já os adverti: Aqueles que praticam essas coisas não herdarão o Reino de Deus.

Algo para pensar

✦ *1Coríntios 6:18:* Fujam da imoralidade sexual. Todos os outros pecados que alguém comete, fora do corpo os comete; mas quem peca sexualmente, peca contra o seu próprio corpo.

Deus criou o sexo

Deus diz que é errado cometer adultério, mas ele certamente não diz que o sexo é errado. Ter relações sexuais *fora do casamento* é o que está fora dos limites das diretrizes divinas.

> **O que outros dizem**
>
> **Matt Kaufman**
> Longe de ser contrária ao sexo, a Bíblia considera o sexo algo precioso precisamente no contexto de uma união vitalícia entre homem e mulher — uma proximidade tão grande que Deus fala que ambos se tornam "uma só carne", e compara o amor de Deus por seu povo ao amor conjugal, profusamente comemorado em um livro inteiro das Escrituras (Cântico dos Cânticos) e em partes de outros (Apocalipse 19, por exemplo). É no casamento que o sexo encontra seu significado pretendido: a intimidade para toda a vida em todos os níveis. Não é apenas algo bom, mas é algo *sagrado*. O fato de que ele pode gerar filhos é longe de ser secundário. A criação da vida é uma das grandes manifestações terrenas do amor de Deus; a vida amorosa de um homem e uma mulher tem por objetivo gerar filhos ligados a eles em um grande círculo de amor.[8]
>
> **Billy Graham**
> Em nenhum momento a Bíblia ensina que o sexo em si é pecado. O homem em sua natureza pecaminosa tomou o que era para ser um ato glorioso e completo de amor entre duas pessoas e o transformou em algo baixo, barato e sujo. A Bíblia é um dos livros do mundo que fala de forma explícita sobre o tema do sexo, e ela o condena fora dos laços do matrimônio. O fato de a imoralidade ser desenfreada em toda a nação não a torna correta; o fato de alguns clérigos poderem tolerá-la não a justifica.[9]

Sexo seguro, o modo de Deus

Justamente porque o sexo, então, é santo, Deus está muito preocupado com o modo como as pessoas lidam com ele. Lembre-se do que aconteceu quando a Arca da Aliança foi manipulada de forma inadequada? Houve consequências perigosas, até mesmo fatais. A má conduta sexual pode ter resultados semelhantes. Aqueles que não seguem as orientações de Deus para o casamento e o sexo comprometem seu casamento e colocam em risco o bem-estar de seus filhos. Por essa razão Ron Mehl, professor de Bíblia e autor, chama o sétimo mandamento de "cerca de Deus em torno do casamento".

O que outros dizem

Ron Mehl

Por que Deus deveria se preocupar tanto com o adultério? Por que pureza e fidelidade em um casamento deveriam ser tão importantes para ele? Porque ele sabe que o lar e a Igreja são as duas instituições ordenadas por ele na terra para serem exemplos visíveis de seu amor. É do interesse de Satanás manchar e desfigurar esses dois modelos. Em particular, Satanás procura a destruição do amor conjugal e da família.[10]

Matt Kaufman

O grande mal (e, sim, essa é a palavra certa) do sexo fora do casamento é que ele toma algo criado para ser santo e o profana. O sexo não pode ser separado da ordem da criação de Deus, e, quando tentamos afirmar o contrário, estamos tentando fazer com que Deus vá embora para que possamos reordenar a criação de modo a se adequar às nossas cobiças ou outros desejos emocionais. Podemos tentar dizer para nós mesmos que estamos expressando "amor". Mas quando tentamos arrancar o sexo da *vida* de amor — o casamento duradouro — e tê-lo como algo extra, estamos, na verdade, expressando um tipo de ódio por nosso Criador. Estamos jogando na cara de Deus as bênçãos que ele nos devolveu e exigindo substitutos adaptados às nossas preferências.[11]

Isso é pecado também?

Jesus ressaltou que o pecado de Davi não começou no momento em que ele dormiu com Bate-Seba, nem mesmo no momento em que ele a convidou para passar a noite no palácio. Tudo começou no instante em que ele desejou tê-la: "Vocês ouviram o que foi dito: 'Não adulterarás.' Mas eu lhes digo:

Qualquer que olhar para uma mulher para desejá-la, já cometeu adultério com ela no seu coração" (Mateus 5:27-28).

O que outros dizem

Ron Mehl

Acho que eu poderia seguramente dizer que *todos* já falhamos neste mandamento. Existe alguém que nunca permitiu que um pensamento impuro e adúltero persistisse na tela da mente? E o Senhor nos diz que, se tivermos cometido adultério em nossa mente, é o mesmo aos olhos do céu como se já tivéssemos realizado de fato o ato.[12]

Uma gravidez indesejada

2Samuel 11:5 *A mulher engravidou e mandou um recado a Davi, dizendo que estava grávida.*

O fato de que Bate-Seba estava tomando banho como parte de seu ritual de purificação após sua última menstruação não deixa espaço para dúvidas de que Davi, não Urias, era o pai dessa criança. É difícil imaginar quantas noites sem dormir Bate-Seba deve ter passado tentando descobrir o que deveria fazer. Finalmente, com a gravidez se tornando mais evidente a cada dia, ela percebeu que tinha apenas uma opção: contar ao rei.

O que outros dizem

Bob Deffinbaugh

Bate-Seba informa a Davi que está grávida, não que estivesse com medo de que pudesse estar. Isso significa que sua menstruação estava atrasada pelo menos um mês e provavelmente dois. De modo geral, várias semanas se passaram. Não demoraria muito para que a gravidez se tornasse óbvia para qualquer um que olhasse para ela. Isso é pecado e responsabilidade de Davi, e, por isso ela o informa.[13]

Richard D. Phillips

A mensagem foi simples e direta: "Eu estou grávida". Foi tudo o que ela disse, mas, sem dúvida, havia muito mais implícito, como: "O que você vai fazer a respeito, Davi?"[14]

Sem motivo para comemoração

Uma criança estava para nascer. A notícia que teria feito qualquer mãe ou pai judeu saltar de alegria não deu a Davi nem a Bate-Seba qualquer motivo para comemoração. Na verdade, o anúncio do nascimento iminente provocou desespero, porque, em primeiro lugar, o pecado de adultério carregava uma punição pesada; a punição levítica para ambas as partes envolvidas em adultério era a morte.

Vá para

adultério
Levítico 20:10

> **O que outros dizem**
>
> **Richard D. Phillips**
> Sob a lei israelita os condenados por adultério deveriam ser apedrejados até a morte. Urias, o marido de Bate-Seba, estava longe de casa, lutando no exército de Davi, de modo que esse nascimento faria algumas sobrancelhas se levantarem. Bate-Seba precisava da proteção de Davi, e Davi precisava da cooperação dela.[15]
>
> **Billy Graham**
> A Bíblia diz: "Há caminho que parece reto ao homem, mas no final conduz à morte" (Provérbios 16:25). Sob a lei judaica, o adultério era punível com a morte. Sob a lei de Deus hoje, ele também resulta em morte espiritual.[16]

Um homem com um plano

> **Visão geral**
>
> **2Samuel 11:6-24**
> Em seu desespero, Davi descobriu que havia apenas duas maneiras para sair do dilema: dar a impressão de que Urias era o pai do bebê ou fazer com que Urias fosse morto para que ele, Davi, pudesse se casar com Bate-Seba. Começando com a primeira opção, Davi cuidou para que Urias tivesse licença da frente de batalha e voltasse para casa, imaginando que o soldado passaria tempo com a esposa e daria a impressão de que era o pai do bebê. Mas os planos de Davi foram sabotados pela integridade de Urias. Por respeito e compaixão pelos colegas soldados que estavam suportando as dificuldades da batalha, Urias negou a si mesmo o prazer de dormir em casa com a esposa. Isso

> obrigou Davi a passar para a próxima fase do esquema. Ele convidou Urias para jantar, deu-lhe muita bebida e imaginou que o vinho faria com que o desejo do soldado pela esposa acabasse com a preocupação que ele tinha com seus soldados. Mas não funcionou. Mais uma vez Urias se recusou a desfrutar do conforto do lar — incluindo a cama de sua bela esposa — enquanto seus homens estivessem na guerra. Finalmente, Davi recorreu à estratégia mais extrema. Ele enviou uma carta a Joabe (a qual, por ironia, foi o próprio Urias que entregou) instruindo seu comandante a enviar o soldado à zona de batalha que era, no momento, a mais perigosa. Como esperava Davi, Urias foi morto.

A história de vida de Davi até esse momento deixa claro que ele não era nenhum santo. A boa fama de sua conduta foi manchada pela desobediência a Deus em várias ocasiões. Mesmo assim, é difícil compreender que esse Davi — o que cuidou para que um soldado inocente fosse morto para encobrir o próprio pecado de adultério — pudesse ser o mesmo homem que por tantas vezes antes pôs em prática sua convicção de que cabia a Deus decidir quem deveria viver e quem deveria morrer.

A diferença entre o Davi em sua melhor fase e o Davi em seu pior momento revela muita coisa porque levanta esta pergunta inquietante: se alguém que amava a Deus tanto quanto Davi pôde mergulhar tão fundo no pecado, isso não poderia acontecer com qualquer outro? A resposta a essa pergunta é um redondo "sim" por várias razões:

1. *A inclinação para o pecado é inerente a todos*. É chamada de "**natureza pecaminosa**", e todo mundo nasce com ela. Essa inclinação pode ser controlada com o poder do Espírito Santo, mas nunca desaparece completamente. Assim, ninguém ganha "imunidade" ao pecado como prêmio por boa conduta ou por levar uma vida longa, e nenhuma pessoa pode chegar a qualquer tipo de posição política ou social que a coloque "acima" do pecado.

Vá para

natureza pecaminosa
Romanos 3:23

natureza pecaminosa
o desejo e tendência de optar por desobedecer a Deus

> **O que outros dizem**
>
> **Alan Redpath**
> Quero que você perceba que a meia-idade de Davi (pois ele já tinha mais de cinquenta anos nesse momento) não significava que havia imunidade aos ataques do inimigo; não era menor nessa fase a necessidade de "esmurrar o corpo e fazer dele [...]escravo".[17]

2. *A tentação ao pecado está em toda parte*. Não há nenhum lugar na terra aonde uma pessoa possa ir a fim de evitar completamente a tentação. Em outras palavras, Davi não pecou apenas porque optou por permanecer em casa, em vez de sair para a guerra; ele poderia ter sido tentado a pecar no campo de batalha com a mesma facilidade com que foi fora de seu quarto.

Mas ser tentado a pecar e cometer pecado são duas coisas diferentes. A Bíblia diz que a tentação é comum; ela também explica como resistir à tentação: orando e afastando-se da tentação. Davi pecou porque, quando se viu diante da tentação, optou por ceder ao seu desejo, em vez de se afastar dele.

3. *Pecado leva a mais pecado*. Para os estudiosos, as raízes desse pecado em particular remontam à decisão que Davi tomou de praticar a poligamia muitos anos antes.

Ponto importante

Vá para

tentação
Mateus 26:41;
Marcos 14:38; Tiago
1:12-14

tentação é comum
1Coríntios 10:13

resistir à tentação
Mateus 6:13; 26:41;
Marcos 14:38;
Lucas 11:4; 22:40;
Tiago 4:7

poligamia
1Samuel 25:42-43;
2Samuel 3:2-5

> **O que outros dizem**
>
> **Davi Guzik**
> É errado pensar que *esse* foi o início da série de eventos que Davi seguiu até chegar ao adultério e assassinato. Davi mostrou seu desrespeito pelo plano de Deus para o casamento muitos anos antes, quando tomou mais de uma esposa. A prática de Davi de tomar mais esposas mostrou uma falta de contenção afetiva e uma indulgência às suas paixões. *Essa* semente corrupta, plantada há muito, cresceu de forma desenfreada há muito tempo e agora começa a dar frutos amargos.[18]

4. *O pecado leva as pessoas a questionarem e até mesmo ignorarem Deus*. Onde Davi pensava que Deus estava enquanto maquinava levar Bate-Seba para sua cama e conspirava para fazer com que o marido dela fosse morto? Certamente o homem que escreveu o salmo 139 sabia que Deus estava em toda parte: "Para onde poderia eu escapar do teu Espírito? Para onde poderia fugir da tua presença? Se eu subir aos céus, lá estás; se eu fizer a minha cama na sepultura, também lá estás. Se eu subir com as asas da alvorada e morar na extremidade do mar, mesmo ali a tua mão direita me guiará e me susterá" (Salmos 139:7-10). Ele também sabia que Deus conhecia a condição de seu coração: "Senhor, tu me sondas e me conheces. Sabes quando me sento e quando me levanto; de longe percebes os meus pensamentos. Sabes muito bem quando trabalho e quando descanso; todos os meus caminhos são bem conhecidos por ti. Antes mesmo

que a palavra me chegue à língua, tu já a conheces inteiramente, SENHOR" (Salmos 139:1-6).

Quem pode saber como esse episódio poderia ter sido reescrito se Davi — como muitas vezes fez no passado — tivesse recorrido a Deus para ter direção antes de enviar seu servo para trazer Bate-Seba aos seus aposentos, ou se ele até mesmo tivesse se voltado para Deus em busca de socorro quando percebeu que precisava de ajuda!

Davi prolonga o pecado

2Samuel 11:25 *Davi mandou o mensageiro dizer a Joabe: "Não fique preocupado com isso, pois a espada não escolhe a quem devorar. Reforce o ataque à cidade até destruí-la". E ainda insistiu com o mensageiro que encorajasse Joabe.*

Davi conhecia muito bem Joabe — e sabia que Joabe também o conhecia muito bem — para antecipar as perguntas que seu comportamento deve ter despertado na mente do comandante. Por isso, assim como um político cheio de lábia tentando transformar erros do passado em ética exemplar, ele tentou dar apoio a Joabe por meio do mensageiro. "Diga a ele que está tudo bem", disse Davi, provavelmente dando de ombros e com um olhar presunçoso do tipo "eu tenho tudo sob controle". "Ei", continuou ele, "é tempo de guerra, essas coisas acontecem. Pessoas morrem no campo de batalha o tempo todo. Agora volte ao que você estava fazendo e não se preocupe com nada. Como eu disse, eu tenho tudo sob controle."

Felizes para sempre, pelo menos por enquanto

Visão geral

2Samuel 11:26-27

Quando soube que o marido estava morto, Bate-Seba ficou de luto. Uma vez acabado o período de luto de Bate-Seba, Davi mandou que a trouxessem para sua casa e se casou com ela. Depois disso, ela logo teve um filho.

Bate-Seba tinha duas razões para estar de luto. Primeiro, ela havia perdido seu amado companheiro. Segundo, ela estava sozinha no mundo agora sem a proteção e a provisão muito necessárias que recebia do marido. Mas ela não precisava temer. Davi tinha tudo sob controle, pelo menos aparentemente. Ele pôde varrer toda a sujeira para debaixo do tapete porque, uma vez que o período de luto de Bate-Seba pelo marido havia terminado, o rei a trouxe para sua casa como uma de suas esposas.

O primeiro filho deles pode ter chegado um pouco mais cedo do que imaginaram as pessoas que contavam os meses nos dedos, mas, afinal, o menino nasceu de pais que estavam casados um com o outro. Ninguém, exceto Bate-Seba, Joabe e o próprio Davi, precisava saber o que realmente havia acontecido.

Mas outra Pessoa sabia o que havia realmente acontecido. Deus sabia. E ele manifestou sua opinião sobre o caso com a nota de seu próprio editor para o episódio registrado na Bíblia: "Mas o que Davi fez desagradou ao Senhor" (2Samuel 11:27).

Resumo do capítulo

✦ Davi enviou seu exército, liderado por Joabe, para lutar contra os amonitas, mas, por alguma razão, ele optou por romper a tradição, e permaneceu em casa, em Jerusalém.

✦ Certa noite, quando ficou inquieto, ele foi dar uma volta no pátio de seu terraço e viu sua bela vizinha, Bate-Seba, tomando banho.

✦ Em vez de se afastar, Davi perguntou sobre ela, mandou que a trouxessem para o palácio e se deitou com ela, concebendo um filho e dando início a uma série desastrosa de eventos.

✦ Em uma tentativa de encobrir seu pecado, Davi cuidou para que Urias, o marido de Bate-Seba, viesse da frente de batalha para casa a fim de se deitar com ela para fazer parecer que a criança era dele. No entanto, a integridade de Urias o impediu; por duas vezes ele se recusou a desfrutar do prazer da companhia da esposa quando seus colegas soldados estavam passando por dificuldades na batalha.

✦ Em uma segunda tentativa de encobrir seu pecado, Davi instruiu seu comandante Joabe a enviar Urias à zona mais perigosa de combate no campo de batalha. Urias foi morto.

✦ Davi continuou a encobrir seu pecado ao se casar com Bate-Seba para fazer com que tudo parecesse às mil maravilhas. Deus, entretanto, não se agradou do comportamento de Davi.

Questões para estudo

1. Quais são algumas das razões que Davi pode ter tido para permanecer em casa quando seus soldados saíram para a guerra?

2. Cite algumas das oportunidades que Davi deixou passar para se afastar do pecado.

3. Bate-Seba é culpada por seduzir Davi?

4. Que lição revolucionária sobre o pecado Jesus ensinou com base no pecado de Davi com Bate-Seba?

5. Um casal judeu dos tempos antigos dificilmente poderia receber notícia melhor que o anúncio de que uma criança estava a caminho. Por que Davi e Bate-Seba não puderam comemorar o anúncio do nascimento dessa criança?

6. Como Davi tentou encobrir seu pecado no início?

7. O que frustrou essa tentativa?

8. Como Davi tentou fazer com que Urias fosse morto?

9. Alguma coisa sobre o comportamento de Davi após o assassinato revela que sua consciência pode ter começado a incomodá-lo?

10. Como Davi parecia ter tudo sob controle?

Em destaque no capítulo:

- ✦ Uma parábola poderosa
- ✦ O juízo de Deus
- ✦ Verdade e consequências
- ✦ Abençoado em casa e no campo de batalha

2SAMUEL 12
Consequências fatais

Vamos começar

Quase um ano se passou desde que Davi maquinou a morte de Urias para encobrir seu próprio pecado com Bate-Seba. A biografia de Davi como é contada em 2Samuel 12 não diz como ele passou os dias desde então. Mas sua oração durante esse tempo revela que cada dia foi mais longo e mais angustiante que o anterior:

> **Salmos 32:3-4** *Enquanto eu mantinha escondidos os meus pecados,*
> *o meu corpo definhava de tanto gemer.*
> *Pois dia e noite a tua mão pesava sobre mim;*
> *minhas forças foram-se esgotando como em tempo de seca.*

Davi pode ter dado a impressão de que as coisas estavam bem, mas, no fundo, não estavam nada bem; sua culpa deixou-o doente e sem vida. Ele adoeceu espiritual, emocional e fisicamente.

Ainda assim, ele era o rei de Israel, o monarca de uma nação repleta de pessoas a serem cuidadas e de necessidades a serem supridas. Assim, quando o profeta Natã entrou nos aposentos do rei para descrever a briga de alguns cidadãos por uma cordeira de estimação, Davi pensou que estivesse ouvindo mais um conflito que se esperava que ele resolvesse. Enquanto ouvia a história de Natã, a princípio, não ocorreu a Davi que o profeta não estava de fato procurando seu veredicto sobre a disputa pelo animal. Na verdade, foi só quando Natã olhou para Davi e disse "você é esse homem" que o rei percebeu a verdade: foi-lhe dado naquele momento um julgamento do Deus Todo-poderoso por causa de seu próprio pecado.

Uma parábola poderosa

> **2Samuel 12:1-4** *E o SENHOR enviou a Davi o profeta Natã. Ao chegar, ele disse a Davi: "Dois homens viviam numa cidade, um era rico e o outro, pobre. O rico possuía muitas ovelhas e bois, mas o pobre nada tinha, senão uma cordeirinha que havia comprado. Ele a criou, e ela cresceu com ele e com seus filhos. Ela comia junto dele, bebia do seu copo e até dormia em seus braços. Era como uma filha para ele. Certo dia um viajante chegou à casa do rico, e este não quis pegar uma de suas próprias ovelhas ou de seus bois para preparar-lhe uma refeição. Em vez disso, preparou para o visitante a cordeira que pertencia ao pobre".*

Um pai persistente

Ponto importante

Não deixe passar o significado da ação na primeira linha desta passagem! Davi passou quase um ano sofrendo as consequências físicas, mentais e espirituais de seu pecado. É quase como se ele fosse uma criança culpada se escondendo no armário, seus gritos abafando as palavras do pai que tenta convencê-la a sair.

Davi pode ter se retirado da presença de Deus, mas Deus não retiraria sua presença de Davi. Uma vez que Davi não podia ouvir o sussurro do Espírito Santo acima do barulho de seu próprio gemido, Deus escolheu outra maneira de chegar a Davi: ele enviou seu mensageiro, Natã.

O ato revela que, em vez de ser uma divindade desconectada, Deus é um pai insistente e persistente para todo aquele que prefere chamá-lo de "Pai".

Quando estiver falando com um pastor, fale de ovelhas

Pela segunda vez na história registrada da vida de Davi, Deus chamou o profeta Natã para dar informações importantes ao rei. A primeira mensagem incluiu uma boa notícia: Depois de definir seus próprios limites sobre os planos do templo de Davi, Deus deu a Davi a promessa de que ele e seus descendentes desfrutariam de um reinado eterno. Relatar esse tipo de informação para o rei deve ter sido um ponto alto na vida do profeta. Dessa vez, no entanto, a notícia não era tão boa. Na verdade, era bastante preocupante: Natã estava incumbido da tarefa fatídica de entregar a mensagem de repreensão e julgamento de Deus ao rei por causa de seu pecado.

Como um homem de Deus aponta o pecado de um superior? Com muito cuidado! Confrontar o homem que detinha o maior poder e prestígio na nação seria um desafio. Poderia até ser perigoso. É por isso que Natã teve o maior tato para entregar a mensagem cujo objetivo era mostrar as transgressões do rei. Para expressar a verdade com honestidade, clareza e bondade, ele entregou a mensagem usando a linguagem de uma **parábola**. Ele tornou a verdade ainda mais acessível a Davi ao colocar uma cordeira no papel principal de sua história. Afinal, Davi era, no fundo, um pastor. Se alguém entendia de conversas sobre ovelhas, era ele.

Vá para

parábolas
Mateus 13:1-23;
Marcos 4:2-33;
Lucas 8:10

parábola
história curta e simples que ensina uma lição espiritual

O que outros dizem

Holman Bible Dictionary [Dicionário bíblico Holman]
O que relatava a história estava vivendo perigosamente enquanto aproveitava um momento receptivo ao ensino para confrontar a vida do rei mais famoso de Israel. Ele tentou abrir a guarda de Davi e cortar os grilhões de ferro do autoengano para atacar uma cegueira moral nos olhos dele.[1]

O poder das parábolas

Jesus, um mestre da comunicação, muitas vezes usou parábolas como ferramenta de ensino. Ele disse: "Eu lhes falo por parábolas: 'Porque vendo, eles não veem e, ouvindo, não ouvem nem entendem'" (Mateus 13:13). Ele usou a linguagem simples e familiar de histórias baseadas em objetos, atividades e circunstâncias do dia a dia para expor os pecados de seus críticos e explicar verdades espirituais para seus seguidores.

Algo para pensar

O que outros dizem

Martin B. Copenhaver
Natã pôde abordar Davi com uma parábola porque os dois adoravam o mesmo Deus e compartilhavam uma compreensão do que Deus espera.[2]

Julgando Davi

> **2Samuel 12:5-6** *Então Davi encheu-se de ira contra o homem e disse a Natã: "Juro pelo nome do S*ENHOR *que o homem que fez isso merece a morte! Deverá pagar quatro vezes o preço da cordeira, porquanto agiu sem misericórdia."*

A história que Natã contou enfureceu Davi, muito embora ele ainda não tivesse feito a ligação de que ele, sem dúvida, era representado pelo homem rico com muitas ovelhas e de que o pobre com apenas uma cordeira de estimação representava Urias. O rei – depois de fazer o juramento inflamado — "Juro pelo nome do S*ENHOR*" —, não perdeu tempo e pronunciou o julgamento contra o crime e contra a condição do coração do ladrão. Muito embora o roubo não fosse um pecado capital de acordo com a Lei, Davi julgou culpado o homem, que ele ainda acreditava ser uma pessoa real. Ele até pediu a pena de morte. Além disso, o rei ordenou que a propriedade roubada fosse restaurada de acordo com a diretriz estabelecida em Êxodo 22:1. Ao declarar o homem culpado, Davi estava inconscientemente declarando sua própria culpa.

O que outros dizem

John Indermark

A história de Natã leva a pessoa que agiu sem misericórdia alguma para com Urias a condenar esse homem rico, "porquanto agiu sem misericórdia" (12:6).[3]

J. Vernon McGee

É interessante como podemos ver com facilidade o pecado em outra pessoa, mas não podemos vê-lo em nossa própria vida. Esse foi o problema de Davi.[4]

Robert D. D. Jamieson

Essa punição era mais grave do que a que o caso merecia, ou do que a que garantia o estatuto divino (Êxodo 22:1). A empatia do rei foi profundamente acionada, sua indignação se despertou, mas sua consciência ainda estava dormindo; e no momento em que ele foi mais fatalmente indulgente aos seus próprios pecados, ele se mostrou mais apto para condenar os crimes e erros dos outros.[5]

Adam Clarke

Foi interpretado no sentido de levar Davi, inconscientemente, a pronunciar uma sentença contra si mesmo. A sentença era nas mãos de Davi o que suas próprias letras eram nas mãos do valente, mas pobre, Urias.[6]

Deixando de inventar histórias para contar a verdade

2Samuel 12:7-9 *"Você é esse homem!", disse Natã a Davi. E continuou: "Assim diz o Senhor, o Deus de Israel: 'Eu o ungi rei de Israel e o livrei das mãos de Saul. Dei-lhe a casa e as mulheres do seu senhor. Dei-lhe a nação de Israel e Judá. E, se tudo isso não fosse suficiente, eu lhe teria dado mais ainda. Por que você desprezou a palavra do Senhor, fazendo o que ele reprova? Você matou Urias, o hitita, com a espada dos amonitas e ficou com a mulher dele.'"*

A transformação foi quase tangível. Em questão de minutos, Natã passou de um contador de histórias bonzinho narrando uma simples parábola para um profeta sem meias palavras que estava entregando uma repreensão dura e severa do Senhor, que claramente não estava feliz com o comportamento de Davi. É fácil imaginar o olhar intenso e a voz firme de Natã enquanto sinalizava para Davi que a história que contava estava prestes a dar uma virada brusca nas palavras: "Assim diz o Senhor, o Deus de Israel." Natã estava em uma missão de Deus, e a mensagem de Deus não deixava espaço para dúvidas:

✦ Davi era culpado pelo assassinato de Urias.
✦ Davi era culpado de roubar a mulher de Urias.

O que outros dizem

Matthew Henry

Agora [Natã] fala imediatamente da parte de Deus, e no nome dele. Ele começa com *Assim diz o Senhor, o Deus de Israel*, um nome sagrado e digno de veneração para Davi, e que ordenava sua atenção. Natã agora fala não como alguém que intercede por um pobre homem, mas como um embaixador do grande Deus, que não faz acepção de pessoas.[7]

John Indermark

Em Natã, a coragem fala a verdade para o poder. A coragem aflige o confortável. A coragem muda a história do objeto em terceira pessoa para o acusativo em segunda pessoa: você é esse homem! E a coragem relaciona as consequências da traição de Davi (12:10-15).[8]

Sempre querendo mais

Há a celebridade da telona que rouba em lojas mesmo tendo roupas, bolsas e sapatos suficientes para encher os armários de uma mansão na costa do

Vá para

Adão e Eva
Gênesis 2–3

cobiça
Êxodo 20:17;
Deuteronômio 5:21;
Romanos 2:7

alinhar nossos pensamentos
2Coríntios 10:5

orar
Filipenses 4:6

cobiça
desejo intenso de ter algo

Pacífico e uma cobertura em Manhattan. Há um executivo na lista da *Fortune* das quinhentas empresas mais bem-sucedidas dos Estados Unidos que desfalca a empresa mesmo já tendo dinheiro mais do que suficiente para pagar por seus brinquedos caros e seu gosto refinado. E depois há o monarca do antigo Oriente Médio que rouba a mulher de outro homem mesmo já tendo um harém de belas mulheres que o chamam de marido.

Sempre querer mais não é uma novidade; na verdade, é uma história tão antiga quanto a história humana. Por exemplo, Adão e Eva tinham todo o jardim do Éden para desfrutar, mas tomaram do fruto da única árvore que lhes foi dito que não poderiam ter. Em sua mensagem a Davi, Deus usou mais palavras explicando o que Davi tinha — e poderia ter tido se tão-somente tivesse pedido — do que falando sobre os pecados de Davi. Deus fez Davi se lembrar de que o havia ungido rei, o livrado de Saul e o enchido de propriedades e bens. Ao rever a lista das maneiras pelas quais supriu Davi, parecia que Deus estava enfatizando lições importantes sobre a ganância e a cobiça que estavam na raiz dos pecados de assassinato e adultério de Davi.

Quando Tiago, o meio-irmão de Jesus, escreveu sobre cobiça e outros pecados, é muito provável que ele tivesse em mente alguém muito parecido com Davi:

> **Tiago 4:1-4** *De onde vêm as guerras e contendas que há entre vocês? Não vêm das paixões que guerreiam dentro de vocês? Vocês cobiçam coisas, e não as têm; matam e invejam, mas não conseguem obter o que desejam. Vocês vivem a lutar e a fazer guerras. Não têm, porque não pedem. Quando pedem, não recebem, pois pedem por motivos errados, para gastar em seus prazeres. Adúlteros, vocês não sabem que a amizade com o mundo é inimizade com Deus? Quem quer ser amigo do mundo faz-se inimigo de Deus.*

Como podemos vencer o desejo inato de ter o que não nos pertence?

Aplique

✦ *Aprendendo a estar contentes.* O apóstolo Paulo descreveu o contentamento como algo que ele aprendeu a sentir, implicando que ele não vem naturalmente. Nós o adquirimos com a prática. Uma das maneiras é alinhar nossos pensamentos com a Palavra de Deus, e outra é orar por contentamento.

✦ *Aprendendo a confiar em Deus.* Muitas vezes desejamos mais do que temos porque nos recusamos a crer que Deus, o maior provedor, cuidará para que sejamos bem cuidados de maneira a ter em mente o melhor para nós. O autor de Hebreus 13:5 encoraja os cristãos: "Conservem-se livres do amor ao dinheiro e contentem-se com o que vocês têm, porque Deus mesmo disse: 'Nunca o deixarei, nunca o abandonarei.'"

> **O que outros dizem**
>
> **Ron Mehl**
>
> A verdade é que toda vez que roubamos algo — grande ou pequeno —, estamos dizendo: "Eu vou ser o meu próprio provedor neste caso. Se eu não aproveitar agora, vou sair perdendo." Mas o Senhor quer que entendamos que quando colocamos plenamente nossa confiança nele, *nunca* saímos perdendo.[9]

O juízo de Deus

> **2Samuel 12:10-12** *"Por isso, a espada nunca se afastará de sua família, pois você me desprezou e tomou a mulher de Urias, o hitita, para ser sua mulher. Assim diz o SENHOR: 'De sua própria família trarei desgraça sobre você. Tomarei as suas mulheres diante dos seus próprios olhos e as darei a outro; e ele se deitará com elas em plena luz do dia. Você fez isso às escondidas, mas eu o farei diante de todo o Israel, em plena luz do dia.'"*

Deus explicou em termos inequívocos o juízo que faria cair sobre Davi. O pecado privado do rei renderia punições públicas — e dolorosas. Nada mudaria em relação às promessas que Deus havia feito antes a Davi e aos descendentes dele. No entanto, a casa do rei, daquele momento em diante, seria marcada por violência e conflito. Os estudiosos observam que a sentença que Davi pronunciou contra o homem rico da parábola — o pagamento de quatro ovelhas pela que foi roubada — se cumpriu em sua própria família com a morte de seus quatro filhos:

✦ o filho recém-nascido de Bate-Seba;
✦ **Amnom**;
✦ **Absalão**;
✦ **Adonias**.

Vá para

Amnom
filho mais velho de Davi e Ainoã que violentou Tamar, sua meia-irmã

Absalão
terceiro filho de Davi com Maaca que conspirou destronar o próprio pai

Adonias
quarto filho de Davi com Hagite que tentou ser sucessor de Davi no lugar de Salomão

Algo para pensar

> **O que outros dizem**
>
> **John MacArthur**
>
> Enquanto estiver dando desculpas para seu pecado, você nunca crescerá espiritualmente [...] Não culpe suas circunstâncias, seu marido, sua esposa, seu namorado, sua namorada, seu chefe, seus funcionários ou seu pastor; culpe a si mesmo. Nem mesmo culpe o Diabo. Certamente algo no sistema do mundo contribui para o problema, mas o pecado, por fim, acontece como um ato da vontade — e você é responsável por ele.[11]

Como soletrar alívio: C-O-N-F-E-S-S-E

2Samuel 12:13 *Então Davi disse a Natã: "Pequei contra o Senhor!" E Natã respondeu: "O Senhor perdoou o seu pecado. Você não morrerá".*

As palavras de Natã atravessaram o coração de Davi. Mas a dor foi apenas temporária; na verdade, a incisão deu alívio imediato ao permitir que Davi lavasse o pecado tóxico em seu coração com uma simples confissão: "Pequei contra o Senhor". Essas palavras — e, o mais importante, o estado do coração de Davi quando as pronunciou — removeram a barreira do pecado que impedia seu relacionamento com Deus, permitindo que Deus mostrasse graça a Davi. Deus mostrou graça a Davi ao perdoar e se esquecer de seu pecado, e ao permitir que Davi escapasse da pena de morte que, de outra maneira, teria sido imposta por seu crime.

Confissão: é conforto para a alma

Todos os cristãos pecam. A Bíblia diz isto: "Se afirmarmos que estamos sem pecado, enganamos a nós mesmos, e a verdade não está em nós" (1João 1:8). Mas Deus, que é santo, não pode tolerar a impureza do pecado. Portanto, o pecado interfere no relacionamento de uma pessoa com Deus de várias maneiras, incluindo o seguinte:

- interrompe a comunicação de uma pessoa com Deus;
- enfraquece a capacidade de uma pessoa de ver a obra de Deus;
- reduz a eficácia de uma pessoa de cumprir os planos de Deus.

Então, como é possível ter um relacionamento com Deus quando o pecado está no meio do caminho? A resposta é simples: "Se confessarmos os nossos pecados, ele é fiel e justo para perdoar os nossos pecados e nos purificar de toda injustiça" (1João 1:9). É importante lembrar, no entanto, que a verdadeira confissão se concentra na atitude do coração, não nas palavras que são faladas. Aqui estão três coisas importantes para você ter em mente quando estiver confessando o pecado a Deus:

1. *Pare de dar desculpas!* Depois de ouvir as acusações diretas e o julgamento severo como os que Natã havia acabado de pronunciar, um homem como Saul teria tentado desconversar, dando desculpas. Mas esse não era Davi;

ele entendeu que as desculpas não eram a maneira adequada para iniciar uma conversa sobre pecado com Deus.

O que outros dizem

Robert D. D. Jamieson

Era necessário que Deus testificasse sua aversão ao pecado deixando até mesmo que seu próprio servo colhesse os amargos frutos temporários. O próprio Davi não estava condenado, de acordo com sua própria visão do que a justiça exigia; mas ele tinha de sofrer uma expiação quádrupla na morte sucessiva de quatro filhos, além de uma série prolongada de outros males.[10]

2. *Especifique o pecado*. O Senhor não precisa que você lhe conte como pecou, porque ele já sabe! O valor real em admitir para Deus exatamente o que você fez — seja trapaceando no imposto de renda, seja usando o nome dele por aí com desrespeito durante um jogo de futebol — está em mostrar para Deus que você concorda com ele sobre o que fez de errado. (Davi não precisou especificar seu pecado nesse caso porque esse era o tema principal da conversa.)

O que outros dizem

John MacArthur

A palavra *confessar* no grego é *homologeo*. A palavra grega *logeo* significa "falar". A palavra *lógica* vem dela e significa "discussão de princípios". A outra parte de *homologeo* é o prefixo *homo*. Quando dizemos que algo é homogêneo, queremos dizer que é a mesma coisa. Assim *homologeo* significa "falar a mesma coisa". Confessar seu pecado não é implorar por perdão; é dizer a mesma coisa que Deus diz sobre seu pecado — que é pecado e que a culpa é sua. Confessar é concordar com Deus que você pecou.[12]

3. *Arrependa-se*. Arrependimento anda de mãos dadas com confissão; sem arrependimento, a confissão é pouco mais do que palavras vazias. É fácil de ver a tristeza sincera de Davi nos salmos que se acredita que ele escreveu durante esse tempo:

GUIA FÁCIL PARA ENTENDER A VIDA DE DAVI

✦ Salmos 32:1-11;
✦ Salmos 51:1-19;
✦ Salmos 103:1-22.

Algo para pensar

Vá para

execução
Êxodo 21:12;
Levítico 20:10

O que outros dizem

Nelson's Student Bible Dictionary
[Dicionário bíblico de Nelson para estudantes]
O verdadeiro arrependimento é uma "tristeza piedosa" por causa do pecado, um ato de dar meia-volta e seguir na direção oposta. Esse tipo de arrependimento leva a uma mudança fundamental no relacionamento de uma pessoa com Deus.[13]

The Bible Knowledge Commentary
[Conhecimento bíblico comentado]
Pode-se perguntar, talvez, por que Davi não foi punido com a morte uma vez que a defendeu de forma tão severa para o homem culpado. Adultério e assassinato eram motivos suficientes para a execução até mesmo de um rei. A resposta certamente está no arrependimento genuíno e contrito que Davi expressou, não só na presença de Natã, mas de modo mais pleno no salmo 51.[14]

Charles Stanley
A constante purificação pessoal foi um dos principais atributos que fez de Davi um homem segundo o coração de Deus. Todos sabemos que ele estava longe de ser perfeito. Seu histórico como assassino e adúltero iria eliminá-lo de qualquer púlpito de uma igreja moderna, mas Jesus se referiu a si mesmo como o "Descendente de Davi". Como Davi pôde cometer essa iniquidade inaceitável e ainda obter tal afirmação divina? Acredito que tenha sido porque ele era cuidadoso ao confessar e se arrepender toda vez que Deus apontava seu pecado e o confrontava com ele. O salmo 51 é a oração comovente de muitos cristãos que, deliberada ou cegamente, ofenderam a Deus, uma vez que o remorso do Davi foi exposto diante de Deus.[15]

Verdade e consequências

Vá para

disciplina
Jó 5:17; Provérbios 3:12; 13:24

2Samuel 12:19-23 *Davi, percebendo que seus conselheiros cochichavam entre si, compreendeu que a criança estava morta e perguntou: "A criança morreu?" "Sim, morreu", responderam eles. Então Davi levantou-se do chão, lavou-se, perfumou-se e trocou de roupa. Depois entrou no santuário do Senhor e o adorou. E, voltando ao palácio, pediu que lhe preparassem uma refeição e comeu.*

Seus conselheiros lhe perguntaram: "Por que ages assim? Enquanto a criança estava viva, jejuaste e choraste; mas, agora que a criança está morta, te levantas e comes!" Ele respondeu: "Enquanto a criança ainda estava viva, jejuei e chorei. Eu pensava: Quem sabe? Talvez o Senhor tenha misericórdia de mim e deixe a criança viver. Mas agora que ela morreu, por que deveria jejuar? Poderia eu trazê-la de volta à vida? Eu irei até ela, mas ela não voltará para mim".

O pecado de Davi, uma vez perdoado, não mais colocava em risco seu relacionamento com o Senhor nem seu futuro eterno. No entanto, Deus disse que permitiria que Davi sofresse as consequências de seu pecado. Seu filhinho recém-nascido adoeceu e morreu em uma semana, a despeito do jejum e das orações fervorosos de Davi. Quando a criança morreu, Davi imediatamente se levantou, se limpou e começou a adorar o Senhor. Explicando seu comportamento inesperado e incomum para os servos intrigados, ele afirmou que a morte era o fim; portanto, seria inútil continuar a suplicar a Deus. Como um Deus amoroso pôde permitir que uma tragédia como essa acontecesse com Davi?

1. *Para disciplinar Davi.* O Senhor disciplina a quem ama, e Davi não é exceção.

> **O que outros dizem**
>
> **Alan Redpath**
> Seu pecado foi perdoado, mas as consequências ele tinha de sofrer! Quando Deus nos perdoa e nos restaura ao seu favor, ele usa a vara também, e a vida nunca mais é a mesma. Ah, sim, ele restaura seu filho arrependido à comunhão, mas às vezes o homem tem de beber do cálice amargo; o homem perdoado ainda pode ter de colher o que semeou.[16]

2. *Para preservar sua reputação*. Deus disse a Davi que a criança morreria porque o rei tinha dado motivo aos inimigos de Israel para mostrar desprezo por Deus. Dizer que as ações de Davi deram aos ímpios um bom motivo para zombar do Deus dos israelitas é um eufemismo. O líder do povo de Deus — um líder que havia ganhado o respeito não só dos israelitas, mas de outras nações também — havia cometido adultério e assassinato, crimes que até mesmo as nações ímpias odiavam.

O que outros dizem

Beth Moore

Como o rei escolhido de Israel, o homem reverenciado por ter a mão de Deus sobre ele, Davi era a figura mais conhecida e mais temida em todo o mundo. Por meio dele Deus estava ensinando coisas sobre si mesmo à nação de Israel e às nações pagãs. O pecado hediondo e progressivo de Davi fez algo terrível [...] As ações Davi levaram as nações a perderem o respeito por Deus.[17]

Abençoado em casa e no campo de batalha

Visão geral

2Samuel 12:24-31

Davi foi consolar Bate-Seba, que estava sofrendo. Ela, por fim, deu à luz outro filho, Salomão, que significa "pacífico", e a quem o Senhor chamou de Jedidias, "amado pelo Senhor" para mostrar seu perdão. O Senhor amou muito a Salomão. Enquanto isso, Joabe estava terminando a guerra contra os amonitas que havia começado em 2Samuel 10. Ele liderava um ataque bem-sucedido contra Rabá, capital dos amonitas, quando, em um ato incrivelmente honroso de lealdade ao rei Davi, enviou uma mensagem convidando o rei para entrar em cena e completar a vitória para que o rei, não Joabe, recebesse o crédito. Davi fez isso e, no processo, assegurou grande riqueza — incluindo a coroa de ouro de 35 quilos do rei amonita — e escravizou os trabalhadores amonitas que sobreviveram.

O estudioso da Bíblia, Alan Redpath, disse: "Se temos ideia do caráter hediondo do pecado de Davi e o deixamos por isso mesmo, aprendemos pouco, porque sabemos dele; mas, se temos ideia da misericórdia de Deus, então certamente aprendemos algo tremendo".[18] Talvez a maior lição nesse episódio da vida de Davi tenha chegado à sua conclusão quando Deus teve misericórdia de várias maneiras:

- ✦ ele formou um forte relacionamento conjugal caracterizado pelo amor proveniente de um caso ilícito baseado na cobiça;
- ✦ ele abençoou o casamento com um filho;
- ✦ ele mostrou grande favor a esse filho;
- ✦ ele restaurou Davi à posição de "vencedor" sobre os inimigos, em vez de "vencido" por seus pecados.

O que outros dizem

Matthew Henry

Deus tirou um filho deles, mas agora lhes deu outro no lugar, como Sete no lugar de Abel. Assim, Deus muitas vezes equilibra os sofrimentos de seu povo com agrados que o confortam na medida em que ele o afligiu, fazendo tanto um quanto o outro.[19]

Davi Guzik

Joabe lutou por mais de um ano para conquistar Rabá, e a vitória só veio quando Davi acertou as coisas com Deus. Havia uma razão espiritual desconhecida por trás da falta de vitória em Rabá.[20]

Resumo do capítulo

- ✦ Davi passou o tempo depois de seus pecados de adultério e assassinato adoecendo com a culpa por seus pecados não confessados.
- ✦ Deus enviou o profeta Natã para confrontar Davi com o pecado cometido por ele; Natã revelou a mensagem de Deus por meio de uma parábola que claramente apontou a culpa de Davi.
- ✦ Davi, não conseguindo se ver refletido na parábola, pronunciou com ira o juízo contra o culpado na parábola; Natã respondeu dizendo a Davi que ele era o sujeito da história. Em seguida, o profeta passou a fazer uma repreensão dura da parte do Senhor por causa do pecado de Davi.
- ✦ Davi imediatamente confessou sua culpa e reconheceu que havia pecado contra o Senhor.
- ✦ Seu filho recém-nascido adoeceu e morreu, a despeito do jejum e das orações fervorosos de Davi.

✦ Davi consolou Bate-Seba, que estava sofrendo por causa da criança, e, a partir desse momento, uma união sólida e amorosa se desenvolveu entre os dois. Eles foram mais tarde abençoados com outro filho, Salomão, a quem Deus favoreceu grandemente.

✦ Deus concedeu a Israel vitória sobre os amonitas. Graças a um gesto abnegado da parte de Joabe, Davi levou o crédito pela conquista.

Questões para estudo

1. Que pistas a Bíblia nos dá sobre o modo como Davi passou os meses após ter cometido adultério e assassinato?

2. Como Natã apresentou a Davi a mensagem de Deus a respeito do pecado de Davi?

3. Como Davi respondeu à história de Natã?

4. De acordo com a repreensão de Davi por Deus, quais eram as raízes de seus pecados de adultério e assassinato?

5. O juízo cairia sobre Davi como consequência de seus pecados?

6. Depois de ser confrontado com a repreensão e o juízo de Deus, Davi tenta dar desculpas para seu comportamento?

7. Que evidência a Bíblia nos dá para a tristeza sincera de Davi com seu pecado?

8. Uma vez que Davi confessou seu pecado, Deus o perdoou e removeu as consequências de suas ações?

9. Que bênçãos do Senhor Davi recebeu na conclusão dessa passagem?

Em destaque no capítulo:

+ Estupro e incesto
+ Um silêncio debilitante
+ A vingança de Absalão
+ Em fuga novamente

2SAMUEL 13–18
Problemas no palácio

Vamos começar

A profecia arrepiante de Natã sobre o mal e a violência na família do rei Davi lançou uma sombra sobre o palácio. O cumprimento desse prenúncio se deu em uma série fatal de eventos quando o filho do rei, Amnom, tornou-se um estuprador; sua filha Tamar, uma vítima de estupro e incesto; e seu outro filho, Absalão, um assassino.

Essas passagens das Escrituras podem ser difíceis de digerir. De acordo com grande parte dos padrões, o material deveria estar classificado como "Para maiores de 18 anos" por causa de seu conteúdo adulto. Os leitores que procuram um final do tipo "e foram felizes para sempre" para o jovem pastor certamente não encontrarão um final de conto de fadas nesse relato de atividades hediondas que continuaram a acontecer bem debaixo do nariz do rei de meia-idade. Os eventos que marcam esse segmento obscuro da vida de Davi em muitos sentidos levantam mais perguntas do que respostas, com duas questões preocupantes inevitavelmente vindo à tona:

+ Como Davi pôde ter sido esse homem pecaminoso e pai negligente, e, ainda assim, ser chamado de um homem segundo o coração de Deus?

+ Como Deus — aquele que tornou conhecido que Davi ocupava um lugar especial em seu coração — pôde permitir que essa devastação abalasse a vida de ambas as partes culpadas, incluindo o rei que ele havia escolhido, e a de inocentes, como Tamar?

Enquanto as respostas a essas perguntas, pelo menos por ora, devam ser delegadas à "lista de coisas que só Deus sabe", é reconfortante saber que Deus deixa parte de sua luz penetrar essas passagens escuras. Essa luz vem na forma de lições muito práticas que devem ser aprendidas sobre coisas como cobiça, amor, relacionamento familiar e educação de filhos, como também sobre o caráter, a justiça, a disciplina e a soberania de Deus.

Mas talvez o aspecto mais positivo desse episódio seja que, embora Davi provavelmente tenha preferido varrer toda a história — de adultério e assassinato a encobrimentos da verdade, confissões e consequências — para debaixo do tapete, Deus certamente não o editou, omitindo-o da Bíblia Sagrada.

Ponto importante

É isso que torna a Bíblia tão especial; ela dá a pessoas *reais* com defeitos e falhas *reais* um olhar *realista* sobre como Deus trabalha na vida de outras pessoas *reais* com defeitos e fracassos *reais*.

O que outros dizem

Larry Richards
Os anais de outros governantes dos tempos antigos glorificam suas vitórias e ignoram suas derrotas ou falhas pessoais, mas a Bíblia descreve explicitamente os pecados e pontos fracos de Davi. Davi não é um herói mítico; ele é um ser humano de carne e osso cujos grandes pontos fortes são acompanhados por grandes pontos fracos.[1]

Estupro e incesto

Visão geral

2Samuel 13:1-19
Amnom, o primogênito de Davi, apaixonou-se loucamente por sua bela meia-irmã, Tamar. Ele se deixou consumir de desejo pela jovem a ponto de adoecer. Quando seu amigo e primo, um homem desonesto chamado Jonadabe, descobriu por que Amnom estava tão atormentado, ele tramou uma maneira de Amnom atrair Tamar para seu quarto a fim de que os dois pudessem ficar sozinhos. Amnom aproveitou-se da doença e pediu ao pai que enviasse Tamar à sua casa para preparar-lhe uma refeição. Quando ela chegou, ele deu ordens para que os outros saíssem do quarto e, a despeito dos protestos de Tamar e de seu apelo desesperado para que Amnom recobrasse a razão, a estuprou. O "amor" de Amnom no mesmo instante se transformou em ódio, e ele mandou Tamar embora para que ela suportasse sua desgraça sozinha. Chorando amargamente, ela rasgou sua túnica real e pôs cinza na cabeça em sinal de dor.

Trio de irmãos

Nome	Quem
Amnom	Primogênito de Davi com Ainoã
Absalão	Filho de Davi com Maaca
Tamar	Filha de Davi com Maaca

Embora seja improvável que Davi tivesse maltratado seus filhos ou abusado deles de propósito, foi exatamente isso que ele acabou fazendo.

+ *Davi deu um mau exemplo*. Amnom, ao que parece, herdou mais do que os olhos do pai. Ele recebeu a atitude do "eu tenho o que quero em se tratando de mulheres" que Davi adotou quando aceitou a prática de acumular numerosas esposas muito antes de se tornar rei. Crescer com um pai que se entregou às paixões românticas deve ter tornado muito mais fácil para Amnom permitir que a cobiça se convertesse em violência contra Tamar, sua atraente meia-irmã, assim como a cobiça abriu a porta para o pecado de adultério de seu pai com Bate-Seba.

+ *Davi falhou no cuidado dos filhos*. Prover segurança aos filhos é um dever fundamental de qualquer pai ou mãe. O tamanho total da família mesclada de Davi — que incluía suas oito esposas citadas na Bíblia, inúmeras esposas e concubinas não identificadas, vinte filhos e muitas filhas — teria compelido um pai atento a observar de perto as idas e vindas dos filhos. Ele ficaria de olho, de forma particularmente protetora, nas filhas. Mas, ao que parece, Davi deixou os filhos principalmente nas mãos dos servos, que, como foi o caso, foram incapazes de discipliná-los. Quando Amnom disse: "Saia", os servos não tiveram outra escolha senão obedecer.

+ *Davi não conseguiu incutir nos filhos valores de Deus*. Ele provavelmente ensinou aos filhos "o que fazer e o que não fazer" para ter um comportamento piedoso, ou, mais provavelmente, encarregou Natã de fazer isso. Porém, ao que parece, ele não conseguiu cultivar um relacionamento com eles que incutisse os valores fundamentais dessas leis. Além disso, ele não desenvolveu a confiança e a responsabilidade que teriam estimulado Amnom a agir com honra e integridade.

Algo para pensar

"Instrua a criança segundo os objetivos que você tem para ela, e mesmo com o passar dos anos não se desviará deles" (Provérbios 22:6). Ironicamente, acredita-se que essa verdade bem conhecida sobre a educação de filhos foi escrita por Salomão, filho de Davi, alguns anos mais tarde. Será que o reconhecimento da negligência do pai nessa área foi o motivo que compeliu Salomão a registrar esse provérbio?

> **O que outros dizem**
>
> **Charles Swindoll**
> Homens, nós sofremos disso em especial: erros passivos e negligentes. Eles ocorrem nas Escrituras com muita frequência, com relação à família, ao papel de pai. Erros negligentes são resultado de preguiça, omissão, inconsistência ou apenas uma simples falta de disciplina [...] Davi era como muitos pais. Muito ocupado. Preocupado. E, portanto, negligente. É um erro comum entre pais eficientes e bem-sucedidos.[2]

Fortaleça sua família

Assim como Natã havia prenunciado

Davi conseguiu deixar o reino em ótimo estado; o povo de Israel desfrutava de paz e segurança como nunca antes. Que ironia ver que Davi pôde dar segurança e proteção a milhares e milhares de cidadãos, mas não conseguiu proteger a filha dentro das paredes de seu próprio lar! Essa tragédia familiar terrivelmente pessoal teria implicações públicas, como Natã havia profetizado: o problema em casa, por fim, levaria à turbulência no reino.

Não era amor de verdade

É uma prática comum confundir cobiça com amor, e foi exatamente isso que aconteceu com Amnom quando se deixou consumir por seu desejo por Tamar.

Como é o desejo: Cobiça é um desejo forte, e a palavra "cobiça" é usada na maioria das vezes na Bíblia para indicar um desejo forte e corrupto que é pecaminoso ou que abre uma porta para o comportamento pecaminoso.

Aplique

Como é o amor: A Bíblia descreve o amor em termos muito mais piedosos, envolvendo tanto um desejo de estar com a pessoa amada quanto um interesse no bem-estar dela.

COBIÇA *VERSUS* AMOR

	Cobiça	Amor
Seu foco	"O que eu quero"	"O que é melhor para você"
Sua aparência	Impaciência, inveja, orgulho, arrogância, rudeza, rancor, falta de perdão (1Coríntios 13)	Paciência, humildade, gentileza, bondade, perdão, confiança (1Coríntios 31)
Sua fonte	A natureza humana pecaminosa (1João 2:16; Romanos 13:13)	Deus (1João 4:1,7)
Seus efeitos	Pecado e calamidade para todos os envolvidos (Provérbios 11:6; Mateus 5:28; Tiago 4:2)	Bondade e mais amor para todos os envolvidos (1João 4:20-21)

Considerando a drástica diferença entre "cobiça" e "amor", é fácil entender como foi fácil a versão de "amor" de Amnom — que, na verdade, era cobiça — se transformar em ódio!

O que outros dizem

Larry e Sue Richards

Em vez de assumir a responsabilidade por suas ações, como fez Davi no caso de Bate-Seba, Amnom agiu como se Tamar tivesse sido a responsável. Ele transformou a culpa que sentiu em ódio de Tamar.[3]

A pior coisa que poderia acontecer

As mulheres que viviam em Israel durante esse tempo, por volta do século X a.C., eram praticamente impotentes na sociedade. Não tinham uma posição importante nas arenas sociais, religiosas ou econômicas. Dependiam completamente dos homens da família para lhes prover alimento, abrigo e proteção. Muito embora fosse uma princesa cujo pai poderoso e muitos irmãos poderiam tê-la resguardado de qualquer tipo de perigo, Tamar sofreu danos em uma tripla tragédia que a privou de toda honra e esperança:

Vá para

estuprador
Deuteronômio 22:29

pária
excluída

1. ela perdeu a virgindade fora do casamento;
2. ela se tornou uma vítima de incesto;
3. ela perdeu toda a esperança de se casar, uma vez Amnom se recusou a cumprir a lei de Deus que afirmava que o <u>estuprador</u> de uma virgem deveria se casar com ela.

O que outros dizem

The Bible Knowledge Commentary
[Conhecimento bíblico comentado]

Tal perda da virgindade de uma moça era uma maldição insuportável em Israel (Deuteronômio 22:13-21). Além disso, tais relações entre meios-irmãos e meias-irmãs eram estritamente proibidas na Lei. Os culpados de tais coisas deveriam ser eliminados da comunidade da aliança (Levítico 20:17). Nesse caso, é claro, Tamar era inocente uma vez que havia sido violentada (Deuteronômio 22:25-29).[4]

Robert Alter

Se alguns leitores modernos se perguntarem por que ser banida parece para Tamar pior do que ser estuprada, é preciso dizer que, para as mulheres da Bíblia, a consequência social da condição de **pária**, quando a lei oferecia a solução de se casar com o estuprador, poderia muito bem parecer ainda mais horrível do que a violação física. O estupro era um destino terrível, mas um destino que poderia ser compensado com o casamento, enquanto a virgem violentada que era rejeitada e abandonada por seu transgressor era uma pária sem perspectiva de se casar, condenada a uma vida "muito triste" (2Samuel 13:20).[5]

Um silêncio debilitante

Visão geral

2Samuel 13:20-22

Ao perceber que a irmã estava perturbada, Absalão acertou o que havia acontecido, pediu-lhe para ficar quieta por ora e mandou-a para casa. Davi soube o que aconteceu e se irou, mas não tomou providência para consolar ou defender Tamar nem para disciplinar Amnom. Absalão passou a odiar o irmão por causa do crime dele contra Tamar, mas também se recusou a confrontar Amnom sobre o incidente.

O silêncio nessa passagem é ensurdecedor!

- ✦ *Foi dito a Tamar que ficasse quieta*. As instruções de Absalão para que Tamar ficasse quieta certamente serviram para abrir mais ainda a ferida. Não poder verbalizar o que havia acontecido agravou o sentimento de impotência da moça. Seu triste destino estava resumido na última menção que a Bíblia faz dela: "E Tamar, muito triste, ficou na casa de seu irmão Absalão" (2Samuel 13:20). O significado da palavra hebraica usada para "muito triste" inclui "ficar paralisado", "devastar", "deixar estupefato", "destituir", "destruir a si mesmo", "desperdiçar" e "estranhar".

Imagine o tempo que Tamar passou na casa de seu irmão observando as irmãs e cunhadas se casarem e, depois, formarem famílias enquanto ela se definhava em uma vida triste que só poderia ser descrita por tais palavras sombrias.

Algo para pensar

- ✦ *Davi preferiu ficar quieto*. A lista de erros fatais de Davi como pai continua cada vez mais longa. Por que um pai se recusaria a fazer alguma coisa — qualquer coisa — para tentar melhorar a situação de sua filha devastada ou para censurar seu filho rebelde? É claro que Davi não chegou nem de perto a seguir os princípios de educação de filhos que lembravam as instruções de Paulo séculos mais tarde, dizendo que os pais deveriam educar os filhos "segundo a instrução e o conselho do Senhor" (Efésios 6:4).

O que outros dizem

Robert Alter

Esse silêncio imponderável é a chave para a avalanche cada vez maior de desastre na casa de Davi. Onde poderíamos esperar, após o fato, alguma atitude em defesa de sua filha violentada, alguma repreensão ou punição de seu filho estuprador, ele ouve, se ira, mas não diz nada e não faz nada, deixando o terreno livre para Absalão assassinar o próprio irmão.[6]

Ann Spangler

Embora tenha ficado furioso quando soube da notícia, Davi não fez nada para punir Amnom. Ele preferiu o filho à filha, pensando que o mal feito a ela era um assunto sem importância? Ou sua autoridade moral estava tão afetada por seu desejo por Bate-Seba que ele simplesmente não conseguiu se convencer de que devia confrontar o filho mais velho?[7]

✦ *Absalão ficou em silêncio*. O pastor e autor Charles R. Swindoll chama a ira de um "pavio aceso de hostilidade".[8] Isso descreve perfeitamente o papel da ira na vida de Absalão após o estupro de sua irmã. A Bíblia afirma que Absalão ficou furioso, mas, em vez de lidar imediatamente com sua raiva ou lidar com o crime usando as vias legais, ele, como vemos na passagem seguinte, fica remoendo as emoções por dois anos inteiros antes de agir. Nesse tempo, sua fúria acendeu o fogo da raiva assassina.

O assassinato de Amnom e a ausência de Absalão

Vá para

tosquia de ovelhas
Gênesis 28:12-13;
1Samuel 25:2-8

Visão geral

2 Samuel 13:23–14:24

Absalão odiou seu irmão pelo que ele havia feito, mas ficou quieto por dois anos, quando planejou uma oportunidade para levar seus servos a matarem Amnom durante uma celebração na tosquia de ovelhas da qual participavam todos os filhos do rei. Chegou a Davi um falso relato de que Absalão havia matado todos os filhos do rei. Davi e seus servos rasgaram suas vestes e choraram pela perda. Jonadabe corrigiu o relato, dizendo a Davi que Absalão havia sido responsável pelo assassinato de Amnom. Absalão fugiu para ficar com seu avô materno, o rei de Gesur, onde passou os três anos seguintes. Após se recuperar da dor pela perda de Amnom, Davi começou a querer ver Absalão. Ele perdeu seu filho, mas não sabia como restaurar o relacionamento com Absalão. Davi buscou uma maneira, usando uma história confusa contada por uma mulher sábia de Tecoa, para que Absalão voltasse sem medo de ser castigado pelo que havia feito. Ele enviou Joabe para trazer Absalão de volta, mas Davi se recusou a vê-lo pessoalmente ou a admiti-lo no palácio.

O pêndulo de táticas dos cuidados paternais havia oscilado muito mais para o lado oposto? Primeiro, Davi foi muito permissivo com Amnom, deixando de discipliná-lo por ter estuprado Tamar; depois ele foi muito rigoroso com Absalão, deixando de perdoá-lo completamente pelo assassinato de Amnom.

O que outros dizem

J. Vernon McGee

É lamentável que Davi não quisesse ver o filho. Na verdade, isso preparou o terreno para a rebelião de Absalão.[9]

Absalão: capa de revista de Israel

Vá para

preso pela cabeça
2Samuel 18:9

> **2Samuel 14:25-26** *Em todo o Israel não havia homem tão elogiado por sua beleza como Absalão. Da cabeça aos pés não havia nele nenhum defeito. Sempre que o cabelo lhe ficava pesado demais, ele o cortava e o pesava: eram dois quilos e quatrocentos gramas, segundo o padrão do rei.*

De acordo com a descrição de Absalão nessa passagem, ele era um homem atraente que podia se parecer com um modelo na capa de um livro de romance. Ele não só era bonito, mas tinha uma juba esvoaçante que pesava quase dois quilos e meio quando, na ocasião, decidiu cortá-lo.

Se a aparência é irrelevante na economia de Deus, por que o Espírito Santo — o autor inspirado desta narrativa — dedicou dois versículos à aparência de Absalão?

Algo para pensar

1. Isso traz à mente outro exemplo em que Israel ficou atraído por um indivíduo bonito: o alto, moreno e belo rei Saul.
2. Isso chama a atenção para o contraste entre o modo de Deus – não julgar pela aparência – e o modo do mundo – ser influenciado pela beleza superficial.
3. Isso alude à morte posterior de Absalão depois que ficou preso pela cabeça nos galhos de uma árvore.

O que outros dizem

Robert H. Roe
Na cultura daquela época a cabeça cheia de cabelo significava um homem forte e viril. Era um símbolo de poder, virilidade e masculinidade. Quando você se entregava ao Senhor como nazireu e, enquanto fosse como tal, não devia fazer a barba, cortar o cabelo ou beber vinho ou bebida forte. Quanto mais tempo o cabelo crescia, mais ele indicava que você era um homem de Deus. O cabelo servia como símbolo de um homem viril de Deus. Quando deixou a cabeça ser raspada, Sansão perdeu o contato com Deus. Ele perdeu a virilidade e ficou cego. Por isso Absalão, aos olhos dos judeus, parece um rei.[10]

Lutando com fogo

2Samuel 14:27-33 *Ele teve três filhos e uma filha, chamada Tamar, que se tornou uma linda mulher. Absalão morou dois anos em Jerusalém sem ser recebido pelo rei. Então mandou chamar Joabe para enviá-lo ao rei, mas Joabe não quis ir. Mandou chamá-lo pela segunda vez, mas ele, novamente, não quis ir. Então Absalão disse a seus servos: "Vejam, a propriedade de Joabe é vizinha da minha, e ele tem uma plantação de cevada. Tratem de incendiá-la". E os servos de Absalão puseram fogo na plantação.*

Então Joabe foi à casa de Absalão e lhe perguntou: "Por que os seus servos puseram fogo na minha propriedade?" Absalão respondeu: "Mandei chamá-lo para enviá-lo ao rei com a seguinte mensagem: Por que voltei de Gesur? Melhor seria que eu lá permanecesse! Quero ser recebido pelo rei; e, se eu for culpado de alguma coisa, que ele mande me matar."

Então Joabe foi contar tudo ao rei, que mandou chamar Absalão. Ele entrou e prostrou-se, rosto em terra, perante o rei. E o rei saudou-o com um beijo.

Algo para pensar

Depois de mais de dois anos separado de Davi, Absalão pediu duas vezes a Joabe para ajudá-lo a se reconciliar com o rei. Joabe recusou-se nas duas vezes. Finalmente, assim como uma criança carente de atenção encontra nas travessuras uma maneira de conseguir que os pais olhem em sua direção, Absalão pôs fogo no campo de cevada de Joabe. "Você tem a minha atenção agora", era como se Joabe estivesse dizendo quando, finalmente, arranjou um encontro entre pai e filho. O tom do encontro foi educado, mas também foi uma situação do tipo "um pouco tarde demais". O período de separação havia deixado Absalão amargo e vingativo.

O que outros dizem

J. Vernon McGee

Embora o beijo de Davi fosse um sinal de total reconciliação da posição de Absalão como filho do rei, foi dado com relutância. O fato de seu pai não ter lhe dado o perdão instantâneo e sincero amargurou sua alma. Deus não perdoou Davi de modo apático. Deus não disse: "Bem, eu perdoo você, mas não vamos mais ter comunhão. Eu não vou restaurar a alegria da sua salvação". Quando perdoa, Deus o faz completamente [...] Davi deveria ter perdoado Absalão. Ele está preparando o terreno para a rebelião.[11]

A vingança de Absalão

Visão geral

2Samuel 15:1-13

Rumores e especulações sobre o ressentimento entre o rei e seu filho devem ter começado a se infiltrar em conversas por todo o Israel naquele momento. Absalão viu essa instabilidade como o clima perfeito para começar a tirar o poder das mãos de Davi. Com a astúcia de um político experiente, Absalão:

1. *Recebeu o apoio público*. Durante quatro anos Absalão colocou-se à disposição para ouvir as queixas dos cidadãos, dando a entender que o rei estava muito ocupado para ouvi-los. Ele não só cumprimentava o povo de forma calorosa e insincera, mas fazia disso um grande espetáculo. Ele usava um carro com cavalos e cinquenta homens, um gesto flagrante de sua reivindicação ao trono.

2. *Viajou para Hebrom*. Absalão procurou ter – e recebeu – permissão do rei para ir a Hebrom, o coração da dinastia de Davi, supostamente para pagar uma promessa que havia feito ao Senhor quando vivia exilado em Gesur.

3. *Orquestrou um golpe*. Quando estava em Hebrom (não por coincidência, o coração da dinastia de Davi), Absalão anunciou suas intenções de tomar o poder.

O que outros dizem

Richard D. Phillips

Note que é com a administração da justiça que Absalão especialmente implica. O erro gritante de Davi de não praticar o bem em sua própria família aparentemente se reflete em sua incapacidade de estabelecer um sistema eficaz para lidar com queixas entre o povo.[12]

Thomas L. Constable

Davi estava construindo nessa época (980–976 a.C.) seu palácio em Jerusalém, em seguida, começou a construir uma nova morada para a arca e, finalmente, fez os preparativos para o templo (5:9-12). Essa talvez seja a razão pela qual Davi não estava suprindo tão bem as necessidades de seu povo quanto poderia. Isso provavelmente explica sua surpresa quando começou o *golpe* de Absalão também.[13]

Ponto importante

Robert Roe

A conspiração ganhou força provavelmente por causa, mais uma vez, de Davi. O livro de 1Crônicas diz-nos que Davi estabeleceu um reino centralizado. Em vez de tribos desfrutando da antiga liberdade tribal que tinham, elas eram representadas por governadores que prestavam contas a Davi, em Jerusalém. As tribos, em grande medida, perderam todos os seus direitos tribais locais. Elas eram até mesmo obrigadas a dar certas coisas ao rei e à equipe dele todo mês. Assim, o ressentimento das tribos com o reino centralizado contribuiu para a força do grupo que estava com Absalão. Davi é, subitamente, surpreendido com uma rebelião real.[14]

Em fuga novamente

2Samuel 15:14-18 *Em vista disso, Davi disse aos conselheiros que estavam com ele em Jerusalém: "Vamos fugir; caso contrário não escaparemos de Absalão. Se não partirmos imediatamente ele nos alcançará, causará a nossa ruína e matará o povo à espada". Os conselheiros do rei lhe responderam: "Teus servos estão dispostos a fazer tudo o que o rei, nosso senhor, decidir". O rei partiu, seguido por todos os de sua família; deixou, porém, dez concubinas para tomarem conta do palácio. Assim, o rei partiu com todo o povo. Pararam na última casa da cidade, e todos os seus soldados marcharam, passando por ele: todos os quereteus e peleteus, e os seiscentos giteus que o acompanhavam desde Gate.*

Vá para

começou a fugir de Saul
1Samuel 19:11-12

eterna devoção
1Samuel 18:1-4; 20

Quando soube que seu filho cuidava para tomar o poder, Davi se convenceu de que seu caso estava perdido. Querendo poupar a cidade da destruição, ele e seus fiéis seguidores deixaram Jerusalém. Vários temas importantes marcam esta passagem:

✦ *Fuga*. Não era uma experiência nova: Ao fugir de seu lar familiar e confortável em Jerusalém, Davi deve ter revivido parte do medo e da incerteza que sentiu quando se jogou da janela de seu quarto e começou a fugir de Saul todos aqueles anos atrás. Só que dessa vez ele não estava fugindo de um rei assassino; ele estava saindo da cidade para que seu filho vingativo e sedento de poder, Absalão, não transformasse sua amada cidade, Jerusalém, em um campo de batalha sangrento.

✦ *Amigos inusitados*. No início da vida de Davi, Jônatas, filho de seu perseguidor e rival ao trono, havia declarado sua incrível e eterna devoção a Davi.

Um pouco mais tarde, um pequeno grupo de pessoas endividadas, descontentes e angustiadas passou a formar o núcleo de seus fiéis seguidores. Agora eram os estrangeiros – os queretitas, os peletitas e os giteus – que permaneciam ao lado de Davi. (Você se lembra dos giteus? Eles eram o povo de Gate, a cidade natal de Golias, na Filístia. Falando em amigos inusitados...)

✦ *A arca da aliança*. Um desfile animado de alegres celebrantes havia acompanhado a entrada da arca em Jerusalém; agora um fluxo patético de refugiados sem alegria acompanhava a saída da arca da cidade. Entre o grupo estavam Davi, seus apoiadores e os levitas que carregavam a arca. Davi, entretanto, decidindo que a arca deveria permanecer em Jerusalém, encarregou Zadoque, chefe dos sacerdotes, e os filhos dele de levarem-na de volta para a cidade. Enquanto estivessem lá, eles poderiam agir como espiões de Davi.

O retorno da arca para Jerusalém em cumprimento da decisão de Davi expressava duas afirmações importantes:

1. ele se recusou a ter a arca como um amuleto de boa sorte;

2. ele resolveu manter o centro de adoração no capitólio da nação, o lugar da arca – quer Deus intentasse ou não que ele continuasse a ser o rei de Israel.

✦ *Adoração*. Antes Davi havia praticamente dado cambalhotas na adoração; sua linguagem corporal era diferente agora, mas ele era movido à adoração da mesma forma. Embora estivesse literalmente fugindo para salvar a própria vida, Davi fez uma parada importante: com dificuldade, subiu o **monte das Oliveiras** para adorar e orar.

O fato de que Davi estava enfrentando as consequências de seu pecado não o impediu de orar; isso mostra que ele entendeu a fidelidade de Deus. Deus está sempre ao lado de seus seguidores!

✦ *Oração*. Enquanto estava no monte das Oliveiras, Davi fez o que Deus gosta que todos os seus seguidores façam: orou para que Deus frustrasse os conselhos do Aitofel, que normalmente era sábio.

Vá para

fiéis seguidores
1Samuel 22:1

entrada da arca em Jerusalém
2Samuel 6:1-19

monte das Oliveiras
Zacarias 14:14; 1Reis 11:7; 2Reis 23:13; Neemias 8:15; Ezequiel 11:23; Mateus 21:1,24; 26:30,39

monte das Oliveiras
montanha ao leste de Jerusalém

> **o que outros dizem**
>
> **Steven L. McKenzie**
> A mansidão de Davi era evidente enquanto ele fugia de seu filho. Ele não era vingativo ou rancoroso, mas confiou seu destino ao Senhor (15:25-26). Ele avançou com humildade, "chorando, com a cabeça coberta e os pés descalços".[15]

O primeiro salmo de Davi?

O primeiro dos catorze salmos relacionados a eventos da vida de Davi é o salmo 3, que se acredita ter sido composto por Davi durante a rebelião de Absalão. O salmo fala sobre ter fé em um Deus que ouve a oração e que protege seus filhos do mal.

Ajuda de Husai

Visão geral

2Samuel 15:32-37

Davi, que ficou especialmente angustiado com a notícia de que Aitofel o havia traído, juntando à conspiração de Absalão, recrutou seu amigo Husai para ir à Jerusalém e entrar na corte como conselheiro, a fim de contradizer o conselho de Aitofel e servir como espião.

O aparecimento de Husai foi uma resposta direta à oração de Davi no monte das Oliveiras.

O que outros dizem

Steven L. McKenzie

O relato em 2Samuel não explica por que Aitofel se voltou contra Davi e passou para o lado de Absalão. Ele pode ter guardado um rancor pessoal contra Davi por causa do caso do rei com Bate-Seba. Bate-Seba era filha de Eliã (2Samuel 11:5), e Aitofel tinha um filho chamado Eliã, que estava entre os melhores guerreiros de Davi (2Samuel 15:12; 23:34). Se esses dois que se chamavam Eliã eram a mesma pessoa [...] então Bate-Seba era neta de Aitofel [...] Aitofel pode ter agido contra Davi como uma forma de se vingar pela morte de Urias e pela humilhação de Bate-Seba.[16]

Dois velhos amigos

2Samuel 16:1-4 *Mal Davi tinha passado pelo alto do monte, lá estava à sua espera Ziba, criado de Mefibosete. Ele trazia dois jumentos carregando duzentos pães, cem bolos de uvas passas, com frutas da estação e uma vasilha de couro cheia de vinho. O rei perguntou a Ziba: "Por que você trouxe essas coisas?" Ziba respondeu: "Os jumentos servirão de montaria para a família do rei, os pães e as frutas são para os homens comerem, e o vinho servirá para reanimar os que ficarem exaustos no deserto". "Onde está Mefibosete, neto de seu senhor?", perguntou o rei. Respondeu-lhe Ziba: "Ele ficou em Jerusalém, pois acredita que os israelitas lhe restituirão o reino de seu avô". Então o rei disse a Ziba: "Tudo o que pertencia a Mefibosete agora é seu". "Humildemente me prostro", disse Ziba. "Que o rei, meu senhor, agrade-se de mim".*

Durante a fuga, Davi conheceu Ziba, servo de Mefibosete, que lhe deu a notícia de que seu senhor havia se voltado contra o rei na esperança de tomar o trono de Saul. Ziba, no entanto, parecia fiel a Davi; ele lhe deu jumentos como presente em troca da bondade que Davi havia mostrado todos aqueles anos atrás. Davi tirou tudo o que era de Mefibosete e o deu a Ziba.

Traído! E por um homem que praticamente era membro da própria família de Davi! A notícia de Ziba sobre a deslealdade de Mefibosete deve ter sido como um golpe na moral já baixa de Davi. Davi viu como um privilégio honrar o pacto de amizade que ele e Jônatas haviam feito não só dando ao filho de seu amigo Jônatas um futuro seguro, mas acolhendo o jovem à sua própria mesa de jantar todas as noites. Deve ter sido difícil acreditar que o filho de Jônatas agora tinha a audácia de ambicionar o trono. No entanto, Davi não tinha outra escolha senão acreditar na notícia; afinal, o servo de Mefibosete estava ali, dando-lhe presentes valiosos e úteis, e o senhor dele não podia ser visto em lugar algum. Davi deixou-se dominar pela ira quando tomou uma decisão executiva: ele revogaria a herança de Mefibosete e a daria a Ziba.

O escandaloso Simei

> ### Visão geral
>
> **2Samuel 16:5-23**
>
> Em seguida, Davi conheceu Simei, um parente ameaçador de Saul, em Baurim, ao leste do monte das Oliveiras, que veio ao seu encontro com ataques físicos e verbais. Embora amaldiçoar o rei fosse um crime capital, Davi não deixou que Abisai, seu guarda-costas e sobrinho, decapitasse Simei. Após o encontro com Simei, Davi continuou a fugir para o leste na direção de Maanaim; enquanto isso, Absalão foi para Jerusalém, onde Husai, amigo e espião de Davi, fingia ser leal a Absalão. Aitofel aconselhou Absalão a dormir com as concubinas de seu pai para deixar claro que ele estava assumindo o poder.

Ponto importante

A restrição que Davi mostrou ao se negar a deixar que Abisai matasse Simei é um resquício das ocasiões em que Davi se recusou a levantar a mão contra Saul. Esse é um lembrete de que o homem "segundo o coração de Deus" ainda está vivo e bem; sua culpa era nada mais do que ser humano, assim como qualquer outra pessoa.

> ### Visão geral
>
> **2Samuel 17-18**
>
> A oração de Davi foi respondida quando Absalão aceitou o conselho de Husai: "adiar um pouco" o conselho de Aitofel, que queria "atacar naquela noite". Aitofel, sentindo-se um pouco humilhado, suicidou-se. O atraso proposto por Husai deu a Davi e aos homens dele a oportunidade de chegar a Maanaim, que já estava bem fortificada depois de ter servido como a antiga capital durante o tempo de Is-Bosete, filho de Saul. Em Maanaim, Davi encontrou refúgio e apoio, como também a oportunidade de juntar provisões e reorganizar suas forças. Ele dividiu suas tropas em três partes sob a liderança de Joabe, Abisai (irmão de Joabe) e Itai, e preparou-se para conduzir a manobra contra os seguidores de Absalão. Seus homens, no entanto, convenceram-no de que seria melhor para Israel se ele não liderasse pessoalmente o ataque. Relutante, ele concordou, dando ordens explícitas: Absalão não deveria sofrer

danos na batalha. Contudo, as palavras de Davi não poderiam proteger a vida de seu filho. Enquanto um grande número de homens de Absalão caía nas mãos dos heróis de Davi no denso emaranhado de floresta de Efraim, Absalão tentou escapar em sua mula. Passando debaixo de um grande carvalho, seus cabelos ficaram presos nos galhos. Um dos soldados de Davi o encontrou lutando para se soltar, mas se recusou a feri-lo por causa da ordem de Davi. Joabe, no entanto, sem escrúpulo nenhum, desobedeceu a Davi. Ele traspassou o coração de Absalão com três dardos e, em seguida, dez de seus homens bateram no filho do rei para ter certeza de que estava morto. Quando recebeu a notícia, o rei se retirou para seus aposentos, clamando: "Ah, meu filho Absalão! Meu filho, meu filho Absalão! Quem me dera ter morrido em seu lugar! Ah, Absalão, meu filho, meu filho!" (18:33).

O que outros dizem

Adam Clarke

Joabe deveria ter obedecido à ordem do rei, mas a segurança do Estado exigia o sacrifício de Absalão. Contudo, independentemente disso, Absalão perdeu o direito à vida por quatro vezes por não cumprir a lei:

1. Por ter assassinado seu irmão Amnom.
2. Por ter instigado uma insurreição no Estado.
3. Por ter levantado armas contra o próprio pai (Deuteronômio 21:18,21).
4. Por ter se deitado com as concubinas de seu pai (Levítico 18:29).

Há muito tempo ele deveria ter morrido pela mão da justiça; e agora todos os seus crimes recaem sobre ele em seu último ato de rebelião. Contudo, nas atuais circunstâncias, o ato de Joabe foi baixo e desleal, e configurou um assassinato covarde.[17]

Uma dor insuportável

Perder um ente querido para a morte é uma tristeza incomparável, sendo a dor agravada quando um pai perde um filho. Davi tinha todos os motivos para estar com o coração partido pela morte do filho. No entanto, a linguagem que expressa a tristeza de Davi é particularmente intensa. Ele gemeu usando a expressão "meu filho" cinco vezes.

Algo para pensar

Vá para

morrido no lugar do filho
2Samuel 18:33

filho bebê que havia morrido
2Samuel 12:18-23

Por que a dor de Davi era insuportável, especialmente à luz do fato de que parecia não haver um amor perdido entre o pai distanciado e o filho? Há muitos anos eles não tinham um relacionamento próximo; eles tinham um relacionamento marcado por separação, e não companheirismo. Além disso, seu filho havia liderado uma rebelião na tentativa de assumir o controle de Israel, uma ação que Davi sabia estar claramente fora dos planos de Deus para a nação. Aqui estão algumas possíveis explicações para a intensa angústia do rei:

1. É possível que Davi estivesse bem ciente de seu próprio papel na morte do filho. Simplificando, nada disso teria acontecido se não fosse por causa dele.
2. Embora Davi tivesse certeza de sua própria segurança eterna, é possível que não estivesse certo da de seu filho. Esse pode ser o motivo pelo qual ele expressou o desejo de que poderia ter <u>morrido no lugar do filho</u>. Essa falta de certeza do destino eterno do filho mais velho é um contraste nítido com sua certeza de que seu <u>filho bebê que havia morrido</u> estava esperando por ele no céu.
3. É possível que Davi tivesse mimado Absalão e cedido aos desejos dele acima de todos os seus outros filhos.

> **O que outros dizem**
>
> **Thomas L. Constable**
> Absalão nunca foi a escolha do Senhor para suceder a Davi (cf. 12:24-25; 1Crônicas 22:9-10). Portanto, sua tentativa de destronar o ungido do Senhor era contrária à vontade de Deus e estava fadada ao fracasso desde o início. Muito embora o próprio Absalão fosse fértil como consequência da bênção de Deus (14:27), seu plano trouxe sobre si mesmo o castigo de Deus, e até mesmo sua morte prematura, em vez de mais bênção.[18]
>
> **Dean William Willimon**
> Ainda bem que esta história está na Bíblia, porque ela permite que saibamos que infelicidade, tragédia, remorso fazem parte de amar e viver em uma família. Foi uma realidade para o rei Davi; é uma realidade para sua família e para a minha [...] Se somos feridos por nossa própria família, que dirá Deus com as falhas e fraquezas de toda a sua família humana? O que vai ser da família problemática de Davi, ou da nossa? [...] Davi disse que teria dado a própria vida para livrar seu filho da morte. Mas nem mesmo reis podem fazer isso. Não, isso cabe a Deus. No calvário, na cruz, toda a trágica família humana de Deus foi reunida, abraçada, salva por um Pai que, com sofrimento, ainda nos ama.[19]

Resumo do capítulo

✦ Amnom, primogênito de Davi, estuprou sua bela meia-irmã, Tamar. Nem Davi nem Absalão, irmão de Amnom, fizeram algo sobre o assunto logo em seguida, embora Absalão tenha ficado muito irritado com isso.

✦ Absalão alimentou sua raiva por dois anos, quando tramou uma maneira de fazer com que o irmão fosse morto para se vingar do estupro da irmã.

✦ O assassinato de Amnom pelas mãos de Absalão levou este a um distanciamento do pai por três anos, e, depois disso, apenas a uma reconciliação fria entre os dois.

✦ Absalão iniciou uma revolta, levando o rei a fugir novamente; dessa vez, ele deixou Jerusalém para impedir que a cidade fosse destruída em alguma batalha que pudesse surgir do conflito.

✦ Davi, com a ajuda de seus amigos fiéis e tendo sua oração respondida, conseguiu ganhar certo tempo, reunir apoiadores e reorganizá-los em grupos de Maanaim com uma determinação renovada. Ele organizou uma manobra contra o exército de Absalão, dando ordens para que seu filho não sofresse danos no ataque.

✦ Absalão, fugindo dos soldados de Davi em uma mula, ficou preso nos galhos de uma árvore. Joabe matou-o lá, e o capítulo termina com os gemidos de tristeza de Davi pelo filho morto.

Questões para estudo

1. Que papel, se é que houve algum, Davi desempenhou no crime de Amnom contra Tamar?

2. O que Davi fez quando soube do estupro? O que Absalão fez?

3. O que aconteceu em uma celebração na tosquia de ovelhas dois anos após o estupro?

4. Como as táticas de educação de filhos de Davi parecem mudar entre o tempo em que Amnom estuprou Tamar e o tempo em que Absalão assassinou Amnom?

5. Como Absalão tentou chamar a atenção de Joabe para convencê-lo a marcar um encontro com seu pai?

6. Quais são algumas das coisas que Absalão fez para se colocar na posição de assumir o trono?

7. Por que Davi saiu de Jerusalém?

8. Como Davi reagiu à morte de Absalão?

SÉTIMA PARTE

Decadência e morte

2SAMUEL 19-20
Indo para casa em Jerusalém

Em destaque no capítulo:
+ Prioridades invertidas
+ Fome na terra
+ As últimas palavras de Davi
+ Os principais guerreiros de Davi
+ Um recenseamento pecaminoso

Vamos começar

Com Absalão morto e seu exército derrotado, nada ficou no caminho entre Davi e seu trono em Jerusalém. Isto é, nada, exceto a tristeza do rei e a incerteza dos israelitas. Depois de ouvir a notícia sobre a morte de seu filho, Davi, um pai enlutado e cambaleante sob o peso da dor insuportável, retirou-se para seus aposentos em Maanaim. A despeito de tudo o que importava para ele naquele momento, ele queria permanecer em seu quarto chorando até sua própria vida chegar ao fim. Seus gritos lamentáveis — "Ah, meu filho Absalão! Meu filho, meu filho Absalão!" — ecoavam pelos corredores do palácio.

Além dos pátios, as lealdades permaneciam divididas. Os israelitas estavam incertos sobre o futuro. Alguns haviam prometido lealdade a um líder que estava morto naquele momento. Outros haviam permanecido fiéis a Davi, mas onde estava seu rei? Ele certamente não estava à **porta** da cidade, felicitando suas tropas pelo trabalho bem-feito. Ele mesmo se isolou de seu povo, tão consumido pela dor que dificilmente poderia ser um líder eficaz.

Davi leva uma bronca

> **2Samuel 19:9-14** *Em todas as tribos de Israel o povo discutia, dizendo: "Davi nos livrou das mãos de nossos inimigos; foi ele que nos libertou dos filisteus. Mas agora fugiu do país por causa de Absalão; e Absalão, a quem tínhamos ungido rei, morreu em combate. E, por que não falam em trazer o rei de volta?"*

Vá para

porta
Deuteronômio 21:19; 22:24; Josué 20:14; Rute 4:1; 2Reis 7:1

porta
lugar onde assuntos públicos eram tratados

Quando chegou aos ouvidos do rei o que todo o Israel estava comentando, Davi mandou a seguinte mensagem aos sacerdotes Zadoque e Abiatar: "Perguntem às autoridades de Judá: Por que vocês seriam os últimos a conduzir o rei de volta ao seu palácio? Vocês são meus irmãos, sangue do meu sangue! Por que seriam os últimos a ajudar no meu retorno?" E digam a Amasa: "Você é sangue do meu sangue! Que Deus me castigue com todo o rigor se, de agora em diante, você não for o comandante do meu exército em lugar de Joabe".

As palavras de Davi conquistaram a lealdade unânime de todos os homens de Judá. E eles mandaram dizer ao rei que voltasse com todos os seus servos.

Joabe viu o que estava acontecendo e soube o que precisava ser feito, por isso irrompeu no quarto do rei para chamá-lo à razão. Havia um pouco de tato ou bondade nas palavras ameaçadoras do general:

2Samuel 19:5-7 *"Hoje humilhaste todos os teus soldados, os quais salvaram a tua vida, bem como a de teus filhos e filhas, e de tuas mulheres e concubinas. Amas os que te odeiam e odeias os que te amam. Hoje deixaste claro que os comandantes e os seus soldados nada significam para ti. Vejo que ficarias satisfeito se, hoje, Absalão estivesse vivo e todos nós, mortos. Agora, vai e encoraja teus soldados! Juro pelo SENHOR que, se não fores, nem um só deles permanecerá contigo esta noite, o que para ti seria pior do que todas as desgraças que já te aconteceram desde a tua juventude".*

Não há muito que gostar em Joabe, o militar frio e calculista com uma atitude que muitas vezes mostrava pouquíssimo respeito pela vontade de Davi e muitíssimo respeito por sua própria vontade. No entanto, suas palavras fizeram sentido: Davi precisava voltar ao posto como dirigente da nação; caso contrário, Israel estaria em risco de sofrer ainda mais lutas internas e rebelião. Então o rei fez o que lhe foi aconselhado: sentou-se à porta para cumprimentar e agradecer ao povo como seu rei e como líder de seu exército. Ele também iniciou um plano para substituir a discórdia pela unidade. Ele começou apelando aos anciãos de sua própria tribo, Judá, para que o ajudassem a retornar ao seu legítimo lugar no trono. Depois de nomear Amasa, de Judá — general de Absalão e sobrinho de Davi — como substituto de Joabe, Davi, escoltado pelos homens de Judá, iniciou a viagem para casa, em Jerusalém.

> **O que outros dizem**
>
> **Zondervan NIV Bible Commentary**
> **[Bíblia Zondervan NVI comentada]**
> O comandante do exército de Davi começa repreendendo Davi por humilhar os homens que são responsáveis por salvar a vida do rei, como também a vida de todos os que são próximos e queridos para ele [...] Mas o cerne da queixa de Joabe é que Davi ama aqueles que o odeiam e odeia aqueles que o amam.[1]

Prioridades invertidas

No passado, mesmo em tempos de grande aflição ou tristeza pessoal, Davi conseguiu reunir autocontrole suficiente para continuar a seguir em frente a fim de realizar os planos de Deus para sua vida. Mas agora Davi parecia ter deixado invertida sua ordem habitual de prioridades. Ao se entregar à dor excessiva pela morte de seu filho traidor, ele permitiu que a dor pessoal o desviasse de sua missão divina de conduzir a nação de Deus. Por mais difícil que possa ser, colocar Deus e os planos dele acima de tudo — incluindo família, amigos, planos e paixões — é sempre o melhor. Deus quer que seus seguidores mantenham como sendo importantes as coisas que são importantes.

Aplique

A jornada para Jerusalém, refeita

> **Visão geral**
>
> **2Samuel 19:15-43**
> Davi sofreu um baque emocional enquanto fugia de Jerusalém. Primeiro, ele soube da suposta deslealdade de Mefibosete. Em seguida, tornou-se o alvo de maldições e pedras do ímpio Simei. Felizmente, a viagem de volta para sua amada cidade estava mais promissora. Depois de sair de Maanaim e parar à margem do rio Jordão antes de se preparar para atravessá-lo em direção à sua cidade, ele encontrou três homens:
>
> 1. *Simei* aproximou-se de Davi novamente. Dessa vez, no lugar de atirar pedras, ele se prostrou aos pés do rei, confessou seu crime e implorou por perdão. Abisai mal podia se conter, pois ainda estava ávido por matar Simei; Davi novamente não deixou.

2. **Mefibosete** disse a Davi que Ziba havia mentido sobre sua própria lealdade e explicou humildemente que ele havia permanecido muito fiel a Davi. A resposta de Davi para Mefibosete foi que os dois homens dividissem a terra entre eles. Mefibosete respondeu que Ziba poderia ficar com tudo.
3. **Barzilai** era um homem de oitenta anos, de Gileade, que tinha dado suprimentos ao rei enquanto ele estava exilado em Maanaim. Davi pediu ao velho amigo que fosse com ele para casa para que ele pudesse retribuir o favor com sua hospitalidade. Barzilai recusou o convite, dizendo que sua velhice iria torná-lo um fardo para o rei e que ele desejava viver seus últimos anos em sua cidade natal e ser enterrado com o restante de sua família. O rei entendeu e, aceitando a sugestão de Barzilai, levou o servo Quimã no lugar do amigo.

O capítulo termina com o regresso de Davi à sua casa, que estava manchada por mais brigas entre o povo de Judá e o povo de Israel.

Algo para pensar

As três pessoas que se encontraram com Davi à margem do rio Jordão representavam três grupos de valor político significativo: Simei era da tribo de Saul, um benjamita, que tinha com ele mil de seus conterrâneos; Mefibosete era neto de Saul, que aparentemente tinha influência sobre qualquer um dos outros parentes de Saul que poderiam ser resistentes ao retorno de Davi, e Barzilai era um homem de grande riqueza e prestígio que simbolizava a grande área transjordaniana de Israel. Essas eram as principais áreas na esfera de autoridade de Davi.

O relacionamento de Davi com Mefibosete

Existem inúmeras teorias sobre o motivo pelo qual Davi não devolveu a Mefibosete toda a propriedade dele. Alguns estudiosos dizem que Davi acreditou em Ziba e pensou que Mefibosete estivesse mentindo, mas foi obrigado pela aliança a proporcionar o bem-estar do filho de Jônatas. Outros afirmam que Davi, sem poder ter certeza da verdade, pensou na divisão da propriedade como um acordo conciliatório razoável. Outros ainda sugerem que Davi acreditou em Mefibosete, mas dividiu a terra em duas partes para manter a lealdade do influente Ziba. Outra teoria particularmente interessante é que Davi aplicou o mesmo tipo de sabedoria a essa situação que Salomão usaria, mais tarde, para resolver a disputa entre as duas mulheres que reivindicavam a mesma criança. Se esse foi o caso, a estratégia funcionou:

A integridade de Mefibosete revelou-se em seu comentário de que Ziba poderia ficar com toda a terra; era seu relacionamento com Davi, não os bens materiais, que Mefibosete valorizava.

Aí vem problema!

Vá para

duas mulheres
1Reis 3:24-26

violentou
2Samuel 15:16

Visão geral

2Samuel 20

Um desordeiro chamado Seba, filho de Bicri, de Benjamim, instigou uma dissensão entre o povo, tentando incitar uma rebelião. O povo de Israel abandonou Davi para seguir Seba, enquanto o povo de Judá permaneceu leal a Davi.

Depois de chegar à sua casa em Jerusalém, Davi cuidou de algumas tarefas administrativas e domésticas:

1. **Ele lidou com suas concubinas**. Ao sair de Jerusalém, Davi deixou para trás dez concubinas, a quem Absalão violentou em sua ausência. Após seu retorno, ele as confinou em casa e não mais dormiu com elas, obrigando-as a viver como viúvas pelo resto da vida.

2. **Ele substituiu Joabe por Amasa**, ordenando a Amasa que reunisse as tropas e se apresentasse com os homens em três dias. Amasa fez isso, mas não voltou dentro do prazo estipulado por Davi, por isso Davi pediu a Abisai que levasse os soldados de Joabe, junto com os queretitas, os peletitas e todos os guerreiros, para perseguir Seba. Amasa, pensando: "Antes tarde do que nunca", juntou-se ao grupo que estava reunido em Gibeão. Mas o atraso do novo general foi fatal. Joabe valeu-se de um truque enganoso com a espada para ferir fatalmente Amasa e recuperar o comando do exército. Ele e Abisai, em seguida, começaram uma perseguição a Seba que os levou a atravessar o território de Israel. Eles ganharam apoiadores ao longo do caminho. Finalmente, conseguiram prender Seba em uma cidade murada. Enquanto se preparavam para derrubar a muralha da cidade, uma mulher sábia gritou da cidade para Joabe e se ofereceu para entregar-lhe a cabeça de Seba se Joabe e seus soldados poupassem a cidade do ataque. Eles fizeram isso e, com a missão cumprida, voltaram para Jerusalém, onde Joabe retomou o comando do exército de Israel.

O que outros dizem

Zondervan NIV Bible Commentary
[Bíblia Zondervan NVI comentada]

Assim, a rebelião de Seba chega a um fim vergonhoso — tudo por causa do conselho tranquilo da mulher sábia de Abel. Joabe desiste do cerco de Abel e retorna a Jerusalém. Com isso, a chamada História da Corte de Davi (9:1–20:26) chega à conclusão para todos os fins práticos.[2]

Epílogo

A narrativa que começa em 1Samuel 1 e se encerra em 2Samuel 20 é, em linhas gerais, cronológica. Ela conta a história de Samuel, Saul e Davi do começo ao fim. O texto de 2Samuel 21–24, então, serve como um epílogo que enfatiza os principais temas que percorrem os dois livros de Samuel.

PRINCIPAIS TEMAS

Passagem no epílogo	Evento	Tema
Capítulo 21:1-14	Fome em Israel	Deus retira as bênçãos dos infiéis.
Capítulo 21:15-22	Vitória sobre os gigantes	Deus derrama abundância de bênçãos sobre os fiéis.
Capítulo 22	Cântico de louvor de Davi	A Deus é devida toda a glória.
Capítulo 23:1-7	As últimas palavras de Davi	Deus abençoa aqueles que lhe obedecem.
Capítulo 23:8-39	Os principais guerreiros de Davi	A força de Deus, não a dos homens, garante a vitória.
Capítulo 24	O recenseamento pecaminoso de Davi	Somente Deus é a fonte de toda a confiança.

Fome na terra

Vá para

juramento
Josué 9:15

expressão de juízo ou ira de Deus
Levítico 26:19-29; Deuteronômio 28:23-24,38-42; 1Reis 17:1; 2Reis 8:1; 1Crônicas 21:12; Salmos 105:16; 107:33-34; Isaías 3:1-8; 14:30; Jeremias 19:9; 14:15-22; 29:17,19; Mateus 24:7; Lucas 21:11; Apocalipse 6:5-8

> **2Samuel 21:1** *Durante o reinado de Davi houve uma fome que durou três anos. Davi consultou o Senhor, que lhe disse: "A fome veio por causa de Saul e de sua família sanguinária, por terem matado os gibeonitas".*

Em um tempo não especificado durante o reinado de quarenta anos de Davi, possivelmente já no ano após a morte de Saul ou ainda nos trinta anos depois de sua morte, Israel sofreu uma fome de três anos. Quando Davi perguntou a Deus o que havia trazido o desastre sobre a terra, Deus citou a injustiça cometida por Saul e a família dele quando massacraram os gibeonitas durante um ataque sem registro, violando um juramento que Josué fez em nome dos israelitas muitos anos antes.

Por causa do clima no Oriente Médio, a diferença entre chuva e tempo bom muitas vezes determinava se os israelitas teriam banquetes ou fome. Mas as fomes descritas na Bíblia não eram mera coincidência da natureza. Eram, às vezes, enviadas como uma expressão de juízo ou ira de Deus contra seu povo desobediente.

Assim como Deus ocasionalmente retinha chuva ou outras bênçãos dos israelitas em resposta à desobediência deles, ele às vezes retém bênçãos de indivíduos, hoje, quando demonstram desobediência ou rebelião.

Aplique

O que outros dizem

Billy Graham

Deus às vezes permite que os cristãos sofram para que possam aprender o segredo da obediência.[3]

No entanto, isso não significa que toda fome, furacão, acidente ferroviário ou ataque terrorista é disciplina de Deus.

Davi R. Reid

Tendo estabelecido o conceito bíblico de que Deus *pode* usar acontecimentos trágicos para disciplinar seu povo ou julgar os ímpios, não nos precipitemos para concluir que todo evento trágico é disciplina ou juízo de Deus. É claro que não! Na verdade, o Senhor Jesus advertiu *contundentemente* contra tal pensamento em Lucas 13:1-5, quando

> repreendeu algumas pessoas que concluíram equivocadamente que todos os eventos trágicos são juízo de Deus por causa do pecado [...] Enquanto Deus pode usar e usa os eventos trágicos para o juízo soberano, Lucas 13 ensina-nos que esse não é um procedimento normal. Na verdade, a menos que haja uma indicação clara do juízo direto, devemos assumir que os eventos trágicos *não* são o juízo de Deus por causa de algum pecado específico.[4]

Ponto importante

Mais um deslize sério de Saul

O cerne da acusação de Deus contra Saul não tinha nada a ver com o fato de que ele estava liderando ataques contra os inimigos de Israel; na verdade, era isso que Deus queria que o rei de Israel fizesse. O maior problema em vista foi o desrespeito de Saul pelo juramento, ou aliança, que Josué havia feito com os gibeonitas em nome de Israel.

> **O que outros dizem**
>
> **Matthew Henry**
> O que fez disso um pecado excessivamente terrível foi que ele não só derramou sangue inocente, mas, por meio disso, violou o juramento solene pelo qual a nação era obrigada a proteger os gibeonitas. Veja o que trouxe ruína sobre a casa de Saul: foi uma casa sanguinária.[5]

> **Visão geral**
>
> **2Samuel 21:2-14**
> Davi queria resolver a questão o mais rapidamente possível, por isso perguntou aos gibeonitas o que ele poderia fazer para reparar o erro. Eles responderam que queriam sete dos descendentes de Saul publicamente executados e o corpo deles exposto em Gibeá, na cidade natal de Saul, de acordo com Números 35:33, que diz: "Não profanem a terra onde vocês estão. O derramamento de sangue profana a terra". Davi poupou a vida de Mefibosete em lealdade à sua aliança com Jônatas, mas tomou outros **sete** membros da família de Saul e realizou o desejo dos gibeonitas.

sete
um número que sugere perfeição

Nada de estatuto para limitar o pecado!

Considerando o histórico de Saul, que vivia dando desculpas, é difícil imaginar que ele teria confessado sua culpa em um incidente como esse. Enquanto Davi criou o hábito de pedir a Deus para sondar seu coração e expor qualquer erro que encontrasse nele, o *modus operandi* habitual de Saul o levou a dar desculpas para seu pecado. Seria mais provável que ele chegasse com algum tipo de motivo para violar o juramento. Se Saul sabia que havia pecado ou não, uma coisa é certa: Deus sabia. Ele sabia, e não deixou que Saul saísse impune — nem mesmo depois de Saul ter saído de cena.

> ### O que outros dizem
>
> **Davi Guzik**
> No contexto dessa cultura, o pedido dos gibeonitas foi bastante razoável; eles não querem compensação monetária nem vingança contra Israel em geral, apenas contra a família do homem que cometeu as atrocidades contra o povo de Gibeá.[6]
>
> **Thomas C. Constable**
> Uma vez que Saul havia sido infiel à aliança de Israel com os gibeonitas, Deus puniu a nação com fome (falta de fertilidade). Quando Davi, que seguiu a Lei mosaica, corrigiu esse erro, Deus restaurou a fertilidade à terra. Deus reduziu a linhagem de um dos homens mais robustos em Israel, Saul, a um dos mais fracos, Mefibosete. A fidelidade de Davi à aliança com Jônatas mostra que ele era um rei que cumpria alianças, como o Senhor. Saul, por outro lado, violou a aliança de Israel com os gibeonitas.[7]

Obtendo respostas de Deus

Temos outra pista do caráter de Davi nesse episódio. Quando as coisas davam errado, ele buscava a Deus para descobrir o porquê. Se ele não tivesse pedido a Deus para lhe dizer a causa da fome, ele não teria conseguido descobrir como restaurar Israel à bênção de Deus.

Ponto importante

O coração de Davi transborda

Visão geral

2 Samuel 22

Davi era muito observado em sua vida pública, mas seu relacionamento com Deus era imensamente pessoal. O cântico de louvor de Davi, também registrado como Salmos 18, dá aos leitores uma amostra da maravilha dessa conexão íntima. O salmo que muitos estudiosos sugerem que pode ter sido recitado pela primeira vez logo depois de Natã dar a Davi a notícia da promessa de Deus de que seu reino nunca teria fim põe em prática as palavras de Jesus registradas em Mateus 12:34: "A boca fala do que está cheio o coração". Claramente Davi falou essas palavras por causa de um coração cheio que reconhecia as bênçãos generosas de Deus: a soberania, a provisão, a proteção e o amor de Deus.

As últimas palavras de Davi

2Samuel 23:1-7 *Estas são as últimas palavras de Davi:*
"Palavras de Davi, filho de Jessé; palavras do homem que foi exaltado, do ungido pelo Deus de Jacó, do cantor dos cânticos de Israel:
"O Espírito do SENHOR falou por meu intermédio;
sua palavra esteve em minha língua.
O Deus de Israel falou, a Rocha de Israel me disse:
Quem governa o povo com justiça,
quem o governa com o temor de Deus,
é como a luz da manhã ao nascer do sol, numa manhã sem nuvens.
É como a claridade depois da chuva, que faz crescer as plantas da terra'.
"A minha dinastia está de bem com Deus.
Ele fez uma aliança eterna comigo,
firmada e garantida em todos os aspectos.
Certamente me fará prosperar em tudo
e me concederá tudo quanto eu desejo.
Mas os perversos serão lançados fora como espinhos,
que não se ajuntam com as mãos;
quem quer tocá-los usa uma ferramenta ou o cabo de madeira da lança.
Os espinhos serão totalmente queimados onde estiverem."

Logo após o cântico de louvor de Davi está uma passagem que cita suas últimas palavras. Embora não tenham sido literalmente as últimas palavras que ele proferiu (suas palavras no leito de morte para Salomão estão registradas em 1Reis 2), é mais provável que tenham sido sua última composição literária formal. O que Davi disse sobre si mesmo na introdução deste salmo diz muita coisa, tanto sobre si mesmo como sobre a vinda do Messias:

1. Ele tinha uma origem humilde: ele diz ser "filho de Jessé" (v. 1), enfatizando sua origem modesta e mostrando o status humilde que teria o Messias vindouro ao nascer.

2. Ele foi separado para ser usado por Deus: ele disse que foi "exaltado" (v. 1), apontando para a obra de Deus em exaltar os humildes, como faria, mais tarde, na vida e na morte de Jesus Cristo. Ele também falou que era "ungido" (v. 1), que é outra palavra para Messias.

3. Ele foi inspirado por Deus: Davi disse: "O Espírito do SENHOR falou por meu intermédio; sua palavra esteve em minha língua" (v. 2), também trazendo à mente Jesus, a Palavra de Deus.

4. Seu reino era um modelo falho de um reino perfeito que haveria de vir: Davi reconheceu que, embora seu próprio reino estivesse muito aquém da perfeição (v. 5), foi sua maior alegria ser capaz de contar com a promessa da aliança de Deus de estabelecer um reino eterno (v. 5).

Os principais guerreiros de Davi

Visão geral

2Samuel 23:8-39

A lista dos homens que ajudaram Davi a se tornar rei enquanto ele estava na caverna de Adulão é dada aqui e em 1Crônicas 11. À primeira vista, ler essa lista de nomes pode parecer quase tão atraente quanto ler uma lista telefônica. Mas uma vez que nada na Bíblia está ali por acaso, é importante parar e considerar: "O que está nela que serve para mim?" Aqui estão duas possíveis respostas a essa questão:

1. *Um lembrete de autenticidade histórica.* A Bíblia foi escrita por uma série de autores e historiadores, muitos dos quais agiram

Ponto importante

Vá para

principais guerreiros
1Samuel 22:1

como repórteres (inspirados por Deus) que registraram eventos e histórias que observaram ou ouviram de outras pessoas. Listas com detalhes, como a incluída na história de Davi, tornam mais difícil para os críticos descartar a Bíblia como sendo folclore ou mito.

A lista dos heróis de Davi defende convincentemente a ideia de que Davi era um homem real que obteve o apoio e a lealdade de pessoas reais durante um período muito real na história de Israel.

2. *Lições espirituais*. Lembrar como esses principais guerreiros começaram, como um grupo de homens que estavam descontentes, endividados e angustiados, é uma excelente maneira de lembrar o que Deus pode fazer com pessoas comuns com problemas cotidianos que se juntam à causa de Deus e lhe servem como seu Rei. Deus prepara plenamente os cristãos "para toda boa obra" (2Timóteo 3:17), assim como preparou esses "fracassados" para se tornarem heróis dignos de serem mencionados no maior Livro já escrito.

O que outros dizem

Robert Alter

Esta lista de heróis militares e suas façanhas talvez seja o candidato mais forte de qualquer passagem no livro de Samuel a ser considerado um texto realmente escrito durante a vida de Davi [...] Essas lembranças desconexas de feitos heroicos em particular não soam como invenção de algum escritor posterior, mas, pelo contrário, como memórias de notáveis atos marciais conhecidos do público (por exemplo, "num dia de neve, desceu num buraco e matou um leão".[8]

Um recenseamento pecaminoso

> ### Visão geral
>
> **2Samuel 24:1-9 e 1Crônicas 21**
> O epílogo do livro de Samuel termina com a história de um tempo — mais provável no início do reinado de Davi — em que Deus, por uma razão desconhecida, irritou-se com seu povo. Ele permitiu que Satanás tentasse Davi a contar o povo de Israel e de Judá para determinar a força de seu exército. Joabe, não podendo imaginar que Davi quisesse fazer uma coisa dessas, disse isso. Mas Davi rejeitou os protestos de seu comandante, e Joabe foi forçado a cumprir as ordens.

A verdade

Fazer o <u>censo</u> propriamente dito não era pecado. Mas, uma vez que Deus julga as pessoas pelos verdadeiros motivos e pelas intenções delas, ele pôde ver a verdade: ao contar o povo, Davi estava tirando os olhos da promessa de Deus de ser protetor e provedor de Israel, e estava depositando uma confiança indevida nos números que o censo revelaria. Davi sabia que tinha muitos homens; talvez ver a contagem real de soldados de forma explícita restaurasse sua certeza abalada de que Israel era a nação abençoada de Deus. Ou talvez saber exatamente quantos homens ele tinha em seu exército lhe desse direitos ostentativos em jantares de Estado oficiais. De qualquer maneira, a contagem de seus recursos significava falta de confiança ou excesso de orgulho. Ambos estavam claramente fora do plano de Deus para seu povo e para o líder de seu povo. Deus queria que a confiança e o orgulho deles estivessem somente nele

Muitas vezes parece mais fácil confiar nos números — ou nas pessoas, programas ou planos que podemos ver, sentir e entender — do que confiar em Deus, a quem nem sempre podemos ver, sentir ou entender. Confiar em Deus envolve andar pela fé; confiar em números envolve caminhar pelo que os olhos veem.

Vá para

censo
Êxodo 30:11-12
Números 1:1-2

Aplique

Uma rotina familiar

Visão geral

2Samuel 24:10-14

Mal os números chegaram e Davi começou a sentir aquele aperto familiar no coração: ele havia feito de novo; havia pecado contra Deus. O rei admitiu sua culpa e pediu perdão, e Deus respondeu de uma maneira incomum. Ele permitiu que Davi escolhesse as consequências de seu pecado. Deus deu a Davi três opções: sete anos de fome na terra; três meses sendo perseguido por seus inimigos ou três dias de praga. Davi escolheu a última.

Trata-se de uma lição ensinada repetidamente ao longo da vida de Davi: os efeitos do pecado não se limitam à parte culpada. As consequências, inevitavelmente, atingem a vida dos outros, incluindo a de pessoas inocentes. Aqui não foi exceção. Independentemente do juízo que Davi escolhesse, outras pessoas iriam sofrer. Sete anos de fome causariam privações indescritíveis e inúmeras vítimas. Três meses de sujeição à perseguição de inimigos deixariam sua nação sem liderança, suscetível à turbulência política interna e vulnerável. Os três dias de praga, embora fatais, pareciam a opção menos destrutiva; seus danos compreenderiam um período de tempo muito menor, e seu alcance poderia incluir possivelmente Davi e sua família. (Provavelmente o rei e sua família não teriam sofrido muito durante uma fome ou o exílio dele.)

Araúna saiu ganhando com sua eira

Visão geral

2Samuel 24:15-25

O Senhor enviou uma praga por meio de um mensageiro angelical, que destruiu setenta mil de homens em todo o Israel. (Os estudiosos notam que esses eram "combatentes", as forças nas quais Davi havia depositado sua confiança quando fez o censo, para começar.) Uma vez que o anjo começou a direcionar a praga sobre a capital, Jerusalém, o Senhor pôs fim à destruição. Davi, confuso com o evento sobrenatural que o Senhor lhe permitiu testemunhar, confessou sua culpa novamente e implorou a Deus para punir a ele e à sua família no lugar de suas "ovelhas". Deus respondeu pedindo a Davi que construísse um altar na **eira** de Araúna, o lugar que, por acaso, estava abaixo do anjo da morte. Davi recusou a oferta graciosa de Araúna, que queria lhe dar o lugar e os materiais para o altar e as ofertas. O rei, ressaltando que um sacrifício que não lhe custasse nada não seria sacrifício de modo algum (ver Marcos 12:43-44), insistiu em pagar pela terra, pelos bois e pela madeira. Davi, então, construiu um altar, sobre o qual ofereceu holocaustos e sacrifícios de comunhão. O Senhor aceitou os sacrifícios e retirou a praga de Israel.

Vá para

eira
superfície plana preparada para remover o grão do talo

Abraão ofereceu Isaque
Gênesis 22:2

construiu o templo
1Crônicas 22:1

O que outros dizem

Rick Warren

A verdadeira adoração tem um preço. Davi sabia disso e disse: "Não oferecerei ao Senhor, o meu Deus, holocaustos que não me custem nada".[9]

Era comum ver eiras nas terras de Israel. Normalmente localizada no limite de uma aldeia sobre um grande segmento plano de rocha, a eira era o lugar onde os agricultores batiam os talos carregados de grãos ou sobre o qual faziam os animais pisar para separar os grãos dos talos. No entanto, a eira de Araúna era diferente das outras da região. O que a diferenciava era sua história como também seu futuro: localizada no topo do monte Moriá, ficava na mesma colina onde Abraão ofereceu Isaque, e era o lote de terra sobre o qual o filho de Davi, Salomão iria, por fim, construir o templo. Além disso, estava localizada perto do local onde Jesus morreria na cruz. Davi não teria deixado passar o significado da ocasião; alguns estudiosos acreditam que ele escreveu Salmos 30 em resposta a esse momento.

Algo para pensar

O que outros dizem

Alan Redpath

Você já considerou o significado desse monte no Antigo Testamento? Ele estava sempre associado com sacrifício; era sempre um lugar onde o preço era pago. Para o alto do monte Moriá Abraão levou Isaque com o intuito de oferecê-lo. Agora vemos Davi oferecendo seus holocaustos ali, e nesse lugar Salomão construiu o templo a um preço incalculável. Centenas de anos depois, Satanás levou nosso bendito Senhor ao pináculo do templo ali e tentou convencê-lo a fazer uma demonstração pública de seu poder. Sempre nas Escrituras o monte Moriá é um lugar onde era pago o maior preço.[10]

Resumo do capítulo

✦ Davi, consumido pela dor, retirou-se para seus aposentos em Maanaim, mas Joabe disse-lhe com firmeza que ele precisava voltar ao posto como dirigente da nação; caso contrário, Israel estaria em risco de sofrer ainda mais lutas internas e rebelião. O rei fez o que lhe foi aconselhado.

✦ Enquanto Davi voltava para casa em Jerusalém, três pessoas o encontraram no Jordão para ajudá-lo na travessia: Simei, que pediu perdão por amaldiçoar o rei; Mefibosete, que lhe assegurou que não havia sido desleal, e Barzilai, que já havia ajudado Davi antes.

✦ Davi e seu séquito voltaram para Jerusalém, onde Davi logo restabeleceu sua autoridade e substituiu Joabe por Amasa; Joabe, no entanto, matou Amasa.

✦ Em algum momento durante o reinado de Davi, Israel passou por uma fome como consequência do desrespeito de Saul por um juramento feito aos gibeonitas. Quando Davi perguntou-lhes o que ele poderia fazer para compensá-los, eles pediram sete descendentes de Saul do sexo masculino. Davi entregou-os para serem executados, poupando Mefibosete.

✦ Davi pronunciou algumas de suas últimas palavras, expressando que ele era de origem humilde, separado para ser usado por Deus e inspirado por Deus.

✦ Ao fazer um censo em Israel, Davi demonstrou que não confiava no Senhor; depois de perceber seu pecado e confessá-lo, Deus lhe deu três calamidades como opções. Davi escolheu uma praga, que tirou a vida de setenta mil homens.

✦ Davi construiu um altar na eira que comprou de Araúna. A propriedade, localizada no topo do monte Moriá, seria, por fim, o local do templo.

Questões para estudo

1. Como Davi reagiu à morte de Absalão?
2. Como Joabe repreendeu Davi?
3. Com quem Davi se encontrou no caminho de volta para Jerusalém?
4. Que notícia Mefibosete trouxe para Davi?
5. Por que houve fome na terra?
6. Por que fazer o recenseamento era pecado?

Os últimos dias de Davi

Em destaque no capítulo:

✦ Do topo ao vale
✦ O último discurso público
✦ Luta pela sucessão
✦ Salomão, rei de Israel
✦ A morte de Davi

Vamos começar

É provável que Davi ainda estivesse tremendo depois de ter o vislumbre do reino sobrenatural que Deus lhe havia concedido. Ele viu o anjo poderoso do Senhor na eira de Araúna, no topo do monte Moriá. E viu quando o impressionante ser celestial, que por ordem do Senhor havia acabado de matar setenta mil homens de Israel, retirou a terrível espada e colocou-a de volta na bainha quando Deus disse: "Pare". Confrontado pelo poder de seu Senhor e convencido de seu pecado, Davi ofereceu sacrifícios a Deus em um altar que edificou sobre a propriedade que estava debaixo dos pés do anjo. Quando comprou de Araúna aquela eira e os arredores, Davi deu o primeiro passo no sentido de ver o cumprimento das promessas de Deus. Ele assegurou a propriedade para o projeto de construção de seus sonhos mais profundos: o templo que se ergueria como a peça central de adoração de Israel e como um magnífico lembrete de que Deus era o Rei deles.

Do topo ao vale

> **1Crônicas 22:1** *Então disse Davi: "Este é o lugar para o templo de Deus, o Senhor, e do altar de holocaustos para Israel".*

Davi reconheceu que Deus não havia escolhido esse local simplesmente como um lugar conveniente para ele fazer **expiação** pessoal por seu pecado.

expiação
restauração da comunhão com Deus

O rei sabia que Deus havia escolhido o local para um propósito muito maior. Era para ser o local mais sagrado em todo o Israel, o lugar onde os sacerdotes fariam expiação pelos pecados dos israelitas. Era para ser o local do templo que Deus lhe havia prometido que, um dia, seria construído.

Ponto importante

Davi entendeu que era a vontade de Deus que o lugar de adoração da nação fosse estabelecido ali, e imediatamente começou a fazer os preparativos para a construção do templo naquele local.

Os preparativos começam

Visão geral

1Crônicas 22:2–26:8
Davi entendeu que ele não era o homem que Deus queria para construir o templo. Contudo, não permitiu que o "não" de Deus o levasse a ficar amargo ou ressentido. Ele se submeteu totalmente à vontade de Deus e se lançou de todo o coração em qualquer papel que Deus lhe permitisse ter nos preparativos para o projeto. Aconteceu que o Senhor tinha muito mais para Davi fazer com relação ao templo do que Davi poderia ter imaginado. Ele teria a alegria e o privilégio de lançar as bases da estrutura esplêndida que, um dia, seria a peça central da adoração da nação e um lembrete constante de que Deus era realmente o Rei de Israel.

O que outros dizem

Eerdman's Handbook to the Bible [Manual bíblico de Eerdman]
Davi nunca deixou de desejar construir para Deus uma casa adequada para ele. Ele aceitou o chega-pra-lá de Deus e concentrou toda a sua energia e entusiasmo nas coisas que poderia fazer: escolher o lugar; juntar materiais; definir o plano.[1]

J. Vernon McGee
O templo fala do que é espiritual, de um relacionamento correto com Deus. Do ponto de vista de Deus, aquilo era algo importante que se passava no reino de Davi, em vez de guerras contínuas, intrigas, políticas mesquinhas como as que são noticiáveis em nossos dias [...] Do ponto de vista de Deus, os preparativos de Davi para o templo eram mais importantes que qualquer outra coisa que Davi fez.[2]

Davi: Recrutador, provedor e gerente de logística

Visão geral

1Crônicas 22–26

Não é claro *quando* Davi começou os preparativos para o templo, mas *o que* ele fez está descrito de forma detalhada. Deus deu ao rei muitas responsabilidades com relação ao projeto mais precioso para o coração dele!

1. *Davi, o recrutador.* Davi escolheu homens qualificados que iriam cortar e preparar as pedras que seriam usadas na construção. Ele também designou pedreiros, carpinteiros e artesãos para realizar o trabalho. Além disso, ele usou sua influência política para encorajar líderes de Israel a dar apoio à iniciativa.

2. *Davi, o provedor.* Davi acumulou inúmeros tesouros como resultado de suas numerosas vitórias sobre os inimigos de Israel, e recebeu muitos presentes generosos de líderes políticos vizinhos também. Esses tesouros incluíam ferro, bronze e madeira de cedro que seriam usados na estrutura, como também cerca de três mil e quinhentas toneladas de ouro e 35 mil toneladas de prata (o equivalente a dezesseis ou dezessete bilhões de dólares hoje!).

3. *Davi, o gerente de logística.* A adoração, como os judeus a conheciam, estava prestes a mudar drasticamente. Manter um templo luxuoso e permanente, e conduzir ali a adoração exigiria um nível de organização antes desnecessário na tenda portátil e relativamente modesta. Inspirado por Deus e tomando cuidado para seguir as orientações da Lei de Moisés, Davi identificou a logística para manter o templo e cumprir os mecanismos do culto.

Ponto importante

Davi também designou os levitas, que antes eram responsáveis por carregar o tabernáculo e sua mobília de um lugar para outro, para a manutenção do templo. Ele os dividiu em grupos, dando a cada grupo tarefas específicas e estipulando turnos rotativos de serviço.

Ele acrescentou um coro ao corpo do templo. Não é de surpreender que Davi tenha inserido música no programa. Afinal, a música era algo que estava em seu coração. Ele era conhecido como o "cantor dos cânticos de Israel", cuja música havia acalmado o espírito perturbado de Saul. Ele encarregou 228 músicos qualificados para que incorporassem címbalos, liras e harpas na adoração.

O que outros dizem

Tim LaHaye

A administração de Davi envolveu extensa organização e delegação de liderança e responsabilidade. Alguns cristãos acreditam que não é necessária uma organização eficiente e eficaz para continuar a obra de Deus. Mas tanto no Antigo como no Novo Testamento, os princípios de organização, planejamento e serviço dedicado são muito claros.[3]

Thomas L. Constable

A organização de um coral é surpreendente uma vez que o Cronista, em outra passagem, apresenta a adoração de Israel como algo feito em cumprimento da Lei mosaica, que não estabelecia critérios para um coral. No entanto, os profetas Natã e Gade autorizaram esse coral (2Crônicas 29:25). Além disso, esse coral estava em harmonia com outra legislação na Lei que regia o louvor ao Senhor (cf. Números 10:10; Deuteronômio 10:8; 18:5). Também a admoestação bíblica, em geral, no sentido de que o povo se alegrasse na presença de Deus incentivava expressões criativas de adoração em harmonia com a Palavra de Deus.[4]

Outros assuntos oficiais

Visão geral

1Crônicas 26:29–27:33

✦ Davi designou as pessoas que realizariam várias tarefas, tais como cobrança de impostos e dízimos em áreas fora do templo.

✦ Davi organizou o exército, que consistia em doze divisões de 24 mil homens cada. Ele fez trabalhos geográficos e estipulou turnos de um mês para cada divisão uma vez por ano.

✦ Davi designou oficiais sobre as tribos e nomeou aqueles que supervisionariam vários aspectos da vasta administração do rei, incluindo seus depósitos e suas atividades agrícolas. Também nomeou seus assessores e conselheiros.

Davi discursa para o povo

1Crônicas 28:1-7 *Davi reuniu em Jerusalém todos os líderes de Israel: os líderes das divisões a serviço do rei, os comandantes de mil e de cem, e os líderes encarregados de todos os bens e rebanhos que pertenciam ao rei e a seus filhos, junto com os oficiais do palácio, os principais guerreiros e todos os soldados valentes.*

O rei Davi se pôs em pé e disse: "Escutem-me, meus irmãos e meu povo. Eu tinha no coração o propósito de construir um templo para nele colocar a arca da aliança do SENHOR, o estrado dos pés de nosso Deus; fiz planos para construí-lo, mas Deus me disse: 'Você não construirá um templo em honra ao meu nome, pois você é um guerreiro e matou muita gente'.[7] "No entanto, o SENHOR, o Deus de Israel, escolheu-me dentre toda a minha família para ser rei em Israel, para sempre. Ele escolheu Judá como líder, e da tribo de Judá escolheu minha família, e entre os filhos de meu pai ele quis fazer-me rei de todo o Israel. E, dentre todos os muitos filhos que me deu, ele escolheu Salomão para sentar-se no trono de Israel, o reino do SENHOR. Ele me disse: 'Seu filho Salomão é quem construirá o meu templo e os meus pátios, pois eu o escolhi para ser meu filho, e eu serei o pai dele. Firmarei para sempre o reino dele, se ele continuar a obedecer os meus mandamentos e as minhas ordenanças como faz agora'."

Com o fim de sua vida se aproximando, o velho Davi reuniu todos os líderes para dar-lhes algumas instruções finais. Primeiro, ele fez o povo se lembrar de seu desejo de construir um templo para o Senhor. Em seguida, resumiu a resposta do Senhor e relatou que, assim como Deus o havia escolhido como rei de Israel, Deus havia escolhido seu filho Salomão para sucedê-lo como rei e como construtor do templo. Finalmente, Davi pediu a Israel para fazer a parte que lhe cabia, seguindo os mandamentos do Senhor para que os israelitas e seus descendentes pudessem desfrutar das bênçãos que Deus lhes havia prometido.

Davi discursa para Salomão

1Crônicas 28:9-10 *"E você, meu filho Salomão, reconheça o Deus de seu pai, e sirva-o de todo o coração e espontaneamente, pois o SENHOR sonda todos os corações e conhece a motivação dos pensamentos. Se você o buscar, o encontrará, mas, se você o abandonar, ele o rejeitará para sempre. Veja que o SENHOR o escolheu para construir um templo que sirva de santuário. Seja forte e mãos ao trabalho!"*

Algo para pensar

Vá para

demônios
Lucas 4:41; Tiago 2:19

Esta é a passagem pública da tocha de um rei para seu sucessor. Porém, mais ainda, é uma comissão de fé sendo entregue de pai para filho. Essas palavras resumem o que Davi havia feito com Salomão que ele não havia conseguido fazer com seus outros filhos: plantar sementes de fé no coração deles. A escolha de palavras de Davi é reveladora:

- *"Reconheça"*: A palavra hebraica para reconhecer, *yada*, tem muitas nuanças de significado, incluindo a mais óbvia: "perceber". Mas *yada* encerra outra implicação também: "saber por experiência própria". Nesse caso, Davi não poderia ter falado de forma mais deliberada. Ele estava pedindo ao filho não só para reconhecer a existência de Deus (pois até mesmo os demônios fazem isso!); ele estava convidando Salomão a experimentar Deus de forma pessoal, diariamente. "Provem, e vejam como o Senhor é bom" (Salmos 34:8) parece ser o apelo de Davi.

- *"o Deus de seu pai"*: Ao dizer isso em vez de "o Deus de Israel", Davi enfatizou que ele estava compartilhando um testemunho pessoal, e não encenando uma postura política. Deus havia sido de fato o Senhor de Davi no nível mais íntimo. Davi queria que Salomão entendesse isso.

- *"sirva-o de todo o coração"*: Apesar de todos os seus pecados, Davi permaneceu fiel ao Senhor. Ele nunca abandonou seu Deus pelos deuses de outras nações, e desfrutou das bênçãos dessa lealdade. Ele queria muito o mesmo para Salomão.

- *"o Senhor sonda todos os corações e conhece a motivação dos pensamentos"*: Esse lembrete teve um peso a mais pelo fato de vir do homem que, não tivesse Deus conhecido o coração nem as intenções dele, poderia ainda ser um pastor.

- *"o Senhor o escolheu"*: Davi enfatizou que Salomão foi separado para um propósito específico de Deus no plano divino para a nação.

Davi não parecia entender sua responsabilidade de guiar as gerações futuras com seus filhos mais velhos, mas agora, com Salomão, parece que ele finalmente estava aprendendo a ser um pai atencioso e disposto a instruir. Davi queria ter certeza de que havia deixado o filho com uma visão clara de quem ele era e de como ele se encaixava nos planos de Deus.

Há muito pouco sobre o futuro que podemos prever com precisão, exceto o fato de que cada um de nós, um dia, morrerá. Mas uma coisa podemos saber com certeza: Todas as pessoas, reis ou professores de jardim de infância, executivos ou eletricistas, pastores ou pais, deixarão um legado. Se esse legado inclui algum negócio inacabado, alguma tarefa designada por Deus que podemos não ver concluída, é nossa responsabilidade transmitir a visão àqueles que entrarão em cena depois que nós sairmos de cena.

Aplique

> ### O que outros dizem
>
> **Dennis e Barbara Rainey**
>
> Queremos transmitir aos nossos filhos não apenas o conhecimento de quem é Deus e a experiência que temos com ele no dia a dia, mas também o que significa confiar nele e lhe obedecer (Salmos 78:5-8). Queremos que cada um de nossos filhos siga e sirva a Cristo por toda a vida, para que as gerações vindouras possam conhecer a verdade sobre ele.[5]
>
> **Dennis Rainey**
>
> Um pai tem o privilégio de deixar uma marca nas vidas jovens que carregarão a tocha para a próxima geração.[6]

Vá para

tabernáculo
Êxodo 25:9,40;
26:30; 39:32,42-43;
Números 8:4; Atos
7:44; Hebreus 8:5

arca
Gênesis 6

Plantas para o templo

> ### Visão geral
> **1Crônicas 28:11-21**
>
> Então Davi entregou a Salomão os planos que Deus lhe tinha dado para o templo e a mobília do templo, e afirmou que todos os detalhes haviam sido dados por inspiração de Deus. Mais uma vez, incentivou Salomão a ser forte e corajoso para a grande tarefa que tinha pela frente, assegurando ao filho que ele não estaria sozinho. Ele teria o apoio tanto de Deus como da nação.

Alguns estudiosos sugerem que os planos do templo foram dados a Davi com a própria caligrafia de Deus. Outros estudiosos concordam que as direções foram reveladas por Deus, mas não em um formato que fosse tão tangível.

De qualquer forma, as instruções que Deus deu a Davi com relação ao templo foram tão diretas e específicas quanto os planos que ele tinha dado a Moisés para o <u>tabernáculo</u> e a Noé, para a <u>arca</u>. Detalhes são importantes para Deus!

Ponto importante

> ### O que outros dizem
> **Zondervan NIV Bible Commentary [Bíblia Zondervan NVI comentada]**
>
> Davi estava dizendo que não somente os planos do templo foram revelados por Deus (v. 12), mas que lhe foram dados por Deus, em forma escrita, para serem entregues a Salomão (v. 11), um testemunho final do caráter divino deles.[7]

Alan Redpath
O templo de Deus deveria ser construído com riqueza de detalhes de acordo com o padrão desenvolvido na mente e vontade de Deus. Davi recebeu os detalhes da parte do Senhor, que os escreveu em seu coração com a própria mão. Em outras palavras, a recompensa pela dedicação total de Davi foi uma revelação pessoal vinda do céu. Não era de segunda mão, mas algo que Davi recebeu do próprio Senhor, o plano do templo de Deus que, um dia, Deus encheria de sua glória.[8]

Esboços preliminares do templo

Ponto importante

As plantas do templo, em geral, seguiam o modelo da planta baixa do tabernáculo. Assim como o tabernáculo, o templo teria dois recintos: o Lugar Santo e o Lugar Santíssimo. Entretanto, além disso, o templo apresentaria diferenças importantes. Sem dúvida, uma das mudanças mais significativas seria o fato de que o templo era permanente, não portátil.

O que outros dizem

Eerdman's Handbook to the Bible [Manual bíblico de Eerdman]
O plano do tabernáculo era estendido por um pórtico de entrada, as três salas resultantes que formavam um projeto semelhante a alguns templos cananeus [...] Uma série de três câmaras de armazenamento de três andares circundava a parte de fora do Lugar Santíssimo e a sala do meio (o "Lugar Santo"). A porta era ladeada por duas enormes colunas independentes cuja função é incerta. A comparação com o templo de Ezequiel sugere que todo o edifício estava sobre uma plataforma acima do nível do pátio.[9]

Ofertas e adoração de Davi

Visão geral

2Crônicas 29:1-22
Mais uma vez, Davi dirigiu-se à assembleia, ressaltando a juventude e experiência de seu filho, e enfatizando que o templo não

era para um rei humano, mas para o Senhor Deus. Ele falou dos materiais que já havia fornecido para o projeto, e desafiou os outros líderes a participarem com ofertas. Ansiosos para isso, eles deram uma oferta generosa de riquezas. Davi respondeu à devoção do povo com grande celebração. Louvou ao Senhor, reconheceu Deus como a fonte de todos os presentes e descreveu a si mesmo e ao seu povo como "estrangeiros e forasteiros" indignos e sem esperança longe de Deus. Orou para que a dedicação e devoção do povo de Deus durassem e para que Salomão mantivesse os mandamentos de Deus e cumprisse os propósitos dele.

O que outros dizem

Zondervan NIV Bible Commentary [Bíblia Zondervan NVI comentada]
A verdade de que "tudo" o que temos "vem de Deus" é o fundamento da doutrina de administração. Sua base é esta: uma vez que nossos bens são dele (Salmos 24:1), e uma vez que os temos apenas de forma temporária e em confiança (1Crônicas 29:15-16), eles deveriam, portanto, ser usados para ele (Lucas 17:10).[10]

Eerdman's Handbook to the Bible [Manual bíblico de Eerdman]
Além de tudo o que acumulou ao longo dos anos, Davi faz uma última doação pessoal generosa para o fundo de construção do templo (1–5). Seu exemplo e apelo (5) suscitam uma resposta alegre e voluntária das pessoas, e as dádivas abundam (6–9). Profundamente comovido, Davi agradece de coração a Deus por ser possível tal doação da parte de homens que, à parte da bondade de Deus, não têm nada. Sua oração é uma das maiores em todo o Antigo Testamento. Ela mostra, como talvez nenhuma outra passagem, simplesmente o motivo pelo qual esse homem poderia ser descrito como "um homem segundo o coração de Deus".[11]

Algo para pensar

A ascensão de Salomão e a queda de Davi

1Crônicas 29:22-30 *Naquele dia comeram e beberam com grande alegria na presença do Senhor.*

*Assim, pela segunda vez, proclamaram Salomão, filho de Davi, rei, ungindo-o diante do S*ENHOR *como soberano, e Zadoque como sacerdote. De maneira que Salomão assentou-se como rei no trono do S*ENHOR*, em lugar de Davi, seu pai. Ele prosperou, e todo o Israel lhe obedecia. Todos os líderes e principais guerreiros, bem como todos os filhos do rei Davi, prometeram submissão ao rei Salomão.*

*O S*ENHOR *exaltou muitíssimo Salomão em todo o Israel e concedeu-lhe tal esplendor em seu reinado como nenhum rei de Israel jamais tivera.*

Davi, filho de Jessé, reinou sobre todo o Israel. Reinou quarenta anos em Israel: sete anos em Hebrom e trinta e três em Jerusalém. Morreu em boa velhice, tendo desfrutado vida longa, riqueza e honra. Seu filho Salomão foi o seu sucessor.

Os feitos do rei Davi, desde o início até o fim do seu reinado, estão escritos nos registros históricos do vidente Samuel, do profeta Natã e do vidente Gade, incluindo os detalhes do seu reinado e do seu poder, e os acontecimentos relacionados com ele, com Israel e com os reinos das outras terras.

Em algum momento durante os preparativos de Davi para o templo, a questão sobre quem iria sucedê-lo foi discutida e depois resolvida com a primeira unção de Salomão. O restante de 2Crônicas (2Crônicas 29:22-30) descreve as festividades após a celebração, cujo auge foi a unção de Salomão pela segunda vez. O capítulo termina com o autor de Crônicas resumindo a ascensão de Salomão ao trono e a morte de Davi — temas bem detalhados em 1Reis 1–2.

Luta pela sucessão

1Reis 1:1-4 *Quando o rei Davi envelheceu, estando já de idade bem avançada, cobriram-no de cobertores, mas ele não se aquecia. Por isso os seus servos lhe propuseram: "Vamos procurar uma jovem virgem para servir e cuidar do rei. Ela se deitará ao seu lado, a fim de aquecer o rei".*

Então procuraram em todo o território de Israel uma jovem que fosse bonita e encontraram Abisague, uma sunamita, e a levaram ao rei. A jovem, muito bonita, cuidava do rei e o servia, mas o rei não teve relações com ela.

Ponto importante

Com os inimigos de Israel subjugados e com paz na nação durante os últimos dias de Davi, o rei pôde dedicar grande parte de seu tempo e energia aos preparativos do projeto de seu amado templo. Nada poderia ter lhe trazido mais alegria em seus "anos dourados" do que isso. No entanto, ele não estava ficando mais jovem. Embora os historiadores não saibam ao certo o momento exato dos eventos que marcaram a velhice de Davi, é provável que em algum tempo posterior os preparativos para o templo tenham parado, quando o rei tinha cerca de setenta anos de idade, e sua saúde começou a piorar. Ele ficou frágil, e sentia um frio constante. Seus servos trouxeram-lhe uma sunamita jovem e atraente chamada Abisague, que cuidava dele e dormia com ele (embora a relação não fosse íntima) a fim de mantê-lo aquecido à noite.

Doente e frio

Por mais difícil que seja imaginar o vigoroso menino pastor, o destemido matador de gigantes, o refugiado resiliente, o guerreiro vitorioso e o poderoso monarca como um frágil paciente acamado, essa passagem descreve um homem que se tornou apenas isso. Os servos que cuidavam dele e, sem dúvida, o amavam queriam proporcionar todo conforto possível ao amigo e rei. A solução pode soar um pouco estranha para os ouvidos de hoje, mas contratar uma enfermeira para "aquecer a cama" também era uma prescrição comum para aquilo que afligia o rei.

O que outros dizem

Robbie Castleman

A aquisição de uma jovem virgem como enfermeira para um homem idoso era uma prática comum em culturas nas quais a poligamia era comumente aceita.[12]

Um homem de setenta anos não era considerado muito velho se comparado com o tempo de vida de muitos outros anciãos judeus, mas os anos de Davi foram extraordinariamente cheios e desgastantes. As dificuldades físicas somadas aos traumas emocionais e mentais que Davi sofreu ao longo das últimas décadas começaram a cobrar caro.

O que outros dizem

Robert D. D. Jamieson

Os desgastes de uma vida militar, fadiga física e preocupação mental esgotaram prematuramente, se podemos dizer assim, as energias da forte constituição física de Davi [1Samuel 16:12].[13]

Jogo de poder de Adonias

1Reis 1:5-6 *Ora, Adonias, cuja mãe se chamava Hagite, tomou a dianteira e disse: "Eu serei o rei". Providenciou uma carruagem e cavalos, além de cinquenta homens para correrem à sua frente. Seu pai nunca o havia contrariado; nunca lhe perguntava: "Por que você age assim?" Adonias também tinha boa aparência e havia nascido depois de Absalão.*

Deus ordenou Salomão, como filho de Davi, que se tornaria o sucessor do rei e o construtor do templo, mas a transição não seria tranquila. O filho mimado de Davi, Adonias, via a saúde debilitada do pai como sua deixa para anunciar que ele se tornaria o próximo rei de Israel.

Algo para pensar

Os filhos de Davi — com exceção de Salomão — eram lembranças vivas das falhas de Davi como pai. As sementes da satisfação de paixões e da ação por impulso que Davi havia plantado foram colhidas no ato violento de estupro e incesto de Amnom. A falha de Davi em disciplinar Amnom e Absalão, e sua recusa em perdoar totalmente este último, resultou na rebelião de Absalão que, por sua vez, provocou a turbulência política no reino. Agora, Adonias, nascido da esposa de Davi, Hagite, logo após o nascimento de Absalão, parecia ser da mesma laia de seus irmãos.

Ponto importante

A descrição que se faz dele nesta passagem parece intencionada a enfatizar que sua natureza mimada era a desagradável consequência da política de disciplina não intervencionista que Davi favoreceu.

1Reis 1:7-10 *Adonias fez acordo com Joabe, filho de Zeruia, e com o sacerdote Abiatar, e eles o seguiram e o apoiaram. Mas o sacerdote Zadoque, Benaia, filho de Joiada, o profeta Natã, Simei, Rei e a guarda especial de Davi não deram apoio a Adonias. Então Adonias sacrificou ovelhas, bois e novilhos gordos junto à pedra de Zoelete, próximo a En-Rogel. Convidou todos os seus irmãos, filhos do rei, e todos os homens de Judá que eram conselheiros do rei, mas não convidou o profeta Natã nem Benaia nem a guarda especial nem o seu irmão Salomão.*

Com muito alarde, Adonias reuniu o apoio de Joabe, o comandante do exército de Davi, e do sacerdote Abiatar. Entretanto, ele não conseguiu conquistar o círculo de amigos íntimos de Davi:

- ✦ o sacerdote Zadoque;
- ✦ Benaia, um dos melhores soldados de Davi;

- ◆ o profeta Natã;
- ◆ Simei e Reí, guardas especiais do rei.

Fazendo mais uma demonstração de suas intenções, Adonias realizou uma grande festa próxima a En-Rogel. Uma vez que ele fez dos sacrifícios uma parte das festividades, o evento estava envolto em insinuações religiosas que o faziam parecer uma cerimônia de posse aprovada por Deus. No entanto, havia omissões significativas na lista de convidados: Natã, Benaia, Simei, Reí e Salomão foram convidados.

O que outros dizem

Ryrie Study Bible
Como um prelúdio para assumir o trono, Adonias realizou uma festa, mas não convidou Natã e Salomão. Ele aparentemente estava planejando matá-los, porque, se tivessem comido juntos, ele teria sido obrigado a protegê-los.[14]

O plano de Bate-Seba

Visão geral

1Reis 1:11-19
Natã viu o que Adonias estava fazendo e foi direto a Bate-Seba contar a notícia. Ele a incentivou a levar o assunto ao rei, e foi exatamente o que ela fez. Com a confiança de uma rainha e o tato de uma esposa amorosa, ela se prostrou diante do rei nos aposentos dele e fez-lhe se lembrar de sua promessa de nomear Salomão, filho deles, como seu sucessor.

O casamento de Davi e Bate-Seba pode ter tido um começo instável, mas Deus transformou a turbulência em tranquilidade. O relacionamento deles foi selado com um profundo e duradouro amor, que muito transcendeu a paixão momentânea que Davi sentiu ao vislumbrar pela primeira vez a bela mulher tomando banho. Evidentemente, o amor que sentiam foi nutrido ao longo dos anos pelo amor que o casal tinha por Deus e pela compreensão compartilhada sobre como ele estava trabalhando na vida deles.

A propósito, esses são dois ingredientes para um casamento sólido hoje em dia!

Algo para pensar

Os dois sabiam muito bem que Salomão foi a escolha de Deus como futuro rei de Israel. Mas agora Bate-Seba podia ver o filho mais velho de seu marido ameaçando interferir nesse plano. É seguro pressupor que a preocupação começou a tomar seus pensamentos, e orações urgentes começaram a sair de seus lábios enquanto suas servas relatavam para ela as traquinices arrogantes de Adonias. Pela lei, ele se tornaria rei se Davi não nomeasse seu sucessor antes de morrer.

Se Bate-Seba realmente estava preocupada e em oração, suas preocupações devem ter sido dissipadas e suas orações, respondidas ao ver Natã, o porta-voz do Senhor, se aproximando dela. O conselho do profeta para ela pode ter confirmado o que ela provavelmente estava pensando: "Devemos contar ao rei".

Vivendo em um aquário

> **1Reis 1:20-21** *"Agora, ó rei, meu senhor, os olhos de todo o Israel estão sobre ti para saber de tua parte quem sucederá ao rei, meu senhor, no trono. De outro modo, tão logo o rei, meu senhor, descanse com os seus antepassados, eu e o meu filho Salomão seremos tratados como traidores".*

Cobertas pesadas, cortinas grossas e uma equipe de servos dedicados isolaram Davi dos olhos do público em seus últimos dias. Mas ele ainda não estava morto! Bate-Seba fez seu marido se lembrar de que ainda era o rei ungido de Israel, e que suas ovelhas — as pessoas da nação pela qual ele havia lutado tanto para consolidar e proteger — ainda estavam lá. Os olhos dos israelitas estavam voltados para o palácio enquanto esperavam a palavra do rei sobre o futuro deles.

O que outros dizem

John Gill

O povo como um todo esperava ouvir qual era a vontade e decisão de Davi: pois as pessoas não apenas o consideravam aquele que tinha o poder para nomear um sucessor, como foi posteriormente feito por Roboão, mas também aquele a quem Deus havia revelado sua mente sobre quem deveria ser seu sucessor, a quem elas deveriam prestar respeito.[15]

> **Richard D. Phillips**
> Bate-Seba é uma prova positiva de que há redenção para o perdido. Apesar de todos os crimes de Davi contra ela e Urias, o marido dela, o amor e cuidado dos anos que se sucederam selaram o coração dela para a causa do rei. Agora era justamente ela a pessoa que conseguia chegar ao rei idoso, trazendo à tona uma onda de energia que ele ainda tinha reservada.[16]

Salomão, rei de Israel

> **Visão geral**
> **1Reis 1:22-40**
> As palavras de Bate-Seba, seguidas pela confirmação de Natã, injetaram uma dose de energia no corpo enfraquecido de Davi. Falando com toda a autoridade do ofício ordenado por Deus que ele ocupava, Davi jurou de forma entusiasmada que Salomão de fato sucederia a ele. E, com um entusiasmo juvenil, explicou exatamente como a transição de poder deveria ocorrer, e suas ordens foram seguidas à risca.

1. Zadoque, Natã e Benaia levaram Salomão para Giom em sua própria mula. O fato de que esses três eram, respectivamente, o sacerdote, o profeta e o soldado da mais alta patente, e de que acompanharam Salomão na mula do rei (um sinal de que era o sucessor nomeado ao trono) deixou claro para qualquer observador que eles estavam agindo como representantes do rei.

Profecia

> **O que outros dizem**
> **Tim LaHaye**
> Zadoque foi um dos sumos sacerdotes que serviram durante o reinado de Davi (2Samuel 8:17). Os ancestrais de Zadoque proverão a linhagem sacerdotal responsável pelo templo milenar durante o reinado de mil anos de Cristo na terra (Ezequiel 44:15) por causa da fidelidade dele durante um tempo de apostasia, como observamos em 1Reis 2:27,35.[17]

2. Já em Giom, Zadoque e Natã ungiram Salomão, tocaram a trombeta e gritaram: "Viva o rei Salomão!"

Ponto importante

Vá para

unção de Saul
1Samuel 10:1

Esse óleo da unção, como o de Davi, foi vertido de um chifre, e não de um frasco frágil, como na unção de Saul. O chifre significava que Salomão tinha a força de Deus em sua retaguarda.

É importante lembrar que Salomão se tornou rei pelo mesmo motivo que Davi, seu pai, se tornou rei: o Senhor escolheu a ambos.

3. Finalmente, Salomão tomou seu lugar no trono de Davi. Os israelitas responderam à notícia com uma grande celebração. A festa estava, de fato, tão animada que a música e a dança literalmente sacudiram o chão.

Que barulheira é essa?

Visão geral

1Reis 1:41-53

Enquanto isso, do outro lado do rio, na chamada posse de Adonias, os convidados estavam se perguntando o motivo daquela barulheira toda quando o filho de Abiatar, Jônatas, chegou para entregar uma mensagem: Salomão havia sido ungido rei. A mensagem, que deu a Adonias e seus apoiadores mais detalhes do que provavelmente gostariam de ouvir, foi como chuva no desfile deles. Os festejadores ficaram apavorados com a ideia de que poderiam ser condenados como conspiradores contra o rei recém-ungido, então se espalharam. Adonias estava muito amedrontado também. Ele imediatamente buscou proteção agarrando-se aos chifres do altar. Quando ouviu que Adonias estava temendo por sua vida, Salomão tranquilizou o trêmulo irmão, dizendo que o deixaria viver... SE ele se comportasse. Caso contrário, disse Salomão, ele tinha o direito de executar Adonias.

O que outros dizem

Robert Alter

A construção típica de altares israelitas antigos, como confirma a arqueologia, apresentava uma protuberância curva em cada um dos quatro cantos, mais ou menos como a curva de um chifre de carneiro. A associação de chifre com força pode explicar tal desenho. Agarrar-se aos chifres — na verdade, provavelmente a um dos chifres — do altar era um ato de apelar por santuário: ao menos em princípio, embora nem sempre na prática uma pessoa nessa posição e nesse lugar devesse ser mantida intocável por seus perseguidores.[18]

A morte de Davi

Visão geral

1Reis 2:1-9

Davi havia previamente feito alguns comentários públicos para seu filho, mas, à medida que percebia que seus dias estavam chegando ao fim, Davi tinha algumas palavras importantes para dizer em particular a Salomão sobre sua vida espiritual:

+ ele incentivou Salomão a ser forte, agir com integridade e obedecer à lei de Deus.

+ ele fez Salomão se lembrar de que a obediência é a única maneira de prosperar.

+ ele reafirmou a promessa de Deus quanto a uma linhagem contínua de regentes.

O que outros dizem

Zondervan NIV Bible Commentary
[Bíblia Zondervan NVI comentada]

Davi fez tudo o que estava ao seu alcance para aplainar o caminho para Salomão seguir como rei, não apenas desenhando a planta para o templo (cf. 1Crônicas 28:11-19), acumulando os materiais e fundos necessários (cf. 1Crônicas 22:14-16) e solicitando a ajuda e cooperação da liderança de Israel (cf. 1Crônicas 22:17-19), mas também admoestando e encorajando Salomão a cumprir fielmente a tarefa a ele comissionada (cf. 1Crônicas 22:6-13; 28:9-20). Em Salomão, Davi encontrou um coração responsivo e humilde. Amnom, Absalão e Adonias, os três irmãos mais velhos de Salomão eram espiritual e moralmente deficientes; mas Salomão tinha um coração preparado por Deus, e ele respondeu de bom grado às instruções de Davi. O legado de Davi para Salomão foi, desse modo, muito maior do que um grande reino com fronteiras seguras, nações tributárias e riqueza e prestígio consideráveis. Incomparavelmente mais importante, ele incutiu em Salomão um amor por Deus e pela Palavra de Deus. Ele deu a Salomão uma orientação correta para vida e liderança, e ele mesmo foi, apesar de seus erros, um modelo excepcional de um homem cujo coração de fato batia por Deus.[19]

Vá para

Barzilai
2Samuel 17:27;
19:31-39

Simei
2Samuel 16:5-8

tomada de Jerusalém
1Crônicas 11:6-8

> **Woodrow Kroll**
>
> Davi queria garantir que Salomão fosse um grande sucesso. E o conselho que lhe dá em seu último suspiro mostra que fantástico finalizador era esse Davi. Ele pode não ter sido o tipo de pai que precisava ter sido ao longo de toda a vida de Salomão e de seus outros filhos, mas estava acertando as coisas agora. Terminar bem é a grande alegria da vida. E para todos nós que estamos caminhando para essa parte da vida, que estamos dando essa última volta ou chegando para a última volta, o conceito de terminar bem se torna mais importante a cada dia. Terminar bem muitas vezes significa prover para o sucesso de seu sucessor. E é isso que Davi está fazendo aqui. Davi está tentando dar a Salomão o tipo de conselho que fará com que ele seja bem-sucedido. Se Salomão colocará esse conselho em prática ou não, o tempo dirá.[20]

Negócios pendentes

> **Visão geral**
>
> **1Reis 2:5-9**
>
> Tendo aberto seu coração com respeito ao relacionamento de Salomão com Deus, Davi passou para questões com respeito ao relacionamento de Salomão com o povo. Mais especificamente, ele trouxe o nome de três pessoas que entravam na categoria de "negócios pendentes" na lista de afazeres de Davi: Joabe, Barzilai, de Gileade, e Simei.

Como oficial militar, Joabe serviu bem a Davi, e poderia se gabar de uma longa lista de realizações — entre as quais estava a não pequena ousada tomada de Jerusalém. E, como amigo, Joabe foi extremamente leal, embora nem sempre tivesse seguido os desejos de Davi.

Entretanto, Joabe provocou muitos problemas para Davi:

✦ ele matou Absalão contra as ordens de Davi;
✦ ele matou Abner e Amasa em um ato de traição;
✦ ele apoiou Adonias na tentativa de apoderar-se do trono.

> ## O que outros dizem
>
> **The Bible Knowledge Commentary [Conhecimento Bíblico comentado]**
> Por misericórdia, Davi não executou a punição que as ações de Joabe mereciam, provavelmente porque Joabe havia mostrado muita lealdade a Davi e lhe servido muito bem. Mas a justiça tinha de ser feita, e Salomão tinha de executá-la. Joabe estava vivendo um tempo emprestado; logo ele teria de pagar por seus crimes.[21]

Bênçãos para Barzilai

Quando Davi esteve exilado durante a revolta de Absalão, Barzilai providenciou hospitalidade e suprimentos para Davi. Para retribuir a bondade, Davi pediu a Salomão que cuidasse dos filhos de Barzilai.

Reconsiderando o assunto Simei

Simei, o benjamita que amaldiçoou e ameaçou a vida de Davi quando ele estava exilado de Jerusalém, recebeu o perdão de Davi ao implorar-lhe por piedade no retorno de Davi. Aparentemente, Davi estava reconsiderando a questão da sinceridade de Simei. Ele chamou a atenção de Salomão para suas dúvidas e deixou que seu filho resolvesse a situação.

A morte de Davi

> **1Reis 2:10-12** *Então Davi descansou com os seus antepassados e foi sepultado na Cidade de Davi. Ele reinou quarenta anos em Israel: sete anos em Hebrom e trinta e três em Jerusalém. Salomão assentou-se no trono de Davi, seu pai, e o seu reinado foi firmemente estabelecido.*

A narrativa épica do homem cuja vida foi fora do comum conclui com essa simples nota biográfica. Davi — o pastor, o músico, o rei, o marido, o pai, o avô — morreu, provavelmente cerca de 970 a.C., e foi sepultado na cidade que havia estabelecido como capital política e religiosa de Israel.

Davi "descansou" em paz após ter concluído o trabalho

Qualquer uma de várias situações ameaçadoras poderia ter acabado com a vida de Davi durante e antes seus quarenta anos de reinado. Leões

Vá para

precisava que ele fizesse
Atos 13:22

Deus em ação

poderiam ter atacado o jovem garoto que cuidava dos rebanhos no aprisco. Golias poderia ter acabado com o adolescente indignado que estava louco para ter uma chance de acertar uma "fundada" no ímpio gigante. Saul poderia ter acertado uma lança no jovem músico que, com tanta doçura, acalmava seu espírito atribulado. Os insanos homens do rei poderiam ter assassinado o refugiado enquanto o perseguiam pelo país. E a lista segue: Davi poderia ter morrido nas mãos dos filisteus, dos homens de Nabal, dos amonitas, de seu comandante impetuoso ou até mesmo de seus filhos. Mas ele não morreu.

Em vez de experimentar uma morte prematura, inesperada e/ou violenta, Davi morreu sem drama, e com muitas bênçãos. Deus abençoou seu servo com um coração que bateu por tempo suficiente para fazer o que o Senhor <u>precisava que ele fizesse</u>, incluindo estabelecer a paz na terra, lançar as bases para o templo e pavimentar com cuidado o caminho para a transição de poder para Salomão.

> **O que outros dizem**
>
> **Woodrow Kroll**
> Davi terminou bem porque começou bem e nunca deixou a força que tinha, e esse fato mostrava que ele era um homem segundo o coração de Deus. É difícil terminar mal se você é um homem segundo o coração de Deus ou uma mulher segundo o coração de Deus. É isso que Deus procura.[22]

Esse não era seu lugar de descanso permanente

A palavra "descansou" muitas vezes era usada pelos antigos como um eufemismo para morte. No caso de Davi, a palavra não poderia ser mais apropriada. Após viver uma vida caracterizada principalmente por atividades físicas extenuantes, como fugir e lutar, e por atividades mentais extenuantes, como liderar e planejar, Davi ficou cansado. Ele precisava de um descanso, e foi exatamente isso que Deus lhe deu quando o deixou dar seu último suspiro.

> ## O que outros dizem
>
> **The Bible Knowledge Commentary [Conhecimento Bíblico comentado]**
>
> A pitoresca expressão *descansou com os seus antepassados* descreve belamente a morte de Davi e sugere que sua atividade não cessou para sempre. Na verdade, o corpo de todos os crentes que morrem simplesmente "descansa" até que seja ressuscitado para viver com Deus e servir a ele eternamente.[23]

Não é o fim da história de Davi

Em dois aspectos a história de Davi não tem fim:

1. *Sua vida não acabou*. Como qualquer um que escolhe ter um relacionamento com Deus, a vida de Davi não acabou com sua morte física. Ele simplesmente se livrou de seu corpo idoso e cansado para entrar na gloriosa presença eterna do Deus vivo. Por toda a vida, ele ansiou estar mais perto da presença de Deus, um desejo que expressou em Salmos 27:4: "Uma coisa pedi ao Senhor; é o que procuro: que eu possa viver na casa do Senhor todos os dias da minha vida, para contemplar a bondade do Senhor e buscar sua orientação no seu templo". Quando Davi fez tudo o que Deus precisava que ele fizesse nesta terra, o Senhor realizou esse desejo.

> ## O que outros dizem
>
> **Max Lucado**
>
> Davi não quer conversar. Ele não deseja uma xícara de café para tomar na varanda. Ele não pede uma refeição nem pede para passar uma tarde na casa de Deus. Ele quer se mudar para lá com ele [...] para sempre.[24]

2. *Seu legado não acabou*. Todo mundo deixa um legado, e, felizmente, muitas pessoas deixam um legado de fé similar ao de Davi, que se caracteriza pela fé em Deus e por uma visão do propósito divino. Mas ninguém mais deixou ou irá deixar um legado tão impressionante como o de Davi. Ele não apenas viveu uma vida que poderia ser estudada por inúmeras gerações após ele a fim de aprenderem mais de Deus, mas ele viveu uma vida que estava integralmente vinculada ao plano de Deus de enviar seu Filho, Jesus Cristo, à terra para ser o Salvador da raça humana.

Vá para

filhos e netos
Mateus 1

Algo para pensar

✦ Davi estava fisicamente relacionado a Jesus Cristo por meio de muitas gerações de <u>filhos e netos</u>. Essa relação física fundamentou a reivindicação de Jesus ao trono de Davi como Rei de Israel.

✦ O reino terreno de Davi foi o precursor do reino eterno sobre o qual Jesus Cristo, um dia, reinará.

Assim, a história cuja página de abertura apresenta um retrato de Ana, a mãe do profeta que ungiria Davi como rei de Israel, é concluída com uma página apresentando a fotografia de outra mulher, uma moça bem jovem chamada Maria, que recebeu uma mensagem espantosa de um visitante angelical centenas de anos após a morte de Davi.

Lucas 1:30-33 *Mas o anjo lhe disse:*
"Não tenha medo, Maria;
você foi agraciada por Deus!
Você ficará grávida e dará à luz um filho,
e lhe porá o nome de Jesus.
Ele será grande e será chamado Filho do Altíssimo.
O Senhor Deus lhe dará o trono de seu pai Davi,
e ele reinará para sempre sobre o povo de Jacó;
seu Reino jamais terá fim".

O que outros dizem

H. A. Ironside

Precisamos nos lembrar de que Davi era, afinal de contas, um personagem típico. Em grande medida, ele tipifica nosso Senhor Jesus Cristo. Seu nome é muito significativo. A palavra "Davi" significa "o amado", e Deus, o Pai, disse de nosso bendito Senhor Jesus: "Este é o meu Filho amado [este é meu Davi], em quem me agrado" (Mateus 3.17).[25]

Resumo do capítulo

✦ Davi não permitiu que o "não" que Deus lhe deu quando ele disse que iria construir o templo o tornasse amargo ou ressentido. Ele se submeteu completamente a Deus e lançou todo o seu coração nos preparativos que Deus o permitiria fazer.

OS ÚLTIMOS DIAS DE DAVI

✦ Davi recrutou talhadores de pedra, pedreiros, carpinteiros e artesãos, reuniu materiais e organizou a manutenção no templo bem como a adoração no templo, adicionando um coro ao pessoal do templo.

✦ Davi fez seu último discurso para dar aos líderes e ao seu filho Salomão algumas instruções finais. Ele relatou seu desejo de construir um templo ao Senhor, fez com que se lembrassem do plano de Deus para a nação e pediu que seguissem os mandamentos do Senhor. Ele entregou a Salomão a planta do templo, a qual, disse ele, havia vindo diretamente de Deus.

✦ Quando Davi, em sua velhice, começou a enfraquecer, seu filho Adonias viu uma chance de fazer uma jogada para tomar o poder de Israel.

✦ Natã reportou as artimanhas de Adonias para Bate-Seba, que foi direto a Davi para fazê-lo se lembrar de sua promessa de fazer de Salomão, o filho de ambos, seu sucessor.

✦ A notícia instigou Davi a tomar uma atitude. Ele conduziu a nomeação – e unção – oficial de Salomão como o próximo rei de Israel.

✦ Davi deu a Salomão algumas instruções finais a respeito de negócios pendentes com Joabe, Barzilai e Simei; em seguida, tendo completado nessa terra tudo o que Deus havia intentado, Davi morreu.

Questões para estudo

1. Que evidência há de que Davi não se ressentiu da recusa de Deus em permitir-lhe construir o templo?

2. Como Davi acumulou os materiais e tesouros para o templo?

3. Que diferença significativa há entre adoração no templo e adoração no tabernáculo?

4. Por que Adonias sentiu-se no direito de ter o trono de seu pai?

5. O que ele fez para indicar que tinha a intenção de ser o próximo rei?

6. Como Bate-Seba respondeu à notícia dada por Natã de que Adonias estava planejando um golpe?

7. O que há de significativo na morte de Davi?

357

Apêndice A - Respostas

1Samuel 1–3

1. O tabernáculo era significativo para os antigos hebreus por ser o centro de culto e símbolo da presença de Deus no meio do povo.

2. Durante uma época na qual muitos do povo deixaram de prestar culto a Deus do modo como ele havia prescrito, Elcana (da tribo sacerdotal de Levi) demonstra obediência a Deus levando sua família para adorar no tabernáculo em Siló.

3. O coração de Ana estava pesaroso tanto porque ela era estéril quanto porque tinha de suportar os insultos da outra esposa muito fértil de Elcana, Penina.

4. Ana tentou tratar de sua situação primeiro, derramando seu coração em oração ao Senhor e, depois, consagrando um filho ao serviço dele.

5. O voto de nazireu é a dedicação de uma pessoa ao serviço do Senhor. Os que faziam esse voto não podiam cortar o cabelo, beber vinho ou tocar cadáveres durante a ocupação de seu serviço, cuja duração variava muito.

6. Eli viu os lábios de Ana se movendo em uma oração silenciosa e julgou rapidamente que ela estivesse bêbada. Depois que Ana o convence do contrário, o sacerdote assegurou-lhe que Deus responderia à sua oração.

7. Ao ser abençoada por Deus com um filho, Ana manteve sua promessa de entregá-lo ao Senhor. Ela o levou ao tabernáculo, onde o deixou sob os cuidados de Eli, e ofereceu um lindo cântico de adoração e ação de graças.

8. Os filhos de Eli falharam em liderar o culto com integridade e extraviaram o povo. Suas práticas malignas incluíam tomar para si dos sacrifícios mais do que a lei permitia, pegar a carne antes que a gordura estivesse queimada e desprezar as ofertas do Senhor. Eli não os repreendeu pelo mau comportamento deles.

9. Quando era menino, Samuel usava a roupa sacerdotal e servia ao lado de Eli, aprendendo com ele e assumindo responsabilidades no tabernáculo.

10. Um momento decisivo tanto na vida de Samuel quanto na história do povo de Israel veio durante a noite em que o menino Samuel servia ao lado de Eli no templo. Deus falou com Samuel e deu-lhe uma profecia sobre Eli e os filhos dele. Isso distinguiu Samuel como profeta e marcou o fim do período dos juízes e o começo do período dos profetas.

1Samuel 4–7

1. Os filisteus — povo feroz com arqueiros habilidosos em carros de ferro — controlavam o território na região costeira de Canaã e quase constantemente dominavam os israelitas em batalhas por terra. Na verdade, eles fizeram isso por tanto tempo que passaram a considerar o povo de Israel seus escravos.

2. Os israelitas sofreram grande perda: quatro mil homens morreram na batalha.

3. Levar a arca para o campo de batalha foi uma tentativa de manipular Deus. Se tivessem agido com mais sabedoria, os israelitas teriam buscado a vontade de Deus e pedido sua proteção.

4. Tentar manipular Deus é focar-se no resultado que desejamos e ignorar os planos maiores e melhores de Deus. Algumas pessoas tentam manipular Deus com seu dinheiro, suas ações, seus rituais e suas orações.

5. Os filisteus ouviram a celebração ruidosa dos israelitas com a chegada da arca e invadiram o acampamento, matando trinta mil soldados — incluindo os dois filhos de Eli — e capturando a arca de Deus.

6. Quando ouviu a notícia da tomada da arca e da morte de seus filhos, Eli caiu da cadeira, quebrou o pescoço e morreu, cumprindo a profecia que o jovem Samuel tinha dado.

7. A tomada da arca representava a partida da glória de Deus e a perda de sua contínua provisão e proteção.

8. Os filisteus puseram a arca no templo de seu deus pagão, Dagom, cuja estátua caiu duas vezes de sua base diante da arca. Eles, então, foram atingidos por uma praga dolorosa, levando-os a decidir devolver a arca para os israelitas.

9. Setenta dos homens em Bete-Semes olharam para dentro da arca da aliança, levando o Senhor a matá-los por terem violado suas instruções claras de que ninguém, exceto os sacerdotes, tinha permissão para tocar o receptáculo santo.

10. Quando os israelitas finalmente decidem voltar para o Senhor, Deus lhes dá vitória em sua próxima batalha contra os filisteus, e Samuel marca a ocasião erigindo um monumento em Ebenézer.

1Samuel 8–9

1. Os filhos de Samuel, Joel e Abias, eram corruptos; eles aceitavam subornos para administrar a justiça.

2. O comportamento dos rapazes importava para os israelitas porque eles precisavam saber se aqueles que provavelmente substituiriam Samuel como juiz quando ele morresse administrariam justiça com integridade.

3. Os israelitas pediram um rei, para que fossem como as outras nações.

4. Ser governado por um rei seria uma mudança radical na forma de governo de Israel, e o pedido demonstrava desdém pela posição de Israel como nação escolhida por Deus.

5. Procurar um rei era uma demonstração de falta de fé em Deus porque ele havia prometido aos israelitas que lutaria as lutas deles por eles; se eles tivessem simplesmente confiado nele, ele havia dito, não precisariam se preocupar com as ameaças de seus inimigos.

6. O pedido de remover Deus de seu lugar de liderança na nação perturbou muito Samuel, que imediatamente orou pedindo direção ao Senhor.

7. Saul estava fora com seu servo procurando as jumentas de seu pai em uma busca que demorou mais do que o planejado. Quando soube que o profeta de Deus estava na cidade vizinha, eles decidiram consultá-lo para ter direção. Deus disse a Samuel que esperasse a visita de um homem que se tornaria rei, por isso ele já cuidou de preparar uma refeição especial para a chegada de Saul.

1Samuel 10–12

1. Ungir alguém com óleo era uma imagem física da mão espiritual do poder e da direção de Deus "se derramando" sobre a vida da pessoa ungida. Os cristãos são ungidos com o Espírito Santo quando colocam sua fé em Deus.

2. Samuel disse a Saul que ele encontraria homens com notícias sobre as jumentas; homens carregando cabritos, pão e vinho que estavam indo adorar a Deus, e um grupo de profetas expressivos.

3. A segunda unção de Saul ocorreu no acampamento filisteu, ocasião em que o Espírito do Senhor veio sobre Saul e ele começou a profetizar com o resto dos profetas.

4. Aparentemente, fervor espiritual até esse momento não era uma das características mais notáveis de Saul, como sugere o fato de que o povo de sua cidade natal se surpreendeu ao vê-lo na companhia de profetas locais.

5. Quando Samuel se preparava para apresentar ao povo seu novo rei, Saul desaparece sem deixar rastros, até que é descoberto escondido em meio às bagagens.

6. Os israelitas aceitam Saul como seu rei depois que ele obtém sucesso militar contra os amonitas e Naás, o rei ímpio deles.

7. Deus enviou trovões e chuva, como se estivesse colocando seu próprio ponto de exclamação no sermão de Samuel.

8. O povo ficou impressionado com o poder sobre a natureza demonstrado por Deus por intermédio de Samuel e clamou por misericórdia por ter pecado contra Deus ao exigir um rei.

1Samuel 13–15

1. A fé em Deus e um desejo de eliminar intrusos da terra motivavam Jônatas a querer expulsar os filisteus.

2. A lei de Deus proibia a todos, exceto o sumo sacerdote, de apresentar o holocausto. Esse ato ressaltou a desobediência, arrogância e impaciência de Saul.

3. Samuel repreendeu Saul e apontou sua tolice, pronunciando o juízo de Deus e prenunciando um novo rei, um rei melhor, que haveria de vir.

4. Saul precipitou-se ao proibir seus homens de comerem porque, quando a proibição foi cancelada, eles estavam tão famintos que começaram a abater e comer o gado que o inimigo havia deixado para trás, desobedecendo à lei de Deus sobre o que podiam comer.

5. Jônatas quase perdeu a vida como consequência de comer mel achado na floresta, uma violação não intencional da proibição de seu pai.

6. Após a vitória sobre os filisteus, Saul pecou mais uma vez ao construir um altar para sacrifícios.

7. O rei havia sido instruído a destruir completamente todos os amalequitas, tanto homens quanto mulheres, crianças e animais; no entanto, Saul poupou o rei de Amaleque, Agague, e os melhores animais.

8. Samuel repreendeu Saul e o informou que ele havia sido rejeitado por Deus.

1Samuel 16

1. Samuel estava entristecido por causa da trágica rebelião de seu amigo e rei, Saul.

2. O Senhor enviou Samuel a Belém para ungir o próximo rei de Israel.

3. Samuel questionou o Senhor sobre sua tarefa porque estava com medo de que Saul o matasse se descobrisse o que ele estava fazendo.

4. O Senhor amenizou os medos de Samuel dando ao profeta um plano de ação muito específico. Além disso, Deus deu a Samuel mais uma razão para ir a Belém: administrar o sacrifício. Isso não seria considerado um comportamento suspeito por parte do sacerdote.

5. O filho mais velho de Jessé, Eliabe, era o candidato mais forte para a vaga de rei, não apenas por ser o primogênito, mas também por seu impressionante histórico militar.

6. Samuel usou somente a direção do Senhor para avaliar os filhos de Jessé. (E o Senhor baseou *sua* escolha na condição do coração de Davi, não na aparência dele.)

7. Samuel derramou o óleo de um frasco frágil (simbolizando instabilidade e fraqueza) ao ungir Saul; ele usou um chifre resistente (simbolizando permanência e poder) quando ungiu Davi.

8. Depois de ter sido ungido, Davi voltou para o aprisco e esperou até que Deus lhe dissesse qual seria o próximo passo.

9. Após a unção de Davi, a presença do Espírito Santo deixou a vida de Saul, causando-lhe tormento e desassossego.

10. Davi foi convocado à corte do rei Saul para acalmar o espírito atribulado do rei com sua música.

1Samuel 17

1. Golias era um gigante arrogante e fortemente armado que vinha de Gate.

2. Os filisteus e os israelitas preparavam-se para uma batalha representativa, na qual a vitória seria assegurada pelo vencedor de um combate entre dois homens.

3. Nenhum dos israelitas se voluntariou como defensor de Israel por várias possíveis razões. Saul era um líder ineficaz a quem faltava as habilidades para motivar seus homens à ação; eles se sentiram intimidados com o tamanho e o armamento do gigante, e temeram perder a luta, pois as consequências seriam submissão aos filisteus.

4. Davi foi para o vale de Elá porque Jessé lhe mandou levar alimentos frescos para seus irmãos, oferecer dez queijos como presente ao comandante deles, saber se seus filhos mais velhos estavam bem e trazer uma garantia de que estavam seguros.

5. Davi convenceu Saul a deixá-lo lutar com Golias, afirmando que ele tinha a habilidade — afinal, ele havia matado animais selvagens anteriormente — e reconhecendo que o Senhor iria protegê-lo.

6. Davi negou-se a usar a armadura de Saul porque a vestimenta do homem mais velho não servia em Davi, que não estava acostumado a vestir a indumentária de um soldado. Além disso, ele não precisava dela, pois planejava usar uma funda, que lhe permitia atacar o gigante à distância. Mais importante, ele sabia que não iria lutar uma batalha física, por isso não precisava de uma armadura física.

7. Davi matou Golias acertando-o entre os olhos com a primeira de cinco pedras lisas que havia juntado para usar na funda.

8. Saul quis saber mais sobre aquele que havia matado o gigante.

1Samuel 18

1. Como príncipe, Jônatas tinha uma posição social mais elevada que Davi; como aparente herdeiro do trono de Saul, e com um relacionamento longe de ser ideal com seu pai, Jônatas poderia ter se sentido ameaçado por qualquer um que tentasse sucedê-lo; e, como guerreiro, Jônatas poderia ter sentido inveja do sucesso de Davi.

2. Os dois ingredientes-chave para um pacto são compromisso com a proteção, provisão e bem-estar da outra parte; e permanência no sentido de que a conexão mútua é para sempre.

3. Em um gesto de humildade e devoção, Jônatas presenteou Davi com sua própria capa, espada, arco e cinto, expressando um senso de proteção e reconhecendo que Davi se tornaria o próximo rei.

4. Davi alcançou grande sucesso como guerreiro do exército de Saul.

5. O cântico de louvor que as mulheres de Israel cantaram para celebrar os feitos de Davi deixou Saul com inveja e raiva, e despertaram nele o desejo de matar o jovem guerreiro.

6. Primeiro, Saul tentou (duas vezes) matar Davi com uma lança enquanto o jovem tocava música para o rei: segundo, ele tentou matar Davi no campo de batalha; terceiro, ele preparou um plano enganoso que faria Davi morrer enquanto buscasse alcançar o dote pedido por Saul para se casar com uma das filhas dele.

7. A cada vez, o Senhor protegeu Davi da morte.

1Samuel 19–24

1. A amizade de Jônatas com Davi colocou Jônatas em perigo porque ele estava deliberadamente desobedecendo às ordens de seu pai e corajosamente posicionando-se a favor da pessoa que seu pai via como a maior ameaça dele. Aliar-se a Davi contra Saul poderia facilmente ter sido uma atitude fatal para o filho de um pai tão invejoso, cheio de ódio e instável.

2. Quando os homens de Saul emboscaram Davi em sua própria casa, sua esposa, Mical, ajudou-o a escapar pela janela e depois colocou um ídolo doméstico sob as cobertas e uma pele de cabra no travesseiro para fazer parecer que Davi estava dormindo. Quando os homens de Saul descobriram a farsa, Davi já havia fugido para Ramá, cidade natal de Samuel.

3. Os homens de Saul chegaram a Ramá e encontraram Samuel e os profetas no meio de uma sessão de louvor e adoração. Paralisados pelo poder do Espírito Santo, eles foram compelidos a se juntarem aos profetas no coro de louvor.

4. Davi mentiu para o chefe dos sacerdotes sobre o motivo de estar lá, e comeu o pão consagrado.

5. Davi buscou refúgio de Saul em Gate, cidade natal de Golias, porque, considerando a ira de Saul contra Davi, a determinação do rei de matar Davi e o número de homens à disposição de Saul, sua terra natal não parecia um lugar muito seguro. Davi deve ter pensado que estaria seguro — talvez até mais seguro — em um lugar onde Saul e seus homens não eram bem-vindos.

6. O rei de lá o expulsou, afirmando que já tinha pessoas loucas o suficiente ali com as quais se preocupar.

7. As quatrocentas pessoas que se juntaram a Davi quando ele buscou refúgio na caverna de Adulão eram familiares e pessoas descritas como estando com problemas e dívidas.

8. Saul ordenou que os outros sacerdotes — 86 ao todo, junto com familiares e todos os animais — fossem mortos como castigo pelo que ele, por engano, acreditava ser, em sua paranoia, parte de uma conspiração com Davi contra ele.

9. Enquanto fugia de Saul e seus homens, Davi estava praticando e refinando suas habilidades de liderança ao tomar sua posição de comando entre o bando que se juntou a ele em Adulão.

10. Davi poupou a vida de Saul porque o honrava como o rei de Israel ungido por Deus e porque entendia que o fim do reinado – e da vida – de Saul estava nas mãos de Deus, não nas suas.

1Samuel 25

1. Samuel inaugurou uma nova forma de governo, a monarquia, e ungiu o primeiro rei de Israel, estabeleceu a primeira escola de profetas, organizou vários procedimentos para o tabernáculo — sistemas que seriam, mais tarde, usados no templo — e coletou alguns dos tesouros postos no templo de Davi mais tarde.

2. Após lamentar a perda de seu mentor e amigo, Davi e seu séquito foram para o deserto de Maom, onde levaram uma vida difícil e nômade.

3. Davi ficou animado em saber da tosquia de ovelhas na região próxima, porque era um momento festivo pontuado por alegria, celebração e festas, e daria a ele e aos seus homens famintos uma oportunidade muito bem-vinda de ter boa comida.

4. Davi esperava de Nabal hospitalidade como forma de gratidão pela proteção que ele e seus homens deram à família e aos rebanhos de Nabal.

5. Davi ordenou a quatrocentos de seus homens que pegassem as armas e se preparassem para matar Nabal e a todos os membros da casa dele – uma reação exagerada para as circunstâncias, para dizer o mínimo.

6. Abigail era conhecida por ser sábia e graciosa; Nabal era conhecido por ser tolo.

7. Abigail desviou a ira de Davi, convenceu-o a suspender o ataque, fez com que o foco de Davi voltasse para Deus e impressionou o futuro rei com sua beleza e sabedoria.

8. Abigail não pôde contar as notícias a Nabal naquela noite porque ele estava embriagado.

9. Quando soube que Nabal havia morrido, Davi louvou a Deus por intervir a seu favor e por vingá-lo. Em seguida, pediu a mão de Abigail em casamento.

1Samuel 26–31; 1Crônicas 10

1. Davi mudou-se para o território filisteu porque pensou que ele e seus soldados estariam a salvo de Saul e seu exército lá.

2. Durante o tempo que permaneceu em terra inimiga, medo e engano tomaram o lugar de sua fé e integridade habitual.

3. Saul sentiu-se especialmente desesperado porque os filisteus se aproximavam e ele não via

para onde correr a fim de obter ajuda, uma vez que Samuel estava morto e Deus já não falava com ele.

4. A Médium de En-Dor surpreendeu-se com a aparição de Samuel.

5. Samuel disse a Saul que ele e os filhos dele morreriam nas mãos dos filisteus no dia seguinte.

6. Descobrir que os filisteus haviam saqueado seu acampamento em Ziclague, levado seus animais e capturado sua família e amigos, levando seus seguidores a pensarem em uma rebelião, levou Davi ao desespero.

7. Davi voltou-se para o Senhor, que o fortaleceu e lhe disse o que fazer em seguida.

8. Saul pediu ao seu escudeiro que o matasse para evitar a possibilidade de ser capturado vivo e torturado pelos filisteus.

9. Os filisteus que encontraram Saul cortaram-lhe a cabeça e tiraram suas armas. Puseram suas armas no templo da deusa Astarote, penduraram seu corpo no muro de Bete-Seã, nas encostas orientais do monte Gilboa, com vista para o vale do Jordão, e levaram sua cabeça para o templo de Dagom.

10. Após a morte de Saul, o povo de Jabes-Gileade – que Saul havia resgatado dos amonitas quarenta anos antes – ficou tão triste com o que os filisteus fizeram ao rei que viajou à noite para recuperar o corpo de Saul e de seus filhos. Eles queimaram os corpos, enterraram os ossos e então jejuaram por sete dias.

2Samuel 1–5; 1Crônicas 11

1. Quando Saul morreu, Davi não foi imediatamente tomar seu lugar como rei em Israel, porque Deus lhe disse que fosse a Judá primeiro.

2. Is-Bosete, filho de Saul, era um governante fraco e passivo; era o general de Saul, Abner, que exercia o poder na liderança de Israel.

3. Durante seu tempo como rei de Judá, Davi formalizou o rompimento de sua aliança profana com os filisteus, estabeleceu amizade com o povo de Jabes-Gileade, subsequentemente ganhou apoio do norte de Israel e começou a se posicionar como substituto de Saul.

4. Surgiu conflito entre os dois quando Abner tomou para si Rispa, uma das concubinas de Saul. Isso mostrou que ele pensava que seria rei. Quando Is-Bosete questionou seus motivos, Abner irou-se e mudou sua lealdade, contando a Davi que iria ajudá-lo a garantir o reino de Saul.

5. Joabe reagiu ao acordo entre Abner e Davi cuidando para que Abner fosse morto.

6. Is-Bosete foi morto por assassinos benjamitas.

7. O povo de Israel confirmou o estabelecimento de Davi como rei com uma terceira unção.

8. A primeira ação de Davi como rei de Israel foi assumir o controle de Jerusalém para estabelecer sua capital ali.

2Samuel 6; 1Crônicas 13–16

1. Davi queria levar a arca da aliança de volta para Jerusalém e restaurar o culto como ponto focal da atenção da nação.

2. A arca seria movida pelos coatitas, que deveriam carregá-la nos ombros utilizando as varas especialmente designadas para essa tarefa. A arca nunca deveria ser transportada em um carroção e, acima de tudo, nunca deveria ser tocada por mãos humanas. A primeira tentativa de mover a arca deu errado em todos os sentidos: Uzá e Aiô não eram coatitas, eles carregaram a arca em um carroção, em vez de usar as varas, e Uzá tocou a arca quando os bois tropeçaram e quase a lançaram para fora do carroção.

3. Uzá morreu e a missão de mover a arca foi interrompida.

4. Davi mostrou sua alegria com o fato de que a arca havia, finalmente, voltado para Jerusalém vestindo as vestes sacerdotais e dançando de alegria.

5. Mical acusou Davi de não estar à altura de um rei, de ser indigno e até indecente; ela não entendeu nem um pouco o fato de que ele estava expressando total louvor e adoração a Deus.

6. Os homens na vida de Mical, incluindo seu pai e Davi, não a trataram com muito respeito e consideração. Em vez de permitir que as frustrações e dores a levassem para mais perto de Deus, ela permitiu que essas coisas a afastassem dele, tornando-a amarga e infeliz.

7. Davi respondeu à repreensão de Mical fazendo com que ela ficasse sabendo, em termos claros, que o Senhor, não Mical, era audiência dele; que ele estava agindo como o governante de Israel escolhido pelo Senhor e que ele se sujeitaria a ainda mais indignidades em seu serviço ao Senhor.

2Samuel 7; 1Crônicas 17

1. Davi quis construir um templo para o Senhor depois de comparar sua magnífica casa com o tabernáculo.

2. Natã, no início, aprovou a ideia de Davi de construir o templo.

3. O Senhor fez com que Davi soubesse que ele tinha planos diferentes para o rei, entregando sua mensagem a Natã naquela noite.

4. O Senhor disse a Davi que não precisava dele para construir um templo porque, primeiro, ele escolheria quem construiria um templo, se é que haveria um; segundo, ele não precisava de um templo e, terceiro, o tabernáculo foi perfeitamente adequado para seus planos no passado.

5. O Senhor disse que permitiria que um templo fosse construído, mas pelas mãos do herdeiro

365

de Davi, não de Davi. Ele também prometeu fazer de Davi o iniciador de uma dinastia eterna.

6. A aliança davídica era incondicional; ela se cumpriria, independentemente das ações de Davi ou de qualquer outro.

7. A aliança davídica apontava para o Messias vindouro.

8. Davi respondeu à promessa do Senhor com humildade e louvor.

2Samuel 8–10; 1Crônicas 18–21

1. Davi e os israelitas derrotaram e subjugaram os filisteus, os moabitas, os edomitas e os arameus.

2. Davi dedicou os despojos de guerra ao serviço ao Senhor, e eles, mais tarde, foram colocados no tesouro do templo por seu filho Salomão.

3. Davi queria saber se Jônatas ainda tinha algum parente vivo, porque queria cumprir a promessa que fez na aliança de mostrar bondade para com a família de seu amigo.

4. O fato de Mefibosete ser aleijado não preocupou a Davi de modo algum.

5. Davi prometeu a Mefibosete benevolência, restauração das terras de seu avô, o rei Saul, e um lugar permanente à mesa real.

6. A graça que Davi mostrou à Mefibosete serve de exemplo da graça que Deus mostra aos pecadores.

7. A incapacidade de Mefibosete de fazer qualquer coisa para obter a bondade de Davi, ou para retribuí-la, ilustra a incapacidade de pecadores para obter a bondade de Deus, ou para retribuí-la.

8. O rei Naás humilhou os embaixadores de Davi ao cortar a barba deles pela metade e aparar suas vestes em um comprimento indecente, provocando guerra com o ato hostil.

9. Davi respondeu ao insulto cuidando, primeiro, das necessidades dos mensageiros

humilhados e depois fazendo guerra e derrotando Naás e os amonitas.

2Samuel 11

1. Algumas razões possíveis pelas quais Davi deve ter ficado para trás enquanto o restante de seus soldados saía para a guerra incluíam: velhice/perda de sua energia, fatiga ou até mesmo uma caprichosa relutância de suportar as dificuldades da guerra.

2. Davi teve muitas oportunidades para fugir do pecado. Por exemplo, ele poderia ter escolhido estar no lugar certo na hora certa – na batalha, em vez de ter ficado para trás; ele poderia ter desviado os olhos e voltado para o quarto quando viu a vizinha tomando banho, em vez de admirar a beleza dele; ele poderia ter resistido ao impulso de perguntar sobre ela; ele poderia ter se recusado a enviar mensageiros para buscar Bate-Seba e poderia ter confessado seu pecado e implorado por misericórdia e perdão, em vez de tramar a morte de Urias.

3. As avaliações feitas pelos comentaristas da Bíblia sobre o papel de Bate-Seba no caso vão desde acusá-la de uma mulher sedutora a apresentá-la como uma vítima. Muito provavelmente, ela cai em algum lugar entre os dois extremos, mais próxima talvez da categoria "vítima inocente" por causa de sua inabilidade de recusar um homem tão poderoso como o rei.

4. Jesus ensinou que pecado envolve mais do que uma ação ímpia em si; começa com o intento ou desejo de fazer o mal: "Mas eu lhes digo: Qualquer que olhar para uma mulher para desejá-la, já cometeu adultério com ela no seu coração" (Mateus 5:27-28).

5. A notícia do nascimento dessa criança provocou desespero, em vez de celebração, porque o casal não era casado; na verdade, cada um

deles era casado com outra pessoa (no caso de Davi, com outras pessoas), e o crime de adultério deveria ser punido com a morte, de acordo com a Lei.

6. Davi mandou que trouxessem Urias para casa na esperança de que ele se deitasse com Bate-Seba e causasse a impressão de que era o pai da criança.

7. A integridade de Urias – recusando-se a dormir em casa com a esposa enquanto os companheiros de guerra suportavam as dificuldades da batalha – frustrou os planos de Davi.

8. Davi instruiu Joabe a colocar Urias na zona de combate mais perigosa, onde certamente morreria.

9. A ansiedade de Davi e seu "poder de persuasão" para tranquilizar a consciência de Joabe em relação à participação dele no assassinato indica a possibilidade de que Davi poderia ter começado a sentir culpa por seu crime.

10. Davi casou-se com Bate-Seba antes do nascimento da criança em um esforço de fazer parecer que a criança havia sido concebida de maneira legítima.

2Samuel 12

1. A oração de Davi durante esse tempo – registrada em Salmos 32:3-4 – revela que Davi estava infeliz; ele pode ter criado a impressão de que as coisas estavam bem, mas sua culpa o fez adoecer espiritual, emocional e fisicamente.

2. Natã apresentou a mensagem de Deus a Davi na forma de uma parábola e usou um tema que teria sido muito familiar para Davi: ovelhas.

3. A história contada por Natã enfureceu Davi, embora ele ainda não tivesse percebido que a parábola era sobre ele. Ele se irritou com a injustiça que viu na história e pronunciou um juízo severo contra o crime e contra a condição do coração do ladrão.

4. Repassando a lista das maneiras pelas quais havia suprido Davi no passado, Deus parecia apontar para a ganância e a cobiça como as raízes do pecado de Davi.

5. O filho de Davi morreria. Seus pecados secretos teriam punições públicas – e dolorosas. Além disso, embora nada fosse mudar em relação às promessas feitas por Deus antes a Davi e aos seus descendentes, a casa do rei seria, daquele momento em diante, marcada por violência e conflito.

6. Em vez de tentar dar desculpas para seus pecados, as palavras de Deus para Davi atravessaram o coração do rei, obrigando-o a confessar imediatamente sua culpa e reconhecer que havia pecado contra o Senhor.

7. A tristeza sincera de Davi é claramente vista nos salmos tidos como composições de Davi durante esse tempo: Salmos 32:1-11; 5:1-19 e 103:1-22.

8. De imediato Deus perdoou permanentemente os pecados de Davi; no entanto, ele permitiu que Davi sofresse as consequências, tanto como uma maneira de disciplinar seu amado filho quanto uma maneira de preservar sua própria reputação.

9. Deus abençoou Davi permitindo que ele desfrutasse de um relacionamento amoroso com Bate-Seba, dando um filho ao casal, mostrando favor a esse filho e restaurando Davi à vitória política.

2Samuel 13–18

1. Davi teve culpa no crime de Amnom contra Tamar por ter dado um mau exemplo em relação às mulheres, por negligenciar a proteção de Tamar e por não incutir valores apropriados em Amnom.

2. Quando descobriu o que havia acontecido com Tamar, Davi não fez nada. Nem Absalão fez, pelo menos por dois anos.

3. Na celebração da tosquia de ovelhas, Absalão assassinou Amnom para se vingar do estupro de sua irmã.

4. Davi parecia muito permissivo com Amnom, uma vez que não conseguia discipliná-lo pelo crime contra Tamar, e parecia muito duro com Absalão, a quem perdoou totalmente por assassinar Amnom.

5. Absalão tentou chamar a atenção de Joabe para convencê-lo a marcar um encontro com seu pai pondo fogo nos campos de cevada de Joabe.

6. Absalão posicionou-se para ocupar o poder ao se colocar no meio dos israelitas, ajudá-los nos problemas deles e obter o apoio em Hebrom, cidade natal de Davi.

7. Davi saiu de Jerusalém para impedir que sua amada cidade fosse destruída em uma briga por poder.

8. Davi reagiu à morte de Absalão expressando seu desejo de ter morrido no lugar do filho e lamentando por ele.

2Samuel 19–20

1. Davi respondeu à morte de Absalão isolando-se do povo.

2. Joabe repreendeu Davi por não conseguir voltar ao posto como dirigente da nação. Se Davi não fosse para a porta da cidade a fim de agradecer ao povo, disse Joabe, ele estaria em risco de sofrer ainda mais lutas internas e rebelião.

3. No caminho de volta a Jerusalém, Davi se encontrou com Simei, Mefibosete e Barzilai.

4. Mefibosete contou a Davi que sua lealdade nunca havia falhado.

5. Houve fome na terra porque Saul quebrou um juramento feito aos gibeonitas.

6. O recenseamento foi pecaminoso porque mostrou que Davi confiava mais em números do que em Deus.

Os últimos dias de Davi

1. Davi aparentemente não se ressentiu da recusa de Deus em permitir que ele construísse o templo porque se lançou nos preparativos que Deus lhe permitiu fazer.

2. Davi acumulou os materiais e tesouros para o templo como despojos de guerra e presentes de líderes e nações vizinhas.

3. Uma diferença significativa entre adoração no templo e adoração no tabernáculo é a implementação de um coro permanente.

4. Adonias sentiu-se no direito de ter o trono de seu pai porque era o filho mais velho de Davi que ainda estava vivo.

5. Adonias orquestrou uma celebração inaugural para anunciar suas intenções de tornar-se o próximo rei.

6. Bate-Seba respondeu à notícia dada por Natã de que Adonias estava planejando um golpe levando imediatamente suas preocupações a Davi e fazendo-o se lembrar da responsabilidade de nomear um sucessor.

7. A Bíblia descreve a morte de Davi como "descanso" e sugere que ele só morreu depois de cumprir tudo o que Deus intentava para ele. A morte de Davi não era permanente; ele viveria eternamente com seu Pai Celestial, a quem amou tanto. Além disso, seu reino jamais teria fim – de acordo com as promessas de Deus de tornar seu reino eterno por meio de seu descendente distante, Jesus Cristo, o Salvador do mundo

Apêndice B: Colaboradores

Alter, Robert: professor de hebraico e literatura comparativa e respeitado tradutor bíblico.

Arthur, Kay: fundadora do Precept Ministries e autora de muitos livros incluindo *Lord, I Need Grace to Make it* [Senhor, preciso de graça para vencer].

Brestin, Dee: autora de guias de estudo da Bíblia e livros sobre assuntos de mulheres.

Buchanan, Mark: pastor e escritor que vive no Canadá, colaborador de *Cristianismo Hoje* e autor de *Things Unseen: Living in Light of Forever* [Coisas que não se veem: Vivendo à luz do eterno].

Castleman, Robble: professor assistente de estudos bíblicos na Universidade John Brown; autor de numerosos guias de estudo.

Clarke, Adam: teólogo metodista britânico mais conhecido por escrever comentários da Bíblia no início da década de 1800.

Coffman, James Burton: prolífico estudioso da Bíblia, autor, pregador e professor considerado uma das figuras mais influentes entre as Igrejas de Cristo até sua morte em 2006.

Constable, Thomas L.: estudioso da Bíblia, professor de exposição bíblica no Dallas Theological Seminary, pastor e palestrante que ministrou em quase quarenta países e escreveu comentários sobre cada livro da Bíblia.

Copenhaver, Martin B.: pastor, estudioso da Bíblia e autor cujos livros incluem *To Begin at the Beginning: An Introduction To The Christian Faith* [Começar do Começo: Uma introdução à Fé Cristã].

Deffinbaugh, Robert L.: graduado no Dallas Theological Seminary, professor de Bíblia que tem contribuído muito com suas séries de estudos bíblicos para o *website* Bible.org.

George, Elizabeth: autora popular, professora e palestrante em eventos para mulheres.

Gichon, Mordechai: especialista em história militar, geólogo e arqueólogo do Antigo Israel.

Gill, John: estudioso bíblico e pregador durante o início da década de 1700 que foi pastor de uma igreja que, mais tarde, se tornou o Metropolitan Tabernacle, liderado por Charles Spurgeon.

Graham, Billy: evangelista e autor *best-seller* que levou milhões de pessoas a Cristo por meio de suas cruzadas em todos os continentes e de suas mensagens pelo rádio e televisão.

Guzik, David: diretor do Calvary Chapel Bible College Germany, perto de Siegen, na Alemanha, conhecido por seus materiais de estudo *on-line* e comentários bíblicos.

Henry, Matthew: clérigo inglês que viveu de 1662 a 1714, mais conhecido por seus comentários da Bíblia.

Herzog, Chain: ex-presidente de Israel cuja ilustre carreira militar em Israel também incluiu cargos como diretor de Inteligência Militar, governador militar da Cisjordânia e embaixador de Israel nas Nações Unidas.

Higgs, Liz Curtis: autora popular e palestrante premiada que encoraja mulheres cristãs com seu humor e reflexões.

Hillman, Os: orador internacionalmente reconhecido no assunto da fé prática. É fundador e presidente do Marketplace Leaders, e é autor de onze livros e um devocional enviado por e-mail diariamente.

Indermark, John: pastor e escritor cujos livros incluem *Neglected Voices* [Vozes Negligenciadas] e *Genesis of Grace* [Gênese da Graça].

Ironside, H. A.: pastor da Moody Memorial Church em Chicago, Illinois, por muitos anos.

Jamieson, Robert: coautor do comentário bíblico de Jamieson-Fausset-Brown, de 1871.

Janssen, Al: diretor sênior de desenvolvimento de recursos na Focus on The Family, e autor, coautor e editor de numerosos livros e artigos.

Kaufman, Matt: escritor *freelance*, editor-colaborador da revista *Citizen* e ex-editor da revista eletrônica *Boundless*.

Kroll, Woodrow: presidente e professor sênior de Bíblia no ministério de mídia internacional Back to the Bible.

LaHaye, Tim: autor *best-seller* da série *Deixados para Trás*, fundador e presidente do Family Life Seminars.

Lucado, Max: pastor da Oak Hills Church of Christ em San Antonio, no Texas, e autor de muitos *best-sellers*.

MacArthur, John: pastor da Grace Community Church, fundador do The Masters' Seminary, apresentador do programa de rádio *Grace to You*.

McGee, J. Vernom: popular professor de Bíblia pelo rádio na década de 1980 a 1990 cujos comentários eram transmitidos em seu programa, *Thru The Bible Radio*, como também impressos.

McKenzie, Steven L.: professor de Bíblia hebraica na Rhodes College e autor de muitos livros sobre estudos bíblicos, incluindo *The Hebrew Bible Today* [A Bíblia Hebraica de Hoje].

Mehl, Ron: pastor de uma grande congregação em Beaverton, Oregon, até morrer com leucemia em 2003. Seus livros incluem os vencedores do Medalhão de Ouro *God Works The Night Shift* [Deus Trabalha no Turno da Noite] e *Just In Case I Can't Be There* [Só Para o Caso de Eu Não Estar Lá].

Moore, Beth: escritora e professora de estudos bíblicos de sucesso cujas palestras públicas a levaram para todo o mundo. Seus livros incluem *Things Pondered* [Coisas a Ponderar], *Um Coração Igual ao Teu* e *Praying God's Word* [Orando a Palavra de Deus].

Pentecost, J. Dwight: professor aposentado do Dallas Theological Seminary, e autor de vários livros.

Phillip, Richard D.: oficial de combate aposentado do Exército dos Estados Unidos que serve como consultor de gestão e é um orador frequente sobre liderança e organização.

Rainey, Barbara: esposa, mãe de seis filhos e avó de sete netos, coautora de muitos livros com seu marido, Dennis, presidente da FamilyLife.

Rainey, Dennis: presidente e cofundador da FamilyLife (uma divisão da Campus Crusade for Christ), e graduado pelo Dallas Theological Seminary que, desde 1976, tem supervisionado o rápido crescimento das conferências da FamilyLife sobre casamento e educação de filhos. É apresentador do programa de rádio diário *FamilyLife Today*, que vai ao ar em todo o país.

Redpath, Alan: estudioso da Bíblia e autor que foi pastor de muitas igrejas na Inglaterra e ministro sênior da Moody Memorial Church, em Chicago.

Reid, David R.: com um histórico acadêmico que inclui engenharia e teologia, Dr. Reid é membro fundador da Emmaus Bible College em Dubuque, Iowa. É autor da publicação bimestral *Devotions For Growing Christians* [Devoções para Cristãos em Crescimento], e produtor do programa de rádio *Talks for Growing Christians*.

Richards, Sue: coautora do *best-seller Zondervan Teen Study Bible* [Bíblia de Estudo Jovem Zondervan].

Roe, Robert H.: pastor na Peninsula Bible Church em Palo Alto, na Califórnia, e autor de numerosos artigos e comentários bíblicos.

Rothschild, Jennifer: professora popular de estudos bíblicos para mulheres, autora, palestrante/líder de adoração, além de talentosa compositora e artista musical, e fundadora da revista *on-line WomenMinistry.NET*.

Spangler, Ann: autora de muitos *best-sellers* incluindo *She Who Laughs, Lasts!* [Aquela que Ri, Prevalece!] e *Don't Stop Laughing Now!* [Não Deixe de Rir Agora!].

Spurgeon, Charles H.: conhecido como o "príncipe dos pregadores", seus sermões cativaram multidões no Metropolitan Tabernacle, em Londres, no século XIX e agora na forma escrita.

Stanley, Charles: pastor sênior da Primeira Igreja Batista de Atlanta, com doze mil membros, e autor prolífico.

Swindoll, Charles: ex-pastor da Primeira Igreja Evangélica Livre em Fullerton, na Califórnia, e presidente do Dallas Theological Seminary, no Texas. É autor de muitos *best-sellers*.

Vawter, John: pastor que serviu como presidente no Western Seminary e no Phoenix Seminary. É autor de *Uncommon Graces* [Graças Incomuns], nomeado para o prêmio Medalhão de Ouro e fundador com a esposa Susan do ministério "You're Not Alone".

Warren, Rick: pastor fundador da Saddleback Church em Lake Forest, na Califórnia, e autor dos *best-sellers Uma Vida com Propósitos* e *Uma Igreja com Propósitos*.

Wesley, John: clérigo e teólogo cristão do século XVIII, e um dos primeiros líderes do movimento metodista.

Wiersbe, Warren: um dos professores da Bíblia mais respeitados no mundo evangélico, autor de mais de cem livros e ex-diretor da *Back to the Bible*, um ministério de rádio.

Willimon, William: bispo na Igreja Metodista Unida nos Estados Unidos, mais conhecido como teólogo, escritor, ex-reitor da capela na Universidade de Duke e um dos mais conhecidos pregadores dos Estados Unidos. Escreveu mais de cinquenta livros e foi citado, em 1996, em uma pesquisa da Baylor University, junto com Billy Graham, um dos doze pregadores mais eficientes na língua inglesa.

Youngblood, Ronald: professor de Antigo Testamento e emérito de hebraico no Bethel Seminary, em San Diego, e autor de numerosos livros.

Notas

1Samuel 1–3

1. RICHARDS, Larry. *The Bible: God's Word for the Biblically Inept*. Lancaster, PA: Starburst, 1998, 31.
2. HENRY, Matthew. *Henry's Commentary on the Whole Bible*. Peabody, MA: Hendrickson, 1991, 381.
3. PACKER, J. I., TENNEY, Merrill C. e JR., William White. *The Bible Almanac*. Nashville: Nelson, 1980, 441.
4. ALTER, Robert. *The David Story*. Nova York: Norton, 1999, 4.
5. CLARKE, Adam. *Adam Clarke Commentary*. Disponível em: <www.studylight.org>.
6. HENRY. *Matthew Henry's Commentary*, 382.
7. ALTER, Robert. *David Story*, 9.
8. CLARKE. *Adam Clarke Commentary*.
9. LaHAYE, Tim. *Bíblia de Estudo Profética*. São Paulo: Hagnos, 2006.
10. HENRY. *Matthew Henry's Commentary*, 386.

1Samuel 4–7

1. McGEE, J. Vernon. *Thru the Bible with J. Vernon McGee*. Pasadena, CA: Thru the Bible Radio, 1982, 132.

2. PACKER, J. I., TENNEY, Merrill C. e JR., William White. *The Bible Almanac*. Nashville: Nelson, 1980, 302.
3. GUZIK, David. *David Guzik's Commentaries on the Bible*. Disponível em: <www.studylight.org>.
4. ARTHUR, Kay e David. *Desiring God's Own Heart*. Eugene, OR: Harvest House, 1997, 21.
5. JAMIESON, Robert D. D. *Jamieson-Faussett-Brown Commentary*. Disponível em: <www.studylight.org>.
6. HENRY, Matthew. *Matthew Henry's Commentary on the Whole Bible*. Peabody, MA: Hendrickson, 1991, 391.
7. MacARTHUR, John. "The Purpose of My Life: Glory". Disponível em: <www.biblebb.com>.
8. SPURGEON, Charles. "Ebenezer!". Disponível em: <www.biblebb.com>.

1Samuel 8–9

1. PHILLIPS, Richard D. *O coração de um executivo*. São Paulo: United Press, 2002.

2. Ibid.

3. WESLEY, John. "Wesley's Explanatory Notes". Disponível em: <www.studylight.org>.

4. *The King James Study Bible for Women*. Nashville: Nelson, 2003, 466.

5. McGEE, J. Vernon. *Thru the Bible with J. Vernon McGee*, vol. 2. Pasadena, CA: Thru the Bible Radio, 1982, 139.

6. ALTER, Robert. *The David Story*. Nova York: Norton, 1999, 47.

1Samuel 10–12

1. HENRY, Matthew. *Matthew Henry's Commentary on the Whole Bible*. Peabody, MA: Hendrickson, 1991, 399.

2. GUZIK, David. *David Guzik's Commentaries on the Bible*. Disponível em: <www.studylight.org>.

3. HENRY. *Matthew Henry's Commentary*, 400.

4. PHILLIPS, Richard D. *O coração de um executivo*. São Paulo: United Press, 2002.

5. *The King James Study Bible for Women*. Nashville: Nelson, 2003, 469.

6. ALTER, Robert. *The David Story*. Nova York: Norton, 1999, 59.

1Samuel 13–15

1. DEFFINBAUGH, Bob. *A Study of 1 Samuel*. Disponível em: <www.bible.org>.

2. GEORGE, Elizabeth. *A caminhada de uma mulher com Deus*. São Paulo: Hagnos, 2004.

3. *Halley's Bible Handbook*. Grand Rapids, MI: Zondervan, 1965, 135.

4. CLARKE, Adam. *Adam Clarke Commentary*. Disponível em: <www.studylight.org>.

5. HENRY. *Matthew Henry's Commentary*, 405.

6. ALTER, Robert. *The David Story*. Nova York: Norton, 1999, 80.

7. Ibid., 89.

8. MOORE, Beth. *A Heart Like His*. Nashville: Lifeway, 1996, 17.

9. CLARKE, Adam. *Adam Clarke Commentary*.

10. HILLMAN, Os. "The Dangers of Overcontrol". Disponível em: <www.MarketplaceLeaders.org>.

1Samuel 16

1. LUCADO, Max. *Quem tem sede venha*. Rio de Janeiro: CPAD, 2006.

2. HENRY, Matthew. *Matthew Henry's Commentary on the Whole Bible*. Peabody, MA: Hendrickson, 1991, 410.

3. RICHARDS, Larry. *The Bible: God's Word for the Biblically Inept*. Lancaster, PA: Starburst, 1998, 35.

4. CLARKE, Adam. *Adam Clarke Commentary*. Disponível em: <www.studylight.org>.

5. SWINDOLL, Charles. *David: A Man of Passion & Destiny*. Nashville: W Publishing, 1997, 27.

6. HENRY. *Matthew Henry's Commentary*, 411.

7. MOORE, Beth. *A Heart Like His*. Nashville: Lifeway, 1996, 23.

1Samuel 17

1. PHILLIPS, Richard D. *O coração de um executivo*. São Paulo: United Press, 2002.

2. SWINDOLL, Charles. *David: A Man of Passion & Destiny*. Nashville: W Publishing, 1997, 38.

3. MOORE, Beth. *A Heart Like His*. Nashville: Lifeway, 1996, 28.

4. SPURGEON, Charles. *Spurgeon Collection of Sermons*. Disponível em: <www.biblebb.com>.

5. REDPATH, Alan. *Formando um homem de Deus*. Rio de Janeiro: CPAD, 2014.

6. GUZIK, David. *David Guzik's Commentaries on the Bible*. Disponível em: <www.studylight.org>.

1Samuel 18

1. BRESTIN, Dee. *The Friendships of Women*. Colorado Springs: Cook, 1997, 115.

2. SWINDOLL, Charles. *David: A Man of Passion & Destiny*. Nashville: W Publishing, 1997), 55.

3. JANSSEN, Al. "The Covenant Marriage", extraído de *The Marriage Masterpiece* [A Obra-Prima do Casamento]. Disponível em: www.family.org.

4. HIGGS, Liz Curtis. *Meninas más da Bíblia*. Curitiba: Atos, 2002.

5. RICHARDS, Sue e Larry. *Every Woman in the Bible*. Nashville: Nelson, 1999, 111.

1Samuel 19–24

1. HIGGS, Liz Curtis. *Meninas más da Bíblia*. Curitiba: Atos, 2002.

2. COFFMAN, Burton. *Burton Coffman Commentary*. Disponível em: <www.studylight.org>.

3. YOUNGBLOOD, Ronald. "Jonathan and David". Disponível em: <www.Moodymagazine.com>.

4. GUZIK, David. *David Guzik's Commentaries on the Bible*. Disponível em: <www.studylight.org>.

5. GILL, John. *John Gill's Exposition of the Entire Bible*. Disponível em: <www.studylight.org>.

6. REDPATH, Alan. *Formando um homem de Deus*. Rio de Janeiro: CPAD, 2014.

1Samuel 25

1. INDERMARK, John. *Neglected Voices*. Nashville: Upper Room, 1999, 23.

2. ROTHSCHILD, Jennifer. *Walking by Faith: Lessons Learned in the Dark*. Nashville: Lifeway, 2003, 91.

3. SPANGLER, Ann. *Women of the Bible*. Grand Rapids, MI: Zondervan, 2002, 94.

4. WARREN, Rick. *Uma vida com propósitos*. São Paulo: Vida, 2003.

5. VAWTER, John. *Uncommon Graces*. Colorado Springs: NavPress, 1998, 156.

6. MILLER, Kathy Collard e Miller, D. Larry. *What's in the Bible for Couples*. Lancaster, PA: Starburst, 2001, 19.

7. RICHARDS, Sue e Larry. *Every Woman in the Bible*. Nashville: Nelson, 1999, 47.

8. Ibid.

1Samuel 26–31; 1Crônicas 10

1. HENRY, Matthew. *Matthew Henry's Commentary on the Whole Bible*. Peabody, MA: Hendrickson, 1991, 429.

2. REDPATH, Alan. *Formando um homem de Deus*. Rio de Janeiro: CPAD, 2014.

3. Ibid.

4. SWINDOLL, Charles. *David: A Man of Passion & Destiny*. Nashville: W Publishing, 1997, 113.

5. COFFMAN, Burton. *Burton Coffman Commentary*. Disponível em: <www.Studylight.org>.

6. MOORE, Beth. *A Heart Like His*. Nashville: Lifeway, 1996, 77.

7. GUZIK, David. *David Guzik's Commentaries on the Bible*. Disponível em: <www.studylight.org>.

8. LUCADO, Max. *A grande casa de Deus*. Rio de Janeiro: CPAD, 2001.

9. *International Bible Encyclopedia*. Disponível em: <www.studylight.org>.

2Samuel 1–5; 1Crônicas 11

1. ALTER, Robert. *The David Story*. Nova York: Norton, 1999, 197.
2. HENRY, Matthew. *Matthew Henry's Commentary on the Whole Bible*. Peabody, MA: Hendrickson, 1991, 439.
3. WALVOORD, John F. e Zuck, Roy B., eds. *The Bible Knowledge Commentary*. Colorado Springs: Victor/Cook, 2004, 458.
4. PHILLIPS, Richard D. *O coração de um executivo*. São Paulo: United Press, 2002.
5. COFFMAN, Burton. *Burton Coffman Commentary*. Disponível em: <www.studylight.org>.
6. PHILLIPS. *O coração de um executivo*.
7. KOLATCH, Alfred J. *Livro judaico dos porquês*. São Paulo: Sêfer, 1981.
8. HERZOG, Chaim e Gichon, Mordechai. *Batalhas da Bíblia*. São Paulo: Bv Books, 2014.
9. SWINDOLL, Charles. *David: A Man of Passion & Destiny*. Nashville: W Publishing, 1997, 137.

2Samuel 6; 1Crônicas 13–16

1. SWINDOLL, Charles. *David: A Man of Passion & Destiny*. Nashville: W Publishing, 1997, 137.
2. BUCHANAN, Mark. "Dance of the God-Struck". Disponível em: <www.christianitytoday.com>.
3. ARTHUR, Kay e David. *Desiring God's Own Heart*. Eugene, OR: Harvest House, 1997, 80.
4. LUCADO, Max. *Simplesmente como Jesus*. Rio de Janeiro: CPAD, 2000.
5. WARREN, Rick. *Uma vida com propósitos*. São Paulo: Vida, 2003.
6. LUCADO. *Simplesmente como Jesus*.
7. HIGGS, Liz Curtis. *Meninas más da Bíblia*. Curitiba: Atos, 2002.
8. SPANGLER, Ann. *Women of the Bible*. Grand Rapids, MI: Zondervan, 2002, 91.
9. BUCHANAN, Mark. "Dance of the God-Struck". Disponível em: <www.christianitytoday.com>.
10. HIGGS. *Meninas más da Bíblia*.

2Samuel 7; 1Crônicas 17

1. HENRY, Matthew. *Matthew Henry's Commentary on the Whole Bible*. Peabody, MA: Hendrickson, 1991, 447.
2. RICHARDS, Larry. *The Bible: God's Word for the Biblically Inept*. Lancaster, PA: Starburst, 1998, 65.
3. LAHAYE, Tim. *Bíblia de Estudo Profética*. São Paulo: Hagnos, 2006.
4. PENTECOST, J. Dwight. *Things to Come*. Grand Rapids, MI: Academie Books/Zondervan, 1958, 104.
5. SWINDOLL, Charles. *David: A Man of Passion & Destiny*. Nashville: W Publishing, 1997, 162.
6. MACARTHUR, John. "The Program of Prayer: The Kingdom Come". Disponível em: <www.biblebb.com>.
7. CONSTABLE, Thomas L. *Bible Study Notes*. Disponível em: <www.soniclight.com>.
8. REDPATH, Alan. *Formando um Homem de Deus*. Rio de Janeiro: CPAD, 2014.
9. WESLEY, John. "Wesley's Explanatory Notes". Disponível em: <www.studylight.org>.
10. STANLEY, Charles. *How to Listen to God*. Nashville: Nelson, 1985, 94.

NOTAS

11. WIERSBE, Warren. "The Purpose of Prayer – How to Pray When God Changes Your Plans". Disponível em: <www.songtime.com>.

12. Ibid.

13. WALVOORD, John F. e Zuck, Roy B. *The Bible Knowledge Commentary*. Colorado Springs: Victor/Cook, 2004, 464.

14. CASTLEMAN, Robbie. *King David: Trusting God for a Lifetime*. Colorado Springs: Waterbrook, 1981, 9.

2Samuel 8–10; 1Crônicas 18–21

1. CASTLEMAN, Robbie. *King David: Trusting God for a Lifetime*. Colorado Springs: Waterbrook, 1981, 15.

2. REDPATH, Alan. *Formando um homem de Deus*. Rio de Janeiro: CPAD, 2014.

3. MOORE, Beth. *A Heart Like His*. Nashville: Lifeway, 1996, 119.

4. WALVOORD, John F. e Zuck, Roy B. *The Bible Knowledge Commentary*. Colorado Springs: Victor/Cook, 2004, 465.

5. *The Ryrie Study Bible*, New International Version. Chicago: Moody, 1986, 393.

6. VAWTER, John. *Uncommon Graces*. Colorado Springs: NavPress, 1998, 45.

7. COFFMAN, Burton. *Burton Coffman Commentary*. Disponível em: <www.studylight.org>.

8. SPURGEON, Charles. "Spurgeon's Morning and Evening Devotionals". Disponível em: <www.studylight.org>.

9. Ibid.

10. PACKER, J. I., TENNEY, Merrill C. e JR., William White. *The Bible Almanac*. Nashville: Nelson, 1980, 312.

11. *Easton's Bible Dictionary*. Disponível em: <www.studylight.org>.

12. HERZOG, Chaim e Gichon, Mordechai. *Batalhas da Bíblia*. São Paulo: Bv Books, 2014.

13. ALTER, Robert. *The David Story*. Nova York: Norton, 1999, 244.

2Samuel 11

1. ARTHUR, Kay e David. *Desiring God's Own Heart*. Eugene, OR: Harvest House, 1997, 89.

2. SWINDOLL, Charles. *David: A Man of Passion & Destiny*. Nashville: W Publishing, 1997, 183.

3. GUZIK, David. *David Guzik's Commentaries on the Bible*. Disponível em: <www.studylight.org>.

4. SWINDOLL. *David*, 184.

5. RICHARDS, Sue e Larry. *Every Woman in the Bible*. Nashville: Nelson, 1999, 127.

6. Ibid.

7. SPANGLER, Ann. *Women of the Bible*. Grand Rapids, MI: Zondervan, 2002, 106.

8. KAUFMAN, Matt. "Sex in the Real World, Revisited". Disponível em: <www.boundless.org>, 17 de outubro de 2006.

9. BROWN, Joan Winmill, *Day by Day with Billy Graham*, anotação de 25 de agosto. Mineápolis: World Wide Publications, 1976.

10. MEHL, Ron. *The Tender Commandments*. Sisters, OR: Multnomah, 1998, 174-75.

11. KAUFMAN, "Sex in the Real World, Revisited".

12. MEHL, Ron. *The Tender Commandments*, 185-86.

13. DEFFINBAUGH, Bob. "David and Uriah". Disponível em: <www.bible.org>.

14. PHILLIPS, Richard D. *O coração de um executivo*. São Paulo: United Press, 2002.

15. Ibid.

16. GRAHAM. *Day by Day*, 10 de agosto.

17. REDPATH, Alan. *Formando um homem de Deus*. Rio de Janeiro: CPAD, 2014.

18. GUZIK. *David Guzik's Commentaries on the Bible*.

2Samuel 12

1. *Holman Bible Dictionary*. Disponível em: <www.studylight.org>.

2. COPENHAVER, Martin B. "He Spoke in Parables", *Christian Century*, 13 de julho de 1994. Disponível em: <www.findarticles.com>.

3. INDERMARK, John. *Neglected Voices*. Nashville: Upper Room, 1999, 83.

4. McGEE, J. Vernon. *Thru the Bible with J. Vernon McGee* (Pasadena, CA: Thru the Bible Radio, 1982), 214.

5. JAMIESON, Robert D. D. *Jamieson-Faussett-Brown Commentary*. Disponível em: <www.studylight.org>.

6. CLARKE, Adam. *Adam Clarke Commentary*. Disponível em: <www.studylight.org>.

7. HENRY, Matthew. *Matthew Henry's Commentary on the Whole Bible*. Peabody, MA: Hendrickson, 1991, 455.

8. INDERMARK. *Neglected Voices*, 85.

9. MEHL, Ron. *The Tender Commandments*. Sisters, OR: Multnomah, 1998, 196-97.

10. JAMIESON. *Jamieson-Faussett-Brown Commentary*.

11. MACARTHUR, John. "The Problem of My Life: Sin". Disponível em: <www.biblebb.com>.

12. Ibid.

13. YOUNGBLOOD, Ronald F., Bruce, F. F. e Harrison, R. K. *Nelson's Student Bible Dictionary*. Nashville: Nelson, 2005, 220.

14. WALVOORD, John F. e Zuck, Roy B. *The Bible Knowledge Commentary*. Colorado Springs: Victor/Cook, 2004, 468.

15. STANLEY, Charles. *How to Listen to God*. Nashville: Nelson, 1985, 108.

16. REDPATH, Alan. *Formando um homem de Deus*. Rio de Janeiro: CPAD, 2014.

17. MOORE, Beth. *A Heart Like His*. Nashville: Lifeway, 1996, 142.

18. REDPATH. *Formando um homem de Deus*.

19. HENRY. *Matthew Henry's Commentary*, 456.

20. GUZIK, David. *David Guzik's Commentaries on the Bible*. Disponível em: <www.studylight.org>.

2Samuel 13–18

1. RICHARDS, Larry. *The Bible: God's Word for the Biblically Inept*. Lancaster, PA: Starburst, 1998, 65.

2. SWINDOLL, Charles. *Três passos para frente, dois para trás*. Rio de Janeiro: Record, 1980.

3. RICHARDS, Sue e Larry. *Every Woman in the Bible*. Nashville: Nelson, 1999, 133.

4. WALVOORD, John F. e Zuck, Roy B. *The Bible Knowledge Commentary*. Colorado Springs: Victor/Cook, 2004, 469.

5. ALTER, Robert. *The David Story*. Nova York: Norton, 1999, 269-70.

6. Ibid., 271.

7. SPANGLER, Ann. *Women of the Bible*. Grand Rapids, MI: Zondervan, 2002, 109.

8. SWINDOLL. *Três passos para frente, dois para trás*.

9. McGEE, J. Vernon. *Thru the Bible with J. Vernon McGee*, vol. 2. Pasadena, CA: Thru the Bible Radio, 1982, 220.

10. ROE, Robert H. "Absalom Revolts, Part 1", 2 de dezembro de 1979. Disponível em: <www.pbc.org>.

NOTAS

11. McGee. *Thru the Bible*, 220-21.

12. Phillips, Richard D. *O coração de um executivo*. São Paulo: United Press, 2002.

13. Constable, Thomas C. *Bible Study Notes*. Disponível em: <www.soniclight.com>.

14. Roe. "Absalom Revolts, Part 1".

15. McKenzie, Steven L. *King David: A Biography*. Nova York: Oxford, 2000, 165.

16. Ibid., 168.

17. Clarke, Adam. *Adam Clarke Commentary*. Disponível em: <www.studylight.org>.

18. Constable. *Bible Study Notes*.

19. Willimon, William. "A Tragic Family". Disponível em: <www.chapel.duke.edu>.

2Samuel 19–20

1. Barker, Kenneth L. e Kohlenberger III, John R. *Zondervan NIV Bible Commentary*, vol. 1. Grand Rapids, MI: Zondervan, 1994, 472.

2. Ibid., 476.

3. Brown, Joan Winmill. *Day By Day with Billy Graham*, anotação de 5 de outubro. Mineápolis: World Wide Publications, 1976.

4. Reid, David R. "Devotions for Growing Christians: Tragic Events". Disponível em: <www.growingchristians.org>.

5. Henry, Matthew. *Matthew Henry's Commentary on the Whole Bible*. Peabody, MA: Hendrickson, 1991, 472.

6. Guzik, David. *David Guzik's Commentaries on the Bible*. Disponível em: <www.studylight.org>.

7. Constable, Thomas C. *Bible Study Notes*. Disponível em: <www.soniclight.com>.

8. Alter, Robert. *The David Story*. Nova York: Norton, 1999, 348.

9. Warren, Rick. *Uma vida com propósitos*. São Paulo: Vida, 2003.

10. Redpath, Alan. *Formando um homem de Deus*. Rio de Janeiro: CPAD, 2014.

Os últimos dias de Davi

1. Alexander, David e Alexander, Pat. *Eerdman's Handbook to the Bible*. Grand Rapids, MI: Eerdmans, 1973, 289.

2. McGee, J. Vernon. *Thru the Bible with J. Vernon McGee*, vol. 2. Pasadena, CA: Thru the Bible Radio, 1982, 395.

3. LaHaye, Tim. *Bíblia de Estudo Profética*. São Paulo: Hagnos, 2006.

4. Constable, Thomas C. *Bible Study Notes*. Disponível em: <www.soniclight.com>.

5. Rainey, Dennis e Barbara. Adaptado de *Parenting Today's Adolescent: Helping Your Child Avoid the Traps of Preteen & Teen Years*. Disponível em: <www.familylife.com>.

6. Rainey, Dennis. "Dad University". Disponível em: <www.familylife.com>.

7. Barker, Kenneth L. e Kohlenberger III, John R. *Zondervan NIV Bible Commentary*. Grand Rapids, MI: Zondervan, 1994, 627.

8. Redpath, Alan. *Formando um homem de Deus*. Rio de Janeiro: CPAD, 2014.

9. Alexander e Alexander. *Eerdman's*, 254.

10. Barker e Kohlenberger III. *Zondervan NIV Bible Commentary*, 627.

11. Alexander e Alexander. *Eerdman's*, 291-92.

12. Castleman, Robbie. *King David: Trusting God for a Lifetime*. Colorado Springs: Waterbrook, 1981, 78.

13. Jamieson, Robert D. D. *Jamieson-Faussett-Brown Commentary*. Disponível em: <www.studylight.org>.

14. *The Ryrie Study Bible*, New International Version. Chicago: Moody, 1986, 393.

15. Gill, John. *John Gill's Exposition of the Entire Bible*. Disponível em: <www.studylight.org>.

16. Phillips, Richard D. *O coração de um executivo*. São Paulo: United Press, 2002.

17. LaHaye, Tim. *Bíblia de Estudo Profética*. São Paulo: Hagnos, 2006.

18. Alter, Robert. *The David Story*. Nova York: Norton, 1999, 372.

19. Barker e Kohlenberger III, *Zondervan NIV Bible Commentary*, 492.

20. Woodrow, Kroll. Disponível em: <www.backtothebible.org>.

21. Walvoord, John F. e Zuck, Roy B. *The Bible Knowledge Commentary*. Colorado Springs: Victor/Cook, 2004, 491.

22. Kroll. Disponível em: <www.backtothebible.org>.

23. Walvoord, John F. e Zuck, Roy B. *The Bible Knowledge Commentary*, 491.

24. Lucado, Max. *A Grande Casa de Deus*. Rio de Janeiro: CPAD, 2001.

25. Ironside, H. A. *Psalms*. Neptune, NJ: Loizeaux Brothers, 1984, 89-90.

Este livro foi impresso em 2018,
pela Edigráfica, para a Thomas Nelson Brasil.
O papel do miolo é avena 80g/m², e o da
capa é cartão 250g/m².